新完譯

대동기문

하

姜敎錫 編著

李民樹 譯

명문당

大東奇聞(下)

目 次

□ 제6부 : 명종(明宗)～고종(高宗)

《明宗朝》

16

18

□ 제 6 부 : 명종(明宗)〜고종(高宗)

《明宗朝》

이준(李埈)이 고모담(姑母潭)에서 창의(倡義)하다

이준(李埈)은 흥양(興陽) 사람이니 자는 숙평(叔平)이요 호는 창석(蒼石)이니 서애(西厓) 유성룡(柳成龍)의 문하에서 공부하여 선조(宣祖) 임오(壬午)에 생원이 되고 임진(壬辰)에 문과에 급제했다.

난리중에 걸어서 집으로 돌아갔으나 부모가 있는 곳을 잃고 밤낮으로 울다가 효곡산(孝谷山) 속에서 서로 만나 같이 피난한 수천 명이 안령(鞍嶺)에 웅거하고 있었는데 적이 이곳을 엄습하여 사부(士夫)의 집에서 죽은 자가 몹시 많았다.

6월에 의병(義兵)을 일으킬 계획을 하는데 여러 사람들이 준(埈) 및 정경세(鄭經世)를 추대하여 주장을 나누어 모접하고 충의(忠義)로써 격동하여 고모담(姑母潭)에 의기(義旗)를 세웠다. 이에 창의(倡義)의 공으로 전적(典籍)에 승진되었다.

단양군수(丹陽郡守)가 된 지 5년에 치화(治化)가 크게 행해져서 수찬(修撰)으로 소환(召還)하자 백성들이 노래하기를,

"단양의 산은 빼어나고 기이하며, 단양의 물은 깊고도 맑으네. 능히 공으로 하여금 머무르게 하지 못하고, 다만 공의 이름만을 머무르게 했네. (丹山秀且奇 丹水深且清 不能使公留 但得留公名)"

했다.

광해 때에 자주 소(疏)를 올려 간하다가 간절하고 곧다는 것으로 내쫓기자 드디어 남쪽으로 돌아갈 뜻을 결정했다. 이호민(李好閔)의 전시(餞詩)에 말하기를,

"상소는 붉은 마음에서 나와 임금 있는 곳에 머무르고, 몸은 백발을 이끌고 호수에 떠있는 배에 오르네. (疏出赤心留御所 身携白髮上湖船)"

했다.

인조 반정(仁祖反正)에 사인(舍人)에 임명되고 벼슬이 부제학(副提學)에 이르렀다. 〈인물고(人物考)〉

이홍망(李弘望)의 기일(忌日)에는 해주(海州) 사람들이 반드시 제사를 지내다

이홍망(李弘望)은 용인(龍仁) 사람이니 자는 원로(元老)이다.

일찍 부모를 여의고 가난해서 스스로 먹지 못했으나 밤낮으로 공부하다가 졸음이 오면 긴 머리칼을 집 대들보에 매달아 스스로 경계했다.

선조(宣祖) 신축(辛丑)에 생원이 되고 을사(乙巳)에 문과에 급제하여 양사(兩司)와 세자시강원(世子侍講院)을 거치고 밖으로 여러 고을을 다스리는 데 터럭만큼도 범하지 않으니 치행(治行)이 항상 제일이었다.

함평(咸平) 고을 백성들이 쌀 3백 곡(斛)을 바치고 공(公)으로 수령(守令)을 시켜달라고 원하자 홍망(弘望)은 이를 부끄럽게 여겨 힘껏 사양했으나 조정에서는 허락지 않아 3년 만에 비로소 바뀌니 백성들이 돌에 새기기를,

"3년 동안 백성을 돌보아 사랑을 천추에 남기다. (撫字三年 遺愛千秋)"

했다.

정묘(丁卯)에 청나라 사람이 친히 왕자(王子)를 통신사(通信使)로 보내기를 원하자 이미 원창령(原昌令) 구(玖)에게 명하여 왕자(王子)라 일컫고 가게 했다. 그러나 부사(副使)의 인선(人選)이 어려워서 세 번이나 고쳐서 천거하다가 홍망(弘望)에 이르러 결정되어 보내게 되었다. 이에 청나라 장수가 같이 가서 심양(瀋陽)에 이르니 청나라 임금이 크게 병마(兵馬)를 벌에 세우고 들에 나와 맞았으나 예를 행할 때 자리를 베풀지 않았다.

이에 홍망(弘望)이 물러가 서서 절하지 않자 청나라 임금이 말하기를,

"사신이 진실로 옳기는 하나 여기는 들판이기 때문에 자리를 베풀지 않은 것이다."

했다. 돌아올 때 포로로 잡혀가 있던 남녀 수백 명을 데리고 돌아왔는데 해주(海州)의 김굉인(金宏寅) 형제도 역시 그 속에 들었었는데 그 뒤에 문과에 급제했다. 그는 홍망의 기일(忌日)이 되면 반드시 자기 집에서 제사지냈다. 벼슬이 승지(承旨)에 이르렀다. 〈인물고(人物考)〉

이사룡(李士龍)이 문득 공포(空砲)를 쏘다

이사룡(李士龍)은 성주(星州) 사람이니 경진(庚辰) 금주(錦州) 싸움에 포수(砲手)로 종군(從軍)하게 되었는데 강개(慷慨)하여 떠나기에 임하여 관(官)에서 주는 것을 먹지 않고서 부모와 작별하고 아내 이씨(李氏)를 돌아다보면서 말하기를,

"나는 다시 돌아오지 못할 것이니 우리 양친(兩親)을 잘 섬기도록 하오."

했다.

이미 청나라 병진(兵陣)에 이르자 명(明)나라 사람과 교전(交戰)하는데 사룡(士龍)은 문득 공포(空砲)만 쏘니 같이 간 동배들이 말리면서 말하기를,

"일이 탄로되면 반드시 죽을 것이니 차라리 그 탄환(彈丸)을 숨

기는 것만 같지 못하다."

했으나 사룡은 말하기를,

"나는 분명하게 죽으려 하는데 무엇하러 숨긴단 말인가."

했다.

청나라 사람이 과연 이를 깨닫고 노해서 힐책하자 사룡은 의연 (毅然)히 말하기를,

"명(明)나라 신종황제(神宗皇帝)의 덕은 만세(萬世)에 잊을 수가 없는데 내가 어찌 차마 앞에 대고 포(砲)를 쏜단 말인가."

했다.

청나라 장수가 칼로 위협했으나 사룡은 크게 소리치고 굴하지 않 았고, 가 있던 우리 군사들이 모두 모여 호소하며 그 목숨을 용 서해 주어 자살(自殺)토록 청하자 청나라 장수가 이를 허락한다. 그러나 사룡은 말하기를,

"내 뜻이 이미 결정되었으니 우리 사람들의 청하는 것은 유익할 것이 없고 오직 한갓 나를 괴롭힐 뿐이다."

한다. 이에 청나라 사람은 그를 달랠 수 없다는 것을 알고 드디어 죽였다. 바야흐로 사룡이 죽음을 당할 때 온 군사들이 혀를 차면서

"의사(義士)로다."

했다.

뒷사람이 산해관(山海關) 돌 위에 크게 새기기를,

'朝鮮義士李士龍死'

했으니 이 때 나이 29세였다. 나라에서 제사를 내렸다.〈인물고 (人物考)〉

본래 성주(星州)의 포수(砲手)였기 때문에 성주목(星州牧)을 증 직하고 성주 충렬사(星州忠烈祠)에 배향했다.〈조두록(俎豆錄)〉

송심(宋諶)은 아버지의 뜻을 잘 계승(繼承)하다

송심(宋諶)은 여산(礪山) 사람이니 자는 사윤(士允)이다. 나이

8세에 문득 슬퍼하고 살려 하지 않으니 보는 자가 슬퍼하고 이상히 여겼다.

12세에 사기(史記)를 배워 능히 대의(大義)가 통하고, 또 바둑을 잘 두자 어른들이 학문에 방해가 된다고 꾸짖으니 심(諶)이 사례하기를,

"아이들의 뜻은 원수를 갚는 데에 있는 것인데 사기(史記)를 읽는 것은 고금(古今)의 사변을 연구한 것이요 곁으로 이 기술을 익히는 것은 운기(運機) 결승(決勝)의 묘(妙)를 얻기 위한 것이오."

하고 눈물이 가로 흐르니 어른들은 이를 보고서 얼굴빛을 고쳤다.

균전사(均田使) 권진(權縉)이 호남(湖南)의 민전(民田)을 조사할 때 거기에 빠진 자를 밝히는데 심(諶)도 역시 여기에 걸려 있어서 쫓기는 몸이 되었다. 이에 큰 소리로 외치기를,

"공이 큰 뜻을 품은 아이를 죽이려는가."

하니, 진(縉)이 마음 속으로 기이히 여겨 거짓 노한 체하고 말하기를,

"네가 딴 뜻이 있는 것이니 끌어 오라."

하자 심(諶)이 빨리 일어나서 달리는데 빠르기가 나는 새와 같아서 따라갈 수가 없었다. 이 때 진(縉)이 눈짓을 하면서 말하기를,

"이 아이가 용맹스럽고 건장하여 다음 날에 반드시 크게 성공할 것이니 묻지 말라."

했다.

광해(光海) 갑인(甲寅)에 무과에 급제하여 전라 병마우후(全羅兵馬虞侯)를 지내고 인조(仁祖) 정축(丁丑)에 홍원현감(洪原縣監)이 되어 척후장(斥候將)으로 북병사(北兵使) 이항(李沆), 남병사(南兵使) 서우갑(徐佑甲)을 따라서 진(陣)을 옮겨 양근(楊根)에 도착하니 청나라 군사가 물러가고 있었다.

이 때 조정에서 기회를 타서 쫓아가서 치라고 하니 몽고(蒙古) 군사가 북쪽 길로 돌아온 자들과 안변(安邊) 남산역(南山驛)에서 만나게 되었다. 이에 항(沆) 등이 모두 멀리 도망하자 심(諶)이 개연(慨然)히 말하기를,

"여기가 내가 죽을 곳이로다. 우리 아버님이 나이 48세에 정유
왜란(丁酉倭亂)에 죽었는데 내 나이 또 48세로서 정축 호란(丁
丑胡亂)에 죽는 일이 우연한 것이 아니요 또한 가위 우리 아버
지의 뜻을 잘 계승(繼承)하는 것이로다."
하니 일군(一軍)이 감격해 울었고 그는 종일 힘껏 싸우다가 죽으
니 좌승지(左承旨)를 증직하고 정려(旌閭)를 내렸다. 〈인물고(人物
考)〉

정문익(鄭文翼)이 유성증(兪省曾)의
강신(降神)한 것을 보다

정문익(鄭文翼)은 초계(草溪) 사람이니 자는 위도(衛道)이다. 병
오(丙午)에 진사가 되고 광해 신해(辛亥)에 문과에 급제하여 충청
감사(忠淸監司)가 되었다.
정묘(丁卯)에 청나라 사람과 강화(講和)를 맺은 뒤에 정문익(鄭
文翼)이 통신사(通信使)로 심양(瀋陽)에 가다가 숙영관(肅寧館)에
이르자 사람들이 말하기를,
"유감사(兪監司) 성증(省曾)이 죽은 뒤에 그 신(神)이 숙천 관노
(肅川官奴)에게 내려 말만 하면 모두 맞아서 사람들이 모두 공경
하고 믿습니다."
한다.
이에 문익(文翼)이 사신 갔다 오는 동안의 길흉(吉凶)을 묻고자
하여 의자 하나를 대청 위에 놓고 붉은 보자기로 그것을 덮고서 관
노(官奴)를 불러 뜰 아래 서게 하자 이윽고 관노(官奴)가 얼굴빛
이 검어지면서 공중에서 떠드는 소리가 나는데 비록 모습은 보이
지 않아도 의자에 덮여 있는 붉은 보자기가 뒤집혀 현저하게 와서
앉는 모습이 있었다.
이윽고 신(神)이 말하기를,
"위도(衛道)는 근래 편안한가."

하고 인사하는 것이 완연히 살아있을 때와 같다. 정(鄭)이 말하기를,

"사신으로 오랑캐 땅에 가는데 길흉(吉凶)이 어떠하겠는가?"

하자 대답하기를,

"중로(中路)에 도착하여 잠시 놀랄 일이 있지만 근심될 일은 없고 무사히 갔다 올 것이다."

한다.

정(鄭)이 다시 말하기를,

"내가 부모 계신 곳을 떠난 지가 이미 오래인데 안부(安否)가 어떠한가?"

하자 대답하기를,

"내 마땅히 가서 알아보고 오리라."

하고는 한동안 지난 다음에 말하기를,

"모두 편안하시니 안심하라. 공(公)의 집 초당(草堂) 앞에 있는 오죽(烏竹)의 제일 큰 놈 가운데가 부러졌더군!"

한다. 정(鄭)이 또 말하기를,

"그대는 오랫동안 여기에 있겠는가?"

하자 대답하기를,

"명년에 마땅히 중국 절강성(浙江省) 사람의 집에 환생(還生)할 것이니 이후로는 다시 만나기 어렵게 되었다. 위도(衛道)는 잘 갔다 오라."

하고 다시 인기척이 나더니 관노(官奴)가 비로소 사람의 빛이 있었다.

정(鄭)이 낭자산(狼子山)에 이르러 한인(漢人)의 일로 해서 한 번 경동(驚動)하고 일을 마치고 집에 돌아와보니 과연 오죽(烏竹) 하나가 가운데가 꺾어져서 한결같이 그 말과 같았으니 이상한 일이다. 〈국당배어(菊堂俳語)〉

정충신(鄭忠信)이 오성(鰲城)을 3년 동안
심상(心喪)[1] 하다

정충신(鄭忠信)은 광주(光州) 사람이니 자는 가행(可行)이다. 그 아버지가 좌수(座首)로 향청(鄕廳)에 있었는데 나이 60이 가깝도록 아들이 없더니, 밤에 꿈을 꾸니 무등산(無等山)이 터지더니 푸른 용이 나와서 몸을 감는다. 꿈에서 깨었을 때 보니 관비(官婢)가 부엌에 있으므로 이를 보고 마음이 움직여 가까이하여 충신(忠信)을 낳았다.

임진(壬辰)에 권율(權慄)이 군사를 일으켜 적을 치는데 충신(忠信)이 지인(知印)으로서 항상 그 좌우에 있자, 율(慄)이 몹시 사랑했다. 임금이 서쪽으로 의주(義州)에 거둥할제 율(慄)이 군사의 일로 장계(狀啓)를 가지고 행재소(行在所)에 갈 만한 사람을 구하는데 충신(忠信)이 몸을 일으켜 가기를 청한다.

이 때 그의 나이 17세인데 칼을 차고 홀로 주야로 수천 리를 가서 행재소에 도착했다. 이 때 오성(鰲城) 이항복(李恒福)이 병조판서(兵曹判書)로 있는데 종자(從者)에게 이르기를,

"이 아이가 멀리 왔는데 머물 곳이 없으니 내게로 보내라."
하여 그로부터 의식(衣食)을 같이 하면서 사서(史書)를 주었더니 충신(忠信)은 총명이 남보다 뛰어나서 문리(文理)가 날로 진보하자 항복(恒福)은 크게 기뻐하여 친히 여기고 사랑하기를 부자(父子) 사이와 같이 하고, 그 문하(門下)에 있는 명사(名士) 중에 이시백(李時白)·장유(張維)·최명길(崔鳴吉) 같은 사람들과 모두 사귀었다.

가을에 행조(行朝)에서 무과(武科)에 오르자 임금이 항복(恒福)에게 말하기를,

---

1) **心喪**: 상복(喪服)은 입지 않아도 상제와 같은 마음으로 애모(哀慕)하는 일.

"경(卿)이 일찍이 충신(忠信)의 재주를 말하더니 이제 출신(出身)했으니 와서 보이도록 하라."

하여 와서 만나자 임금은 칭찬하기를,

"나이가 아직 적으니 좀 자라면 크게 쓸 만하겠다."

했다. 이로부터 여러 번 원수(元帥) 장만(張晚)을 좇아서 비좌(裨佐)가 되었다.

광해조(光海朝) 때 항복(恒福)이 폐모(廢母)를 반대하여 다투다가 북청(北靑)으로 귀양갔는데, 충신(忠信)이 따라가서 한뜻으로 게을리하지 않고 그를 위하여 북천록(北遷錄)을 기록했고 항복(恒福)이 졸(卒)하자 3년 동안 심상(心喪)을 입었다.

충신(忠信)은 사람됨이 키가 작고 눈이 샛별과 같았으며 일을 잘 헤아렸다. 조정에서 충신을 보내어 건주(建州)에 들어가 오랑캐의 실정(實情)을 탐지하게 했더니 돌아와서 말하기를,

"이 오랑캐는 장차 중국의 근심이 될 것이니 비단 우리 나라의 근심만이 아니다."

했다.

인조(仁祖) 계해(癸亥)에 안주목사(安州牧使) 겸 방어사(防禦使)를 삼았는데, 이 때에 장만(張晚)이 도원수(都元帥)가 되어 평양(平壤)에 있고, 이괄(李适)은 부원수(副元帥)가 되어 영변(寧邊)에 진을 치고 북쪽 오랑캐에 대비하고 있었다.

괄(适)은 날랜 장수여서 본래부터 군사를 잘 부린다고 했고, 정한 병졸(兵卒) 수만 명 및 항복한 왜인(倭人)의 검사(劍士)들이 모두 여기에 소속되어 있었다. 그런데 괄(适)은 새로 원훈(元勳)을 책록(策錄)하는데 상이 만족스럽지 못한 것을 분하게 여겨 음모(陰謀)를 꾸몄다. 이에 그 무리 문회(文晦)가 상변(上變)하여 체포하려 하자 괄(适)은 드디어 사자(使者)를 베고 귀성부사(龜城府使) 한명련(韓明璉)과 군사를 내어 반(反)할 것을 약속했다.

이 때 어떤 사람이 장만(張晚)에게 이르기를,

"충신(忠信)이 괄(适)과 가깝다."

하자 만(晚)은 말하기를,

"이 아이가 어찌 군부(君父)를 배반하고 적을 좇을 자이랴."

하고 말을 마치자 충신이 왔다. 이에 만(晚)이 마음대로 성을 버렸다고 충신의 죄를 말하고 매를 때리려 하자 충신은 말하기를,

"저들의 생각은 빨리 나가는 데에 있으니 반드시 안주(安州)를 거치지 않을 것입니다. 또 안주(安州)에는 군사가 없어서 성을 지킬 수가 없으니 한갓 죽을 뿐이요 아무것도 할 수 없기 때문에 와서 휘하(麾下)의 지휘를 듣고 가거나 머무는 것을 명령에 따르려 한 것입니다."

한다.

이에 장만은 그를 이끌어 같이 앉아서 계획을 물으니 충신은 말하기를,

"괄은 날카롭기는 해도 꾀가 없으니 반드시 하책(下策)을 쓸 것입니다."

했다. 이 때 괄은 충신이 만을 좇는다는 말을 무연(憮然)히 꺼리는 빛이 있었다.

이에 만(晚)이 충신(忠信)으로 선봉(先鋒)을 삼고 남이흥(南以興)으로 안연(鞍然)을 점령하고 뒤에서 후원하면서 독전(督戰)하게 하니 이 때 서북풍(西北風)이 급하게 부는데 적들은 바람 밑에 있어서 먼지와 모래가 얼굴을 때렸다. 관군(官軍)이 더욱 힘을 내어 뛰어 한 사람이 백 명을 당하지 않는 자가 없었다. 드디어 크게 하여 괄(适)을 잡아 베고 그 공으로 진무공신(振武功臣)에 책록(策錄)하고 일등훈(一等勳)에 금남군(錦南君)에 봉해지고 평안병사(平安兵使)에 임명되었다. 또 정묘(丁卯)의 호란(胡亂)에는 부원수(副元帥)에 임명되었다.

일찍이 북변(北邊)의 수장(守將)이 되어 시를 짓기를,

"천년간 자취는 새가 나는 사이인데, 문숙공(文肅公)의 비석엔 푸른 이끼가 아롱졌네. 가소롭다, 옥문반(玉門班)이 정히 먼데, 몇 해의 고생에 살아 돌아가기를 비나. (千年徃跡鳥飛間 文肅公碑碧蘇斑 可笑玉門班定遠 幾年辛苦乞生還)"

했다. 〈명장전(名將傳)〉

임경업(林慶業)의 말도 역시 길게 울고 죽다

임경업(林慶業)은 평택(平澤) 사람이니 자는 영백(英伯)이요 충주(忠州) 달천평(達川坪)에서 났다. 어렸을 때 군사의 모양을 만드는 놀이를 하고 노는데 이웃 마을의 나무꾼과 목동(牧童)들을 모아서 그들이 지고 있는 지게 같은 것을 들 가운데에 놓아서 사람이 다니는 것을 금지시키니, 앉고 일어서고 진퇴(進退)하는 것을 아무도 어기는 자가 없었다. 이 때 영남(嶺南)의 관원 행차가 지나다가 이것을 철거(撤去)시키려 하자 경업(慶業)은 말하기를,

"진(陣)은 깨뜨릴 수 없는 것이다."

하면서 굳게 지키고 허락하지 않았다.

자라서 '大丈夫'라는 세 글자를 써서 차고 일찍 무과(武科)에 급제하여 여러 관청에 출입하면서 각각 그 직책을 잘 맡아 행하니 모두 인재(人才)라고 칭찬했다. 인조(仁祖) 계유(癸酉)에 평안감사(平安監司) 민성휘(閔聖徽)가 계청(啓請)하기를,

"서쪽 일은 경업(慶業)이 아니면 의논할 수 없다."

고 하여 특별히 명하여 영변부사(寧邊府使)에 임명했다. 이 때 공유덕(孔有德)·경중명(耿仲明)이 천가장(千家莊)에 와서 살자 경업(慶業)이 군사를 일으켜 치자 유덕(有德) 등이 드디어 도망해 갔다. 이에 명(明)나라 조정에서 특별히 총병(摠兵)에 임명하고 상을 몹시 후하게 주었다.

갑술(甲戌)에 의주부윤(義州府尹)이 되자 죽음을 각오한 정대기(丁大器)·문사립(文士立)·한경생(韓景生)·박희복(朴希福)을 얻어서 머리를 깎고 변복(變服)을 시켜 심양(瀋陽)에 들어가서 정세(情勢)를 탐지시켰다. 병자(丙子)에 성을 굳게 지켰고 납서(蠟書)[1]를 만들어 병사(兵使) 유림(柳琳)에게 고하기를,

"적이 반드시 오래 머물러 있으려 하니 행재소(行在所)가 포위

---

1) 蠟書: 납환(蠟丸) 속에 넣은 밀서(密書).

당하면 적을 물리칠 방법이 없으니 원컨대 만 명의 군사를 얻
어서 바로 심양(瀋陽)을 쳐부수면 저들은 반드시 온 나라의 힘
을 기울여 가지고 올 것이고 그 때 한 번 싸워서 그 근본을 무너
뜨릴 것이니, 이것이 바로 손빈(孫臏)이 위도(魏都)로 달려가서
한(韓)나라를 구한 방법입니다."

했으나 임(琳)은 이 방법을 쓰지 않았다. 그러나 이 때 경업은 청
(淸)나라 장수 요추(要魋)를 쳐서 무찌르고 그가 거느렸던 인구(人
口) 백여 명과 말 60여 필을 빼앗아 왔다.

정축(丁丑)에 삼학사(三學士) 홍익한(洪翼漢) 등이 척화(斥和)하
다가 잡혀서 북쪽으로 가는데 경업이 나가 맞아 손을 잡고 말하기
를,

"사대부(士大夫)는 죽을 자리를 얻기가 어려운 것인데 이름이 태
산(泰山)·북두(北斗)와 함께 높기를 다투는도다."

하고, 대접이 몹시 융숭하고 노자도 또한 후하게 주었다.

정축(丁丑) 이후로 경업은 매양 명나라와 비밀히 통하고자 했으
나 적당한 사람을 얻기 어렵다고 들으니 묘향산(妙香山)의 중 독
보(獨步)가 속성명(俗姓名)이 신헐(申歇)인데 의기가 있어 부릴 만
하다고 하므로 불러다가 후하게 대접하고 통신(通信)의 일을 말하
자 신헐(申歇)은 가기를 청한다. 이에 최명길(崔鳴吉)·이시백(李
時白)과 함께 의논하고 신헐을 보내어 석성도(石城島)에 이르러 편
지를 보내고 돌아왔는데 이 때 경업은 죄에 연좌되어 적산(謫山)
으로 귀양갔다.

경신(庚申) 봄에 청나라 사람이 군사를 내어 명나라 금주(錦州)
를 협공(夾攻)하자고 청하자 조정에서는 귀양을 풀고 수군(水軍)의
상장(上將)을 삼았다. 이에 경업이 부장(副將) 이완(李浣)과 함께
거짓 바람에 불린 체하여 사람을 명나라에 보내어 그 응변(應變)
의 뜻을 통했다. 6월에 개주(蓋州)에 가서 명나라 배 40척을 만나
서 피차 탄환을 빼고 총을 쏘고 촉을 빼고 활을 쏘면서 한참 동안
서로 싸우다가 돌아왔다. 이에 청나라 장수는 이를 의심하여 그
군사를 나누어 멀리 진(陣)을 쳐서 명나라 군사의 모양을 하고 경
업으로 하여금 이를 치게 했다. 그러나 경업은 그 꾀를 알고 강한

화살과 위력적인 탄환으로 어지러이 쏘니 이에 청나라 장수는 명나라와 공모(共謀)한 것이라 의심하여 본국으로 돌아가게 했다. 이에 경업은 헤엄 잘치는 사람을 얻어 본국이 군사를 받아 위협을 받는 일을 가서 말하여 명나라 조정을 잊지 않는 뜻을 알리게 했다.

처음에 청나라 사람이 경업(慶業)의 지략(智略)을 익히 들었기 때문에 그의 이름을 지명(指名)하여 보내달라고 청했던 것은 서쪽으로 명나라에 들어가려고 했던 것인데, 이 때에 이르러 여러 번 싸워서 여러 번 물리치자 청나라 사람은 그대로 군사를 물리고 경업으로 하여금 바닷길로 회군(回軍)하게 했다. 그러나 경업은 배도 부서지고 양식도 떨어졌으니 육로(陸路)로 가겠다고 청하자 청나라 사람은 하는 수 없이 이를 허락했다.

임오(壬午)에 평안병사(平安兵使)가 되었는데 명나라 상서(尙書) 홍승주(洪承疇)가 청나라에 항복하여 경업이 전후에 밀통(密通)했다는 사실을 말하고, 선천부사(宣川府使) 이주(李炷)가 또 독보(獨步)를 명나라에 보낸 일을 말하자 청나라 임금은 크게 노하여 우리 나라로 하여금 급히 잡아 보내라고 했다. 이에 경업은 칼을 차고 길에 오르면서 탄식하기를,

"남아(男兒)는 헛되이 살 것이 아니니 어찌 무단히 저들에게 죽으러 간단 말이냐. 이것은 명나라로 달려가서 힘을 다하여 원수를 없애는 것만 같지 못하다."

하고 금교역(金郊驛)에 이르러 밤을 타서 도망했더니 청나라 사신(使臣)이 바쁘게 본조(本朝)를 힐책하고 크게 찾았으나 얻지 못했다.

경업은 드디어 머리를 깎고 중이 되어 강호(江湖)에 자취를 감추어 혹 아는 친구의 집에 몸을 숨기다가 수안(遂安) 이모(李某)의 집에 이르렀으니 이는 곧 전일 의주윤(義州尹)으로 있을 때의 군관(軍官)이다. 경업이 밤을 타서 그의 손을 잡고 탄식하기를,

"우리 조정이 저들에게 핍박을 당하고 또 나를 미워하는 자가 많아서 여기까지 왔는데 내 어찌 손을 묶고 죽음에 나간단 말인가. 만일 바다 하나만 건너면 명나라 천지이니 그대는 나와 일을 같이 하여 비린내 나는 기운을 쓸어버리고 다시 황가(皇家)를 이룩하여 임진(壬辰)의 망극(罔極)한 은혜를 갚고 명나라 임금의

뜰을 거닐면 이름을 청사(靑史)에 드리울 것이니 어찌 시골에서
썩어 떨어진단 말인가. "
했다.

그러나 이(李)는 말하기를,

"장군의 뜻은 크고 장군의 충성은 지극합니다. 그러나 명나라는
나라가 망할 운수를 당해서 사대부(士大夫)의 재물을 탐하는 풍
토가 몹시 왕성하고 환시(宦侍)들의 일하는 것이 한당(漢唐) 때와
다를 것이 없고 당론(黨論)의 편벽됨이 남북부(南北部)보다도 심
하며, 명나라 신종(神宗)은 50년 동안을 간사한 자들을 신임하
여 어진 사람들이 자취를 감추었습니다. 또 동쪽을 정벌하던 싸
움에 천하가 소동스럽고 몇 해 동안 가뭄과 황충이가 서로 계속
되고 도적이 사방에서 일어나니 이 때를 타서 청나라 사람이 철
기(鐵騎)를 길게 몰아오면 마치 썩은 것을 부러뜨리고 마른 가지
를 꺾는 것과 같아서 가는 곳마다 대적할 자 없을 것이니 장군
이 조그만 칼 하나로 무엇을 하겠습니까. 저는 시골에 묻혀 사
는 사람으로서 천하일에 관여할 바가 못되오니 원컨대 장군께서
는 스스로 마음대로 하시옵소서. "
했다.

얼마 안되어 이(李)가 조사하는 데 걸려서 잡아다가 묻자 공술하
기를,

"장막 안은 곧 부자의 의리와 같은데 그런 일이 있어도 진실로
말하지 않을 터인데 하물며 아무런 형적도 없는 터이겠는가. "
했다.

계미(癸未) 2월에 고양(高陽) 행주(幸州)에 도착하여 마포(麻浦)
의 뱃사람 이소원(李小元)으로 하여금 상인(商人)으로 해미(海美)
에 사는 박수원(朴守元)·차재룡(車再龍)·이성남(李成南)을 소개
받아 말하기를,

"화주승(化主僧)이 평안도(平安道)로 쌀을 사러 가는데 만일 쌀
을 싣고 와서 팔면 많은 돈을 벌 수가 있다. "
고 하자 여러 상인들은 모두 그 말을 믿고 드디어 같이 배를 타고
해주(海州) 연평도(延平島)에 이르렀을 때 경업은 승복(僧服)을 벗

어버리고 칼로 닻줄을 치면서 말하기를,

"나는 임병사(林兵使)이다. 남경(南京)으로 가고자 해서 너희들
을 속여 여기에 온 것이다."

하니 여러 사람들이 모두 놀라서 절을 하는 것이었다.

그러나 이 때 갑자기 거센 바람을 만나서 배가 해풍현(海豊縣)
에 닿자 그 고을 사람들이 청나라 사람인가 의심하여 해치려 했다.
이에 경업이 자기의 성명(姓名)과 여기에 온 이유를 글로 써서 보
이자 해풍수(海豊守)는 그를 옥(獄)에 가두고 급히 포정국(布政局)
에 사실을 보고했다. 이에 포정사(布政司)가 말하기를,

"이는 어찌 명나라를 위하여 공경개(孔耿介)를 친 자가 아니겠
는가. 이 사람이 홀로 주(周)나라를 높이는 의리를 아니 어서 가
둔 것을 풀고 풍성하게 물건을 주고서 즉시 위에 알리라."

했다. 이 때 수군 총병(水軍總兵) 황종예(黃宗裔)가 등주(登州)에
주둔하고 있다가 조선에서 도망온 장수가 해풍옥(海豊獄)에 갇혔
단 말을 듣고 관원을 보내어 사실을 탐지하게 하고 즉시 옥문을
깨치고 영접해 돌아와서 밤에 함께 적을 칠 일을 의논했고, 명나
라 황제(皇帝)는 또 명하여 등주(登州)에 머물게 했다.

갑신(甲申) 4월에 적장(賊將) 이자성(李自成)이 황성(皇城)을 함
락하자 황종예(黃宗裔)가 중사(中使) 마홍주(馬弘周)로 하여금 그
군사를 대신 거느리고 몸을 빼어 가서 구원하게 했으나 얼마 되지
않아서 산해관(山海關)의 장수 오삼계(吳三桂)가 청나라 군사를 이
끌고 적을 쳤으나 청주(淸州)는 드디어 연경(燕京)을 점령했다.

이 때 경업은 마홍주(馬弘周)의 진영에 있었는데 홍주(弘周)가
청나라에 항복할 뜻을 가지고 있는 것을 알고 도망하려 해도 계교
가 없더니, 마침 상선(商船)이 남경(南京)으로부터 오자 경업은 밤
을 타서 도망하려 했으나 홍주(弘周)가 이것을 알고 지키게 하고 또
독보(獨步)의 일이 탄로되어서 벗어나지 못했다.

기유(己酉) 4월에 배 5척이 남경(南京)으로부터 와서 말하기를,

"적이 성 가까이에 와서 오래 머물 수가 없으니 중군(中軍)께서
는 임노야(林老爺 : 慶業)와 함께 배를 타고 오십시오."

한다. 홍주(弘周)가 즉시 양식을 싣고 장차 남쪽으로 내려가려 하

니 갑자기 철기(鐵騎) 수백이 강을 따라 오고 있으므로 홍주(弘周)는 즉시 배를 돌려 언덕에 대고 그들을 영접하여 철기(鐵騎)를 따르는데 청나라 군사는 먼저 홍주(弘周)와 장사(將士)들의 머리털을 베고 또 경업의 관(冠)을 벗기려 하자 경업은 드디어 큰 소리로 꾸짖어 물리쳤으나 이로 인해서 마침내 형틀에 매여 연경(燕京)에 이르렀는데 갇혀 있으면서도 굴하지 않고 수년 동안 죽지 않은 것은 청나라 사람이 그 의리를 높이 여긴 때문이었다. 이 때 청주(淸州)가 연경(燕京)에 있어서 천하를 호령하고 남경(南京)을 석권(席捲)하게 되자 이로써 우리 나라에 알렸다.

병술(丙戌) 3월에 정사(正使) 이경석(李景奭), 김육(金堉)을 보내어 연경(燕京)에 들어가 경업을 우리 나라로 돌아오게 해달라고 청하자 섭정왕(攝政王) 다이곤(多爾袞)이 경업을 잡아 보내는데 옷은 비록 호복(胡服)을 입었지만 머리털은 깎지 않았다. 임오(壬午)로부터 5년 동안 망명(亡命)하여 여러 번 서경(西京 : 平壤)을 지나니 서경(西京) 사람들이 이를 슬퍼하지 않는 자가 없었다.

이 때 김자점(金自點)이 나라 일을 맡아 다스리는데 비밀히 다른 뜻을 가지고 충의(忠義)의 사람을 베어 없애고 있었다. 그는 본래 경업과 숙감(宿憾)이 있는 터라, 갑신(甲申)에 심기원(沈器遠)이 없는 죄를 있다고 거짓말한 일로 해서 매를 때리면서 엄하게 신문(訊問)하자 경업은 큰 소리로 호통치기를,

"나라 일이 아직 정해지지 않았는데 어찌 경솔히 나를 죽이느냐."

하고 마침내 옥(獄)에서 죽으니 이 날 초목(草木)들이 마치 장마비에 젖은 것과 같았다.

이보다 먼저 장군이 타던 말은 하루에 반천 리를 달리고 두어 길 되는 구덩이를 뛰어 넘었었는데, 장군이 도망해 나올 때 굴레를 벗겨 버리면서 말하기를,

"슬프다. 이 어리석은 말아, 어찌해서 몸을 오그리고 눈물을 흘리느냐."

했다. 그 뒤에 이 말은 사복시(司僕寺)로 들어가 내구마(內廐馬)가 되었는데, 이 때에 이르러 마부(馬夫)가 앞에 와서 말하기를,

"너의 옛주인이 죽었다."

고 하자 말은 아무것도 먹지 않고 하늘을 우러러 세 번 울고 죽었다. 경업은 벼슬이 지중추부사(知中樞府事)에 이르고 시호는 충민(忠愍)이다.

처음에 장군은 기생첩을 얻었는데 얼굴이 아름다웠었다. 장군이 일찍이 동배(同輩)들과 이야기할 때 반드시 말하기를,

"자점(自點)은 죄로 마땅히 베어야 한다."

했었는데, 그 첩이 이것을 들어 알고 있었다. 장군이 망명(亡命)한 뒤에 그 여인이 자점(自點)에게로 가서 살면서 그 말을 모두 자점에게 했기 때문에 마침내 얽어서 죽인 것이다. 여색(女色)이 사람을 해치는 것이 이와 같았으니 슬픈 일이다. 〈강상문답(江上問答)〉

유형(柳珩)이 진충(盡忠) 보국(報國)할 것으로 스스로 맹세하다

유형(柳珩)은 진주(晋州) 사람이니 진동(辰同)의 손자로서 일찍 아버지를 여의었다. 어머니는 임씨(林氏)인데 가난해서 스스로 살아 나갈 수 없는데도 말을 달리고 칼 쓰기를 배우면서 생산(生產)을 일삼지 않고 경술(經術)을 공부하지 않자, 어머니가 울면서 말하기를,

"내가 죽지 않은 것은 오직 네가 있기 때문이었는데 네가 지금 이와 같으니 누구를 믿고 살겠느냐."

하자 형(珩)은 말하기를,

"제가 끝내 마땅히 집을 수립(樹立)하여 어머니를 영화롭게 해 드리겠사오니 근심하지 마시옵소서. 또 제 몸이 있는데 어찌 가난을 근심하겠습니까."

하고 물러가서 울면서 말하기를,

"태어나면서 아버지의 얼굴도 알지 못하고 또 어머니로 하여금 먹는 것도 어렵게 해드리고 있으니 사람이 아니다."

하고 드디어 가산(家産)을 다스려 넉넉하게 해놓고 또 이윽고 스승을 찾아 학문을 배우는데 의지(意志)를 꺾고 글을 읽어 통렬(痛烈)히 호기스러운 습관을 버리니 신실(信實)한 독행(篤行)의 선비였다.

이윽고 탄식하기를,

"장부(丈夫)가 마땅히 재주로 몸을 나타낼 것이니 어찌 반드시 장구(章句)에 구속된단 말이냐."

하고 갑오(甲午)에 무과(武科)에 급제했다. 이 때 김천일(金千鎰)이 군사를 일으켜 왜(倭)를 치기 위하여 강도(江都)에 주둔했는데, 형(珩)이 칼을 짚고 따르다가 그 길로 서쪽 행재소(行在所)에 가서 선전관(宣傳官)에 임명되었다.

이 때 선조(宣祖)가 그 잘생긴 모습을 기이하게 여겨 그 부조(父祖)가 누구냐고 묻자 형(珩)이 무릎을 꿇고 대답하기를,

"신(臣)의 할아비는 진동(辰同)으로서 중조(中祖) 때의 명신(名臣)입니다."

하자, 임금은 울면서 말하기를,

"나라 일에 힘써 행해서 네 조부(祖父)를 더럽히지 말라."

하고 특별히 말을 하사하여 장려(獎勵)하니 이로부터 감읍(感泣)하여 드디어 '盡忠報國'의 네 글자를 등에 새겨서 스스로 맹세했다.

해남(海南)의 감사(監司)로 나가자 한음 이덕형(漢陰李德馨)이 말하기를,

"이 사람의 군사 다스리는 것이 옳지 않은 것이 없으니 마땅히 한 진(鎭)을 맡겨야 한다."

하더니, 한산(閑山)에서 군사가 무너지고 원균(元均)이 패해서 죽자 형(珩)이 이 말을 듣고 통곡하면서 말하기를,

"수군(水軍)을 잃으면 양호(兩湖)를 잃게 되는 것이니 나라 일을 할 수가 없다."

하고 드디어 피를 찍어 군사에게 맹세하고 통제사(統制使) 이순신(李舜臣)과 함께 남은 군사를 수습해 가지고 바다 어구를 껴안고 사천(泗川)의 적을 맞아 쳐서 그들의 돌아갈 길을 끊고, 크게 호통치고 바로 나가서 하루 종일 괴롭게 싸워 여섯 곳이나 탄환을 맞

았는데도 오히려 똑바로 서서 적을 쏘니 의기(意氣)가 태연했다. 피가 흘러내려 덩어리를 이루자 장막 안으로 들어가 한참 만에 다시 소생하여 독려해 싸우기를 더욱 급히 하니 적의 시체가 바다를 덮었다.

경상우수사(慶尙右水使)에 임명되자, 이덕형(李德馨)이 이순신(李舜臣)에게 묻기를,

"누가 그대를 대신할 만한가？"

하자 순신은 대답하기를,

"충의(忠義)와 장략(將略)이 세상에 유형(柳珩)과 비교할 만한 자가 없으니 벼슬은 비록 낮으나 크게 쓸 만하다."

했다. 이에 덕형(德馨)이 조정에 알려서 이 제수가 있었던 것이다.

북쪽 오랑캐가 틈을 빌리자 조정에서는 회령부(會寧府)가 적의 공격을 받는 곳이라 하여 형(珩)으로 부사(府使)를 삼았다가 이내 북병사(北兵使)로 승진시켰다. 형(珩)이 집에서 지극한 행동이 있었는데 어머니가 병중에 꿩고기를 먹고 싶어 했는데 미처 구해드리기 전에 졸(卒)하니, 이로부터 몸이 마치기까지 꿩고기를 먹지 않았다. 벼슬이 통제사(統制使)에 이르렀고 아우 임(琳)과 손자 혁연(赫然)이 모두 무과(武科)로 나타났으며, 아들 효걸(孝傑)은 괄(适)의 난리에 전사(戰死)했다. 〈명장전(名將傳)〉

이식(李植)이 중을 만나서 주역(周易)을 깨우치다

이식(李植)은 덕수(德水) 사람이니 자(字)는 여고(汝固)요 호(號)는 택당(澤堂)이니 기유(己酉)에 생원(生員)이 되고 광해(光海) 경오(庚午)에 문과에 급제했다.

공은 젊었을 때 몸이 약하고 병이 있어 공부를 버리고 오로지 조양(調養)하는 것을 일삼았는데, 집이 지평(砥平) 백아곡(白鵶谷)에 있어 용문산(龍門山)에 가까웠다. 항상 주역(周易)을 가지고 용문사(龍門寺)에서 깊이 연구하여 밤마다 등불을 켜고 글을 읽는데

모든 중이 다 잠을 자는데 홀로 나무를 지고 오는 중이 있어 그 등불을 빌려 짚신을 삼고 자지 않았다.

어느날 공(公)이 생각하는 것이 몹시 괴로워서 새벽까지 그대로 있자 중이 입 속으로 혼자 말하기를,

"나이 젊은 서생(書生)이 미치지 못하는 정신으로 억지로 현미 (玄微)한 것을 구하니 한갓 심력(心力)만 허비하면 무엇하는가."

했다. 공이 이 말을 듣고 이튿날 중을 이끌고 고요하고 궁벽한 곳에 이르러 밤에 들은 것을 가지고 이를 묻고 또 말하기를,

"법사(法師)는 반드시 역리(易理)를 알 것이니 배우기를 청하노라."

했다.

이에 중이 말하기를,

"가난한 중이 어찌 지식(知識)이 있겠습니까. 다만 공의 공부가 깊은 것을 보고 정기(精氣)를 손상할까 걱정하여 말한 것이요 문자(文字)에 이르러서는 본래 아는 바가 없는데 하물며 주역(周易)이겠습니까."

했다. 그러나 공은 말하기를,

"그렇다면 어찌 현미(玄微)한 것을 말했는가?"

했다.

이에 법사(法師)는 끝내 숨길 수 없다는 것을 알고 이에 말하기를,

"만일 의심나는 곳이 있거든 일일이 쪽지를 해두었다가 내가 궁벽한 곳으로 가기를 기다리라."

하니 공이 크게 기뻐하여 자기가 해득하지 못한 곳을 일일이 쪽지를 해두었다가 수목이 울밀한 곳을 약속했다가 조용히 가서 물었다. 이 때 중은 미묘(微妙)한 곳을 해석하는 것이 남의 의표(意表) 밖에 나오니 공은 가슴 속이 상쾌하여 마치 구름을 헤치고 하늘을 보는 것과 같아서 기쁨을 이기지 못하여 그 중을 스승으로 대접했다.

공이 산에서 내려오던 날 중은 산문(山門)까지 전송하면서 내년 정월에 서울로 공을 찾겠다고 기약하더니 약속한 날에 중이 과연 찾아 왔다. 이에 그를 안채로 맞아서 사흘 동안 머무르게 했는데

중은 공을 위하여 운수를 보아 주고 평생의 일을 의논하고 나서 또 말하기를,

"병자(丙子)에 병화(兵禍)가 크게 일어날 것이니 반드시 영춘(永春) 땅으로 피하면 면할 수 있을 것이요, 또 공과 서관(西關)에서 만날 것이다."

하고 드디어 작별했다.

그 뒤 병자(丙子) 난리에 영춘(永春)으로 피해 들어가서 편안히 지냈고 벼슬이 경재(卿宰)에 이르러 서관(西關)으로 사신(使臣)이 되어 나가서 묘향산(妙香山)에서 놀 때 중의 무리들이 교자를 메고 오는데 앞에 오는 자가 바로 그 중으로서 준일(俊逸)하고 강장(强壯)해서 전에 용문(龍門)에 있을 때와 같았다.

공은 몹시 기뻐하여 절에 들어가자 따로 방 하나를 소제하고 그 중을 맞아 손을 잡고 몹시 기뻐하면서 사흘 동안을 머무르게 하고 극진히 대접하자 위로 나라일에서부터 아래로 사사로운 집안일까지 모두 말하고 하나도 빠뜨리지 않으니 공도 또한 도(道)를 듣는 것이 넓고 통달하고 각오한 것이 많았다고 한다. 〈청구야담(靑邱野談)〉

벼슬이 이조판서(吏曹判書)에 이르고 문형(文衡)을 맡았으며 시호는 문정(文靖)이다.

정온(鄭蘊)은 청(淸)나라 역서(曆書)를 보지 않았다

정온(鄭蘊)은 초계(草溪) 사람이니 자는 휘원(輝遠)이요 호는 동계(桐溪)이다. 일찍이 정인홍(鄭仁弘)의 문하(門下)에 가서 공부했다. 선조(宣祖) 병오(丙午)에 진사(進士)가 되고 광해(光海) 원년(元年)에 광릉참봉(光陵參奉)을 제수받았고 경술(庚戌)에 문과(文科)에 급제했다.

영창대군(永昌大君)의 옥사(獄事)가 일어나자 온(蘊)이 이첨(爾瞻)에게 이르기를,

"어린애가 아무것도 알지 못하는 것도 반역(反逆)인가?"

하자 이첨(爾瞻)이 소리를 높여 말하기를,

"이제 대비(大妃)를 폐하면 누가 다시 옳지 않다고 하는 자가 있 겠는가."

했다. 이에 온(蘊)은 웃으면서 말하기를,

"나는 이제 가리로다."

했다.

영창(永昌)이 정항(鄭沆)에게 죽음을 당하자 온(蘊)이 필선(弼 善)으로서 소(疏)를 올려 몹시 옳지 못한 것을 말했는데 소(疏)가 들어가자 조정 신하들 중 실색(失色)하지 않는 자가 없었다. 이에 광해주(光海主)가 크게 노하여 대역(大逆)으로 의논하자 정창연(鄭 昌衍)이 이를 반대했고 이원익(李元翼)·심희수(沈喜壽)가 모두 죽 일 수 없다고 했으나 인홍(仁弘)은 홀로 차자를 올려 말하기를, 그 말이 부도(不道)하니 반드시 용서할 수 없다고 했다.

이에 광해주(光海主)가 크게 기뻐하여 정국(廷鞫)을 하려 하자 기 자헌(奇自獻)이 말하기를,

"온(蘊)은 광망(狂妄)한 것뿐이요 딴 죄는 없으니 국문하는 것이 옳지 않다."

고 했다. 그러나 광해주는 노해서 신문(訊問)하고 대정(大靜)에 안치(安置)하여 모두 5개월 동안 갇혀 있었다. 이때 정호관(丁好 寬)이 그 소(疏)를 보고 깊이 스스로 한스럽게 여겨 말하기를,

"내가 그를 죄인으로 만들었다."

하고 술을 많이 마시고 죽었다.

계해(癸亥)에 반정(反正)하자 불러서 경상감사(慶尙監司)에 임명 하자 모부인(母夫人)이 말하기를,

"오늘에야 비로소 내 자식을 보게 되었구나."

하고 손을 잡고 웃으며 말할 뿐, 슬퍼하는 빛을 보이지 않으니, 사 람들이 모두 그를 어질다고 여겨 말하기를,

"그 어머니에 그 아들이 있도다."

했다.

병자(丙子)에 임금의 수레를 모시고 남한산성(南漢山城)으로 들 어가니 최명길(崔鳴吉)이 내일 임금이 항복하기로 약속했다고 했

다. 이에 온(蘊)이 노해서 말하기를,

　"차라리 나라가 망할지언정 임금이 오랑캐에게 항복하게 하는
　것을 내가 부끄럽게 여긴다."

하고 차고 있던 칼을 빼어 자기 배를 찌르자 칼이 뱃속으로 들어
갔다. 이에 성안 사람들이 크게 놀라서 그 의리를 슬퍼하지 않는
자가 없었다. 임금이 어의(御醫)에게 명하여 가서 보게 하고, 명
하여 관(官)에서 공급(供給)하여 구원하게 하고 향리(鄕里)로 떠메
가니 그는 탄식하기를,

　"임금이 욕을 당했으니 신하가 죽는 것이 이미 늦었다. 다시 무
　슨 마음으로 보통 사람들과 함께 세금을 내고 처자(妻子)가 봉
　양하는 것을 먹는단 말인가."

하고 그 길로 금원산(金猿山) 속으로 들어가 풀을 덮어 집을 만들
어 이름을 구소(鳩巢)라 하고 산을 일구어 차조를 심어 스스로 먹
고 살면서 매양 해가 바뀔 때마다 청(淸)나라 달력을 보지 않았
다.

　인홍(仁弘)이 형벌을 당할 때 온(蘊)은 소(疏)를 올려 말하기를,

　"늙은이를 슬프게 여겨 형벌이 미치지 않게 하시옵소서."

했으나 임금은 받아들이지 않았다. 그가 죽은 뒤에 온(蘊)이 그
시체를 거두어 장사 지내니 당시 사람들이 말하기를,

　"사생(師生)의 은혜는 비록 끊어졌으나 그 의리는 미치기 어렵
　다."

했다. 시호는 문간(文簡)이다.〈인물고(人物考)〉

홍익한(洪翼漢)은 청주(淸主)를 돌아다보면서 이르기 어렵다고 했다

(이로부터 세 사람을 세상에서 정축삼학사(丁丑三學士)라고 일컫
는다.)

　홍익한(洪翼漢)은 남양(南陽) 사람이니 자는 백승(伯升)이요 호
는 화포(花浦)이다. 처음 이름은 습(霫)이요, 자는 택원(澤遠)으로

서 월사 이정귀(月沙李廷龜)의 문하(門下)에서 배웠다.

을유(乙酉)에 생원(生員)이 되고 뒤에 문과(文科)에 급제했으나 임금의 사랑을 받는 권신(權臣)이 이를 뽑아갔다. 인조(仁祖)가 공주(公州)에 거둥했을 때 정시(庭試)를 보는데 갑과(甲科) 제 1 인으로 급제했다. 이에 사서(司書)를 거쳐 장령(掌令)에 이르렀더니 병자(丙子)에 척화(斥和)한다는 이유로 결박되어 청나라로 보내져서 오랑캐의 감옥에 갇히었다.

이 때 3월 3일에 시(詩)를 지어 말하기를,

"양지 언덕에 가는 풀은 새싹이 트는데, 외로운 새는 조롱(鳥籠)에 갇히어 뜻이 도리어 슬프네. 오랑캐 풍속에 답청(踏青)[1] 하는 것은 마음 밖의 일이요, 금성(錦城)에서 술마시는 것은 꿈속의 일일세. 바람이 흔들어 봄이 움직이니 음산한 산이 움직이고, 눈이 들어와 봄이 다하니 달 속이 열리네. 주리고 목말라 겨우 실낱같은 목숨 보존하니, 백년 뒤에도 오늘의 일은 눈물이 뺨에 가득하리. (陽坡細草坼新胎 孤鳥樊籠意轉哀 荊俗踏青心外事 錦城浮白夢中來 風飜夜攪陰山動 雪入春澌月窟開 飢渴僅能全縷命 百年今日淚盈腮)"

했다.

청나라 임금이 묻기를,

"어찌해서 척화(斥和)했느냐."

하자, 익한(翼漢)은 대답하기를,

"신자(臣子)의 분의(分義)는 마땅히 충효(忠孝)를 다해야 하는 것인데 위에 군친(君親)이 계신데도 모두 부호(扶護)하여 안전(安全)하게 해드리지 못해서 이제 세자(世子), 대군(大君)이 모두 포로가 되었고 노모(老母)의 존몰(存沒)을 또한 얻어 알지 못하니, 그런 까닭에 한 장의 소(疏)를 쓸데없이 올려 또 국가의 낭패를 가져왔으니 충효(忠孝)의 도리로 따져보건대 아주 없어진 것이나 마찬가지이니, 비록 만 번 죽음을 당한대도 실로 마음을 달게 하여 피를 북에 바르고 넋이 하늘로 날아가서 고국(故國)에 돌아가 놀면 다음에 쾌하겠으니 오직 속히 죽는 것을 원하노

---

1) 踏青 : 푸른 풀 위를 걷는 것.

라."

했다.

이에 청나라 임금은 옆을 돌아보면서 말하기를,

"어렵도다. 이 사람이여!"

했다. 이리하여 끝내 굴하지 않고 죽었는데, 강도(江都)가 함락될 때 부인 허씨(許氏) 및 아들 수원(晬元)이 모두 죽어서 정문을 내리고 시호는 충정(忠貞)이다. 〈소대기년(昭代紀年)〉

윤집(尹集)이 담소(談笑)가 태연(泰然)했다

윤집(尹集)은 남원(南原) 사람이니 자는 성백(成伯)이요 호는 임계(林溪)인데 나이 13세에 아버지를 잃었고 22세에 생원(生員)이 되었으며 26세에 문과에 급제했다.

설서(說書)·교리(校理)를 거쳤고, 병자(丙子)에 소(疏)를 올려 척화(斥和)를 힘껏 주장했는데 정축(丁丑)애 묶여서 청나라로 보내졌다. 이 때 오랑캐가 위협하면서 묻기를,

"앞장서서 척화(斥和)를 주장한 자가 비단 홍익한(洪翼漢) 한 사람뿐이 아닐 테니 이제 만일 사실대로 고하면 벌을 면할 수 있다."

하고 재삼 달래고 위협했다.

이에 집(集)이 말하기를,

"내가 내 머리를 이고 왔으니 마땅히 자르겠으면 자르고 모름지기 다시 묻지 말라."

했다. 이리하여 오랑캐와 함께 청나라로 가는데 중로(中路)에 아우에게 편지를 보내어 말하기를,

"내가 오모(吳某)와 스스로 당할 것이니 남아(男兒)가 땅에 떨어져서 몸을 버려 나라를 구하는 것이 또한 다행한 일이나 다만 조모(祖母)께서 연세가 많으신데 다시 가뵙지 못하니 이것이 한스럽다."

하고 심양(瀋陽)에 도착했다.

이 때 청나라 임금이 말하기를,

"네가 비록 척화(斥和)는 했으나 앞장서서 제창하지는 않았으니 모름지기 죽이지는 않을 것이요 장차 벼슬을 시킬 것이니 처자(妻子)를 데리고 오도록 하라."

했다. 그러나 그는 대답하기를,

"그것은 결단코 좋을 수 없다. 이미 조선의 신하가 되었으니 의리에 딴 나라 벼슬을 할 수가 없으니 오직 속히 죽기를 원하노라."

했다. 이리하여 4월 19일에 해를 당했다.

죽음에 임하여 그 종에게 이르기를,

"내가 오늘 반드시 죽으리로다."

하니 종이 말하기를,

"어찌해서 아직 애써 좇지 않으십니까?"

하니 집(集)이 웃으면서 말하기를,

"몸을 굽히는 욕됨이 죽음보다 더한 것이니, 이는 너의 알 바 아니다."

하고 오달제(吳達濟)와 함께 담소(談笑)가 태연했다. 시호는 충정(忠貞)이다. 〈소대기년(昭代紀年)〉

오달제(吳達濟)는 아내에게 보낸 시(詩)에 복중(腹中)의 아이를 잘 보호하라 했다

오달제(吳達濟)는 해주(海州) 사람이니 자는 계휘(季輝)요 호는 추담(秋潭)이다. 정묘(丁卯)에 진사(進士)가 되고 갑술(甲戌)에 문과에 급제해서 정자(正字)·교리(校理)가 되었다.

을해(乙亥)에 소(疏)를 올려 청나라 치기를 청하기를,

"만일 신(臣)에게 정병(精兵) 수만을 빌려 주시고 신의 편의대로 적을 치게 하신다면 장차 칼을 백두산(白頭山)의 돌에 갈고 두만강(頭滿江) 물을 말에게 먹여가지고 오랑캐의 창자를 밟고

오랑캐의 피를 건너서 비린내 나는 먼지를 자새(紫塞)에 쓸고서 첩보(捷報)를 올리고 기이한 공을 세우겠습니다. "
했다.

병자(丙子)에 임금을 모시고 남한산성(南漢山城)에 갔다가 윤집(尹集)과 함께 잡혀서 오랑캐의 진영으로 보냈으나 항언(抗言)하고 굽히지 않자 그 길로 떠나서 신천(信川) 땅에 이르러 10여 일을 머물면서 시(詩)를 지어 어머니 생각하기를,

"바람과 티끌, 남과 북에 각각 뜬 구름인데, 그 누가 서로 나뉘어 이 길을 가리라고 말했을까. 떠나던 날 두 아이가 함께 어머님을 뵈었고, 올 때에는 한 아들만이 홀로 뜰에 나가네. 끊어진 옷깃은 이미 삼천(三遷)[1]의 가르침을 저버렸고, 우는 실에 부질없이 마디마디 정이 달렸네. 관새(關塞)에 길이 기니 서경(西京)이 저물었고, 이 사람은 어느 길로 다시 어머님 가뵐까. 외로운 신하의 의리가 바르니 마음에 부끄러운 것이 없고, 성주(聖主)의 은혜가 깊으니 죽음도 또한 가벼우네. 이 인생의 가장 무한한 아픔은 북당(北堂) 문에 헛되이 의지해 기다리는 심정을 저버린 것일세. (風塵南北各浮萍 誰謂相分有此行 別日兩兒同拜母 來時一子獨趍庭 絶裾已負三遷敎 泣線空懸寸草情 關塞道脩西京暮 此生何路更歸寧 孤臣義正心無怍 聖主恩深死亦輕 最是此生無恨痛 北堂虛負倚閭情)"
했다.

또 형에게 보낸 시(詩)에 말하기를,

"남한(南漢) 당시에 죽음에 나간 몸이요, 오랑캐에게 갇혀 오히려 돌아가지 못하는 신하가 되었네. 서쪽으로 오면서 몇 번이나 형을 생각하는 눈물을 뿌렸던가, 동쪽으로 바라보니 멀리 아우 생각하는 사람 불쌍하네. 넋은 새방(塞方)의 기러기를 쫓아 외로운 그림자가 슬프고, 꿈은 못의 풀에 놀라니 쇠잔한 봄이 애석하네. 생각하니 채색 옷으로 어머님께 나가는 날에 차마 무슨 말로 늙은 어버이를 위로하리. (南漢當時就死身 楚囚猶作未歸臣 西來幾洒思兄淚 東望遙憐憶弟人 魂逐塞鴻悲隻影 夢驚池草惜殘春

---

1) 三遷之敎 : 맹자의 어머니가 맹자를 가르치기 위하여 집을 세 번 옮긴 일.

想當彩服趨庭日 忍作何辭慰老親)"

했다.

또 아내에게 주는 시에 말하기를,

"금실의 은정(恩情)이 무거운데, 서로 만난 지 아직 두 돌도 되지 못했네. 이제 만리에 이별하게 되니, 헛되이 백년의 기약을 저버렸네. 땅이 넓으니 편지 보내기가 어렵고, 하늘이 기니 꿈도 또한 더디어라. 나의 사는 것 아직 점칠 수 없으니, 뱃속의 아이를 잘 보호하오. (琴瑟恩情重 相逢未二朞 今成萬里別 虛負百年期 地濶書難寄 天長夢亦遲 吾生未可卜 善護腹中兒)"

하니 듣는 사람 중에서 눈물 흘리지 않는 자가 없었다.

홍(洪)·윤(尹) 두 학사(學士)와 함께 굴하지 않다가 해를 당하니 그 때 나이 29세였다. 시호는 충렬(忠烈)이다. 〈소대기년(昭代紀年)〉

이시직(李時稷)은 품 속에 항상 활시윗줄을 가지고 있었다

이시직(李時稷)은 연안(延安) 사람이니 자는 성유(聖兪)요 호는 죽창(竹窓)이다. 키가 크고 얼굴이 희며 아름다운 수염에 눈이 예쁜데 성정(性情)이 너그럽고 진솔(眞率)하여 절대로 모가 나지 않았다.

젊어서는 지산 조호익(芝山曺好益)을 따라 배웠고, 뒤에는 사계 김장생(沙溪金長生)의 문하에서 놀았다. 병오(丙午)에 진사(進士)가 되고, 인조(仁祖)가 즉위하자 천거하여 별제(別提)를 제수받았다. 이괄(李适)이 반(反)하자 임금을 모시고 공주(公州)에 가서 정언(正言)에 승진되었고, 병자(丙子) 겨울에 통곡하면서 강도(江都)로 들어가서 사람에게 이르기를,

"이곳이 나의 죽을 곳이다."

했다.

청나라 사람이 강을 건너자 선원 김상용(仙源金尙容)은 스스로
불에 타서 죽고 송시영(宋時榮)·윤전(尹烇)과 함께 한 집에 있었
는데 시직(時稷)이 말하기를,

"우리들이 옛사람의 글을 읽고서도 오늘날 살아야 하는가."
하고 집에 보내는 편지를 종을 시켜 보내면서 그 아들에게 말하
기를,

"몸을 죽여 어진 것을 이루면 하늘을 우러러 보나 땅을 굽어 보
아도 부끄러울 것이 없다."
했다.

이 때 송시영(宋時榮)이 먼저 자결(自決)하자 시직(時稷)이 친히
염빈(斂殯)해서 웅덩이를 파고 그 중 하나를 비워 두면서 말하기
를,

"내가 죽거든 여기에 빈(殯)을 하라."
하고 입었던 옷을 벗어서 관인(舘人)에게 주면서 말하기를,

"이것으로 나를 염(斂)하라."
했다.

그는 항상 활시윗줄을 품 속에 넣고 있으면서 말하기를,

"이것이 나의 몸을 죽이는 도구이다."
하더니 드디어 그 줄을 잡아당겨 스스로 목을 매어 죽었다. 이조판
서(吏曹判書)를 증직했고 시호는 충목(忠穆)이다.〈우암집(尤庵集)〉

이원(李源)이 호호(豪戶)를 습복(慴伏)시키다

이원(李源)은 농서(隴西) 사람이니 제독(提督) 여송(如松)의 손
자이다. 무과(武科)에 급제하여 일찍이 군수(郡守)가 되었는데 군
내(郡內)에 임금의 외척(外戚)인 호호(豪戶)[1]가 있어 관곡(官穀)
4백 석(石)을 가져가고서 여러 번 독촉해도 가져오지 않았다. 이에
원(源)이 그 호호(豪戶)에게 초패(招牌)를 보냈더니 패졸(牌卒)을

---

1) 豪戶 : 권세가 있는 집안.

때려 죽였다.

원(源)은 거짓 놀라면서 말하기를,

"그 호주(戶主)는 누구인가?"

하자 딴 아전이 고하기를,

"모가(某家)입니다."

한다. 원(源)은 말하기를,

"내가 잘못했다."

하고 곧 예리(禮吏)와 향승(鄕丞)을 보내서 사죄하니 호호(豪戶)는
크게 기뻐했다.

그 후 10여 일이 지난 뒤에 날씨가 차고 눈이 내리는데 원(源)
이 막하(幕下)와 함께 매사냥을 하는데 스스로 소매가 좁은 전복
(戰服)을 입고 주리(厨吏)로 하여금 주육(酒肉)을 갖추어 가지고 따
르게 하여 호호(豪戶)의 마을에 이르러 말에서 내려 자리를 깔고
숯불을 피워 냄비를 걸고 나서 일부러 좌우에게 묻기를,

"저 산 밑의 와가(瓦家)는 누구의 집이냐?"

하니 대답하기를,

"아무 호호(豪戶)의 집입니다."

한다.

원(源)은 즉시 수리(首吏)를 보내서 인사하기를,

"사냥하는 길에 여기에 왔는데 이곳은 곧 선장(仙庄)의 문 밖이
니 예(禮)에 마땅히 가 뵈어야할 것이오나 마침 군복(軍服)을 입
어서 감히 정성을 펴지 못하오니 엎드려 바라옵건대 잠시 위엄
을 굽히시고 오시면 여기에서 좋게 모시고 마시겠습니다."

하자, 호호(豪戶)는 크게 기뻐하여 즉시 만나서 두어 마디의 말을
했을 때 원(源)은 칼을 빼어 들고 눈을 부릅뜨고 크게 소리치니
산악(山岳)이 울리고 떤다.

이에 좌우에 명하여 말하기를,

"속히 이놈을 결박하라. 내가 오늘 사냥나온 것은 이 새를 잡
기 위한 것이다."

하여 드디어 그를 결박하여 말 등에 싣고 그 등에 쓰기를, '逆賊'
이라 하고, 그 아래에 주(註)를 달기를,

"관령(官令)을 거역했으니 역(逆)이요, 나라 곡식을 도둑질해
먹었으니 적(賊)이다."
했다.

그 길로 달려 돌아오는데 군졸(軍卒)로 하여금 풍악을 울려 승
전곡(乘戰曲)을 아뢰고 술 취한 기운을 타서 포로로 잡은 것을 데
리고 곧 부중(府中)으로 들어가 큰 칼을 씌워 가두었더니 5, 6일 만
에 축낸 곡식을 다 갖다 바쳤다. 이에 가둔 것을 풀어주었더니 사
과하기를,

"공사(公事)에는 사사로운 것이 없는 법이니 용서해 주십시오."
하니, 이로부터 호호(豪戶)는 두려워하여 복종했다. 〈목민심서(牧
民心書)〉

김여준(金汝峻)이 월명비안가(月明飛鴈歌)를 노래 부르다

김여준(金汝峻)은 김해(金海) 사람이니 수사(水使) 우(宇)의 아
들이다. 인조(仁祖) 정축(丁丑)에 효종(孝宗)이 소현(昭顯)·인평
(麟坪)과 함께 심양(瀋陽)에 들어가는데 여준(汝峻)이 군관(軍官)
으로서 성의를 다하여 모시고 가서 옥하관(玉河關)에 이르러 월명
비안가(月明飛鴈歌)를 부르고 일찍이 무용(武勇)으로 일컬어졌다.

청장(淸將) 우거(禹巨)가 용맹을 좋아하여 싸워서 승부(勝負)를
결단하기를 원했다. 이에 여준(汝峻)이 그 추장(酋長)에게 청하기를,

"만일 생사(生死)에 관계가 되면 어찌하는가?"
하자 추장(酋長)은 말하기를,

"이것도 역시 군법(軍法)이니 죽음에 이른들 어찌 한하겠는가."
했다.

여준(汝峻)이 거(巨)의 콧구멍이 넓고 큰 것을 보고 주먹으로 바
로 콧구멍을 치니 거(巨)는 머리를 돌이켜 피한다. 여준이 바로
그 허리를 껴안고 뜰모서리에 메치니 피를 토하고 죽었는데 추장

54

(酋長)은 몹시 애석해 했으나 여준을 죄주지는 않았다.

본국으로 돌아와서는 다시 벼슬하지 않고 영암(靈岩)으로 물러가 살았는데 효종(孝宗)이 즉위하자 사람을 시켜 불렀으나 이미 졸(卒)했다. 임금이 벼슬을 증직(贈職)하고 자손들을 돌보았으며 '月明飛鴈歌 憶金壯士'라는 글 제(題)로 많은 선비의 시험을 보았다. 〈소대기년(昭代紀年)〉

이위국(李偉國)이 귀신을 쫓고 살다

이위국(李偉國)이 광해(光海) 때에 원주목사(原州牧使)로 있다가 벼슬을 버리고 돌아가니 그 때 나이 22세였다. 북풍가(北風歌)를 지어 군소(群少)의 무리를 풍자(諷刺)하더니, 일찍이 술에 취해서 길에서 정언(正言) 한정국(韓正國)을 만나서 그 소매를 잡고 북풍사(北風詞)를 노래하면서 거리에서 조롱하고 해학(諧謔)하여 곁에 사람이 없는 것같이 했다.

인조조(仁祖朝) 때 곡산수(谷山守)가 되었는데 병자(丙子) 가을에 청나라 군사가 반드시 움직일 것을 알고 소(疏)를 올려 청컨대 팔도(八道)의 승병대장(僧兵大將)이 되어 스스로 한 모퉁이를 담당하여 죽기로써 나라에 보답하겠다고 했는데 글 뜻이 강개(慷慨)했다. 그 해 겨울에 청나라 군사가 과연 왔다.

또 상원군수(祥原郡守)가 되었는데, 그 고을에 귀신의 장난이 있어 먼저 군수(郡守) 중 죽은 자가 많고 관청 집이 오래 폐해져서 거처할 수가 없었다. 그러나 위국(偉國)이 부임하여 수리해 가지고 거처하니 마침내 일이 없었다. 또 이천부사(利川府使)가 되었는데 먼저 부사(府使)가 부(府)의 관아(官衙)에서 죽었다 하여 고을 사람이 자리를 만들어 놓고 그 귀신을 받들고 있어서 뒤에 부사(府使)가 오면 두려워서 그곳을 피하고 백성의 집에 붙어서 거처하고 있었다.

그러나 위국(偉國)은 말하기를,

"구관(舊官)은 마땅히 가는 것이니 신도(神道)라고 해서 어찌 사
람과 다르랴."
하고 즉시 그 귀신을 쫓고 거처했다. 〈소대기년(昭代紀年)〉

이희건(李希建)이 한 번 죽음을 쾌(快)하게 여겼다

이희건(李希建)은 홍주(洪州) 사람이니 상신(相臣) 서(舒)의 팔
세손(八世孫)이다. 대대로 연안(延安)에 살더니 무과(武科)에 급제
하여 갑자(甲子)에 용천부사(龍川府使)로서 원수(元帥) 장만(張晚)
을 따라서 안현(鞍峴)에서 적을 치고, 적이 평정되자 즉일로 회군
(回軍)하자 사람들이 말하기를,
"주첩(奏捷)하고 논상(論賞)하는 것도 기다리지 않고 급히 돌아
왔는가?"
하자 희건(希建)은 말하기를,
"나는 땅을 지키는 신하로서 부득이 임소(任所)를 떠나 온 것인
데 어찌 더디게 돌아와서 이곳을 돌아다볼 수 있으랴."
하고 드디어 군사를 이끌고 갔는데 진무훈(振武勳)에 기록되고 홍
양군(洪陽君)에 봉해졌다. 〈찬곡구록(贊谷舊錄)〉
일찍이 이르기를,
"용천(龍川)은 적의 요충(要衝)으로서 고을을 다스리는데 성참
(城塹)이 없어도 지킬 수 있다."
하고 조정에 청하여 몸소 나무와 돌을 져다가 능한산성(凌漢山城)
을 처음 쌓았다. 〈찬곡집(潛谷集)〉
정묘(丁卯)에 청국 사람이 의주(義州)를 함락하고 나가서 용골
산성(龍骨山城)을 침범하자 희견(希建)이 군사 수천을 거느리고 지
키다가 감사(監司) 김기종(金起宗)이 경내(境內)에 있다는 말을 듣
고 찾아가서 일을 같이 하는데 항상 눈물을 흘려 울면서 탄식하면
서 매양 적을 엿보아 때를 탄 뒤 쳐서 사로잡았다.
어느날 술에 취한 기운으로 나가자 기종(起宗)이 이를 힘껏 말

렸으나 희건(希建)은 말하기를,

"죄가 크고 공이 없으면 마땅히 한 번 죽는 것이 쾌하다."

하고 드디어 말을 달려 숙천(肅川)에 이르러 적을 만나서 죽으니 좌의정(右議政)을 증직(贈職)했다. 〈일월록(日月錄)〉

문위(文緯)는 평생 귀인(貴人)의 문(門)을 알지 못했다

문위(文緯)는 단성(丹城) 사람이니 자는 순보(順甫)요 호는 모계(茅溪)이다. 아버지 산두(山斗)는 어질고 예(禮)가 있었는데 위(緯)는 덕계 오건(德溪吳健)에게 주역(周易)을 배우고 또 한강 정구(寒岡鄭逑)를 좇아 배웠다.

임진(壬辰)에 의병(義兵)을 일으켜 김면(金沔)에게 소속되었더니 이듬해에 면(沔)이 역질(疫疾)로 죽자 위(緯)는 후사(後事)를 맡아 더욱 힘쓰고 능히 그 예(禮)를 다하니 군사의 무리가 마음을 기울였다.

난리가 평정되자 집에 있어 문도(門徒)를 가르치는데 유성룡(柳成龍)·김우옹(金宇顒)이 다투어 천거하여 교관(敎官)이 제수되었다.

광해(光海) 때에 영창(永昌)의 옥사(獄事)가 일어나자 위(緯)는 말하기를,

"화가 또 미칠 것이다."

하고 벼슬을 버리고 돌아갔다.

위(緯)는 정인홍(鄭仁弘)과 옛부터 사귀던 사이였는데 하루 아침에 끊고 소식이 없자 인홍(仁弘)이 대간(臺諫)을 시켜 위(緯)를 탄핵하고 비방해서 드디어 사판(仕版)을 삭탈(削奪)하기에 이르렀다. 이 때 어떤 사람이 옛날과 같이 좋게 사귀라고 권하자 그는 대답하기를,

"나는 평생 귀인(貴人)의 문을 알지 못한다."

하고 드디어 문을 닫고 글을 읽었다.

인조(仁祖)가 반정(反正)한 처음에 고령현감(高靈縣監)이 되었으나 이 때 의논이 자못 잘못되어 가는 것을 보고 탄식하기를,

"이로부터 도(道)가 더욱 쇠퇴해 가리라."

하고 드디어 버리고 돌아갔다. 〈기언(記言)〉

장현광(張顯光)이 반정(反正)을 물으면서
아차아차 한다

장현광(張顯光)이 인동(仁同) 사람이니 자는 덕회(德晦)요 호는 여헌(旅軒)이다. 날 때 집안에 자주빛 기운이 있더니 7세에 비로소 글을 배우기 시작했고 8세에 아버지를 여의었다. 11세 때에 기상(氣象)이 넓고 건실(健實)하니 정각(鄭慤 : 鵬의 아들)이 보고 기이히 여겨 말하기를,

"이 아이는 반드시 세상에 드문 인물이 될 것이다."

하고 말 한 필을 주었으나 사양하고 받지 않았다. 한강 정구(寒岡 鄭逑)를 좇아 배우는데 서애 유성룡(西厓柳成龍)이 조정에 천거하여 현감(縣監)이 되었으나 버리고 돌아갔다. 〈인물고(人物考)〉

인조(仁祖)가 반정(反正)한 뒤에 임금의 부름을 받고 나가서 뵙고 친절한 말로 묻기를,

"전하께서는 반정(反正)의 일을 들으셨습니까?"

하자 임금은 생각해서 대답하는데 아는 것 같은 태도였다. 이에 여헌(旅軒)은 놀라서 말하기를,

"아차! 아차!"

했다. 이는 대개 아는 것과 알지 못하는 것은 착한 것과 이익의 경계이기 때문이었다. 〈매산집(梅山集)〉

강홍립(姜弘立)이 청나라 군사를 유인해 가지고 오다가 묻기를,

"지금 조정에 있는 자가 어떤 사람인가?"

하자 어떤 사람이 대답하기를,

58

"정경세(鄭經世)가 이조판서(吏曹判書)가 되고 장현광(張顯光)이 참찬(參贊)이 되었다."
하자 홍립(弘立)은 말하기를,
"두 사람이 조정에 있으니 반드시 예(禮)가 아닌 것으로 임금을 인도하지는 않겠다."
하고 드디어 군사를 불렀다.
정축(丁丑)에 남한산성(南漢山城)의 일을 듣고 탄식하기를,
"하늘이 없고 해가 없으니 어디로 간단 말인가."
하고 그대로 바위에 서서 돌아가지 않았다. 벼슬이 좌참찬(左參贊)에 이르고 영상(領相)을 증직했으며 시호는 문강(文康)이다. 〈인물고(人物考)〉
일찍이 남명(南冥)의 시(詩)에 있기를,
"이를 잡으면서 어찌 모름지기 세상 일을 말하랴. 산을 말하고 물을 말해도 또한 말이 많으네. (捫虱何須談世事 談山談水亦多談)"
했다. 또 성대곡(成大谷)의 시(詩)에 말하기를,
"사람을 만나서 산 속의 일을 말하는 것도 좋아하지 않으니, 산의 일을 이야기해도 또한 남을 미워하네. (逢人不喜談山事 山事談來亦忤人)"
했으니 말뜻이 다시 높다. 〈지봉유설(芝峰類說)〉

정경세(鄭經世)의 부명매련삼불행(賦命每憐三不幸)

정경세(鄭經世)는 진주(晋州) 사람이니 자는 경임(景任)이요 호는 우복당(愚伏堂)이다. 서애 유성룡(西厓柳成龍)의 문하(門下)에서 공부했다. 임오(壬午)에 진사(進士)가 되고 병술(丙戌)에 급제했다.
젊었을 때 일찍이 과거를 보기 위하여 단양(丹陽)을 지나다가 밤에 길을 잃고 때로 지붕을 인 집에 이르러 창틈으로 엿보니 한 늙은이가 등불을 밝히고 책을 보고 있었다. 이에 창을 밀고 들어가

니 늙은이는 둥근 떡 한 개를 내어주면서 먹으라고 했다. 경세(經世)는 마음으로 이상히 여겨 선술(仙術)을 배우기를 원하자 늙은이는 익히 보다가 말하기를,

"그대의 골격(骨格)이 아직 이루어지지 못했으니 지금은 배울 수가 없고 또 과거로 출세하면 세 번 옥에 들어가는 것을 면치 못하리라."

했다. 그 후에 과연 이진길(李震吉)의 일로 잡혀서 국문을 받았고, 뒤에 또 말이 김직재(金直載)의 옥사(獄事)에 관련되어 영외(嶺外)로부터 잡혀 갇혔으며, 또 김몽호(金夢虎) 당(黨)의 공초(供招)에 나와서 강릉(江陵)에서 체포되니 한결같이 그의 말과 같았다.

일찍이 시(詩)가 있어 말하기를,

"목숨은 매양 세 가지 불행한 것이 불쌍하고, 몸 갖는 것은 어찌 일곱 번 쉬는 것이 마땅할 뿐이랴. 동화(東華)에 오랫동안 홍진(紅塵)의 나그네가 되었는데, 단양(丹陽)을 행하여 도가(道家)를 찾고자 하네."

했다. 〈순오지(旬五志)〉

벼슬이 이조판서(吏曹判書)에 이르고 문형(文衡)을 맡았으며 시호는 문숙(文肅)이다.

이도자(李道孜)는 상선(商船) 속에서도
글 읽는 소리를 그치지 않았다

이도자(李道孜)는 벽진(碧珍) 사람이니 자는 지지(至之)요 호는 복재(復齋)이다. 숙부(叔父) 후경(厚慶)과 함께 한강 정구(寒岡鄭逑)의 문하에서 공부했다.

정유(丁酉)에 난리를 피하여 강릉(江陵)에 갔다가 그 길로 장사꾼을 따라 바다를 끼고 물고기 잡는 고장으로 가 생계(生計)를 꾸리는데 비록 상선(商船) 속에서도 책을 손에서 놓지 않고 글 읽는 소리가 입에서 끊어지지 않으니 뱃사람과 고기잡이들이 왕왕히 그

의 글 읽는 소리를 익혔다. 기해(己亥)에 냉천정(冷泉亭)으로 돌아
가서 양심당(養心堂)을 짓고 살았다. 〈인물고(人物考)〉

이목(李楘)은 난중(亂中)에도 책을 스스로 가지고 다니다

이목(李楘)은 효령대군(孝寧大君)의 팔세손(八世孫)이니 자는 문
백(文伯)이요 호는 송교(松郊)이다. 계묘(癸卯)에 생원(生員)이 되
고 무자(戊子)에 문과에 급제했다.

나이 13세에 어머니 초상을 당하여 예식(禮式)을 알지 못하더니
임진(壬辰) 난리에 한 권의 책을 가지고 다니면서 적이 가면 꺼내
서 읽고 적이 오면 소매 속에 넣고 달아났다. 난리가 평정되어 우
계 성혼(牛溪成渾)에게 가서 배움을 청하자, 우계(牛溪)가 목(楘)
의 아버지 신성(愼誠)에게 편지를 보내서 말하기를,

"영윤(令胤)이 청명(淸明)하여 뜻이 있고 취미와 지조가 범상치
않다."
했다.

신해(辛亥)에 정인홍(鄭仁弘)의 유적(儒籍)을 삭제하자 청하고
또 소(疏)를 올려 말하자 광해(光海)가 크게 노했으나 백사 이항
복(白沙李恒福)의 힘껏 구원하는 힘을 입어 면할 수 있었다. 갑
자(甲子)에 교리(校理)로써 이귀(李貴)의 군사를 무너뜨린 것을
탄핵하여 법에 의하여 베자고 청했다.

병자(丙子)에 임금을 모시고 남한산성(南漢山城)에 들어가서 협
수사(協守使)로서 성에 올라 성첩(城堞)을 지키는데 모진 바람과
눈에도 조금도 게을리 하지 않았다. 환도(還都)한 뒤에 윤황(尹煌)
등이 척화(斥和)한 까닭으로 귀양가자 공(公)은 글을 올려 자핵(自
劾)하기를,

"신(臣)도 옛날에 척화(斥和)했사온데 홀로 죄안(罪案)에 빠졌사
오니 어찌 얼굴이 두텁지 않으오리까."

하고 이로부터 문을 닫고 자최를 감추었다.

　신독재 김집(愼獨齋金集)과 좋게 사귀어 모든 거취(去就)에 대하여 반드시 서로 찾아 물었다. 〈명재집행수(明齋集行收)〉

정유정(鄭有禎)의 재명(才名)은 사람이
미치기 어려웠다

　정유정(鄭有禎)은 해주(海州) 사람이니 자는 형백(亨伯)이요 호는 봉강(鳳岡)이니 충의공(忠毅公) 문부(文孚)의 손자이다.

　7세 때에 부채를 두고 글을 지어,

　　"바람을 내고 바람을 막으니 풍백(風伯)이 그 조화(造化)를 잃는도다. (生風蔽風 風伯失其造化)"

하니 그 조부가 말하기를,

　　"이 아이의 재명(才名)은 사람이 미치기 어렵다."

했다.

　또 김시습(金時習)의 화상찬(畵像贊)을 지었는데 말하기를,

　　"아아! 열경(悅卿)[1]은 백이(伯夷)의 유(流)로다. 형체를 버려 의리를 온전히 하고 세상을 도망하여 근심이 없네. 매화는 산의 달에 향기롭고 학은 하늘의 바람에 춤추네. 남긴 화상(畵像)이 맑고 높아 미련한 어린 이도 일으키네."

했다.

　인조 을축(乙丑)에 그 조부가 시안(詩案)으로 해서 화를 입자 아버지를 따라 진주(晋州)로 옮겨서 살았는데 나이 겨우 약관(弱冠)에 문을 닫고 학문을 닦았다. 손자 상열(相說)의 귀한 것으로 해서 좌승지(左承旨)에 증직되었다. 〈매산집(梅山集)〉

---

　1) 悅卿 : 김시습(金時習)의 자(字).

김중명(金重明)이 성묘(省墓)하러 갔다가 범을 차서 죽이다

김중명(金重明)은 청풍(淸風) 사람이니 자는 이회(而晦)이다. 아버지 전(瑛)이 병자호란(丙子胡亂)을 당하여 빙고별제(氷庫別提)로서 남한산성(南漢山城)으로 가서 임금께 문안하려는데 청나라 군사를 만나서 힘껏 싸우다가 죽으니 호조참의(戶曹參議)를 증직했다. 이 때 중명(重明)이 아버지의 시체를 져다가 양주(楊州) 금촌(金村)에 장사 지냈다.

을유(乙酉)에 무과(武科)에 급제하여 선전관(宣傳官)을 제수받아 이름을 부르고 성묘(省墓)하는데 큰 범이 묘(墓)의 뒤에 있으므로 따르는 자들이 넋이 달아나서 감히 앞으로 나가지 못한다. 이에 중명(重明)은 말에서 내려 크게 호통치고 앞으로 나가서 차서 죽이니 사람들이 그 용맹에 복종하지 않는 자가 없었다.

임금이 불러서 중명(重明)의 힘을 시험하는데 중명은 모래 세 포를 가져다가 좌우 겨드랑이에 각각 한 포씩 끼고 또 등에 한 포를 지고서 대궐 밖으로부터 대궐 앞에까지 이르니, 임금이 이를 장하게 여겨 이로부터 사랑이 더욱 중하여 병사(兵使)로 발탁했다.

그러나 기해(己亥)에 효종(孝宗)이 승하(昇遐)하자 중명(重明)은 팔뚝을 어루만지면서 크게 통곡하기를,

"나는 이제 끝났다."

하고 드디어 청풍(淸風) 백치(白峙)로 물러가 살다가 세상을 마쳤다. 〈매산집(梅山集)〉

전상의(全尙毅)가 살을 가르고 화살촉을 꺼내다

전상의(全尙毅)는 천안(天安) 사람이다. 계묘(癸卯)에 귀성부사

(龜城府使)가 되었더니 정묘(丁卯)에 오랑캐가 반적(叛賊) 강홍립 (姜弘立)을 이끌고 침입해 왔다. 이 때 상의(尙毅)는 평안병사(平安兵使) 남이흥(南以興)·안주목사(安州牧使) 김준(金浚)과 같이 성을 지켰는데, 이흥(以興)과 준(浚) 및 그 부자(父子)가 모두 불에 죽자 상의(尙毅)는 다락 위에 우뚝 서서 활시위를 당겨 적을 쏘니 한 줄에 세 화살이 나가면 맞지 않는 것이 없었다. 그러나 적의 화살이 비와 같이 날아와서 그 왼쪽 다리에 맞았다.

이에 화살을 뽑으니 살촉이 살 속에 남아 있었다. 이에 차고 있던 칼을 빼어 화살을 바치는 공생(貢生)[1]에게 주어 살을 헤치고 살촉을 꺼내고 나서 계속해서 쏘는데 해가 이미 저녁때가 되고 화살이 다 없어지고 힘도 다했다. 이에 서울을 향해서 네 번 절하고 드디어 칼을 빼어 스스로 목을 베고 다락 아래로 떨어졌다.

그러자 오랑캐는 얼굴빛이 변하고 서로 말하기를,

"충신(忠臣)의 몸을 뭇시체 속에 섞을 수 없다."

하고 다락 아래에 묻고 표를 하고 갔다. 뒤에 광주(光州)로 옮겨다가 장사 지냈는데, 사실이 조정에 알려지자 병조판서(兵曹判書)를 증직했다. 〈매산집비명(梅山集碑銘)〉

시문용(施文用)은 임금과 어버이를
일찍이 하루도 잊지 않았다

시문용(施文用)은 절강(浙江) 사람이니 명(明)나라 병부상서(兵部尙書) 윤제(允濟)의 아들이다.

임진(壬辰)에 행영 중군(行營中軍)으로 도독(都督) 마귀(麻貴)의 군중(軍中)에 예속되어 여러 해 동안 종군(從軍)하는데 시석(矢石)을 무릅쓰고 병진(兵陣)에 임해서 용맹을 떨쳐 여러 번 기이한 공을 세우더니 개선(凱旋)하여 돌아갈 때 병이 있어 돌아가지 못하고 드디어 성주(星州) 남법산방(南法山坊)에 자리를 잡고 살았다.

---

1) 貢生 : 지방에서 선발하여 추천한 사람.

64

병자(丙子)에 오랑캐 군사가 동쪽을 침범하여 천하 일이 차마 말할 수 없는 것이 있자 문용(文用)은 드디어 군성산(君聖山) 속에 숨어 살면서 그 마을을 대명(大明)이라 하고 띠집을 짓고 단(壇)을 쌓고서 매월 초하루와 보름에는 문득 조복(朝服)을 입고 향을 피우고 북쪽을 향하여 네 번 절했다. 또 절강(浙江)의 산수(山水)를 벽에 그려서 아침 저녁으로 바라보니, 임금과 어버이를 그리워하는 마음을 일찍이 하루도 마음 속으로 잊지 않는 것을 볼 수 있었다. 병조참의(兵曹參議)를 증직했다. 〈매산집(梅山集)〉

김충선(金忠善)이 비대(鼻帒)[1]를 땅에
던지고 크게 통곡하다

김충선(金忠善)은 일본(日本) 사람으로서 성명(姓名)은 사야가(沙也可)이다. 어려서부터 성현(聖賢)의 글읽기를 좋아하더니 임진(壬辰)에 일본 관백(日本關伯) 평수길(平秀吉)이 청정(淸正)으로 장수를 삼고 크게 군사를 일으켜 조선(朝鮮)으로 들어가는데 그 수가 수십만이라 하고 배가 바다를 덮어 천 리에 끊어지지 않고 이어졌다.

청정(淸正)이 본래 충선(忠善)을 사랑했는데 이 때 나이 22세로서 강개(慷慨)히 말하기를,

"조선은 예의 있기로 중국에서까지 일컬어지고 있는데 이번 군사가 아무런 명목이 없이 나간다면 한갓 이웃 나라에 화만 끼치려고 하는 것이요, 오직 죽음이 있을 뿐이니 여기에 따라 가는 것은 장부(丈夫)가 아니다."

했다.

그러나 마음 속으로 다시 깨닫고 말하기를,

"한 번 조선에 나가서 그 예악(禮樂)과 문물(文物)을 보는 것이

---

1) 鼻帒 : 병자(丙子)에 김충선(金忠善)이 적을 수없이 많이 죽여 그 코를 베어 담은 전대를 말함.

나의 소원이다."

하고 억지로 대답하고 이에 군사를 거느리고 먼저 조선에 이르러 언덕에 내려서 비로소 그 문물(文物)과 의관(衣冠)을 보고 문득 크게 기뻐하여 말하기를,

"내가 이제 있을 곳을 얻었으니 어찌 차마 인의(仁義)의 풍속이 있는 나라에 군사를 내겠는가."

하고 곧 글을 써서 우리 백성들을 타이르기를,

"나는 본래 조선을 사모하여 그대의 나라를 공격할 뜻이 없고 또한 침략할 뜻이 없으니 그대들은 안심하고 사업을 즐겨 혹시라도 도망하여 나를 피하지 말라. 우리 군사가 만일 그대의 나라 군사 한 사람이라도 해치는 자가 있으면 그를 베어 그대들에게 사과하리라."

하니 백성들이 그 말을 믿어 농사짓는 자나 장사하는 자가 모두 생업(生業)에 편안했다.

이 때 충선(忠善)은 의리로 돌아올 뜻이 간절하여 먼저 경상병사(慶尙兵使) 김응서(金應瑞)에게 편지를 보내어 스스로 소속될 것을 약속하고 자기가 데리고 있는 군사 3천을 거느리고 군문(軍門)으로 달려가서 응서(應瑞)를 만나니 응서(應瑞)는 그를 기이하게 여겨 맞아서 막중(幕中)에 두고 함께 계획을 의논하니 모두 적을 섬멸시키는 비밀한 계교 아닌 것이 없었다.

충선(忠善)은 본래 대포(大炮)와 조총(鳥銃)의 제도를 익혀두어 이 때에 이르러 많이 주조(鑄造)해서 교련(敎鍊)하고 휘하(麾下)에 있는 주조(鑄造)를 잘하는 자 김계수(金繼守) 등을 보내서 경외(京外)의 모든 진(陣)에 두루 가르치니 우리 나라의 총과 탄약을 만드는 방법이 비로소 성해졌다.

이에 임금이 이 소식을 듣고 명하여 대궐 안으로 불러서 기예(技藝)를 시험해 보고 몹시 칭찬한 뒤에 계급을 가선대부(嘉善大夫)에 올렸다. 이 때 청정(淸正)이 동래(東萊)와 기장(機張)을 함락시키고 바로 울산(蔚山)으로 가서 증성(甑城)에 주둔하자 충선(忠善)이 응서(應瑞)와 함께 군사를 내어 이를 포위했는데, 충선의 부하 군사들은 모두 포를 쏘고 칼을 잘 쓰는 기재(奇材)들이라 가

는 곳마다 무너지지 않는 곳이 없어 드디어 적을 쫓아 크게 짓밟았다.

그러나 얼마 안되어 적이 또 크게 와서 증성(甑城)을 점령하니 그 수가 전의 갑절이나 되어 더욱 무력(武力)을 뽐내고 위협하자 우리 군사들이 두려워했다. 이에 충선(忠善)이 용기를 내어 먼저 성에 올라가 힘차게 싸워 더욱 힘을 내자 적들은 능히 지탱하지 못할 것을 알고 머리를 가리고 달아났다. 이에 드디어 이긴 기세를 타고 쫓아서 죽이니 적의 시체가 산처럼 쌓였다. 첩보(捷報)가 올라가자 임금은 이를 크게 가상히 여겨 성명(姓名)을 하사하고 그를 포장(褒獎)하니 충선은 소(疏)를 올려 사은(謝恩)했다.

충선(忠善)이 전쟁에 참여한 지 7년 동안에 싸우기만 하면 기이한 공이 있었지만 일찍이 스스로 자랑하는 일이 없었다. 난리가 끝나자 대구(大邱) 삼성산(三聖山) 아래 우록촌(友鹿村)에 자리 잡고 살면서 아내를 얻고 아들을 낳고서 산수(山水)를 즐기고 사냥을 좋아하더니, 뒤에 북쪽 오랑캐가 자주 침입하여 우리 나라의 근심이 된다는 말을 듣고 개연(慨然)히 소(疏)를 올려 자기 자신이 막아서 맹세코 북쪽 근심을 없애겠다고 청해서 10년 동안 전쟁을 하다가 돌아오자 정헌대부(正憲大夫)에 승진되었다.

이괄(李适)이 반(反)했다가 이미 베임을 당했는데 그 부장(副將) 서아지(徐牙之)는 일본(日本) 사람이었다. 그 밑에 있는데 날래고 용맹이 있어 비왜(飛倭)라는 칭호를 받아 뛰고 돌격(突擊)하여 가는 곳마다 아무도 감히 대적하지 못했다. 그러나 충선이 한 번 나가서 칼을 휘둘러서 사로잡아 베어 그 머리를 바치니 아지(牙之)의 종과 전답을 하사하여 그 공에 보답했으나 충선은 소(疏)를 올려 힘껏 사양했다.

병자(丙子)에 오랑캐의 경계가 급해졌는데 이 때 충선(忠善)이 비록 늙었지만 충성과 용맹은 쇠하지 않았다. 밤낮으로 달려 서울로 와보니 임금의 수레는 이미 남한산성(南漢山城)으로 떠난 후였다. 그는 바로 쌍령(雙嶺)으로 나가 죽기로 싸우니 오랑캐는 크게 어지러워 죽고 상한 자의 수를 셀 수가 없었다. 이에 전대(戰袋)에 적의 코 수천 개를 담아가지고 장차 행재소(行在所)에 바치려

하여 남한산성(南漢山城)에 이르니 화의(和議)가 이미 결정되었다. 이에 충선(忠善)은 그 적의 코를 담은 전대를 땅에 던지고 분하고 노여워서 크게 통곡하고 말하기를,

"어찌 예의(禮義)의 나라로서 차마 개나 양에게 무릎을 굽힌단 말인가. 춘추(春秋)의 존양(尊攘)[2]의 의리가 어디에 있단 말인가. 나의 한 칼이면 족히 백만의 군사를 당할 수 있는데 이제 장차 어디에 쓴단 말인가."

하고 즉시 칼을 던지고 우록촌(友鹿村)으로 돌아가 그 집을 모화(慕華)라 이름하여 자기의 뜻을 표시했다.

또 일찍이 가훈(家訓)·향약(鄕約) 등의 책을 만들고, 전후에 모두 다섯 번의 소(疏)를 올렸는데 모두 간절하고 순독(諄篤)해서 가히 평생의 뜻하는 바를 모두 말했다. 이 때 한 시절의 충의(忠義)의 선비인 이덕형(李德馨)·이정엄(李廷馣)·김명원(金命元)·이시발(李時發)·김성일(金誠一)·이순신(李舜臣)·김덕령(金德齡)·정철(鄭澈) 등 여러 공(公)들이 글을 보내어 예(禮)했다.

처음에 군사를 따라 바다를 건널 때 신묘년(辛卯年)에 만든 호적(戶籍)을 가지고 왔으니 그 뜻을 돌이켜 보면 이미 다시 돌아가지 않을 뜻을 결정했던 것이다. 〈모화당집(慕華堂集)〉

김우석(金禹錫)이 시(詩)를 지어 강화(講和)를 탄식하다

김우석(金禹錫)은 영유(永柔) 사람이니 기절(氣節)을 좋아하여 술을 마시고 시(詩)를 짓는데 세상에 쓰이지 못하는 것을 불평했다.

인조(仁祖) 병자(丙子)에 청나라 사람이 동쪽으로 침입해 오자, 우석(禹錫)은 원수를 피하여 자모산성(慈母山城)으로 들어가 있다가 조정이 강화(講和)했다는 말을 듣고 시를 지어 성문에 크게 쓰기를,

---

2) 尊攘: 왕실(王室)을 존숭(尊崇)하고 오랑캐를 배척함.

"나는 대명 천자(大明天子)의 백성으로, 황은(皇恩)이 오히려 흑사(黑蛇)의 봄을 기억하네. 인간의 오늘날이 무슨 세상인지 아는가, 차라리 동해(東海)에 빠져 제진(帝秦)을 부끄러워하리. (我是大明天子臣 皇恩尙記黑蛇春 人間今日知何世 寧蹈東海耻帝秦)"
했다.

청나라 사람이 이것을 보고 크게 노하여 베려고 하자 우석(禹錫)은 개연(慨然)히 굴하지 않았다. 이 때 그 아들 응원(應元)이 나이 10세로서 우석(禹錫)을 껴안고 자기 몸으로 대신해 달라고 빌자 청나라 장수도 또한 그 효성에 감동하여 모두 석방했다. 〈석재집(碩齋集)〉

오효성(吳孝誠)이 나라로 돌아오자 현종(顯宗)을 업은 모양을 그리다

오효성(吳孝誠)은 정축(丁丑)에 소현세자(昭顯世子)가 인질(人質)로 심양(瀋陽)에 들어갈 때 구능천(具綾川) 인구(仁垕)가 팔장사(八壯士)로 천거하여 따라 가게 되었다. 그들 팔장사는 박배원(朴培元)·조회(趙懷)·신진익(申晉翼)·장애성(張愛聲)·오효성(吳孝誠)·김지웅(金志雄)·박기성(朴起星)·장사민(張士敏)으로서 일을 주선하고 호위하여 끝내 한결같이 하고 있었다.

갑신(甲申)에 세자(世子)가 본국으로 돌아오는데 현종(顯宗)은 나이가 바야흐로 4세로서 교자(轎子)에 앉으려 하지 않아서 사람을 시켜 업게 했으나 역시 울기를 그치지 않았으나 오직 효성(孝誠)이 업으면 울음을 그쳤다. 이에 걸어서 수천 리를 오니 옷 등이 모두 썩었다.

뒤에 효종(孝宗)이 팔장사(八壯士)의 화상을 병풍에 그리도록 명했는데 효성(孝誠)은 현종(顯宗)을 업고 있는 모양을 그리게 했다. 병신(丙申)에 따로 군직청(軍職廳)을 마련하고 팔장사로 하여금 집을 잘 꾸미고 창고를 넉넉하게 하고 밤낮으로 시위(侍衛)하게 하

여 자손까지 세습(世襲)시켰다. 〈앙엽집(盎葉集)〉

강효원(姜孝元)이 재신(宰臣)들의 반복(反覆)[1]함을 크게 꾸짖다

강효원(姜孝元)은 진주(晋州) 사람이다. 소현세자(昭顯世子)가 심 양(瀋陽)에 인질(人質)로 갈 때 효원(孝元)이 원리(院吏)로서 따라 가 심양(瀋陽)에 들어갔는데 필선(弼善) 정뇌경(鄭雷卿)이 그의 충 신(忠信)함을 알고 몹시 소중히 여겼다. 은산(殷山) 사람 정명수 (鄭命壽)가 오랑캐의 창귀(倀鬼)[2]가 되어 마음대로 가지 않는 곳 이 없자 뇌경(雷卿)은 몹시 노해서 죽일 계획을 했다.

그러나 효원(孝元)은 말하기를,

"옳지 않은 일이다. 우리 나라가 청나라에게 업신여김을 당해온 지가 오래인데 이제 청나라 사람을 다 죽이지 못할 바에야 하나 의 고아마홍(古兒馬紅 : 命壽의 變稱)을 죽여서 무엇하겠는가. 비 록 능히 그를 벤다고 해도 또한 청나라 사람의 원망만 더할 뿐 이며, 더구나 고아마홍(古兒馬紅)을 쉽게 죽일 수 없는 바에랴."

했다.

하지만 뇌경(雷卿)이 듣지 않자 효원(孝元)은 마침내 그와 함께 왕복하면서 모의(謀議)하다가 드디어 뇌경과 같이 죽었는데 죽을 때 재신(宰臣)들의 반복(反覆)한 것과 명수(命壽)를 두둔한 자들 을 크게 꾸짖어 말하기를,

"네 어찌 차마 이런 짓을 하느냐."

했다. 조정에서 그 시체를 가져다가 나라 동문(東門) 밖에 장사지 내고 포장(褒奬)하여 한성좌윤(漢城右尹)을 증직하고 그 집에 정문 (旌門)을 내리고 대마다 녹(祿)을 주었다.

---

1) 反覆 : 언행(言行)을 이랬다 저랬다 함.
2) 倀鬼 : 귀신의 이름. 범이 사람을 물어 죽이면 그 넋이 창(倀)이 되어 사 람을 인도하여 온갖 나쁜 짓을 한다고 한다.

처음 구속될 때 스스로 반드시 죽을 것을 알고 머리털을 잘라 옷 속에 두고 편지를 어머니께 보내어 영결(永訣)하고 종자(從者)에게 이르기를,

"내 이제 나라 일에 죽는데 무슨 한이 있으랴."

하고 집 사람에게 부탁하기를,

"우리 어머니를 잘 봉양하여 내가 있을 때와 같이 하라."

했다. 〈겸산필기(兼山畢記)〉

표정준(表廷俊)이 항상 정명수(鄭命壽)를 꾸짖다

표정준(表廷俊)은 신창(新昌) 사람이니 본래 빈한한 터로서 무과(武科)에 급제하여 현(縣)의 태수(太守)에 이르렀더니 경진(庚辰)에 청음공(淸陰公)이 잡혀서 북쪽으로 갈 때 스스로 따라가기를 원해서 조금도 두려워 하지 않고 심양(瀋陽)에 있으면서 청음(淸陰)을 위하여 복역(服役)하여 게을리 하지 않으며 항상 정명수(鄭命壽)를 꾸짖었다.

이에 명수(命壽)는 말하기를,

"너도 또한 청음(淸陰)을 본받느냐?"

하더니 뒤에 청음(淸陰)과 같이 돌아왔다. 〈농암집(農岩集)〉

백광현(白光炫)은 신의(神醫)

백광현(白光炫)은 태의(太醫)이다. 사람됨이 순박하고 근실(謹實)하여 향리(鄉里)에 있어서 신실(信實)하게 어리석은 사람과 같고, 키가 크고 수염이 좋았으며 눈이 뚜렷하여 빛이 있었다.

처음에 말을 잘 고쳐 오로지 침으로 치료하고 방서(方書)를 근본삼지 않더니 오랠수록 더욱 손에 익숙하여 사람의 종창(腫愴)에

시험해도 왕왕히 기이한 효험이 있었다. 이에 드디어 오로지 사람
치료하는 일에 힘써 이로써 두루 마을에 돌아다니면서 사람들의
종창(腫愴)을 본 것이 많아서 그 아는 것이 더욱 정밀하고 침을 잘
놓았다.

　대체로 종기가 독이 많고 근(根)이 있는 것은 고방(古方)에 그
치료하는 방법이 있는 것인데 광현(光炫)은 이런 사람을 만나면 반
드시 큰 침으로 찢어서 독을 지우고 뿌리를 뽑아서 능히 죽는 사
람을 살게 했다. 처음에는 침을 쓰는 것이 지나치게 세어서 혹 사
람이 죽기도 했으나 효험이 있어 사는 자가 더 많았기 때문에 병
자(病者)들이 날마다 그 집에 모여들고 광현(光炫)도 또한 스스로
병 고치는 것을 좋아하여 더욱 힘쓰고 게을리하지 않았으니 이로
부터 명성(名聲)이 크게 떨쳐져서 신의(神醫)라고 불렸다.

　숙종(肅宗) 초년에 어의(御醫)에 뽑혀 임명되었는데 공이 있어서
문득 계급을 더하여 숭품(崇品)에 이르고 현령(縣令)의 벼슬을 거
치니 마을이 이를 영화롭게 여겼으나 병자를 만나면 귀천(貴賤)이
나 친소(親疎)가 없이 청하기만 하면 즉시 쫓아가고 가면 반드시
그 기능(技能)을 다하여 그 병이 좀 낫는 것을 본 뒤에 그만두고
늙고 또 귀하다고 해서 게으르게 하지 않으니 이는 비단 기능(技
能)이 그렇게 시키는 것이 아니라 대개 그 천성(天性)이 그런 것
이었다.

　강모(姜某)란 사람이 입술에 종기를 앓는데 광현(光炫)을 맞아
다가 보이니 말하기를,

　"어찌할 수가 없다. 이틀 전에 보지 못한 것이 한이다. 급히 상
　구(喪具)를 준비하라, 오늘밤에 반드시 죽을 것이다."

하더니 과연 그날 밤에 죽었다.

　그 아들 흥령(興齡)이 그 업(業)을 계승하여 좀 성예(聲譽)가 있
었고, 제자에 박순(朴淳)이란 자가 있었는데 또한 종기 치료하는
것으로 지금 세상에 이름이 있었다. 종기 째는 방법이 백태의(白
太醫)로부터 시작되었는데 후학(後學) 중에 능히 따르는 자가 없었
다. 〈완암집(浣巖集)〉

72

정신국(鄭信國)은 포대(布帶)에 성인(聖人)을 모시다

정신국(鄭信國)은 순흥(順興) 사람이니 자는 사량(士諒)이다. 대대로 반촌(泮村)에 살아서 그 아버지 허농(許農)이 어진 수복(守僕)[1]으로 이름이 났고 형 의국(義國)도 역시 예법을 아는 수복(守僕)이라고 일컬어졌다. 형 예국(禮國)의 호(號)는 오암(迃庵)이니 능히 시(詩)를 지어 임소암(任疎庵)의 칭찬을 받아 창수집(唱酬集)이 있었다.

병자(丙子) 겨울에 청나라 군사가 서울로 몰려와서 임금의 수레가 즉시 남한산성(南漢山城)으로 거둥했는데, 이 때 변이 창졸간에 일어났고 성균관(成均舘)은 성 동쪽 한 모퉁이에 있어 세상 일을 알지 못해서 관유(舘儒)가 식당(食堂)에 들어오는 것이 전과 같았다. 그런데 갑자기 방외(方外)로부터 조그만 편지로 급함을 고하자 제생(諸生)들이 창황히 놀라서 사방으로 흩어져 달아나니 동서(東西)의 재사(齋舍)가 한 때에 모두 비고 오직 진사(進士) 나이준(羅以俊)만이 있었다.

신국(信國)이 말하기를,

"성묘(聖廟)는 의리에 버리고 갈 수가 없는데 대가(大駕)가 이미 남한(南漢)에 거둥하셨으니 위판(位版)을 보호하여 받들고 바로 남한(南漢)으로 가고자 하노라."

하자 진사(進士)는 이를 허락했다.

이에 신국(信國)이 그 둘째 아들 취립(就立)으로 하여금 세 필의 말을 준비하게 하여 동직(同直)의 수복(守僕) 박잠미(朴潜美)와 함께 서쪽 벽의 포필(布疋)을 떠서 포대(布帶)를 만든 다음 통곡하면서 대궐 안에 들어가 동서무(東西廡)의 위판(位版)과 제기(祭器) 악기(樂器)를 내다가 명륜당(明倫堂) 뒤에 매안(埋安)하고 오성(五

---

1) 守僕 : 묘(廟)·사(社)·능(陵)·원(園)·서원(書院) 등의 제사에 관한 일을 맡아보는 구실아치.

聖)의 위판(位版)을 받들어 두 포대(布帒)에 모시어 잠미(潛美)로 하여금 이것을 나누어 지게 하고 각각 한 필의 말에 타게 했다.

십철(十哲)의 위판(位版)은 두 포대(布帒)에 넣어서 한 필의 말에 모시고 취립(就立)으로 하여금 말을 끌고 앞에서 인도하게 하고, 나진사(羅進士)는 두건(頭巾)과 옷을 갖추어 뒤를 따라 모셔 가게 하고, 또 본관(本舘)의 서리(書吏) 이호룡(李好龍)등 7인이 역시 따라가게 했다. 삼전도(三田渡)에 이르자 적병(敵兵)이 강을 따라 개미떼처럼 주둔하고 있었다. 이에 신국(信國)이 크게 꾸짖어 물리치기를,

“네 비록 오랑캐지만 성묘(聖廟)를 공경해야 한다는 것을 알지 못하느냐？”

하자 적은 모두 말에서 내려 벽문(壁門)을 열어주고 모두 엎드려서 보내주므로 드디어 남한(南漢)으로 들어가서 행재소(行在所)에 가뵈었다.

이 때 또 생원(生員), 진사(進士) 5인이 딴 곳으로부터 와서 따르므로 오늘로부터 재(齋)를 나누어 식당(食堂)을 열기를 청했더니 임금이 이를 가상히 여겨 명하여 개원사(開元寺)에 봉안하라 했다. 그러나 신국(信國)은 또 고하기를,

“불사(佛舍)에 봉안하는 것이 의리에 미안합니다.”

했으나 임금은 말하기를,

“난리를 당했는데 유불(儒佛)을 어찌 구별하랴.”

해서 그대로 봉안하고 식당(食堂)을 마련했다.

명년 정축(丁丑)에 대가(大駕)가 서울로 돌아오자 임금은 그의 호성(護聖)의 공을 생각하여 특별히 명하여 두 수복(守僕)을 면천(免賤)[2]하게 했으나 두 사람은 사양하기를,

“난리를 당하여 성인(聖人)을 호위하는 것은 실로 분수 안의 일이오니 청컨대 사당을 지키면서 몸을 바치겠습니다.”

하니 임금은 어질게 여겨 이를 허락했다.

그 뒤에 반인(泮人)[3] 김세진(金世珍) 등의 아뢴 말에 의하여 명

---

2) 免賤 : 천인(賤人)의 신분을 면하고 양인(良人)이 되게 함.
3) 泮人 : 여러 대(代)를 성균관(成均館)에 딸려 있는 사람들.

하여 동반(東泮) 길에 정려(旌閭)를 내리고 특별히,

"護聖守僕鄭朴之閭"

라고 썼다. 또 그 곁에 사당을 세워 봄과 가을 가운뎃달 종정(終丁)[4]에 마을 사람들이 정성을 다하여 제사를 지내어 향현사(鄕賢祠)[5]의 예(例)에 의했다. 〈경학원 잡지 21호 정신국전(經學院雜誌 21號 鄭信國傳)〉

공주사령(公州使令)이 임금을 업고 강을 건너다

공주 사령(公州使令)[1]은 성명(姓名)을 잃었다. 인조(仁祖) 갑자(甲子)년 이괄(李适)의 반란(叛亂)때, 정월 21일에 난리가 일어나서 2월 8일에 임금이 창황히 공주(公州)에 거둥하는데 금강(錦江)에 이르자 북풍이 크게 일어나고 비와 눈이 섞여서 내려 배가 건널 수가 없었다. 이에 임금과 신하가 황황하여 어찌할 바를 몰랐다.

이 때 공주(公州)의 사령(使令)이 공문(公文)을 가지고 오므로 시신(侍臣)들이 그를 시켜 배를 독촉하게 하니 뱃사공들이 본래 사령(使令)을 두려워하던 터라, 배를 대고 기다리다가 힘을 다하여 노를 저어서 비로소 강을 건너 임금을 업고 쌍수산성(雙樹山城)으로 들어가 임금을 받들기를 몹시 부지런히 했다. 이에 임금은 그를 사랑하여 좌우에서 떠나지 않게 하고, 같은 달 28일에 임금이 돌아오는데 명하여 같이 돌아가자고 했으나 사령(使令)은 좋아하지 않으므로 벼슬을 주고자 했으나 또 즐거워 하지 않았다.

이에 임금이 소원이 무엇이냐고 묻자 그는 대답하기를,

"소인(小人)은 평생에 도사령(都使令)[2]이 되기를 원합니다."

4) 終丁 : 한 달 중의 맨 끝의 정일(丁日).
5) 鄕賢祠 : 지방에서 저명(著名)한 어진 이의 위패(位牌)를 모시고 제사 지내는 사당.
1) 使令 : 각 관아(官衙)에서 심부름하는 사람.
2) 都使令 : 여러 사령 중에서 서열이 가장 높은 우두머리 사령.

했다. 그 사람은 매양 도사령(都使令)에게 매를 맞았기 때문에 그 분함을 풀기 위해서 그런 것이었다. 이에 임금은 웃고 이를 허락하고 드디어 사액(賜額)을 내려 사령청(使令廳)에 걸게 하니 이로부터 공주(公州)의 사령(使令)은 이속(吏屬)의 절제(節制)를 받지 않았다.

임금이 공주(公州)에 있을 때 산에 올라서 장안(長安)을 바라보다가 첩음(捷音)이 이르니 임금이 크게 기뻐하여 쌍수(雙樹)를 대부(大夫)에 봉하여 옥권(玉圈)[3]을 하사하고 그곳을 명하여 쌍수산성(雙樹山城)이라 했다. 〈현판(懸板)〉

---

3) 玉圈 : 옥관자(玉貫子).

《孝宗朝》

조익(趙翼)이 더러운 약과(藥果)를 달게 씹었다

조익(趙翼)은 풍양(豊壤) 사람이니 자는 비경(飛卿)이요 호는 포저(浦渚)이다. 젊었을 때 월정 윤근수(月汀尹根壽)를 좇아 배워서 깊이 예악(禮樂)을 알았다. 선조(宣祖) 계해(癸亥)에 문과에 급제하여 효종(孝宗) 기축(己丑)에 대배(大拜)하여 좌상(左相)에 이르고 기사(耆社)에 들어가서 나이 77세에 졸(卒)하니 시호는 문효(文孝)이다. 조정에 선 지 50년에 집도 없고 전답도 없었다. 〈상신록(相臣錄)〉

아버지 형중(瑩中)이 나이 89세에 항상 대변(大便)이 뭉치는 병을 앓는데, 공이 벼슬이 정경(正卿)에 있고 나이가 60세가 지났는데도 항상 손가락에 기름을 발라 가지고 비벼내고, 주야로 한 방에 거처했다. 이 때 아버지는 매양 혼자 말하기를,

"내 사촌(四寸) 조판서(趙判書)가 나를 정성껏 사랑한다."

고 했으니 이는 대개 노혼(老昏)해서 그가 아들인 것을 알지 못했던 것이다. 또 자기가 씹어먹던 약과(藥果)를 요 밑에 두었다가 이것을 나누어서 공에게 주면 공은 노인의 뜻에 거슬릴까 두려워하여 더러운 것도 씻지 않고 앞에 앉아서 달게 먹었다. 〈조야집요(朝野輯要)〉

심지원(沈之源)은 역서(曆書)를 가지고 부끄러워
하고 뉘우쳐서 스스로 경계했다

심지원(沈之源)은 청송(靑松) 사람이니 자는 원지(源之)요 호는
만사(晚沙)이다.

광해(光海) 정사(丁巳)에 진사(進士)가 되었는데 이 때 방수(榜
首) 이영구(李榮久)가 간사한 의논에 붙어서 제생(諸生)들을 위협
하며 소(疏)를 올려 서궁(西宮)에 절하지 말라고 청하라고 하자 공
은 이를 알고 시골집으로 돌아갔다. 경신(庚申)에 문과에 급제했
으나 혼조(昏朝) 때에는 저도(楮島)의 강 위에 물러가 살면서 고기
잡고 한가로이 지내더니 수몽(守夢) 정엽(鄭曄)이 또한 한마을 속
에 물러가 있다가 한 번 만나보고 허여(許與)했다.

계해(癸亥)의 반정(反正)하던 날 밤에 엽(曄)과 함께 언덕에 올
라 성중(城中)을 바라보니 불빛이 하늘에 솟아오른다. 이에 울면
서 말하기를,

"우리 임금이 있는 곳을 알지 못하겠다."

하니 엽(曄)은 놀라서 말하기를,

"그대의 충의(忠義)가 이와 같은 줄 몰랐다."

했다. 그 뒤에 한림(翰林)과 홍문관(弘文館)에 천거되었는데 이는
실상 정엽(鄭曄)이 추대한 것이었다. 〈인물고(人物考)〉

공은 일찍이 자제(子弟)들에게 이르기를,

"홍문관 응교(弘文館應敎)가 되었을 때 한 요우(僚友)의 집에 가
니 책상 위에 새 책력 백 권이 있는 것을 보고 내가 그 중에서
10권을 소매 속에 넣고 말하기를,

"이것을 시골 있는 종족(宗族)에게 주려 한다."

했더니 그 친구는 마음이 불편하여 얼굴빛이 붉어져서 스스로 안
정시키지 못했다. 그는 도로 빼앗자니 그럴 수도 없고 그대로 주
자니 아까워서 그러는 것이었다. 나는 그 때 그대로 두어두자니

이미 어려운 일이요 가져오자니 또 어려워서 탄식하고 어찌할 바를 몰라서 지금까지 부끄러워하고 뉘우치는 바이다."

그런 일이 있은 뒤로는

"남이 주지 않으면 취하지 않는 바이니 너희들도 네 아비의 일로 경계를 하는 것이 옳다."

했다. 〈동평견문록(東平見聞錄)〉

박연(朴筵)이 소경 아내와 같이 사는 것이 옳다고 했다

박연(朴筵)은 밀양(密陽) 사람이니 문과에 올라 벼슬이 판서(判書)에 이르렀다. 어릴 때 어느 곳에 약혼(約婚)을 했는데 아직 혼례도 치르기 전에 처녀가 위태로운 병을 앓다가 다시 살아난 일이 있었다. 그런데 전하는 말에 두 눈이 병으로 인하여 모두 실명(失明)했다고 한다.

이 말을 듣고 공의 부모는 딴 곳에 혼처를 구하자고 했다. 그러나 공은 말하기를,

"병으로 소경이 된 것은 죄가 아니니 소경 아내와는 오히려 같이 살 수가 있으나 사람이 신용이 없으면 세상에 설 수가 없으니 고칠 수가 없습니다."

했다. 이에 부모가 그 말을 기특히 여겨 허락을 하고 초례 지내는 날에 보니 눈이 소경이 아니었다. 이는 대개 원수의 집에서 훼방을 놓은 것이었다. 〈동평견문록(東平見聞錄)〉

정태화(鄭太和)가 승문원(承文院) 정자(正字)로 하여금 종이와 벼루를 가지고 오게 하다

정태화(鄭太和)는 동래(東萊) 사람이니 자는 유춘(囿春)이요 호는 양파(陽坡)이다. 인조(仁祖) 갑자(甲子)에 진사(進士)가 되고 무진(戊辰)에 문과에 급제하여 아우 치화(致和)와 함께 동시에 과거에 올랐다.

병자(丙子)에 원수(元帥)의 종사(從事)가 되었고, 정축(丁丑) 정월에 군사가 토산(兎山)으로 나갔다가 오랑캐의 기병(騎兵)이 크게 달려오자 원수는 달아나고 대군(大軍)이 무너졌다. 이에 공이 창졸간에 남은 군사를 수습해서 현관(縣館)을 점거하고 힘껏 싸워 죽이고 상처입힌 것이 많자 오랑캐는 크게 꺾이어 물러가니 사람들이 모두 이를 장하게 여겼다. 〈인물고(人物考)〉

공이 평안감사(平安監司)가 되었을 때 병자(丙子)의 난리를 치른 뒤여서 역로(驛路)가 메말라 있어 인조(仁祖)가 여러 번 엄한 하교를 내려 왕래하는 사객(使客)으로 하여금 일산을 펴고 교자를 타지 못하게 했다.

이 때 지천 최명길(遲川崔鳴吉)의 형 완천군(完川君) 내길(來吉)이 연위 칙행(延慰勅行)으로서 홀로 마교(馬轎)를 타자 공이 이것을 장계하여 알려 끝내 죄를 받게 되자, 지천(遲川)이 처음에는 몹시 노해서 말하기를,

"정군(鄭君)의 우리 형 대접하는 것이 어찌 그렇게 박한가?"
하더니 이윽고 다시 생각하기를,

"저 사람이 잡은 것은 법이요, 내가 노한 것은 사사로움이니 사사로운 것으로 공변된 것을 노한다면 어찌 마음으로 나라를 위한다고 하랴."
하고 다시 개의(介意)치 않았다. 〈동평견문록(東平見聞錄)〉

공이 정승의 자리에 있을 때 이판서(李判書) 세화(世華)가 승문

원 정자(承文院正字)로서 공사(公事)로 뵈러 갔다가 하인(下人)에
게 명하여 종이와 벼루를 가져오라 하자 공이 말하기를,

"정자(正字)는 스스로 가지고 오라."

하자 이공(李公)은 크게 기쁘지 않은 빛이 있어 물러가서 공의 조
카 재해(載海)를 보고 말하기를,

"상공(相公)이 나에게 하리(下吏)의 일을 바꾸어 하라 하시니 너
무 박하지 않은가."

했다.

이에 재해(載海)는 말하기를,

"정승의 자리는 예(禮)가 백료(白僚)와 달라서 병조(兵曹)나 호
조(戶曹)의 판서(判書)가 궐(闕)에 있으면 이조판서(吏曹判書)가
몸소 대신(大臣)에 천거하는데 이 때 반드시 스스로 장부를 가
지고 벼루를 받들고 가는 것이다. 총재(冢宰)의 높음으로도 오
히려 이와 같은데 하물며 승문원 정자(承文院正字)는 구품(九品)
의 미관(微官)에 지나지 않는데 친히 종이와 벼루를 잡는 것이
무엇이 부끄럽단 말이오."

했다.

이에 이공(李公)은 크게 놀라서 말하기를,

"시골에서 생장(生長)하여 조정의 체통에 밝지 못하더니 이제 그
대의 말을 듣지 않았던들 어찌 그 잘못을 깨달을 수 있었겠는
가."

했다. 이로부터 찾아서 국조전고(國朝典故)를 묻고 몸소 먼저 이
를 행해서 계속하여 삼가고 부지런히 한 것으로 세상에 이름이
났다고 한다. 〈동평견문록(東平見聞錄)〉

기축(己丑)에 대배(大拜)했는데 여섯 번 영상(領相)이 되고 기사
(耆社)에 들어갔으며 시호는 익헌(翼憲)이요 현종(顯宗)의 사당에
배향(配享)되었다.

오성군(烏城君)이 방탕한 것은 젖통 하나 때문

오성군(烏城君)은 종실(宗室)이다. 술집과 청루(靑樓)로 생애를 삼고 호걸로 일컬어졌다.

나이 팔십이 가까웠는데 어떤 사람이 묻기를,

"공의 비뚤어진 행동은 남의 꾀임 때문에 어쩔 수 없는 것이오, 아니면 본래의 성품이 방탕해서 스스로 억제하지 못해서 그런 것이오?"

하자, 오성(烏城)은 한동안 잠자코 있다가 탄식하여 말하기를,

"나는 어려서부터 약관(弱冠)에 이르기까지 일찍이 한번도 간사한 길을 밟지 않아 마치 고요한 것을 지키는 처녀(處女)와 같아서 사람을 보면 문득 수줍어하여 머리를 들지 못했었다. 그러던 어느날 이웃에 사는 한 무인(武人)이 나를 속여 놀러 나가자고 하기에 한 곳에 이르니 곧 기관(妓舘)이었다. 노랫소리와 거문고 소리가 요란하고 술잔이 어지러이 오고 갔다. 나는 마음이 자못 부끄러워져서 돌아오려 했으나 여러 사람들이 만류해서 이에 오래 있으니 좀 편안해졌다. 이윽고 기생이 갑자기 적삼을 벗고 가려운 데를 긁는데 그 젖이 풍만하고 옥같이 고운 살결을 보니 미친 마음이 크게 일어나서 참지 못하여 마침내 함께 자는데 그 고운 태도와 아첨하는 모습이 사람으로 하여금 정신을 차리지 못하게 했다. 이로부터 방탕하게 놀아 돌아올 줄을 몰라서 사람들이 나를 짐승처럼 보기에 이르렀다. 그러나 나로 하여금 여기에 이르게 한 것은 모두 당일에 젖통이를 한 번 본 때문이요 이는 무인(武人)이 시킨 것이었다. 이로써 하간(河間)의 음부(淫婦)들이 본래부터 부정(不貞)했던 것이 아니라는 것을 알겠다. 그러니 나이 젊은 자제(子弟)들은 나를 경계로 하여 반드시 그 노는 곳을 삼가하여 또 싹트기 전에 금지하는 것이 옳다."

하고, 개탄(慨歎)하기를 말지 않았다. 〈동평견문록(東平見聞錄)〉

덕원령(德原令)은 바둑을 잘 두더니
상번군(上番軍)에게 속임을 당하다

덕원령(德原令)은 종실(宗室)인데 장기와 바둑을 잘 두어 국수(國手)로 이름이 났다.

어느날 한 사람이 말을 마당에 매자 덕원(德原)이 누구냐고 물으니 그는 말하기를,

"나는 향군(鄕軍)의 상번(上番)으로서 평생에 바둑과 장기를 잘 두는데 어른께서 국수(國手)라고 일컬어지신다는 말을 듣고 한 판 두기를 원하여 왔습니다."

하니 덕원(德原)은 이를 기꺼이 허락했다.

이 때 그 사람은 말하기를,

"바둑을 두는 데는 내기가 없을 수 없습니다. 어른께서 지시면 원컨대 양식을 계속해 주시고 소인(小人)이 이기지 못하면 마당에 매놓은 말을 드리겠습니다."

하자 덕원(德原)은 좋다고 했다.

이리하여 바둑 한 판을 두었는데 그 사람이 한 집을 지고, 또 한 판을 두었는데 또 한 집을 져서 그 사람은 드디어 그 말을 바쳤다. 그러나 덕원(德原)은 웃으면서 말하기를,

"내가 농담이지 어찌 그대의 말을 받겠는가."

했으나 그 사람은 말하기를,

"어른께서는 소인을 식언(食言)하는 사람으로 만드십니까?"

하고 말을 두고 가니 덕원(德原)은 부득이 받아 두었다.

그런지 두어 달이 지나서 그 사람이 다시 오더니 한 판을 두자고 청한다. 덕원(德原)이 이를 허락하니 두어 판을 거듭 져서 도저히 따를 수가 없었다. 덕원(德原)은 놀라서 말하기를,

"그대는 나의 적수(敵手)가 아니다."

하고 그 말을 내주면서 말하기를,

"처음 둘 때는 어쩌해서 졌는가?"

하자 그 사람은 웃으면서 말하기를,

"소인은 말을 사랑하옵는데 입번(入番)하느라고 서울에 있자면 말이 반드시 파리하게 마를 것이요, 또 맡겨둘 만한 곳도 없어서 감히 조그만 기술로 어른을 속인 것이오니 황공합니다."

하니 덕원(德原)은 그 속임을 당한 것을 한스럽게 여겼다. 〈청구야담(靑邱野談)〉

풍산수(豊山守)는 오리를 세는데 짝을 맞추어 세었다

풍산수(豊山守)는 종실(宗室)이다. 본래부터 셈수에 어두워서 일찍이 집에 오리를 키우는데 날마다 그 수를 세려면 짝을 맞추어 세었다.

어느날 가동(家僮)이 오리 한 마리를 삶아 먹었는데 풍산(豊山)이 짝을 맞추어 세어 보니 한 마리가 남는다. 이에 크게 노하여 종을 때리면서 말하기를,

"내가 오리 한 마리를 도둑질해 먹었으니 감히 이런 도리가 있느냐. 채워 놓으면 모르지만 그렇지 않으면 죽일 것이다."

했다.

이튿날 그 종이 또 한 마리를 잡아 먹었는데 풍산(豊山)이 또 오리를 세어 보니 남는 짝이 없었다. 이에 크게 기뻐하기를,

"형벌이라는 것은 없을 수가 없도다. 어제 매를 때렸더니 오늘 채워 놓았으니 기이한 일이로다."

했다. 〈청구야담(靑邱野談)〉

이경휘(李慶徽)는 난형난제(難兄難弟)

이경휘(李慶徽)는 경주(慶州) 사람이니 자는 군미(君美)요 호는 춘전(春田)이다. 인조(仁祖) 계유(癸酉)에 진사가 되고 갑신(甲申)에 문과에 급제했는데 아우 경억(慶億)과 같은 나이였다.

아버지 시발(時發)이 꿈을 꾸니 바다의 해가 쌍으로 곱더니 경휘(慶徽) 형제를 낳았는데 문리(文理)가 일찍 이루어져서 6세에 항우전(項羽傳)을 읽었다. 감사(監司) 박엽(朴燁)이 와서 보자 명하여 절을 하라고 하자 경휘(慶徽)는 물러나 서서 말하기를,

"들으니 엽(燁)은 사나워서 허다하게 사람을 죽였다 하는데 어찌 절을 합니까."

하니 시발(時發)이 이를 기이하게 여겼다.

이조참의(吏曹參議)가 되었을 때 현종(顯宗)이 의관(醫官) 양제신(梁濟臣)을 외임(外任)에 임명하려 하여 정청(政廳)에 묻기를,

"제신(濟臣)을 일찍이 수령(守令)에 제수하려 했는데 추천하지 않는 것은 무슨 까닭인가?"

하자 경휘(慶徽)는 대답하기를,

"의관(醫官)을 수령(守令)에 제수하는 것은 일이 상격(常格)과 다르오니 비록 명령이 있었으나 감히 하지 못했나이다."

했다. 이에 임금은 경휘(慶徽)의 직책을 바꾸고 특별히 제신(濟臣)을 양천현감(陽川縣監)에 제수했다.

임금이 정태화(鄭太和)에게 묻기를,

"경휘(慶徽) 형제는 누가 나은가?"

하자 대답하기를,

"난형난제(難兄難弟)[1]입니다."

했다. 임금이 말하기를,

"내가 경휘(慶徽)를 보니 대개 장자(長者)였다."

---

1) 難兄難弟 : 형제가 모두 똑같이 어질다는 비유.

했다. 이상진(李尙眞)이 오랫동안 하료(下僚)들에 굽혀서 사람들
이 아는 자가 없었으나 경휘(慶徽)가 예문관(藝文館)에 있으면서
모든 사람들의 의논을 힘써 배격하고 천거해서 이상진(李尙眞)이
과연 명상(名相)이 되게 했으니, 세상에서 이로써 그 사람 아는 것
이 밝다는 것을 알았다. 벼슬이 이조판서(吏曹判書)에 이르고 시
호는 익헌(翼憲)이다. 〈인물고(人物考)〉

송장군(宋將軍)은 효종(孝宗)의 기진(忌辰)에 종일 통곡했다

　송장군(宋將軍)은 광주(廣州) 사람인데 그 이름은 잃었다.
　효종(孝宗)이 원수 갚을 일에 뜻을 날카롭게 하여 나라 안에 역
사(力士)를 구하는데 능히 천 근을 드는 자가 있으면 도신(道臣)에
게 명하여 올려보내게 했으나 오래되어도 여기에 응하는 자가 없
어서 여러 곳에서 근심하고 있었다. 이 때 장군(將軍)은 광주(廣
州)의 공조(功曹)[1]에서 일하고 있었는데 공조(功曹)에서 고을에
전하는 말을 하자 장군은 뜰 모퉁이에 있는 돌을 가리키면서 말
하기를,
　"저것이 또한 천 근 무게가 되느냐?"
하자 그렇다고 대답했다.
　이에 장군이 들어서 땅에 던지기를 마치 아무 것도 없는 것같이
하니 공조(功曹)가 크게 놀라서 관청에 들어가 고해서 불러 시험
해 보니 과연 그러했다. 이에 부(府)로 올려보냈더니 부(府)에서
는 목욕을 시켜 좋은 옷을 입히고 타는 말과 대접하기를 마치 사
신을 서울에 보낼 때와 같이 했다.
　이 때 임금은 바야흐로 금원(禁苑)에서 활쏘는 것을 시험하다가
급히 불러들여 보니 쑥대머리에 검은 얼굴이 하나의 농부였지만 그
힘을 시험해 보니 도신(道臣)의 장계와 같았다. 이에 임금은 먹을

---

1) 功曹 : 군(郡)의 속리(屬吏)인 녹사(錄事).

것을 몹시 풍성하게 주게 하여 지아비가 들고 왔으나 서서 다먹어 없애니 임금은 더욱 그를 기이하게 여겨 앞에서 관(冠)을 씌우게 하고 금호문(金虎門) 밖에 집을 주어 나가서 궁비(宮婢)와 혼인하게 하고 급히 명하여 고을을 주게 하자 전조(銓曹)에서는 아직 백성의 일에 익숙하지 못하니 변방의 보루(堡壘)에 보내서 시험하자고 청하자 임금도 이를 옳게 여겨 북방의 진장(鎭將)을 제수했다. 이곳은 서울과의 거리가 수천 리여서 임금은 항상 이를 생각하여 가있으면 부를 것이라 했다.

그러나 기해(己亥)에 임금이 갑자기 승하(昇遐)하자 장군은 이 소식을 듣고 땅을 치면서 울다가 인부(印符)를 버린 채 달려서 궐문(闕門)에 이르러 엎드려 울다가 눈물이 다하자 피가 나왔다. 그 아내도 역시 효종(孝宗)의 지나친 은혜에 감동하여 승하(昇遐)하던 날 자결(自決)해 죽었다.

이 때 북병사(北兵使)가 진(鎭)을 버리고 간 것으로 해서 효시(梟示)하기를 청하고 조정 의논도 또한 법에 의하여 처리하자고 청했으나 현종(顯宗)은 그 충성을 생각해서 용서했다. 이에 장군은 갈 곳이 없어 나그네로 용인(龍仁) 땅에 떠도는데 찢어진 갓에 떨어진 옷차림으로 걸식하면서 살아갔다. 그러나 매양 효종(孝宗)의 기진(忌辰)을 당하면 홀로 깊은 산 속으로 들어가 하루 종일 통곡하고 말이 선왕(先王)에 미치면 항상 목이 메어 소리를 잃으니 시골 사람들이 그의 골격(骨格)이 남보다 몹시 장대(壯大)한 것을 보고 모두 송장군(宋將軍)이라 일컫고 그를 만나면 밥을 내다 주고 그가 먹는 것이 마치 호랑이와 같다고 하면 이것을 즐겁게 웃는 재료로 삼았다.

다시 아내를 얻지 않았는데 뒤에 어디 가서 생을 마쳤는지 알 수 없다. 〈동평견문록(東平見聞錄)〉

김홍욱(金弘郁)은 지하(地下)에 가서 용봉(龍逢)·
비간(比干)을 좇는다고 했다

　김홍욱(金弘郁)은 경주(慶州) 사람이니 자는 문숙(文叔)이요 호
는 학주(鶴洲)이다. 갑오(甲午)에 진사가 되고 을해(乙亥)에 문과
에 올라 한림(翰林)과 삼사(三司)를 거쳤다.

　강빈(姜嬪)이 인조(仁祖)에게 죄를 얻고 반역(反逆)으로 사사(賜
死)되었더니 효종(孝宗)이 즉위하자 민정중(閔鼎重)이 그 원통함을
아뢰니 임금이 불러보고 그 전후 일을 말하고 나서 또 말하기를,

　"다시 말하는 자가 있으면 마땅히 강(姜)의 역죄(逆罪)와 같은
　율(律)을 쓰리라."
했다.

　뒤에 한재(旱災)가 있어 신하들의 말을 구하자 홍욱(弘郁)이 황
해감사(黃海監司)로서 갑오(甲午) 6월에 소(疏)를 올려 말하기를,

　"필부(匹婦)가 원통한 마음을 먹어도 3년의 가뭄이 있고, 의로
　운 신하가 통곡해도 오히려 5월에 서리가 내린다 하옵는데 이
　제 강(姜)의 일문(一門)에는 죽은 자가 필부(匹夫)만이 아니요,
　원통한 넋의 억울한 것이 통곡하는 것보다 심하오니 화기(和氣)
　를 없애 재앙을 부르고 이상한 일이 생기는 것이 괴이할 것이
　없습니다."
하자 임금은 크게 노하여 잡아 국문하고 임금의 위엄이 겹쳐서 형
벌하고 신문(訊問)하는 것이 엄하고 혹독했다.

　공은 본래 파리하고 약했으나 이 때 얼굴빛을 변하지 않고 머리
를 들어 대답하기를,

　"옛날의 밝은 임금이 간하는 신하를 베지 않은 것은 혹시라도
　후세(後世)에 선비를 죽였다는 이름이 있을까 두려워한 때문입
　니다. 신(臣)은 지하(地下)에서 용봉·비간(龍逢比干)[1]을 따르면

---
　1) 龍逢·比干 : 하(夏)나라 걸왕(桀王)의 신하 관용봉(關龍逢)과 은(殷)나

만족합니다."
했다.
　임금이 말하기를,
"용봉·비간(龍逢比干)이 또한 역적을 보호하는 말을 했느냐?"
했다. 형양(桁楊)[2] 밑에서도 정신이 조금도 어지럽지 않고 대답하기를 더욱 굳세게 하니 사람들이 모두 그를 장하게 여겼다. 금부(禁府)에서 죽으니 뒤에 이조판서(吏曹判書)를 증직하고 시호는 문정(文貞)이다. 〈학주집(鶴洲集)〉

박로(朴簜)는 해사(解事)하는 종이 있었다

　박로(朴簜)는 밀양(密陽) 사람이니 자는 노직(魯直)이요 호는 대호(大瓠)이다. 문과에 급제하여 정축(丁丑)에 부빈객(副賓客)으로서 세자대군(世子大君)을 모시고 심양(瀋陽)에 갔는데 논학(論鶴)이라는 종이 있어 능히 일을 영리하게 터득했다. 이에 봉림대군(鳳林大君 : 孝宗)이 몹시 사랑해 왔는데 현종(顯宗)이 탄생하자 논학(論鶴)으로 하여금 점쟁이에게 가서 운명을 보아 오라고 했더니 논학(論鶴)은 돌아와서 잠자코 아무 말도 하지 않았다.
　이에 봉림(鳳林)이 여러 번 묻자 논학(論鶴)은 낮은 목소리로 말하기를,
"임금이 될 것입니다."
하니 효종(孝宗)이 놀라서 말하기를,
"망령된 말을 말라."
했다. 그 뒤에 효종(孝宗)이 왕위(王位)에 오른 후에 논학을 불러 묻기를,
"네가 그 때의 말을 하려느냐?"

라 주왕(紂王)의 신하 비간(比干). 두 사람은 모두 임금을 간하다가 죽었음.
2) 桁楊 : 죄인의 발목에 채우는 형구(刑具). 차꼬.

했으나 대답하기를,

"원치 않습니다."

하니 특별히 초구(貂裘)를 하사하였는데 그는 이것을 술집에 전당 잡히고 다 마시고 나서 도로 찾아 가지고 가서 말하기를,

"임금이 하사하신 것을 남에게 줄 수가 없다."

했다.

박로(朴簩)가 심양(瀋陽)에 있을 때 정뇌경(鄭雷卿)의 죽음을 구하지 못해서 당시 의논이 그를 짧게 여기더니 청나라 사신이 의주 부윤(義州府尹) 황일호(黃一皓)를 죽일 때 백관(百官)들이 늘어서 있는데 논학(論鶴)이 대신(大臣)들의 앞으로 나가면서 말하기를,

"대감들은 매양 우리 집 영감이 정필선(鄭弼善)을 구원하지 못한다고 허물하더니 이제 조정에 가득한 공경(公卿)들이 어찌해서 황의주(黃義州) 한 사람을 구하지 못하는가."

하니 대신(大臣)들이 서로 돌아보며 아무 말도 하지 못했다.

신묘(辛卯)에 청나라 임금이 혼인을 청하자 금림군(錦林君)의 딸을 공주(公主)라고 일컬어 청나라로 보내는데 논학(論鶴)에게 명하여 모시고 가게 했다. 이 때 길에서 정명수(鄭命壽)가 사악(肆惡)한 짓을 하자 논학은 공주(公主)의 교자 앞에 서서 공주의 명령이라 하여 잡아다가 때리게 하니 명수(命壽)는 머리를 숙이고 매를 맞았다.

송덕기(宋德基)는 항상 부처의 입에
고기를 스쳤다고 말했다

송덕기(宋德基)는 벼슬이 참봉(參奉)이었다. 항상 하는 말에 천계(天啓)년간에 10여 명의 선비가 과거공부를 하기 위하여 절에 가서 글을 읽을 때 어느날 쇠고기를 구워서 먹는데 한 선비가 고깃덩이 하나를 가지고 부처의 입에 문지르면서 말하기를,

"너에게 한 덩어리 고기를 권한다."

그랬더니 그날 밤에 그 사람이 꿈에 눌려 죽었다고 한다.

꿈에 눌려서 죽은 것은 혹 우연한 일이라고 하겠지만 정자(程子)는 일찍이 부처를 등지고 앉지 않았다고 한 말을 가지고 본다면 업신여기고 욕보이는 것은 실로 단아한 선비의 할 일이 아니니 경계해야 할 일이라고 했다. 〈동평견문록(東平見聞錄)〉

유렴(柳濂)은 항상 부처(夫妻)가 곡(哭)하는 곳을 꿈꾸었다

유렴(柳濂)은 전주(全州) 사람이니 자는 증보(澄甫)요 호는 도계(道溪)이니 전창위(全昌尉) 정량(廷亮)의 아들이다. 나면서부터 남보다 뛰어나서 선조(宣祖)가 붉은 갓끈을 하사했으니 이는 귀한 것을 뜻함이었다.

광해(光海) 계축(癸丑)에 참혹하게 집이 화를 당했는데 이 때 나이 13세였다. 비로소 유수증(兪守曾)에게 가서 공부를 하는데 유(兪)는 말하기를,

"유씨(柳氏)가 아들이 있도다."

했다. 인조(仁祖) 정묘(丁卯)에 진사시(進士試)에 장원으로 합격하고 을해(乙亥)에 문과에 급제하여 전평군(全平君)에 습봉(襲封)했다. 〈인물고(人物考)〉

공은 어렸을 때부터 꿈에 항상 한 곳에 가는데 거기 어떤 집 문 앞에서 제사를 지내는데 부처(夫妻)가 곡(哭)을 하고 있었다. 그런데 만년(晩年)에는 다만 한 노파(老婆)가 슬피 곡하는 것만 보였다.

공이 평안감사(平安監司)가 되어서도 또 전과 같은 꿈을 꾸었으나 다만 겨우 문을 나서면 이내 제사지내는 집에 당도하여 이미 꿈에서 깨어 나면 곡하는 소리가 아직도 귓가에 있는 것이었다. 이에 공은 크게 이상히 여겨 사람을 시켜 그 곳을 찾아가 보게 했더니 과연 한 노파가 아들을 위해서 슬피 울고 있었다.

이에 그를 불러 까닭을 물었더니 대답하기를,

"내가 아들이 있었는데 나이 10세에 문한(文翰)이 남보다 뛰어
나더니 마침 감사(監司)가 도임하는 것을 보고 묻기를, 글을 많
이 읽으면 저도 감사가 될 수 있습니까?"

하자, 그 부모가 모두 말하기를,

"네가 한미(寒微)한 집에서 태어났으니 어찌 감사가 될 수 있겠
느냐."

했더니 아이가 그 날 저녁부터 밥을 먹지 않고 죽으면서 말하기를,

"살아서 이런 벼슬을 하지 못하면 죽는 것만 못하다."

했습니다. 나는 중년(中年)에 또 남편을 잃고 딴 자식이 없어서 더
욱 지극히 가슴이 아픈데 오늘 저녁은 곧 아이가 죽은 날입니다."

한다.

공이 드디어 그 집에 가보니 한결같이 꿈에 본 것과 같고 그 아
이가 죽었다는 날은 공의 난 날과 같았다. 이에 드디어 꿈에 있던
일을 말하고 후하게 대접했다. 그리고 평안감사(平安監司)를 그만
두자 곧 졸(卒)하니 어찌 전생(前生)에 소원하던 것이 마침 공에
게서 이루어진 것이 아닌가. 〈청구총소(靑丘叢笑)〉

김시진(金始振)이 추보(推步)1)를 잘하다

김시진(金始振)은 경주(慶州) 사람이니 자는 백옥(伯玉)이요 호
는 반고(盤皐)이니 좌상(左相) 명원(命元)의 증손(曾孫)이다. 인조
(仁祖) 갑신(甲申)에 문과에 급제했다. 성품이 굳세고 깨끗하여 세
상의 편벽된 당(黨)이 시비(是非)가 공정하지 못한 것을 분하게 여
겨 항상 배척해서 말하고 조금도 용서하지 않으니 비방하는 말이
산처럼 쌓였다.

매양 스스로 말하기를,

---

1) 推步 : 천체(天體)의 운행(運行)을 관측(觀測)하여 미래의 일을 추측해 판
단함.

"기묘(己卯)에 화가 일어난 후에 비로소 유운(柳雲)이 추보(推步)를 잘하는 것을 알았다."

하고, 신축(辛丑)에 큰 별이 떨어지자 말하기를, 그 응하는 것이 연경(燕京)에 있다고 하더니 그 해에 청나라에 국상(國喪)이 있었고, 을사(乙巳)에 혜성(彗星)이 하늘에 뻗치자 또 말하기를 10년 후에 군사가 오초(吳楚) 사이에서 일어날 것이다 하더니 갑인(甲寅)에 이르러 오삼계(吳三桂)가 난리를 일으켰으니 모두 그 말과 같았다.

일찍이 정태화(鄭太和)에게 이르기를,

"경신(庚辛)의 해에 인류(人類)가 다 없어질 터인데 공은 어떻게 구제하겠는가?"

하자 정(鄭)은 말하기를,

"어찌 공의 근심은 되지 않겠는가?"

하자 그는 대답하기를,

"나는 보지 못할 것이다."

했다. 과연 경신(庚辛)에 이르러 크게 기근이 들어 사람이 거의 없어지자 정(鄭)은 매양 사람을 보고 탄식했다.

일찍이 뜰 위의 조그만 소나무를 읊어 말하기를,

"돌 틈의 외로운 소나무가 늙어서 다시 서리었으니, 어느 때나 자라서 구름 끝에 뻗으랴. 재목을 내는데 반드시 모두 동량(棟樑)이 아니니, 다만 곧은 마음을 찬 해에 보존하는 것이 귀하네. (石罅孤松老更盤 何時長得拂雲端 生材未必皆棟樑 只貴貞心保歲寒)"

했으니 대개 탁의(托意)해서 지은 것이다. 벼슬이 감사(監司)에 이르렀다.

정두경(鄭斗卿)은 문장(文章)으로 간(肝)을 만들다

정두경(鄭斗卿)은 온양(溫陽) 사람이니 자는 군평(君平)이요 호는 동명(東溟)이다.

나면서부터 이상한 바탕이 있어 글읽기를 좋아하더니 명(明)나라 행인(行人) 강일광(姜日廣)이 왔을 때 북저(北渚) 김류(金瑬)로 빈상(儐相)을 삼아서 한 때의 글에 능한 사람을 뽑아 같이 가게 하였다. 이 때 두경(斗卿)이 백의(白衣)로 여기에 뽑혔으니 국조(國朝)에 드물게 있는 일이다.

이 때 계곡 장유(谿谷張維)가 시(詩)를 지어 주기를,

"무명옷으로 나라를 빛내는 것을 세상에서는 어렵다고 말하는데, 이 사람의 문장은 비단으로 간(肝)을 만들었네. (布衣華國世稱難 之子文章錦作肝)"

했다. 인조(仁祖) 기사(己巳)에 문과에 장원으로 급제했다.

현종(顯宗)이 그 시를 읊기를,

"나라 안에는 임금이 또한 크고, 천하에는 부처가 높은 것이 되네. (域中王亦大 天下佛爲尊)"

하고 또 하교하기를,

"김종직(金宗直)이 문형(文衡)을 맡지 못한 것을 국조(國朝)의 흠사(欠事)로 여겼는데 정두경(鄭斗卿)이 끝내 대제학(大提學)이 되지 못했으니 어찌 원통하지 않겠는가. 벼슬이 예조참판(禮曹參判)을 지냈으니 특별히 대제학(大提學)을 증직하라."

했다. 〈인물고(人物考)〉

신민일(申敏一)에게 준 만사(挽詞)에 말하기를,

"재자(才子)는 고양리(高陽里)요, 문도(門徒)는 태학생(太學生)일세. 유림(儒林)들이 서로 조상하니, 누가 대사성(大司成)을 계승할 것인가. (才子高陽里 門徒太學生 儒林相與吊 誰繼大司成)"

했다.

권유(權惟)가 꿈에 적의부인(翟衣夫人)을 보다

권유(權惟)는 안동(安東) 사람이다. 정릉참봉(貞陵參奉)이 되어 입직(入直)하던 날 꿈에 보니 적부인(翟夫人)이 적의(翟衣)를 입고

정자각(丁字閣)에 앉아서 급히 유(惟)를 부르므로 유(惟)가 서둘러 가서 보니 부인(夫人)이 말하기를,

"이미 3백년 전에 폐해진 집을 덕이 있는 큰 선비가 다시 새롭게 해주었는데 나는 그의 장래의 화를 구원하지 못하니 어찌 한스럽지 않으랴."

했다.〈황강문답(黃江問答)〉

아들 이진(以鎭)은 판서(判書)다.

신천익(愼天翊)의 아버지 꿈에 쌍으로 된 학(鶴)이 양미(兩眉)에 앉아 있었다

신천익(愼天翊)은 거창(居昌) 사람이니 자는 백거(伯擧)요 호는 소은(素隱)이다.

아버지 인(禋)이 영광(靈光)에 귀양가 있는데 아들이 없어서 아내 이씨(李氏)와 함께 신(神)에게 빌었더니 꿈에 두 학이 날아와서 두 눈썹에 앉았다가 먼저 나는 학은 하늘로 올라가고 뒤에 나는 학은 바다로 내려가더니 과연 같은 날에 두 아이를 낳으니, 하늘로 올라간 자의 이름은 천익(天翊)이요 바다로 내려간 자는 해익(海翊)인데 모두 선풍도골(仙風道骨)이었다.

천익(天翊)은 광해(光海) 임자(壬子)에 진사(進士)가 되고 문과에 급제하여 부제학(副提學)으로서 신축(辛丑)에 원수에게 죽음을 당했고, 해익(海翊)의 자는 중거(仲擧)로 호는 호산병은(湖山病隱)이다. 광해(光海) 계축(癸丑)에 문과에 급제하여 좌랑(佐郎)이 되었다가 나이 25세에 졸(卒)했는데 임종(臨終) 때 자줏빛 기운이 하늘에 가득했다.〈조야집요(朝野輯要)〉

조계원(趙啓遠)이 사람을 시켜 각각 포혁(布革) 두 주머니를 장만하게 했다

　조계원(趙啓遠)은 양주(楊州) 사람이니 자는 자장(子長)이요 호는 약천(藥泉)이다. 병진(丙辰)에 생원(生員)이 되고 무진(戊辰)에 문과에 급제했다.

　병자(丙子)에 청나라 군사가 갑자기 오자 임금이 그에게 명하여 원수(元師)의 막중(幕中)으로 가게 하자, 계원(啓遠)은 사잇길로 달려가서 강개(慷慨)하게 일을 의논하니 김자점(金自點)은 이를 기뻐하지 않았다.

　세자(世子)가 서쪽으로 가는데 계원(啓遠)이 보덕(輔德)으로서 따라 가는데 사람을 시켜 각각 가죽 포대 두 개씩을 만들게 하니 사람들이 모두 괴상히 여기자 계원(啓遠)은 말하기를,

　"쓸 곳이 있다."

했다. 이미 도착하자 명(明)나라와 청나라가 교병(交兵)하여 시석(矢石)이 비와 같이 날아온다. 이에 급히 주머니에 모래를 담고 가죽주머니로는 물을 운반해다가 한 편으로는 모래를 쌓고 한 편으로 물을 뿌리니 이것이 얼어서 성(城)이 되어 일행이 모두 요절을 면할 수 있었다.

　계원(啓遠)이 동쪽으로 돌아오는데 세자(世子)가 말하기를,

　"보덕(輔德)은 돌아가지만 나도 또한 돌아갈 날이 있겠는가."

하자 계원(啓遠)은 눈물을 흘려 옷깃을 적시고 나와서 역관(譯官)에게 마치 황헐(黃歇)이 진(秦)나라에 있을 때와 같이 했다. 얼마 되지 않아 청나라 사람이 과연 세자(世子)가 돌아갈 것을 허락했으나 계원(啓遠)은 끝내 이를 누설하지 않았기 때문에 세상에 아는 자가 없었다. 벼슬이 형조판서(刑曹判書)에 이르고 시호는 충정(忠靖)이다. 〈인물고(人物考)〉

　상촌 신공(象村申公) 및 그 아들 동양위(東陽尉)는 모두 사람을

알아보는 지감(知鑑)이 있었는데 그 사위를 고르는데 상촌(象村)은
공에게 뜻을 두고 동양위(東陽尉)는 연안 이씨(延安李氏)의 명족
(名族)에게 뜻을 두었었다. 그러나 동양위(東陽尉)는 감히 아버지
의 명령을 어길 수가 없어서 드디어 공을 사위로 삼았다.

그러나 공의 집은 넉넉하지 못하여 처가(妻家)에 붙어 있자니 괴
롭고 무료(無聊)했으나 다만 의식(衣食)을 얻고 생산이 많자, 상촌
(象村)의 집 노비들은 그를 돼지 조생원(趙生員)이라고 불렀다.

한편 연안 이씨(延安李氏)는 비록 몹시 귀하고 또 문장이 뛰어
났으나 수(壽)가 50을 채우지 못했고, 공은 늦게 통달해서 생원
(生員)을 거쳐 문과에 급제하여 지위가 정경(正卿)에 이르고 수
(壽)가 희년(稀年 : 七十)을 넘었으며 다섯 아들이 있었는데 맏이
는 진석(晋錫)이니 호는 용은(慵隱)으로서 진사(進士)를 거쳐 문
과에 급제했고 더욱이 필법(筆法)이 정밀해서 동양위(東陽尉)가
일찍이 말하기를,

"비판(碑版)을 쓰는 일은 마땅히 이 조카에게 시켜야겠다."
했다. 둘째는 귀석(龜錫)이니 음관(蔭官)으로 첨추(僉樞)가 되었고,
셋째는 희석(禧錫)이니 문과에 급제하여 감사(監司)를 지냈고, 넷
째는 사석(師錫)이니 문과에 급제하여 우상(右相)에 올랐는데 호는
만휴(晩休)요, 다섯째는 가석(嘉錫)이니 문과에 급제하여 이조참의
(吏曹參議)가 되었다. 손자·증손도 귀하고 또 번성하니 상촌(象
村)의 식감(識鑑)은 가히 경복(敬服)할 만하다고 했다. 〈야설(野
說)〉

이의전(李義傳)은 2백 70년 사이에
칠세(七世)가 수를 누렸다

이의전(李義傳)은 전주(全州) 사람이니 자는 의중(宜仲)이요 원
익(元翼)의 아들이다. 30세에 비로소 벼슬하여 자헌(資憲)에 이르
고 완선군(完善君)에 습봉(襲封)하고 봉조하(奉朝賀)가 되었다.

이 때 익녕군(益寧君:世宗別子)은 80여 세로, 그 아들 수천군
(秀泉君)은 87세로, 아들 청기군(靑杞君)은 83세요, 아들 성천군
(成川君)은 84세로, 오리상공(梧里相公)은 88세요, 완선군(完善君)
은 80세요, 아들 수약(守約)은 79세에 창수(倉守)로 휴관(休官)했
으니, 모두 2백 70여 년 사이에 칠세(七世)가 수를 누렸으니 세상
에 드물게 있는 일이었다. 〈인물고(人物考)〉

《顯宗朝》

정유성(鄭維城)은 더욱더 두려워하고 삼갔다

정유성(鄭維城)은 연일(延日) 사람이고 자는 덕기(德基)요 호는 도촌(陶村)이니 포은(圃隱)의 구세손(九世孫)이다. 인조(仁祖) 정묘(丁卯)에 문과에 급제하여 현종(顯宗) 경자(庚子)에 우상(右相)에 임명되었다.

손자 제현(齊賢)이 숙휘공주(淑徽公主)에게 장가들어 인평위(寅平尉)에 봉해지자 공은 더욱더 두려워하고 삼갔다. 어느날 공주(公主)에게 이르기를,

"공주(公主)는 손자를 낳고자 하지 않는가?"

하니 대답하기를,

"말씀을 살피지 못했습니다."

한다.

유성(維城)이 말하기를,

"복이 지나치면 재앙이 반드시 생기는 것이니, 우리집은 대대로 청한(淸寒)했는데 이제 복이 지나치니 화가 반드시 올 것이다. 원컨대 더욱더 절약하고 줄이라."

했다.

그 뒤에 인평위(寅平尉)가 장차 죽게 되어 가보고 거기에서 궁중에서 준 옷이 있는 것을 보고 탄식하기를,

"그 죽는 것이 마땅하다."

했다. 〈인물고(人物考)〉

시호는 충정(忠貞)이다.

허적(許積)은 몸에 재앙이 쌓였다

허적(許積)은 양천(陽川) 사람이니 자는 여거(汝車)요 호는 묵재
(默齋) 또 휴옹(休翁)이다. 인조(仁祖) 계유(癸酉)에 생원(生員)・
진사(進士)가 되고 정축(丁丑)에 문과에 급제하여 두 번 평안감사
(平安監司)가 되고 세 번 연경(燕京)에 갔다 왔다.

현종(顯宗) 정미(丁未)에 대배(大拜)하여 영상(領相)에 이르고 기
사(耆社)에 들어갔으며 궤장(几杖)을 하사받았다. 경신(庚申)의 역
옥(逆獄)에 서자(庶子) 견(堅)이 이미 베임을 당하자 적(積)이 성
에 나가서 명령을 기다리는데 어떤 사람이 말하기를,

"체포하러 오는 사람이 장차 도착하게 되었으니 공은 모름지기
자결(自決)하시오."

한다.

이에 적(積)이 말하기를,

"나에게 악한 자식이 있으니 법에 마땅히 연좌되어야 할 것인데
나타나게 베이는 것을 면하고자 해서 약을 먹고 먼저 죽으면 이
는 임금의 명령을 공경하는 것이 아니다."

하고 또 말하기를,

"내가 지평(持平)이 되었을 때 길에서 보니 나이 젊은 상한(常
漢)의 옷 입은 것이 지나치게 사치하기에 잡아다가 바야흐로 죄
를 다스리려 하는데 들으니 욕을 하는 자가 있다고 해서 잡아
들여 물어보니 이는 그 갇힌 자의 아내라고 하는데 그 옷 입
은 것이 또한 사치스러웠다. 이에 나는 그들을 몹시 때리게 하
여 내외가 모두 죽었다."

"견(堅)을 낳던 날 밤 꿈에 한 노인이 와서 말하기를,

"너는 아무 해에 젊은 내외 죽인 일을 기억하느냐. 나이 어리
고 아는 것이 없는 사람들이 어찌 법의 이치를 알겠느냐. 그 부
모를 죄주는 것이 옳을 것인데 외아들・외딸을 한 매에 때려 죽

였으니 이는 복을 받을 사람이 아니다. 하늘이 이 때문에 너의
집에 벌을 내려서 악한 자식을 낳게 해서 너의 종족(宗族)을 없
애려는 것이다. "
했다. 나는 꿈에서 깨어 이를 미워하여 처음에는 아이를 키우지 않
으려 하다가 일이 허탄한 것이라고 해서 결정을 짓지 못했는데 이
제 비로소 그 말이 맞았으니 이는 모두 나의 재앙이 몸에 쌓여서
일이 모두 먼저 정해진 것이니 어찌하랴. "
했다. 〈조야집요(朝野輯要)〉

송시열(宋時烈)이 사사(賜死)되던 날
규성(奎星)이 땅에 떨어졌다

송시열(宋時烈)은 은진(恩津) 사람이니 자는 영보(英甫)로 호는
우암(尤庵)이다. 날 때 아버지 꿈에 공자(孔子)가 그 집에 오셨다.
소자(小子)는 성뢰(聖賚)이니 사계 김장생(沙溪金長生)을 사사(師
事)하여 그가 율곡(栗谷)에게 전한 것을 모두 얻었고 또 주자(朱
子)의 글을 오로지 읽어서 이로써 성가(成家)했다.

인조(仁祖) 계유(癸酉)에 생원시(生員試)에 장원으로 합격하고
병자(丙子)에 임금을 모시고 남한산성(南漢山城)에 갔다가 화의(和
議)가 이루어지자 통곡하면서 성을 나가 스스로 구학(邱壑)에서
몸을 마치기로 결정하고 두 번 지평(持平)이 되었는데도 나가지 않
았다.

효종(孝宗)이 대의(大義)를 천하에 펴서 장령(掌令)으로 선생을
부르자 감격하여 들어가서 사은(謝恩)하자 계속해서 진선(進善)·
집의(執義)·승지(承旨)·찬선(贊善)을 임명하고, 무술(戊戌)에 예
조참판(禮曹參判)으로 입대(入對)하자 특별히 총재(冢宰)에 승진시
켰다. 이 때를 당하여 임금과 의견이 일치하여 밝게 무르익고 경
륜이 임금을 도우니 세상에서 모두 소열(昭烈)에게 있어서의 공명
(孔明)에 비유했다. 그러나 불행히 효종(孝宗)이 승하(昇遐)하니

일이 모두 와해되어 다시 세상에 설 의사가 없었다.

현종조(顯宗朝) 때 대배(大拜)하여 좌상(左相)이 되었더니 숙종(肅宗) 기사(己巳)에 제주(濟州)로 귀양가는데 정읍(井邑)에 이르러 사사(賜死)되었으니 나이 83세였다. 죽기 하루 전날 밤에 흰 기운이 하늘에 뻗치더니 이날 밤에 규성(奎星)이 땅에 떨어지고 붉은 빛이 집 위에 뻗치니 고을 사람들이 서로 전하면서 슬퍼하고 이상히 여겼다. 〈권상하 찬장(權尙夏撰狀)〉

이보다 먼저 북쪽에서부터 남쪽으로 옮기는데 졸지에 큰 비를 만나서 양양(襄陽) 물치촌(勿緇村) 정립(鄭立)의 집으로 달려 들어갔는데 그 집 기둥에 시(詩)를 써놓은 것이 윗구는 순서대로 썼고 아랫구는 거꾸로 쓰여 있었다. 이에 주인에게 까닭을 물었더니 말하기를,

"지난 갑인(甲寅) 5월에 지나가는 나그네가 쓴 것이다."

했다.

그 시에 말하기를,

"세 번 저자에 범이 있다고 하면 사람들이 모두 믿지만 한 번 소매 속의 벌을 잡았다고 하면 아비도 또한 의심하네. 세상의 공명(功名)은 목안(木鴈)과 같고, 좌중의 담소(談笑)는 상귀(桑龜)를 삼가하게. (三傳市虎人皆信 一掇裙蜂父亦疑 世上功名同木鴈 座中談笑愼桑龜)"

했다. 그 주인은 또 말하기를,

"이 시를 쓴 자가 갈 때에 내년 오늘 또 오겠다 했는데 아직 오지 않았다."

하니 몹시 이상한 일이었다.

상귀(桑龜)의 출처(出處)는 외서(外書)에 해동(海東) 사람이 신령스런 거북을 얻었는데 거북이 스스로 말하기를,

"천하의 나무를 다해도 나를 삶아 죽이지 못할 것이다."

하자 한 도인(道人)이 말하기를,

"너를 삶는데 아무 곳에 있는 마른 뽕나무로 삶아도 또한 죽지 않겠느냐?"

하자, 거북은 즉시 머리를 수그리고 눈물을 흘리면서 갔다고 했으

니 오늘날 좌중에 한가롭게 담소(談笑)하는 자를 또한 경계할 줄 알아야 할 것이다. 〈송자대전(宋子大全)〉

시호는 문정(文正)이요 효종(孝宗)의 사당에 배향했고 또 문묘(文廟)에 배향했다. 화양동(華陽洞) 초당(草堂)에 매화나무가 몹시 무성했었는데 기사(己巳) 봄에 말라 죽었다가 갑술(甲戌) 봄에 다시 꽃과 잎이 나서 옛날과 같았다. 〈매산집(梅山集)〉

우암(尤庵)이 재상이 되었는데도 망건(網巾)의 관자(貫子)를 그대로 쇠뿔로 된 것을 쓰자 문인(門人)이 그 까닭을 물으니 대답하기를,

"물러가서 야(野)에 있으니 야복(野服)을 입기 때문이다."

했다. 벼슬을 하여 서울에 있을 때의 일을 묻자 말하기를,

"위아래의 옷이 맞지 않기 때문이다. 가난하면 무늬있는 비단이 없어서 무명으로 공복(公服)을 만들고, 무명옷을 입고서 금관자를 쓰는 것이 몹시 서로 맞지 않기 때문에 쓰지 않는 것이요, 다만 옷을 입고서 배사(拜賜)하는 것은 예(禮)인 때문에 나는 금관자를 사랑하여 망건에 달았다가 그만둔 뒤에는 떼는 것이다."

하고 또 계속해서 말하기를,

"중원(中原) 사람이 쇠뿔 관자를 쓰는 것은 귀천(貴賤) 없이 한 가지였다."

했다.

일찍이 동월(董越)이 기록한 동국(東國)의 풍속에 보면 관자를 가지고 귀천(貴賤)을 가리는 것을 조롱했으니 선생이 금옥(金玉)을 쓰지 않은 것은 대개 중국 제도였다는 것을 비로소 알겠다. 〈최신 저 화양문견록(崔愼著華陽聞見錄)〉

송준길(宋浚吉)은 날 때 천인(天人)이
산구(産具)를 보내주었다

송준길(宋浚吉)은 은진(恩津) 사람이니 자는 명보(明甫)요 호는

동춘당(同春堂)이다. 한성(漢城)에서 태어났다. 이웃집에 관인(官人)이 있어 밤에 꿈을 꾸니 한 사람이 산구(産具)를 가지고 와서 말하기를,

"나는 하늘 사람인데 이것을 가져다가 송씨(宋氏)의 집에 주라."

했다.

좀 자라자 글읽기를 좋아했고 어른이 혹 일을 시켜서 공부를 못하면 준길(浚吉)은 반드시 글을 읽겠다고 청하고 비록 밤이라도 글을 읽지 못하면 자지 않았다. 또 글씨쓰기를 좋아했는데 아직 10세도 되지 않았을 때 죽창 이시직(竹窓李時稷)은 본래 글씨를 잘 쓰는 사람으로서 그를 보고 말하기를,

"너는 이미 나보다 낫다."

고 했다.

사계 김장생(沙溪金長生)에게 나가서 소학(小學)·가례(家禮) 등의 글을 배웠고 정묘(丁卯)에 아버지 상사를 당하자 한결같이 의문(儀文)과 같이 하여 조금만 의심나는 것이 있으면 반드시 스승에게 가서 물어보니 사계(沙溪)는 말하기를,

"장차 예가(禮家)의 종장(宗匠)이 될 것이다."

했다.

인조(仁祖) 갑자(甲子)에 생원(生員)·진사(進士)가 되고 우복 정경세(愚伏鄭經世)의 딸에게 장가들었는데 우복(愚伏)이 원도(遠到)할 것으로 기약했다. 경오(庚午)에 세마(洗馬)를 제수했으나 나가지 않았고, 을사(乙巳)에 대사헌(大司憲)에 임명되고 원자보양관(元子輔養官)이 되었다.

효종(孝宗) 신축(辛丑) 2월에 준길(浚吉)이 시골에서 올라오자 임금이 불러보니 먼저 두 이원(尼院)을 훼철(毁撤)한 일을 하례하고 또 말하기를,

"주자(朱子)가 승사(僧舍)를 헐어서 서당(書堂)을 만든 것은 일거양득(一擧兩得)이라 했사온데, 이원(尼院)한 곳은 곧 북학(北學)의 구기(舊基)이오니 이원(尼院)을 헌 재목과 기와로 북학(北學)을 설치했으면 좋겠습니다."

하여 임금이 이를 좇았으니 지금 반궁(泮宮)의 양재(兩齋)가 이것

이다. 〈국조보감(國朝寶鑑)〉

숙종(肅宗) 임자(壬子)에 졸(卒)하니 나이 67세였다. 시호는 문정(文正)이요 문묘(文廟)에 배향했다. 〈인물고(人物考)〉

이완(李浣)이 소분(掃墳) 길에 한 총각을 만나자 지름길로 돌아왔다

이완(李浣)은 경주(慶州) 사람이니 자는 증지(澄之)이다. 충무공수일(忠武公守一)의 아들이다.

인조(仁祖) 갑자(甲子)에 무과(武科)에 급제하여 병판 훈장(兵判訓將)이 되었고, 현종(顯宗) 갑인(甲寅)에 우상(右相)이 되었다. 완(浣)이 우암 송시열(尤庵宋時烈)과 함께 효종(孝宗)의 밀유(密諭)를 받았는데 밖으로는 군신(君臣)의 의리에 의탁했고 안으로는 골육(骨肉)의 은혜를 맺었다. 〈인물고(人物考)〉

공이 젊었을 때 산 속에서 사냥을 하는데 사슴을 쫓아서 숲 속으로 들어갔다가 해가 이미 기울어 빛이 어두워지는 것을 깨닫지 못하다가 마음 속으로 몹시 황망하여 이에 돌아오는 길을 찾는데 두루 바위와 구렁을 지나서 산이 오목한 곳에 이르자 좁다란 나무꾼의 길이 있었다. 이에 차차 앞으로 나가니 하나의 큰 기와집이 있는데 주문 갑제(朱門甲第)와 방불하다. 다가가서 그 문을 두드렸으나 아무도 대답이 없더니 조금 있다가 한 여인이 치마를 끌고 문에 의지하여 말하기를,

"여기는 지나는 손님이 잠시도 머무를 곳이 아니니 속히 가십시오."

한다.

공이 그 여인을 보니 나이는 20세쯤 되었는데, 얼굴이 아름다웠다. 이에 말하기를,

"산은 높고 골은 깊으며 해도 또 저물었고 범과 표범이 횡행(橫行)하고 인가(人家)가 멀리 떨어져 있는데 어찌 한 구석 용납할

곳이 없어서 이와 같이 거절하시오?"

하니 여인은 말하기를,

"여기 있으면 반드시 죽을 것이니 한 자리의 땅이 아까운 것이
아니라, 천금(千金)의 몸을 해칠까 두려워서 그러는 것입니다."

한다.

그러나 공은 말하기를,

"문을 나가서 맹수(猛獸)에게 죽는 것보다는 차라리 시끄러운 지
옥(地獄)에서 삶을 버리는 것이 낫지 않겠소?"

하고 드디어 문을 밀치고 들어가니 여인은 그를 막지 못할 것을
알고 하는 수 없이 인도하여 방으로 들어가 촛불을 대하여 마주 앉
았다. 이 때 공이 곡절을 묻자 대답하기를,

"이곳은 적의 소굴입니다. 나는 양가(良家)의 딸로서 이들에게
잡혀온 지가 여러 해가 되었으나 능히 스스로 죽지 못하고 지금
껏 살고 있자니 아무리 비단과 보석에 싸여 있어도 마치 감옥
에 있는 것과 같습니다. 구구하게 바라는 바는 뜻이 있는 사람
을 얻어서 이곳을 벗어날 수만 있다면 몸이 마치도록 모시려 하
는데 하늘이 내 소원을 들어주지 않아서 이대로 여기에 이르고
있습니다."

한다.

공이 묻기를,

"그 적은 지금 어디에 있습니까?"

하자 대답하기를,

"마침 사냥을 나가서 아직 돌아오지 않았으나 밤이 깊으면 반드
시 올 것이니, 만일 손님께서 여기 머무시는 것을 보면 나와 손
님이 다함께 그의 한 칼 아래에 머리가 달아날 것입니다. 내가
죄없이 죽음을 당하는 것은 불쌍할 것이 없으나 손님은 뉘 집 귀
공자(貴公子)이신지 모르지만 범의 굴혈에 들어와서 저 사람의
해를 입는다면 어찌 쓸데없이 죽는 것이 아니겠습니까. 즉시 피
해 가서 참혹한 화를 당하지 않게 하십시오."

한다.

그러나 공은 말하기를,

"내가 죽을 때가 장차 박두해 오지만 주린 창자를 견디기 어려
우니 속히 밥 한 그릇을 차려가지고 오도록 하오."
하자 여인은 즉시 부엌에 들어가서 밥을 지어가지고 오는데 산나
물에 돼지고기를 굽고 여러 가지 음식을 갖추어 가지고 와서 또
술을 따라 전한다. 이에 공은 이미 취하고 또 배가 부르자 여인의
무릎을 베고 누웠으니 여인은 몸을 떨어 안정시키지 못하고 말하
기를,
"이렇게 하고 장차 후환(後患)을 어찌하렵니까?"
하니 공은 말하기를,
"이 지경에 이르렀으니 어찌할 수 없는 것이 아니겠소? 고요한
밤 아무도 없는 곳에 남녀가 함께 한 방에 있으니 어찌 외밭에
발을 들여놓은 혐의를 면하겠는가. 비록 사실이 없다고 하나 그
누가 믿겠는가. 죽고 사는 것은 명(命)이 있는 것이니 두려워한
들 무슨 유익함이 있겠는가."
하고 손으로 젖을 어루만지면서 태연하게 누워있었다.
그러나 이윽고 마당 안에 물건을 던지는 소리가 나자 여인은 갑
자기 놀라고 당황하여 사람의 얼굴빛을 잃고 말하기를,
"적의 우두머리가 왔는데 장차 어찌합니까?"
했으나 공은 못들은 채하고 가만히 창 밖을 살펴보니 사슴과 돼지
가 마당에 가득하고 한 남자가 큰 걸음으로 걸어 들어오는데 키가
8척이요 모양이 사납게 생겼다. 손에는 긴 칼을 쥐고 얼굴에 좀
취한 빛이 있는데 공이 누워있는 것을 보고 큰 소리로 크게 꾸짖
기를,
"너는 어떤 사람이기에 감히 여기에 왔느냐?"
하자 공은 서서히 말하기를,
"짐승을 쫓아서 산에 들어왔다가 날이 어두워 여기에 왔다."
하니 적은 또 노해서 꾸짖기를,
"네 담(膽)이 말만큼 크냐? 자고 가려하면 마땅히 밖의 사랑에
거처할 일이지 감히 내실(內室)로 들어와서 남편 있는 여자를 간
범(奸犯)했으니 이미 이것이 죽을 죄요, 또 너는 나그네로서 주
인을 보고서도 예(禮)를 하지 않고 누워서 흘겨보고 있었으니 이

것이 무슨 도리이냐. 능히 죽는 것이 두렵지 않으냐?"
한다.

그러나 공은 웃으면서 말하기를,

"깊은 밤에 남녀가 합석하여 가까이 앉아 있었으니 비록 결백하다고 한들 네 어찌 즐겨 믿겠느냐. 사람이 이 세상에 나서 반드시 한 번 죽음이 있는 것이니 내 또 무엇을 두려워하랴. 살고 죽는 것을 너의 하는 대로 맡기노라."

했다. 이에 그 도둑은 큰 밧줄로 공을 묶어서 대들보 위에 달아매고 그 여인을 돌아다보고 말하기를,

"문 밖에 사냥해온 짐승이 있으니 깨끗하게 삶고 포를 떠가지고 오라."

한다.

그녀는 바쁘게 문 밖으로 나가서 노루와 사슴을 잡아서 냄비에 삶아가지고 큰 소반에 담아 오니 김이 무럭무럭 났다. 또 술을 가져오게 하여 큰 대접으로 떠서 한 항아리를 다 마시고 나더니 허리에 차고 있던 서릿발 같은 칼을 꺼내어 고기를 베어 먹으면서 말하기를,

"어찌 사람을 곁에 두고 혼자서만 음식을 먹을 수 있겠느냐. 네가 비록 장차 죽을 사람이지만 맛이나 알게 하리라."

하고 사슴 고기 한 덩어리를 칼 끝에 꽂아서 대들보 위를 향해서 주니 공은 문득 입을 벌려 칼날을 받아서 고기를 씹어 삼키는데 조금도 두려워하고 의심하는 모습이 없자, 그 도둑은 익히 보다가 말하기를,

"참 장사(壯士)로다."

한다.

이에 공이 말하기를,

"네가 나를 죽이려면 문득 죽일 것이지 어찌해서 희롱을 하느냐. 옛날에 항우(項羽)가 번쾌(樊噲)를 칭찬하여 장사(壯士)라고 했는데, 너는 이 말을 써서 자신을 스스로 서초패왕(西楚覇王)에 비교하고 나를 푸줏간에서 칼이나 두드리는 놈이라고 업신여기느냐."

하니 도둑은 크게 웃더니 칼을 던지고 일어나서 결박한 것을 풀고 손을 잡아 자리에 앉힌 다음에 말하기를,

"천하의 기남자(奇男子)를 이제 비로소 보는도다. 장차 세상에 크게 쓰여서 나라의 간성(干城)이 될 것이니 내 어찌 해치겠는 가. 내가 잠깐 말하는 사이에 이미 지기(知己)로 허여(許與)를 했고, 저 여자는 비록 내 식구이기는 하지만 처음부터 혼인한 처지가 아니오. 또 그대가 이미 반 밤 동안을 가까이 지냈으니 문 득 이미 통한 기운이 있을 것이다. 이제부터 그대에게 주어서 모시게 할 것이요, 또 창고 속의 재물을 모두 그대에게 주어 쓰 게 할 것이니, 대체로 세상일을 하는데 손에 돈과 비단이 없으 면 어떻게 하겠는가. 바라건대 굳이 사양하지 말라. 나는 이로 부터 딴 곳으로 갈 것이다."

했다.

그는 또 한 동이의 술을 가져 오게 하여 대작(對酌)하여 형제 (兄弟)의 의리를 맺어 말하기를,

"후일에 나에게 반드시 큰 액운(厄運)이 있어서 그대의 손에 목 숨이 달려 있을 것이니 바라건대 오늘의 정(情)을 잊지 말라."

하더니 말을 마치자 표연(飄然)히 가버려서 어디로 갔는지 알 수 가 없었다.

이에 말에 올라 그 여인을 태우고 재물을 싣고서 집으로 돌아왔 는데, 공이 현달(顯達)할 때에 이르러 원수(元帥)로 포도대장(捕 盜大將)을 겸했는데 외읍(外邑)으로부터 큰 도둑 하나를 잡아와서 장차 법으로 다스리려 할 즈음에 자세히 그 모습을 살펴보니 바로 산 속에서 만났던 도둑이었다. 공은 크게 기이히 여겨 이에 지난 날의 일을 탑전(榻前)에 갖추어 아뢰어서 석방하여 교위(校尉)의 반열에 두었는데 그 사람은 용력(勇力)과 간국(幹局)을 갖추어서 벼슬에 잘 종사하자 공은 그를 신임(信任)하더니 뒤에 무과(武科) 에 올라서 차서대로 승진하여 병사(兵師)에 이르렀다고 한다. 〈동 야휘집(東野彙輯)〉

공이 효종(孝宗)의 사랑을 받아서 장차 북벌(北伐)할 것을 계획 하여 널리 인재(人材)를 구하니 비록 길에서라도 모양이 다른 사

람보다 뛰어난 자를 보면 반드시 자기 집에 불러서 그 재주를 시험하여 조정에 천거했다. 훈련대장(訓練大將)으로서 휴가를 얻어 성묘(省墓)가기 위하여 용인(龍仁)의 점사(店舍)에 이르렀는데 한 총각이 나이는 30세에 가깝고 키는 10척이요 얼굴의 길이는 한 자나 되었다. 몸은 파리하여 뼈가 나오고 짧은 머리는 쑥대와 같으며 옷은 몸을 가리지 못했는데 토청(土廳) 위에 걸터앉아서 한 동이 탁주를 청하여 고래처럼 마셨다.

　이것을 보고 공은 이상히 여겨 즉시 말에서 내려 사람을 시켜 그를 불렀더니 그 총각은 와서 예(禮)를 하지 않고 그대로 돌 위에 걸터 앉는다. 이에 공이 그 성명을 묻자 그는 대답하기를,

　"박탁(朴鐸)입니다."

한다. 또 묻기를,

　"너는 어떤 사람이냐?"

하니 대답하기를,

　"나는 본래 사족(士族)으로서 일찍 아버지를 잃고 집에는 편모
　(偏母)가 있는데 나무장사를 해서 봉양하고 있습니다."

한다.

　또 묻기를,

　"네 능히 술을 더 마시겠느냐?"

하니 대답하기를,

　"한 잔 술을 어찌 족히 사양하리오."

한다. 이에 공이 백문(百文)의 돈을 주어 술을 사오게 하여 스스로 한 대접을 마시고 그 나머지는 모두 그에게 주었더니 그 아이는 조금도 어려워 하는 빛이 없이 두어번 기울여 다 마신다. 공이 말하기를,

　"네가 비록 초야(草野)에 묻혀 있으나 골격(骨格)이 범상치 않으
　니 가히 크게 쓰일 것이다. 너는 혹시 내 이름을 들었느냐. 나
　는 훈련대장(訓練大將) 이모(李某)이다. 지금 조정에서 바야흐로
　인재(人材)를 구하고 있으니 너는 즐겨 나를 따라 가겠느냐?"

했다.

　그러나 그는 말하기를,

"늙은 어머니가 집에 계시니 감히 맘대로 갈 수가 없습니다."

한다. 공이 말하기를,

"그렇다면 내가 마땅히 가서 너의 어머님을 볼 것이니 너는 모름지기 길을 인도하라."

했다. 이리하여 길을 떠나 10여 리를 가지 못하여 그 집에 도착하니 두어 칸 되는 두옥(斗屋)이 바람과 비를 가리지 못했다.

이애 총각은 낡은 자리를 갖다가 사립문 밖에 깔고 어머니로 하여금 나와서 맞게 하는데 흐트러진 머리에 무명 치마를 입었는데 나이는 60여 세나 되어 보였다. 서로 예(禮)를 베풀고 나서 말하기를,

"나는 이모(李某)인데 길에서 아드님을 만나보니 곧 지금 세상의 인걸(人傑)입니다. 부인께서 이러한 아들이 있으니 어찌 우러러보지 않으오리까."

하자 노모(老母)는 옷깃을 여미고 대답하기를,

"초야(草野)의 어리석은 백성이 일찍 학업(學業)을 잃었으니 산에 사는 새나 들의 짐승과 다를 것이 없는데 장군께서 지나치게 칭찬하시니 부끄러움을 금치 못하겠습니다."

했다.

공이 말하기를,

"방금 조정에서 널리 인재(人材)를 구하는데 이제 아드님을 보니 차마 놓고 작별할 수가 없어서 같이 가서 공명(功名)을 도모하고자 하는데 부인께서는 허락하시겠습니까."

하자 노모(老母)는 말하기를,

"이 아이는 이 늙은이의 외아들로서 모자(母子)가 서로 의지하고 있어 멀리 떠나보내기가 어려워서 감히 명령을 받들 수가 없습니다."

한다. 그래도 공이 재삼 간청하자 어머니는 말하기를,

"남자가 세상에 나서 뜻이 사방에 있는데 하물며 장군께서 이처럼 부지런히 가르쳐 주시니 어찌 구구한 사정(私情)으로 감히 승낙을 하지 않으리까."

하니 공은 크게 기뻐하여 배사(拜謝)하고 즉시 그 아이와 함께 돌

아가서 대궐에 나가 임금 뵙기를 청했다.

　이에 임금이 하교하기를,

　"경(卿)이 이미 성묘(省墓) 길을 떠났는데 어찌해서 미리 돌아 왔는가?"

하자 공은 아뢰기를,

　"소신(小臣)이 시골로 내려가는 길에 기이한 남자를 만나서 그 와 같이 온 것입니다."

했다. 임금이 입시(入侍)하도록 명하자 쑥대머리의 한 걸인(乞人) 이 바로 탑전(榻前)에 이르러 예(禮)도 하지 않고 앉는다. 임금은 웃으면서 말하기를,

　"너는 어찌해서 그다지 몹시 파리하냐?"

하니 대답하기를,

　"장부(丈夫)가 세상을 얻지 못했으니 어찌 그렇지 않겠습니까."

한다.

　임금이 말하기를,

　"이 한 마디 말이 기이하고 또 장하도다."

하고 공을 돌아다보고 이르기를,

　"이 아이를 마땅히 무슨 직책을 제수할까?"

하자 공은 말하기를,

　"청컨대 신이 데리고 가서 한동안 가르쳐 대략 방행(方行)을 안 연후에 직책을 맡게 하겠습니다."

하니 임금이 이를 허락했다.

　공은 그와 함께 물러나와서 좌우에 두고 의식(衣食)을 풍족하게 하고 병법(兵法)과 세상에 행하는 범절을 가르치니 한 가지를 들 으면 열 가지를 알아서 옛날의 모습이 아니었다. 이 때 임금이 매 양 공을 대하면 반드시 박탁(朴鐸)의 성취(成就)에 대해서 물으시 니 공은 대략 진보(進步)가 있다고 아뢰었는데, 이같이 하기를 1년 이 되는 어느날 공이 항상 그와 북벌(北伐)의 일을 의논하는데 그 가 계획을 내는 것이 자기보다 나았다.

　이에 공은 크게 귀히 여겨 장차 벼슬에 내보내려 하는데, 기해 (己亥) 5월 4일에 효종(孝宗)이 승하(昇遐)하니 박탁(朴鐸)은 사

람을 따라 참여해서 곡하는데 피눈물이 계속해 흐르더니 인산(因山)이 끝나자 공에게 작별을 고하니 공이 말하기를,

"이게 무슨 말인가? 내가 너와 함께 정(情)이 부자(父子)와 같은데 어찌 차마 나를 버리고 간단 말인가."

하니 대답하기를,

"내가 여기에 온 것은 밥을 먹을 계획이 아니더니 황천(皇天)이 돕지 않아서 갑자기 대상(大喪)을 만나니 천하 일을 할 수가 없습니다. 여기에 있어도 쓰일 곳이 없고 부질없이 의식(衣食)만 소비하니 또한 몹시 의리가 없는 일입니다."

하고 그대로 눈물을 뿌리고 절하고 작별하고 가서 그 어머니와 산골짜기로 들어가 마친 곳을 알 수가 없다. 〈청구야담(靑邱野談)〉

공의 집은 동부(東部) 낙봉(駱峰) 밑에 있었는데 인평대군(麟坪大君)의 집도 역시 같은 마을에 있었다. 그러나 공이 대장(大將)에 임명되자 급히 안국방(安國坊)으로 집을 옮기면서 말하기를,

"군사를 거느리는 신하는 왕자(王子)와 같은 이웃에 살 수가 없다."

하니 듣는 자들이 그 말에 깊이 복종하지 않는 자가 없었다. 〈동평견문록(東平見聞錄)〉

시호는 정익(貞翼)이다. 완(浣)이 훈련대장(訓練大將)이 되었을 때 밤중에 소명(召命)이 있어 수레를 타고 가는데 다만 사모(紗帽)와 관대(冠帶) 차림으로 나가니 그 첩이 청하여 안으로 들어가 고하기를,

"밤중에 소명(召命)이 있다면 반드시 이상한 일이 있을 것이오니 원컨대 갑옷과 투구차림으로 위에 장복(章服)을 입으십시오."

한다. 완(浣)이 그 말을 옳게 여겨 옷을 겹으로 입고 겨우 대궐문에 들어서자 등촉(燈燭)은 모두 꺼지고 날아오는 화살이 비와 같았다.

이 때 효종(孝宗)이 북벌(北伐)을 계획하여 그 기량(氣量)을 시험하고자 하여 이런 일이 있었던 것이다. 완(浣)이 갑옷과 투구를 껴입어 어지러운 화살을 편안히 피하고 탑전(榻前)에 나가니 임금

이 크게 칭찬하고 계급을 뛰어넘어 우상(右相)에 임명되었다. 완
(浣)은 적자(嫡子)가 없어서 그 첩의 아들 인준(仁俊)으로 적통
(嫡統)을 삼았다. 〈청구야담(靑邱野談)〉

이무(李武)는 모칭(冒稱)이라고 해서 피하다

이무(李武)는 성주(星州) 사람이니 대사헌(大司憲) 의(誼)의 증
손이다. 일찍 무과(武科)에 올라 태안방어사(泰安防禦使)로 관청에
올라가는 길에 어느 점사(店舍)에서 점심을 먹는데 우암 송선생
(尤庵宋先生)이 파리한 나귀에 조그만 동자(童子) 하나를 데리고
역시 그 점사(店舍)에서 점심을 먹고 있었다.
우암(尤庵)이 다음 자리에 앉았는데 관청 하인이 우암(尤庵)의
종과 서로 다투다가 그가 송상(宋相)이라는 것을 알고 무(武)에게
눈짓하여 나가게 하며 이것을 알리니 무(武)는 머리를 끄덕이고 도
로 방 안으로 들어가서 짐짓 우암(尤庵)을 향하여 성명(姓名)을 묻
자 우암이 말하기를,
"송모(宋某)요."
하니, 무(武)는 발연(勃然)히 크게 소리를 내어 말하기를,
"우암선생은 도덕과 문장이 세상의 유종(儒宗)으로서 비록 아이
들이나 천한 사람도 감히 그 이름을 부르지 못하는데 하물며 그
대가 시골의 한 동지(同知)로서 어찌 감히 사람을 속여 함부로
그 이름을 부르는가. 즉시 말을 그치도록 하라."
하고 또 말하기를,
"나는 이런 무식한 사람과 같이 앉아 있기가 창피하니 일찍 피
하는 것이 옳다."
하고 즉시 길을 재촉하여 길을 떠났다.
우암(尤庵)이 조정에 올라가서 서울에 올 때의 일을 말하고 즉
시 무(武)를 평안병사(平安兵使)에 승진시키고 장차 크게 쓰려고
했으나 불행히 무(武)는 병영(兵營)에서 죽어 나타나지 못했다.

〈청구야담(靑邱野談)〉

조석윤(趙錫胤)이 장원(壯元)을 기르는데
과(科)마다 반드시 꿈을 꾸었다

조석윤(趙錫胤)은 백천(白川) 사람이니 자는 윤지(胤之)요 호는 낙정(樂靜)이다. 인조(仁祖) 병인(丙寅)에 별시 문과(別試文科)에서 파방(罷榜)하여 무진(戊辰)에 생원(生員)이 되고 다시 장원 급제(壯元及弟)했다. 방하(榜下) 사람들이 와서 뵙는 것은 고례(古例)인데 머리가 하얀 자가 와서 보고 얼굴을 들어 익혀 보다가 말하기를,

"이상하다, 이상하다. 장원(壯元)을 길러서 과거에 올랐으니 어쩌 늙지 않을 수 있으랴."

한다.

이에 공이 말하기를,

"무슨 말이오?"

하자 그 사람은 말하기를,

"나는 호남(湖南) 사람으로서 장옥(場屋)에서 늙더니 과거를 보러 갈 때 매양 진위(振威) 갈원(葛院)에 이르는데 꿈에 한 아이가 오는 것을 보면 낙방(落榜)하는 것이었소. 그런 뒤로는 매양 꿈에 그 아이를 보면 이미 반드시 떨어질 것을 알고 마음으로 몹시 미워해서 자는 곳을 옮겨 보았으나 역시 그러했고 길을 변경하여 안성(安城)을 거쳐 가도 또한 그러해서 어쩌할 수가 없었소. 이번 길도 역시 그와 같았기 때문에 이미 떨어진 것으로 알았더니 의외로 과거에 급제하여 그 까닭을 알 수 없더니 이제 장원(壯元)을 보니 완연히 꿈 속의 아이와 같으니 어쩌 이상한 일이 아니겠는가. 세상 어느 일이나 그 성패(成敗)와 득실(得失)은 힘으로 어쩌할 수 없는 것이니 모두 운명에 붙이는 것이 옳다."

했다. 〈서구야담(書邱野談)〉

공이 진주목사(晋州牧使)가 되었는데 목사는 병사(兵使)의 관하
관(管下官)이다. 공이 날마다 새벽이면 병사(兵使)에게 문안을 가
니 병사는 그를 접대(接對)하기 힘들어서 그 예법(禮法)을 그만두
라고 간청하자 공은 말하기를,

"내가 이 일을 하는 것은 병사(兵使)를 위하는 것이 아니다. 임
금의 명령을 공경하여 하는 것이니 상관(上官)께서 비록 말씀이
계셔도 감히 명령을 들을 수가 없습니다."

하고 끝내 중지하지 않았다.

국구(國舅) 여양 민공(驪陽閔公)이 효묘(孝廟) 때 특별히 경성판
관(鏡城判官)이 되었는데 이는 곧 북병사(北兵使)의 관하관(管下官)
이다. 병사에게 문안하기를 한결같이 낙정(樂靜)의 하던 일과 같
이하여 병사 김적(金迪)이 그만두기를 청해도 그치지 않았다. 이
에 병사는 그 첩으로 하여금 매일 새벽이면 술과 안주를 많이 차
려서 판관(判官)이 들어와 앉기를 기다려 상(床)을 내오게 하니 민
공(閔公)이 말하기를,

"이것은 전에 없던 일인데 어찌 날마다 계속하십니까?"

하고 그만두기를 간청하자 병사는 말하기를,

"판관(判官)이 내 말을 듣지 않고 새벽마다 문안을 오는데 내
어찌 판관의 말을 좇지 않을 수가 있는가."

했다. 이에 민공(閔公)은 부득이 하루 걸러 문안을 하니 북쪽 지
방의 고로(故老)들이 지금에 이르기까지 전하여 미담(美談)으로 여
겼다.

집이 금천(衿川) 우파리(牛陂里)에 있어서 항상 노량(鷺梁)을 건
너서 서울에 가는데 어느날 이웃 사람이 와서 낙정(樂靜)의 아버
지 감사(監司) 정호(廷虎)에게 고하기를,

"오늘 낮에 노량을 건너는데, 아드님이 배를 타고 곁으로 지나
가다가 중류(中流)에서 풍파(風波)를 만나 배에 탄 사람 중 하나
도 산 사람이 없으니 속히 사람을 보내서 시체를 찾으십시오."

한다.

그러나 감사(監司)는 조금도 놀라는 빛이 없이 말하기를,

"우리 아이가 오늘 마땅히 돌아올 것인데 늦도록 오지 않으니 진실로 의심스럽기는 하지만 그 사람이 결단코 경솔하게 위험한 짓을 하지 않을 것이니 자네가 필시 잘못 본 것이네."

한다. 그 사람은 이 말에 복종하지 않더니 밤중에 공이 돌아와서 말하기를,

"처음에 배에 탔더니 사람과 소를 많이 실었기로 만전(萬全)이 아니라고 생각하여 그 배에서 내렸다가 딴 배를 기다려서 비로소 건넜다."

하니, 그 사람이 잘못 본 것은 아니요, 처음에 배타는 것만 보고 뒤의 일은 보지 못한 것이었다. 사람들이 그 부자(父子) 사이에 서로 믿는 것이 이와 같음을 탄복했다. 〈서구야담(書邱野談)〉

민정중(閔鼎重)이 불상(佛像)을 부수어서 간사한 것을 없애라고 청하다

민정중(閔鼎重)은 여흥(驪興) 사람이니 자는 대수(大受)요 호는 노봉(老峰)이다. 인조(仁祖) 무자(戊子)에 진사가 되고 기축(己丑)에 문과에 장원으로 급제했다.

대사간(大司諫)이 되어서 소(疏)를 올려 강빈(姜嬪)의 원통함을 씻어달라고 청했다. 선조(先朝) 때에 이 일로 연좌되어 폐하여 죽고 자녀(子女)들이 해도(海島)로 쫓겨났어도 나라 사람들이 이를 불쌍히 여기기는 하면서도 감히 말하지 못하는데 공이 홀로 우두머리로 말하니 임금이 그 충성을 알고 이를 죄주지 않으니 모든 신하들이 놀랐다.

대사헌(大司憲)이 되었을 때 호남(湖南)의 수신(守臣)이 불상(佛像)에서 땀이 났다고 하자 공이 그 불상(佛像)을 부수어서 그 간사함을 없애자고 청했다. 또 대사성(大司成)으로 옮겼을 때 두 이원(尼院)의 재목과 기와로 태학(太學)의 재사(齋舍)를 청했으니 지금의 비천당(丕闡堂)이 이것이다.

경신(庚申)에 대배(大拜)하여 좌상(左相)에 이르렀고, 갑인(甲寅)에 윤휴(尹鑴)·허적(許積)이 일을 만들어서 송시열(宋時烈)을 해상(海上)으로 귀양보내자 정중(鼎重)이 죄를 같이 하기를 청하여 드디어 연좌되어 삭직당했고, 기미(己未)에 장흥(長興)으로 귀양가더니 이듬해에 휴(鑴)의 당(黨)인 견(堅)과 정(楨) 등이 모반(謀反)하다가 베임을 당하자 정중(鼎重)이 귀양에서 풀려나서 입상(入相)했다가 4년 만에 사면했다.

기사(己巳)에 인현왕후(仁顯王后)가 폐해져서 사제(私第)로 나가니 정중(鼎重)도 또한 벽동(碧潼)으로 옮겼는데 본래 중풍(中風)을 앓고 있었지만 명령을 듣고 즉시 떠나서 언동(言動)이 평일(平日)과 같아 아무런 기미도 없더니 마침내 적소(謫所)에서 졸(卒)하니 시호는 문충(文忠)이다.

노봉(老峰)이 그 아우 여양(驪陽)과 우애(友愛)가 지극히 독실했고 일찍이 술을 즐기자 그 아버지 광훈(光勳)이 매양 금하여 많이 마시지 못하게 하더니 광훈(光勳)이 강원감사(江原監司)가 되었을 때 형제가 함께 근친을 가서 한 달 넘게 머물러 있었다. 그런데 노봉(老峰)은 이조참판(吏曹參判)으로 부름을 받았고 여양(驪陽)은 부제학(副提學)으로 부름을 받아서 조령(詔令)이 한 때에 모두 이르니 감사(監司)가 이 날만은 술마시는 것을 허락하여 형제가 대작(對酌)하여 술에 몹시 취했다.

이에 서로 손을 이끌고 객사청(客舍廳) 위로 나가 앉아서 계속하여 술을 내오라 하니 종들은 순상(巡相)의 분부이므로 감히 반대하지 못하여 마침내 두 공이 취중에 크게 말하기를,

"너의 순상(巡相)이 별성(別星:使臣)의 행차를 이렇게 태만하게 할 수가 없다."

하고 잠들었다. 그러나 술에서 깬 후에 실언(失言)했다는 것을 듣고 형제가 크게 놀라서 문 밖에 자리를 깔고 죄를 빌려고 하자 감사(監司)는 웃고 책망하지 않았다. 〈청구야담(靑邱野談)〉

민유중(閔維重)은 꿈에 안군(安君)을
보고 쌀을 그 손자에게 주다

민유중(閔維重)은 노봉(老峰)의 아우이니 자는 지숙(持叔)이요 호는 둔촌(屯村)이니 효종(孝宗) 무자(戊子)에 진사(進士)가 되고 경인(庚寅)에 문과에 급제했다.

병자(丙子)의 난리에 온 집안이 창황하고 임금이 장차 강도(江都)로 거동하는데 따르는 자들이 모두 말하기를,

"강도(江都)는 하늘이 만든 요충지(要衝地)로서 족히 믿을 만하니 반드시 갈 것이다."

했으나 유중(維重)은 말하기를,

"내가 들으니 임금이 가는 곳에는 도둑이 반드시 따른다고 했으니 가는 것이 불편하다."

했다. 이 때 그의 나이 겨우 7세였는데 드디어 영남(嶺南)으로 가서 능히 한 집을 보전할 수 있었다.

사서(司書)가 되었을 때 휴가를 얻어 두어 해 동안 글을 읽으니 임금이 그 뜻을 가상히 여겨 벼슬 제수하는 명령을 오랫동안 멈추었다. 일찍 동춘 송준길(同春宋浚吉)을 좇아 배우고 늦게는 그 사위가 되어 구생(舅甥)과 사제(師弟) 사이가 되었다. 성심껏 부지런히 복종하여 후사(後事)를 위하여 힘을 다하니 세상에서 주회암(朱晦庵:朱子) 문하(門下)의 황면재(黃勉齋)에 비교했다.

또 우암 송시열(尤庵宋時烈)을 스승으로 하여 높이고 믿는 것을 몹시 독실히 하여 굴신(屈伸)과 영욕(榮辱)을 끝내 같이 했다. 신유(辛酉)에 숙종(肅宗)의 국구(國舅)로 영돈령부사·여양부원군(領敦寧府事驪陽府院君)에 봉해지고, 기사(己巳)에 인현왕후(仁顯王后)가 사제(私第)로 물러나자 봉고(封誥)를 불태웠고, 갑술(甲戌)에 곤위(坤位)를 복정(復正)하자 공의 작호(爵號)를 돌려주었으니 시호는 문정(文貞)이다. 〈인물고(人物考)〉

여양(驪陽)이 황해도 관찰사(黃海道觀察使)로 나갔을 때 안효남
(安孝男)이란 자가 일찍 서울에 높이 의술(醫術)로 이름이 나서 태
의(太醫)가 되었더니 효종(孝宗)이 병환이 있을 때 나타난 효험이
많았고 또한 여양(驪陽)의 집에도 수고로운 일이 있었는데 그 까
닭으로 특별히 첨지(僉知)를 제수하여 재령(載寧)으로 돌아가 쉬게
했더니 나이 90세에 졸(卒)했다.

그 후 10년이 지난 신해(辛亥)에 나라 안에 크게 기근이 들었는
데 어느날 밤에 공이 꿈을 꾸니 안군(安君)이 찾아왔는데 그가 죽
은 것은 알지 못하고 기꺼이 이야기를 하여 평시와 같더니 안(安)
이 말하기를,

"큰 흉년이 들어서 온 집안 백 명의 식구가 장차 구렁에 뒹굴게
되었사오니 바라건대 어른께서는 특별히 구활(救活)의 혜택을 베
푸시옵소서."

한다.

여양(驪陽)은 승낙하고 묻기를,

"집이 어디에 있는가?"

하니 대답하기를,

"손자의 이름은 세원(世遠)이온데 재령(載寧)의 유동(柳洞)에 삽
니다."

한다. 이렇게 수작이 끝나기 전에 기지개를 켜고 꿈에서 깨어 이
불을 끌어안고 일어나 앉아서 곧 '載寧柳洞安世遠' 일곱 자를 써서
기억했다가 그 이튿날 아침에 본부(本部)에 문서를 보내기를,

"모촌(某村)에 사는 모인(某人)을 즉시 보내라."

했다. 수령(守令)이 이 글을 보고 필시 세원(世遠)이 죄가 있나보
다 하고 즉시 잡아 보냈다.

그러나 여양(驪陽)은 보고 웃으면서 그 내력을 묻자 과연 꿈 속
의 말과 같았다. 이에 그에게 쌀 50석을 주니 이 때 각읍의 수령
(守令)들과 영하(營下)에 와서 머무르던 자들이 모두 그 일을 이
상히 여기고 그 의리를 흠모하여 각각 쌀을 주니 그 수 또한 많
았다. 이에 여양(驪陽)이 명하여 그 집으로 보내서 세원(世遠)의
백 식구가 온전히 살 수가 있었고, 또 그 할아비의 제사를 받드니

이로부터 안가(安家)의 노유(老幼)들이 밥상을 대하면 반드시 먼저 묻기를,

"이것이 누가 준 것이냐?"

하면 일제히 말하기를,

"민대야(閔大爺), 민대야(閔大爺)!"

하여 이렇게 한 뒤에 먹어서 드디어 가법(家法)을 이루어 손자·증손에 이르기까지 또한 그러했고, 사람이 혹시 그 까닭을 물으면 말하기를,

"조상 때로부터 이렇게 해왔기 때문에 감히 폐하지 못한다."

했다. 〈청구야담(靑邱野談)〉

신만(申曼)이 그 성음(聲音)을 듣고 그가 반드시 죽을 것을 알았다

신만(申曼)은 평산(平山) 사람이니 자는 만청(曼倩)이요 호는 주촌(舟村)이다. 9세에 백조(伯祖) 상촌공(象村公)이 명하여 제경편(帝京篇)을 베끼라 했더니 말이 끝나자 이내 이루어 놓더니 자라면서 우암 송시열(尤庵宋時烈)에게 가서 공부했다.

정축(丁丑)에 강도(江都)가 함락되자 어머니 한씨(韓氏)와 아내 홍씨(洪氏)가 절개를 지켜 죽으니 만(曼)이 하늘을 가리켜 맹세하기를,

"진실로 팔뚝을 뽐내고 창을 휘둘러 오랑캐의 뜰에 가서 죽기를 결단하지 못하면 마땅히 구렁에 처박혀 죽고 다시 천지 사이에 서지 않을 것이니 어찌 차마 어버이를 잊고 구차히 용납되겠느냐."

했다.

이 까닭에 추워도 더운 데에 거처하지 않고 더워도 서늘한 데에 거처하지 않더니 무술(戊戌)에 우암(尤庵)이 조정에 들어가 무용(武勇)의 선비 두어 사람을 천거하자 날마다 병서(兵書)를 읽고 칼

을 만지면서 울기를,

"조만간(早晩間)에 마땅히 행오(行伍)를 갖추어 가지고 오랑캐를
칠 것이다."

하고 계속 통곡하여 소리를 내지 못했다. 무신(戊申)에 덕유산
(德裕山)으로 들어갔다가 1년이 못되어 돌아왔다. 〈인물고(人物
考)〉

공은 뜻이 크고 사물에 구속받지 않았으며 또 의술(醫術)을 잘
하여 한 번 보면 그 죽고 살 것을 알았다. 일찍이 세초(歲初)에 그
고모(姑母) 부제학(副提學) 이항(李恒)의 부인을 가뵈었는데 마침
그 집 족인(族人)들 중에 세배(歲拜)온 자가 있었는데 부인은 문
앞에 앉고 손님은 마루 가운데에 있었다. 이 때 공이 말하기를,

"저 사람이 누구인지는 모르지만 4월에 마땅히 죽을 것이다."

했다.

고모(姑母)가 원조(元朝)에 불길(不吉)한 말을 한 것을 민망히
여겨 말하기를,

"이 아이가 미쳤느냐."

하며 그 손을 위안시켰다. 그러나 손님도 역시 그 사람됨을 들었
기 때문에 억지로 웃으면서 말하기를,

"이 사람이 신생(申生)이 아닌가."

하고 드디어 작별하고 갔다. 부제학(副提學)의 손자 진수(震壽)가
나이 겨우 10세인데 묻기를,

"아까 한 신숙(申叔)의 말이 이상한데 어찌 약을 써서 살리지 않
는가?"

하니 공은 웃으면서 말하기를,

"이 아이가 기이하구나. 네가 사람을 살리려고 하느냐? 의감(醫
鑑)을 가져오너라."

했으나 마침 그 때 집에 의감(醫鑑)이 없어서 다시 의논하지 못하
더니 그 해 4월에 과연 그 사람이 죽었다. 그 후에 신(申)에게 묻
자 대답하기를,

"그 사람이 오래 산증을 앓아서 이미 목소리로 나타났기 때문에
그 날짜를 따져 보니 4월에 해당하기로 말한 것이다."

했다. 이에 이공(李公)은 일찍이 말하기를,

"마침 신의(神醫)를 만나고서도 살 방법을 묻지 않았으니 그 죽는 것이 마땅하다."

했다. 〈동평견문록(東平見聞錄)〉

만(曼)의 아버지는 세마(洗馬) 익융(益隆)인데 그 어머니가 강도(江都) 난리에 죽자 세마(洗馬)는 이로부터 벼슬을 버리고 동춘(同春)에게 가서 의지하여 전답과 짐을 나누어 가지고 살았다. 그러나 을유(乙酉)에 동춘(同春)이 소(疏)를 올려 세자(世子)의 일을 의논하자 세마(洗馬)는 하루 아침에 집을 부안(扶安)으로 옮겨가 살았으니 이는 대개 그 화가 미칠까 두려워한 것이었다.

그 후로 만(曼)은 우암(尤庵)의 알아주는 것을 입어 몹시 서로 친하더니 어느날 우암이 이르기를,

"그대의 재주로서 학문에 종사한다면 그 진보(進步)되는 것을 헤아릴 수 없을 것인데 애석하게도 즐겨 유의(留意)하지 않는도다."

하자, 만(曼)은 대답하기를,

"청컨대 이제부터 가르침을 받겠습니다."

하고 즉시 단정히 보고 위태롭게 앉았다가 조금 후에 즉시 드러누우면서

"다리가 몹시 아파서 실로 견딜 수 없다."

하자, 우암도 또한 크게 웃었으니 이는 대개 그 기개(氣槪)가 이처럼 뛰어났던 것이다.

무술(戊戌) 이후에 우암이 조정에 있을 때 그 경략(經略)과 시설(施設) 중에는 만(曼)이 비밀히 도운 것이 많았다. 그 넓은 재주와 큰 그릇이 세상에 쓰일 수 있었으나 그 어머니 때문에 세상 길에 나가지 않고 어둡게 잠겨 있어 스스로 숨었던 것이다. 홍상 중보(洪相重普)는 그의 외종형(外從兄)이요, 그 아버지 나재공(懶齋公)이 또한 병자(丙子)에 용맹을 나타냈기 때문에 일찍이 함께 약속하고 나가지 않았다. 그 후 홍(洪)이 병조판서(兵曹判書)가 되었을 때 가서 함께 자고 홍(洪)이 아침에 일어나서 딴 곳에 간 것을 알고 일부러 홍(洪)의 침구(寢具)에 화살을 쏘고 고하지

도 않고 돌아왔으니 그의 뛰어나게 괴이한 것이 이와 같았다. 〈성
도행저 강상기문(成道行著江上記聞)〉

신정(申晸)의 매시(梅詩)가 기아(箕雅)에 실려졌다

신정(申晸)은 평산(平山) 사람이니 자는 인백(寅伯)이요 호는 분
애(汾崖)이다. 문정공 흠(文貞公欽)의 손자로서 인조(仁祖) 무자
(戊子)에 생원(生員)·진사(進士)가 되고 현종(顯宗) 갑진(甲辰)에
문과에 급제했다.

김자점(金自點)이 비밀히 후궁(後宮) 조씨(趙氏)와 결탁했는데
조씨(趙氏)의 딸이 자점(自點)의 손부(孫婦)가 되자 세력이 더욱
부풀었는데 공의 누이가 조(趙)의 자부(子婦)가 되니 이 까닭에 공
의 부자(父子)가 같이 스스로 두려워했다. 그러다가 자점(自點)이
조(趙)와 함께 역모(逆謀)를 하게 되자 종형(從兄) 면(冕)은 자점
과 친밀했기 때문에 장사(杖死)당했으나 공의 집은 홀로 면하니 이
것으로 그의 생각이 깊고 먼 것을 알 수가 있었다. 〈인물고(人物
考)〉

공은 특별히 서고 홀로 행하며 세상을 구경하면서 스스로 즐겨
마치 방외(方外)[1]에서 노는 자와 같으니 역시 가위 풍류있는 호걸
이었다. 시(詩)가 또 준일(俊逸)해서 외울 만한 것이 많더니 병으
로 눕게 되자 호곡 남공(壺谷南公)이 찾아오니 신공(申公)이 묻기를,
　"들으니 공의 시(詩)가 요새 기아(箕雅)에 편인(編人)되었다 하
　던데 내 시(詩)도 또한 실려 있는가?"
하니 남공(南公)은 말하기를,
　"아직 실리지 않았다."
고 한다.
　신공(申公)이 말하기를,
　"내 일찍이 영번(嶺藩)에서 매화 하나를 가지고 와서 '짧고 짧은
──────────
　1) 方外 : 세속(世俗) 사람의 테 밖.

찬 매화나무가 서로 따라서 고개를 넘어 왔네. 사람이 이미 병
든 것을 알지 못하고, 오히려 베갯가를 향해서 피었네.'(短短寒
梅樹 相隨度嶺來 不知人己病 猶向枕邊開) 라고 시를 지었다."

고 했다. 남공(南公)은 읊기를 그치지 않다가 돌아가서 기아(箕雅)
에 실었다. 〈매산집(梅山集)〉

김득신(金得臣)은 백이전(伯夷傳)을
억만(億萬) 번 읽었다

　김득신(金得臣)은 안동(安東) 사람이니 자는 자공(子公)이요 호
는 백곡(柏谷), 또는 귀석산인(龜石山人)으로서 감사(監司) 치(緻)
의 아들이다. 현종(顯宗) 임인(任寅)에 참봉(參奉)으로서 문과에
급제하여 가선(嘉善)에 올랐고 안풍군(安豊君)에 습봉(襲封)되었으
며 나이 80세가 지난 후에 화적(火賊)을 만나 상처를 입고 졸(卒)
했다. 〈국조방목(國朝榜目)〉
　본래 노둔(魯鈍)해서 글 읽는 것이 남의 갑절이나 되었고 한유
(韓柳)의 글은 거기에서 추려 읽은 것이 만여 번에 이르렀고 가장
백이전(伯夷傳)을 좋아하여 읽기를 1억 1만 3천 번에 이르니 드디
어 자기가 거처하는 집을 억만재(億萬齋)라고 이름지었다. 경술
(庚戌)에 온 나라에 흉년이 들고 이듬해에는 큰 역질이 들어서 도
시(都市)나 시골에 시체가 쌓인 것이 그 수를 셀 수가 없었다. 이
때 어떤 사람이 웃음의 말로,
　"금년에 죽은 사람과 그대의 글 읽은 숫자와 비교하면 어느 것
이 더 많은가."
했다. 〈해동시화(海東詩話)〉
　호행(湖行)의 절구(絶句)에 말하기를,
　"호서(湖西)를 다 다니고 진관(秦關)으로 향하니, 먼 길 가도 가
도 잠시도 한가하지 못하네. 나귀 위에서 잠에서 깨어 눈을 떠
보니 저문 구름 쇠잔한 눈, 이것이 어느 산인가.(湖西踏盡向秦

關 長路行行不暫閒 驢背眠餘開眼見 暮雲殘雪是何山)"
했고 또 말하기를,

"떨어지는 해에 평평한 모래로 내려가니, 자던 새가 먼 나무로
날아가네. 돌아가는 사람이 늦게 나귀를 타니, 다시 앞 산의 비
가 겁나네. (落日下平沙 宿禽投遠樹 歸人晚騎驢 更怯前山雨)"
했다.

또 말하기를,

"저녁 노을이 강 모래에 옮기니, 가을 소리가 먼 나무에서 나
네. 소치는 아이가 송아지를 꾸짖어 돌아가니, 옷이 앞산의 비
에 젖었네. (夕照轉江沙 秋聲生遠樹 牧童叱犢歸 衣濕前山雨)"
했다. 〈해동시화(海東詩話)〉

홍석기(洪錫箕)가 강운(強韵)¹⁾을 잘 지었다

홍석기(洪錫箕)는 남양(南陽) 사람이니 자는 원구(元九)이다. 천
재(天才)가 남보다 뛰어나고 강운(強韵)을 잘 지었다.

일찍이 친구와 함께 소나무에서 까마귀가 우는 것을 보고 친구
가 '針'·'衾'·'心' 세 글자로 운(韵)을 내어 글을 짓기가 군색하
였는데 원구(元九)는 말하기를,

"고모(姑母)는 게을러서 바느질 않는다고 꾸짖지 말라. 봄시름
에 꿈이 많아서 비단 이불 두르고 있네. 너도 능히 우리 고모의
나쁜 말을 알아들으면, 깊은 안방의 소부(少婦)의 마음 알리.
(姑也休嗔慵不針 春愁多夢擁羅衾 爾能解語吾姑惡 政得深閨少婦心)"
하니 그 친구가 혀를 내밀고 놀랐다.

계곡 장유(谿谷張維)에게 공부하는데 유(維)가 말하기를,

"문장이라고 하기에는 체제(體制)가 갖추어지지 못했고, 재사
(才士)라고 하기에는 원통하다."
고 했다.

---

1) 強韵 : 시(詩)를 짓지 어려운 운자(韵字).

《肅宗朝》

허목(許穆)이 검은 갈포(葛布)에 과두(科斗)를 쓰다

허목(許穆)은 양천(陽川) 사람이니 자는 화보(和甫)요 호는 미수(眉叟)이다. 오리 이원익(梧里李元翼)이 그 사람됨을 기이히 여겨 손녀를 아내로 주었다. 은일(隱逸)로 불러서 크게 써 나이 81세에 우상(右相)이 되었고 시호는 문정(文正)이다. 〈소대기년(昭代紀年)〉

선조(宣祖) 을미(乙未)에 나니 손에는 문(文)이라고 써있고 발에는 정(井)이라 쓰여 있었다. 눈썹이 길어 눈을 지났고, 9세에 비로소 배우는데 백 번을 읽어도 외우지 못했다.

자봉산(紫峰山) 속에 들어가 수십년 동안 글을 읽었다. 병인(丙寅)에 원종(元宗)을 추숭(追崇)하는 일에 박지계(朴知誠)가 그 의논을 먼저 일으키자 미수(眉叟)는 재임(齋任)으로서 지계(知誠)를 벌주어 말하기를,

"임금이 어지러운 예(禮)를 행하게 한다."

하자 임금이 명해서 정거(停擧)시켰다.

정축(丁丑)에 청나라 군사를 피하여 관동(關東)으로 들어가서 사천(泗川)·심원(深原) 등지에서 두루 살다가 효종(孝宗) 원년에 천거되어 참봉(參奉)에 제수되고 뒤에 장령(掌令)에 임명되었다.

경자(庚子)에 대비(大妃)의 복제(服制)로 소(疏)를 올려 예(禮)를 의논하고 좇지 않다가 내쫓기어 삼척부사(三陟府使)가 되었는데 동해(東海)에 수환(水患)이 있어 공이 동해송(東海頌)을 짓자 물이 물러가서 다시 해가 되지 않았다.

을묘(乙卯)에 임금이 명하여 연천(漣川)에 집을 짓고 살게 하면

서 편액(扁額)을 은거당(恩居堂)이라 했다. 졸(卒)한 나이가 88세였다. 전체(篆體) 신우비(神禹碑)를 배웠고 획력(劃力)이 힘찼다. 이판서 정영(李判書正英)이 전체(篆體)를 금하기를 청하자 미수(眉叟)가 이 말을 듣고 시(詩) 한 수를 짓기를,

"아침 해가 동쪽 고개에 올라오니, 연기와 안개가 문에서 나네. 창 밖의 일을 알지 못하고, 검은 갈포(葛布)에 과두(科斗)[1]를 쓰네. (朝日上東嶺 煙霞生戶牖 不知窓外事 墨葛寫科斗)"

했다. 〈연보(年譜)〉

미수(眉叟)가 병이 위급하기 3,4일 전에 이상한 짐승이 밤에 문득 와서 그가 거처하는 집 위에서 눈을 뜨면 불빛이 하늘에 뻗치니 이웃 마을에서 놀라고 이상히 여겼다. 그가 졸(卒)하던 날 저녁에 어떤 사람이 그를 조령(鳥嶺)에서 만났는데 미옹(眉翁)이 이상한 짐승을 타고 종자(從者)가 초립(草笠)을 쓰고 고삐를 잡았는데 그 의용(儀容)이 평시와 다를 것이 없더니 그가 서울에 와서 물어보니 그 날이 곧 졸(卒)한 날이었다. 〈동소만록(桐巢謾錄)〉

김석주(金錫胄)의 신(神)이 평안도 무인 (平安道武人)에게 붙다

김석주(金錫胄)는 청풍(淸風) 사람이니 자는 사백(斯百)이요 호는 식암(息庵)이니 잠곡 육(潛谷堉)의 손자이다. 정유(丁酉) 진사시(進士試)에 장원(壯元)하고 현종(顯宗) 임인(壬寅)에 문과에 장원했다.

숙종(肅宗)이 즉위하자 허견(許堅)이 본래 흉역(凶逆)한 마음을 품어 담(枏)과 함께 피를 찍어 맹세를 맺어서, 경신(庚申) 봄에 사기(事機)가 몹시 급하자 석주(錫胄)는 수차(手箚)를 비밀히 올려 여러 역적이 베임을 당하고 이로써 보사공(保社功) 1등에 기록되고

---

1) 科斗 : 전문(篆文) 이전에 사용된 최고(最古)의 글자. 글자의 획이 올챙이 모양과 같다 해서 이렇게 이름.

청성부원군(淸城府院君)에 봉해졌으며 우상(右相)에 임명되고 갑자(甲子)에 졸(卒)했다.

몰(歿)한 후 6년이 되는 기사(己巳)에 남인(南人)이 다시 정권을 잡자 훈작(勳爵)을 삭탈(削奪)하니 석주(錫冑)의 아들 도연(道淵)은 분함을 못 이겨 자살했고 부인 황씨(黃氏)는 변방으로 귀양갔다가 뒤에 신복(伸復)되었다. 〈인물고(人物考)〉

상국(相國)이 몰(歿)한 후에 신(神)이 평안도(平安道)의 무인(武人) 모갑(某甲)에게 붙어서 자칭 상국(相國)의 영혼이라 일컫고 공중에서 소리가 있어 능히 평생의 사적 및 저술한 편장(篇章)을 말하는데 하나도 틀리는 것이 없었다.

상국(相國)의 집사람이 이 말을 듣고 무인(武人)을 말에 태워 서울로 데려다가 문 밖 노복(奴僕)의 집에 두었는데 그가 지휘하는 것은 모두 집을 어지럽게 하지 않는 것이 없었다. 장사지낼 산을 의논하여 정하면 물이 우물처럼 솟아나는 곳을 길상(吉祥)한 곳이라고 하고, 친구를 정하자면 허물을 고치고 그른 것을 바로잡는 자를 미워하여 끊게 하고 원수의 집 정탐하는 자를 착한 사람이라고 하여 후하게 대접하게 하며, 술사(術士)나 괴상한 사람을 믿을 사람이라고 해서 그 말을 듣게 하는데 그가 하는 말이란 모두 그 집에 화가 미치게 하는 일이었다. 그러니 그 영혼이라는 것이 과연 상국(相國)의 영혼이라고 한다면 그 집을 패하게 하고 어지럽게 하는 것이 어찌 이렇게 심하단 말인가. 그런데도 온 집안이 이것을 깨닫지 못하여 마침내 기사(己巳)에 자손이 끊어지는 화가 있게 했으니 슬픈 일이다.

일찍이 고로(故老)들에게서 유전(流傳)하는 말을 들으면 세조조(世祖朝) 때 훈신(勳臣)의 집에 또한 그 선령(先靈)이라고 일컫고 내려온 자가 있어 그 집에 화가 미치게 하자 당시 사람들이 이는 반드시 원수로서 원한이 있는 사람이 죽어서 신(神)이 되어 가탁(假托)하여 괴상한 일을 한다고 했는데, 이 상국(相國)에게서 내린 신(神)은 경신(庚申)의 원수의 집 신(神)이 아니겠는가. 홀로 상국(相國)의 누님의 사위 조온양 현명(趙溫陽顯命)이 이미 그 화의 징조를 알고 근심하고 탄식하여 마지 않았다. 〈동평견문록(東平見聞

錄)〉

정재숭(鄭載嵩)이 무변(武弁)의 집 다스리는 것이 법도가 있는 것을 탄식하다

정재숭(鄭載嵩)은 동래(東萊) 사람이니 양파(陽坡)의 둘째 아들로서 자는 자고(子高)요 호는 송와(松窩)이다. 신묘(辛卯)에 진사(進士)가 되고 현종(顯宗) 경자(庚子)에 문과에 급제해서 숙종(肅宗) 을유(乙酉)에 우상(右相)이 되었으니 나이 61세였다. 〈국조방목(國朝榜目)〉

공이 겨우 성동(成童)을 지났을 때 남읍(南邑) 최씨(崔氏)의 집의 사위가 되었는데, 무변(武弁)[1] 한 사람이 글자 한 자도 알지 못하고 또한 부모가 없는데도 사우(師友) 사이의 마음을 얻고 집 다스리는 도리가 몹시 법도가 있어서 남녀가 분별이 있고 규문(閨門)이 엄숙해서 향리(鄕里)의 선비들도 역시 이를 본받는 것을 보았다.

여러 해가 지난 후에 공이 기내(畿內)의 절에 가서 글을 읽다가 우연히 그 무변(武弁)을 만났는데 마침 비가 내려서 수일 동안 같이 자게 되어 그에게 묻기를,

"그대는 궁마(弓馬)로 발신(發身)해서 일찍이 글을 배우지 못했을 터인데 집 다스리는 것이 법도가 있어서 시골 선비들로 하여금 공경하고 우러러 보게 하는 것은 무슨 까닭인가?"

했더니 그 무변(武弁)은 얼굴이 붉어지면서 말하려고 해도 말하지 못하기를 한동안 계속했다.

공이 굳이 묻자 그는 말하기를,

"내가 나이 어렸을 때 궁벽하게 사는 종매(從妹)의 집을 찾은 일이 있었는데 한참 동안 이야기하다가 종매(從妹)가 갑자기 얼굴이 붉어지고 숨이 차더니 앞으로 나와서 나를 끌어안는 것이었

---

1) 武弁 : 여기에서는 무사(武士)를 말함.

소. 나는 그 모양을 보고 즉시 일어나 밖으로 나왔는데 대개 그 사람이 용모가 몹시 못났기 때문에 내가 금수(禽獸)같은 짓을 면할 수 있었지, 만일 그 사람이 곧은 태도가 있어서 사람을 움직이는 것이 있었다면 내 마음도 역시 스스로 보존하지 못했을 것이오. 나는 이러한 변을 당한 후로 마음이 부끄럽고 능히 안정을 하지 못했는데 그 뒤에 시골 선생님의 집에 가서 곁에 앉아 화살을 만들다가 보니 선생님이 동자(童子)들에게 나이 7세가 되면 남녀가 자리를 같이 하지 않는다는 글을 가르치고 있었소. 그 때 동자(童子)가 7세에 자리를 같이 하지 않는다는 것은 무슨 뜻이냐고 묻자 선생님은 말하기를, '남녀의 욕심이 크기 때문에 반드시 어렸을 때부터 멀리해서 구별시키는 것이 간사한 마음을 막는 것이다.' 했소. 나는 이 말을 듣고 비로소 크게 깨달아서 마음 속으로 말하기를, '만일 일찍 이런 말을 들었으면 종매(從妹)가 혼자 사는 곳에 어찌 경솔히 갔겠는가.' 하고 즉시 선생님에게 청하여 언문(諺文)으로 성인(聖人)의 교훈 중에서 남녀유별(男女有別)이라는 글을 번역해다가 항상 읽고 가정에서 행해왔기 때문에 지금에는 한 시골의 표본(標本)이 되었지만 아무도 내가 이런 일이 있기까지의 내력을 아는 사람은 없소이다. 그런데 이제 내가 수재(秀才)를 보니 다음 날에 반드시 재상이 되겠기로 내가 내 마음 속의 말을 다하는 것이오."

했다는 것이다. 〈동평견문록(東平見聞錄)〉

오두인(吳斗寅)은 사녀(土女)들이 충신(忠臣)의
면모(面貌)를 보기를 원하다
이하 삼인 숙묘 삼간신(以下三人肅廟三諫臣)

오두인(吳斗人)은 해주(海州) 사람이니 자는 원징(元徵)이요 호
는 양곡(暘谷)이다. 나이 10세 때에 명(明)나라 사신(使臣) 정룡
(程龍)이 와서 보고 그를 이상히 여겨 운자(韻字)를 불러 시를 지
으라 하니 공이 붓을 잡고 서서 시를 지으니 정(程)이 크게 놀라고
탄식하여 말하기를,
"다음날 일을 헤아릴 수. 없다."
했다.
인조(仁祖) 무자(戊子)에 진사(進士)가 되고 기축(己丑)에 문과
에 장원으로 급제하여 벼슬이 형조판서(刑曹判書)에 이르렀다. 숙
종(肅宗) 기사(己巳)에 중궁(中宮)을 폐하자 공은 이 말을 듣고 눈
물을 흘리면서 울기를,
"내가 조정의 두터운 은혜를 입고 지위가 경재(卿宰)의 자리에
있는데 나랏일이 이에 이르렀으니 어찌 죄를 받아 폐해진다 하
여 한 마디 말도 하지 않을 수 있으랴."
하고 박태보(朴泰輔)·이세화(李世華)와 함께 소(疏)를 올리자 밤
이고(二鼓)에 임금이 인정문(仁政門)에 거둥하여 정국(廷鞫)을 설
치하라고 명하자 유사(有司)가 이내 공급(供給)하니 궁중이 놀라고
움직였다.
이 때 공은 세화(世華)와 함께 먼저 잡혀 들어가고 태보(泰輔)가
그 뒤를 따르니 좌우에서 보는 자들이 모두 실색(失色)하지 않는
자가 없었다. 이 때 대사헌(大司憲) 목창명(睦昌明)이 소(疏)를 올
려 이를 탄핵하여 공은 고문을 받아 거의 죽게 되었으나 말을 끝
내 꺾지 않고 이튿날 사형(死刑)을 감하여 의주(義州)에 안치(安
置)되었다가 옥에서 나오자 서울의 사녀(土女)들이 길을 메우고 충

신(忠臣)의 얼굴을 보기를 원했다. 도중에 졸(卒)하니 시호는 충정
(忠貞)이다. 〈본집(本集)〉

　기사(己巳) 봄에 공이 꿈을 꾸니 한 무장(武將)이 명함을 들여
보내면서 유응부(兪應孚)라고 한다. 공은 꿈 속에도 오히려 그가
육신(六臣)의 한 사람이라는 것을 알고 괴상히 여겼으나 그래도 들
어오게 하여 자리에 앉았는데 딴 말은 없고 다만 말하기를,

　"대감께서 오래지 않아 마땅히 우리들과 함께 돌아갈 것이기에
　와서 뵙는 것입니다."

하더니 얼마 되지 않아 폐비(廢妃)를 간하다가 장형(杖刑)을 맞고
귀양가는 도중에 졸(卒)했다. 〈삼관기(三官記)〉

이세화(李世華)의 형간(刑諫)

　이세화(李世華)는 부평(富平) 사람이니 자는 군실(君實)이요 호
는 쌍백당(雙栢堂)이다. 효종(孝宗) 갑오(甲午)에 생원(生員)이 되
고 정유(丁酉)에 문과에 급제하여 오도(五道)의 감사(監司)를 지내
고 청백리(淸白吏)에 뽑혔다.

　현종(顯宗) 기사(己巳)에 영남관찰사(嶺南觀察使)를 버리고 서호
(西湖)의 시골집으로 돌아갔는데 곤전(坤殿)이 손위(遜位)한다는 말
을 듣고 오두인(吳斗寅) 등과 함께 소(疏)를 쓰는데 박태보(朴泰
輔)가 붓을 잡고 써서 소(疏)가 들어가자 밤 이고(二鼓)에 정국(庭
鞫)을 하는데 소(疏)를 만든 자가 누구냐고 묻자 공이 말하기를,

　"박태보(朴泰輔)는 오직 붓을 잡았을 뿐이요 소(疏)의 내용과 말
　을 만든 것은 실로 신(臣) 등이 한 것입니다."

하자 임금은 몹시 노하여 고문을 시켜 목숨이 거의 끊어지는데 공
이 소리를 높여 말하기를,

　"신(臣)이 나랏일을 위하여 죽기를 원하다가 이제 소원을 이루
　었사오나 다만 성덕(聖德)에 누(累)가 될까 두렵습니다. 또 신
　(臣)의 죄가 비록 크오나 한 옥리(獄吏)를 시켜 다스리시면 족할

것을 밤을 새워 친국(親鞫)하시니 옥체(玉體)에 손상이 없으십니
까?"

하니 듣는 자가 형간(刑諫)이라고 했다.

이튿날 정주(定州)로 귀양보냈다가 갑술(甲戌)에 임금이 크게 깨
달아 불러서 대사간(大司諫)에 임명했다가 이윽고 호조판서(戶曹
判書)에 발탁했으나 나가지 않았다. 그러나 곤전(坤殿)의 복위
(復位)의 도감제조(都監提調)에 임명되었다는 말을 듣고 창연(愴
然)히 말하기를,

"내가 곤전(坤殿)을 위하여 대궐 문에서 부르짖어서 마땅히 죽
어야 할 것인데 죽지 않고 오늘의 일을 보게 되어 장차 책봉의
역사를 감독하게 되었으니 이 일을 어찌 사양하겠는가."

하고 서울로 들어오니 부로(父老)들 중에 혹 눈물흘리는 자가 있
었다. 이조참판(吏曹參判)을 거쳐 기사(耆社)에 들어갔고 시호는
충숙(忠肅)이다. 〈본집(本集)〉

박태보(朴泰輔)가 살이 벗겨져 문드러지다

박태보(朴泰輔)는 나주(羅州) 사람이니 자는 사원(士元)이요 호
는 정재(定齋)이다. 숙종(肅宗) 을묘(乙卯)에 생원(生員)이 되고 정
사(丁巳)에 문과에 장원으로 급제하여 응교(應敎)가 되었다.

기사(己巳)의 중궁(中宮) 손위(遜位)에 이르러 공은 벼슬을 그만
두고 집에 있다가 오두인(吳斗寅)·이세화(李世華)와 함께 소(疏)
를 올려 기휘(忌諱)에 저촉되어 소(疏)가 들어가자 정국(庭鞫)이
시행되었다. 이 때 공은 스스로 몸으로 당하여 고문을 다 받아서
피와 살이 벗겨져서 문드러졌으나 사기(辭氣)가 꺾이지 않았다. 금
천(衿川)으로 귀양가다가 노량진(鷺梁津)에 이르러 졸(卒)하니 그
때 나이 36세요 시호는 문열(文烈)이다.

공은 미촌 윤선거(美村尹宣擧)의 외손(外孫)이다. 유소(儒疏)를
지어 대변(對辯)한 말이 수옹(睡翁)에 저촉되어 우옹(尤翁)이 항상

통한(痛恨)스럽게 여겨왔다. 그러다가 곤전(坤殿)이 손위(遜位)를 당하여 공이 간하다가 죽자, 우옹(尤翁)은 이 말을 듣고 탄식하기를,

　"윤상(倫常)이 이 사람의 힘으로 떨어지지 않았도다."

하고 손자 주석(疇錫)에게 명하여 자기의 문자(文字) 중에 박공(朴公)의 말이 있는 것은 모두 삭제해 없애게 했다.〈매산집(梅山集)〉

이현조(李玄祚)는 말이 혀만큼 빠르지 못하다고 했다

　이현조(李玄祚)는 전주(全州) 사람이니 영상(領相) 민구(敏求)의 손자로서 자는 계상(啓商)이요 호는 경연(景淵)이다. 신유(辛酉)에 진사(進士)가 되고 병술(丙戌)에 문과에 급제하여 검열(檢閱)이 되었다.

　기사(己巳)에 중궁(中宮)이 손위(遜位)하자 현조(玄祚)는 호곡(號哭)하면서 대궐 밖에 짚자리를 깔고 있으니 이 때 종형(從兄) 유재 현석(遊齋玄錫)이 영백(嶺伯)으로 있다가 이 소식을 듣고 시(詩)를 지어 말하기를,

　"흰교자(轎子)가 요금문(耀金門)에 거꾸러지니, 비가 푸른 옷소매에 내려 길을 끼고 달리네. 한 개 전랑(銓郎)의 나라 근심하는 눈물이 모름지기 10년 동안의 은혜를 저버리지 않았네. (素轎顛倒耀金門 雨泣青衿夾路奔 一介銓郎憂國淚 未湏辜負十年恩)"

했다.

　바야흐로 정청(廷請)을 하는데 재신(宰臣)들이 많이 정원(政院)에 있자 민종도(閔宗道)가 갑자기 얼굴빛을 고치고 말하기를,

　"사람들이 오늘 일을 말하기를 반드시 죽기로써 다투어야 한다고 하는데 어찌 의리에 그러해야 하는가?"

하자, 현조(玄祚)는 노여워하여 말하기를,

　"타고 가는 말이 혀(舌)에 미치지 못하는 것이니 어찌 그렇게

말이 쉬운가. 아비가 허물이 있으면 자식이 어찌 다투지 않을 수 있으랴."

했다. 벼슬이 좌승지(左承旨)에 이르고 강원감사(江原監司)를 거쳐 통천(通川)의 임소(任所)에서 졸(卒)했다. 〈가림세고(嘉林世稿)〉

윤휴(尹鑴)는 사람들이 그 어머니를 어질고 지혜롭다고 하지 않는 자가 없었다

윤휴(尹鑴)는 남원(南原) 사람이니 자는 희중(希仲)이요 호는 백호(白湖)이다. 효종조(孝宗朝)에서 제배(除拜)되는 고명(誥命)을 모두 봉해서 돌려보내자 송시열(宋時烈)이 이유태(李惟泰)에게 준 글에서 말하기를,

"여공(驪公)이 고명(誥命)을 봉해서 돌려 보냈으니 그 높은 것이 이와 같으면 마땅히 그 한 세상을 내려다 보기를 흙 속의 벌레와 같이 했을 것이로다."

했다.

휴(鑴)의 어머니는 휴(鑴)가 시열(時烈)이 찾아 오면 반드시 수일 동안 묵으면서 담소(談笑)하기에 침식(寢食)을 잊는 것을 보고 그가 보통 손님과 다르다는 것을 깨닫고 벽틈으로 엿보고 크게 놀라 아들을 불러 경계하기를,

"이 손님은 보는 것이 시기스럽고 험하며 말하는 것이 평탄치 못하니 마음이 어질지 못할까 두렵다."

했으나 휴(鑴)는 말하기를,

"이 사람은 큰 선비이니 반드시 그렇지 않을 것입니다."

했다.

그러나 휴(鑴)가 뒤에 과연 그에게 미움을 받아 죽으니 사람들이 그 어머니를 어질고 지혜롭다고 하지 않는 자가 없었다. 경신(庚申)의 옥사(獄事)에 다섯 아들이 함께 귀양갔고, 한 아들 교리(校理) 의제(義濟)는 적소(謫所)에서 죽었다. 〈동소만록(桐巢謾錄)〉

권변(權忭)이 만절(晚節)을 잘 보존하다

권변(權忭)은 안동(安東) 사람이니 자는 이숙(怡叔)이요 호는 수초당(遂初堂)이다.

숙종(肅宗) 기사(己巳)에 과거에 올라 인현왕후(仁顯王后)가 손위(遜位)하던 날에 창방(唱榜)되어 그 장인(丈人) 월주 소두산(月淵蘇斗山)에게 가보니 소공(蘇公)은 문을 닫고 보지 않았다. 이에 권공(權公)이 황송하고 민망하여 그 까닭을 알 수가 없어서 사람을 시켜 물었더니 소공(蘇公)은 말하기를,

"내가 그대에게 기대(期待)한 것이 어떠했기에 이제 곤위(坤位)께서 망극한 일을 당하는 날에 이러한 출신(出身)의 행사(行事)가 있었으니 이 어찌 사군자(士君子)의 입신양명(立身揚名)할 때이겠는가. 허락지 않은 것은 이 까닭이다."

했다.

이에 권공(權公)은 그 잘못을 크게 깨닫고 문 밖에 꿇어 엎드려 죄를 청하기를,

"이미 명령을 들었사오니 이제부터는 다시 벼슬길에 나가지 않고 평생 끝내 법을 지키겠습니다."

하니 소공(蘇公)이 비로소 허락하고 받아들여 절을 받은 후에 몹시 책망하고 수초당(遂初堂) 세 글자를 써주니, 권공(權公)은 평생 잊지 않아서 벼슬이 부제학(副提學)에 이르렀으나 다시 사모(紗帽)를 쓰지 않고 만절(晚節)을 잘 보존했다. 시호는 문정(文貞)이다.
〈매산집(梅山集)〉

이민서(李敏叙)가 꿈에 생사(生祠)에 가다

이민서(李敏叙)는 전주(全州) 사람이니 자는 이중(彛仲)이요 경

여(敬輿)의 아들로서 후여(厚輿)에게 출계(出系)했다. 호는 서하 (西河)이다.

경인(庚寅)에 진사(進士)가 되고 임진(壬辰)에 문과에 급제하여 딴 사람과 같이 경연(經筵)에 입시(入侍)하여 야강(夜講)을 하는데 갑자기 강연(講筵)에서 졸아 얼굴 가득히 붉은 빛이 있으므로 대 신(大臣)들이 임금에게 논죄(論罪)하기를 청하자 임금은 말하기를,
"이 사람이 본래 술을 마시지 않았으니 깨기를 기다려 물어보리 라."
했다.

이윽고 밤이 깊어서 장차 파하게 되자 민서(敏叙)는 비로소 잠 에서 깨어 놀라고 황공하여 땅에 엎드려 죄를 청하자 임금이 물으 시니 대답하기를,
"신(臣)이 전에 정사(丁巳)년 광주(光州)에 가 있을 때 한 고을 사람들과 자못 후하게 지냈사온데 이제 입시(入侍)한 자리에서 갑자기 곤(困)하여 알지 못하게 잠이 들어서 꿈에 광주(光州)에 갔더니 그 지방 인사(人士)들이 공당(公堂)에 많이 모여 서로 잔을 올려 자연히 조정 의례(儀禮)를 잃었사오니 죽을 죄를 지었 사옵니다."
한다.

임금은 본래 민서(敏叙)의 이치(吏治)에 은혜가 있었다는 것을 알고 사람을 시켜 이날 밤 광주(光州)에 무슨 일이 있었던가 알아 보게 했더니 보고하기를,
"민서(敏叙)의 은혜스러운 정치가 있어서 고을 사람들이 잊지 않 고 생사(生祠)를 세웠는데 그 날 낙성(落成)하고 밤에 제사를 지 냈다."
하니, 임금이 크게 이상히 여겼다.

광주(光州)에 있을 때, 임진(壬辰) 때 창의(倡義)한 사람 박광옥 (朴光玉)의 사당을 증수(增修)하여 김덕령(金德齡)까지 함께 제사 지내게 하고, 사국(史局)에 있을 때 백씨(伯氏)가 영유군수(永柔郡 守)가 되어 민서(敏叙)가 근친을 가서 중형(仲兄) 죽서(竹西)와 함 께 항상 고을 옆의 조그만 언덕에서 노니 이곳을 지금까지 학사대

(學士臺)라 일컫는다.

해애(海厓) 신정(申晸)이 매양 말하기를,

"서하옹(西河翁)은 눈내린 봉우리의 외로운 소나무와 같다."

했다. 벼슬이 대제학(大提學)에 이르고 시호는 문간(文簡)이다.

〈인물고(人物考)〉

윤지완(尹趾完)은 다리를 잃고 크게 나타나다

윤지완(尹趾完)은 파평(坡平) 사람이니 자는 숙린(叔麟)이요 호는 동산(東山)이다. 정유(丁酉)에 생원(生員)·진사(進士)가 되고 현종(顯宗) 임인(壬寅)에 문과에 급제하여 그 형 지선(趾善)과 함께 동방(同榜)에 발표되었다.

8세 때에 시를 읊는데,

"눈은 천산에 떨어져 희고, 하늘은 일월보다 높아 밝다. (雪落千山白 天高日月明)"

하니 어른들이 원대(遠大)한 것으로 기억했다. 일찍이 중원(中原)의 점쟁이에게 운명(運命)을 물었더니 딴 말은 없고 다만 무족가관(無足可觀) 네 글자를 써서 주었다. 공이 이 때 명망(名望)이 몹시 무거웠으나 아는 것이 없는 것으로 돌렸더니 뒤에 풍증(風症)으로 다리를 자른 후에 더욱 나타나서 갑술(甲戌)에 우상(右相)이 되고 청백리(淸白吏)에 뽑혔으니 무족가관(無足可觀)이란 말이 과연 맞았다.

세상에서 일각상(一脚相)이라 일컬었고 시호는 충정(忠貞)이다.

〈인물고(人物考)〉

김진규(金鎭圭)가 향유(鄕儒)의 속임을 당하다

김진규(金鎭圭)는 광주(光州) 사람이니 자는 달부(達夫)요 호는 죽천(竹泉)이다.

어려서 몸을 닦아 이름과 행동에 소홀히 하는 것이 없더니 일찍이 나가 다니는데 이 때 비가 내려서 길이 질어 광성(光城 : 鎭圭父)이 말과 우비(雨備)를 보냈는데도 죽천(竹泉)은 걸어서 돌아왔다. 광성(光城)이 묻기를,

"어찌해서 말도 타지 않고 우비(雨備)도 입지 않았는가?"

하자 죽천(竹泉)은 말하기를,

"수놓은 안장과 비단옷이 사자(士子)에게 마땅치 않습니다."

했으니 그 높은 식견(識見)과 맑은 지조를 이미 여기에서 볼 수 있었다.〈매산집(梅山集)〉

죽천(竹泉)이 사람을 알아보기로 이름이 있었는데 마침 호중(湖中)에 성묘(省墓)를 갔다가 돌아오는 길에 감시(監試)의 기일(期日)이 되었는데 한 시골 선비가 말 위에서 책 한 권을 들고 종일 보다가 점심을 먹고 자는데 역시 한 점사(店舍)에 드니 죽천(竹泉)이 마음 속으로 몹시 괴이히 여겨 청해다가 물으니 역시 그도 회시(會試)에 나가는 사람이었다. 그런데 그는 스스로 말하기를,

"양친(兩親)을 모시고 있는 처지에 매양 회시(會試)에 떨어지니 정세가 절박하다."

고 했다.

이에 또 묻기를,

"보고 있는 책이 무슨 책인지 모르지만 잠시도 손에서 떠나지 않는 것은 무슨 까닭인가?"

하자 그는 대답하기를,

"내가 지은 글인데 근래에 정신이 혼미해서 망각(忘却)하는 일이 많기 때문에 항상 보고 있는 터입니다."

했다. 이에 죽천(竹泉)이 그 책을 달라고 청하여 보니 구절구절이 절작(絶作)이다. 이것을 보고 탄식하기를 마지 않아 말하기를,

"공부한 것이 이와 같은데 여러 번 과거에 떨어졌으니 이는 유사(有司)의 책임이로다."

하니 그 사람이 말하기를,

"지금에는 스스로 과거보는 것이 겁이 나서 과장(科場)에 들어

가면 매양 가로 쓰는 것이 많아서 저절로 낭패스럽게 생각하여 이번 길도 가지 않으려 했으나 늙은 부모가 권해서 부득이 이 긴하지 않은 길을 가는 것이오."

했다.

이 말을 듣고 죽천(竹泉)은 불쌍히 여겨 위로하기를,

"이번에는 노력해서 보시오. 공든 탑(塔)이 어찌 무너질 까닭이 있겠소."

하고 길을 떠나 회시(會試)의 날이 되었다. 이 때 죽천(竹泉)이 주시(主試)가 되어 시권(試券)들을 조사하는데 한 시권(試券)에 글씨가 가로 쓰여진 것이 많았다. 죽천은 이것을 보고 웃으면서,

"이것이 반드시 그 선비의 시권(試券)이로다."

하고 여러 시관(試官)을 향하여 말하기를,

"이것이 곧 그 늙은 선비의 글이니 이번에 한 번 적선(積善)을 하리로다."

하고 아무 생각없이 뽑았다.

그러나 방(榜)을 낼 때 그 봉한 내용을 보니 나이가 몹시 늙지 않았다. 마음으로 몹시 의아히 여기고 있는데 방(榜)이 발표된 뒤에 신은(新恩)하러 왔으므로 하례하기를,

"여러 번 떨어진 나머지 이렇게 급제했으니 하례하는 바요."

했더니 그 사람은 말하기를,

"이번 첫과거에 다행히 합격했습니다."

한다. 죽천이 또 말하기를,

"늙은 부모의 시하(侍下)에 즐거움을 드리게 되었소."

하자 그 사람은 대답하기를,

"저는 영감하(永感下)[1]입니다."

한다.

죽천이 괴상히 여겨 묻기를,

"그러면 저번에 노상(路上)에서 어찌해서 나를 속였는가?"

하자 그 사람은 자리를 피하면서 말하기를,

---

1) 永感下 : 부모가 없는 사람. 부모가 죽어서 영구히 비애(悲哀)를 느낀다는 뜻.

"소생(小生)이 대감께서 주시(主試)가 되실 것을 알았기 때문에 거짓말을 한 것이오니 죽을 죄를 지었습니다."

했다. 이에 죽천은 익히 보다가 울었다. 〈청구야담(青邱野談)〉

한지(韓祉)는 명성(名聲)을 백세(百世)에 전하다

한지(韓祉)는 청주(清州) 사람이니 자는 석보(錫甫)요 태동(泰東)의 아들이다. 기유(己酉)에 생원(生員)이 되고 을유(乙酉)에 문과에 급제했다.

충청감사(忠清監司)가 되어 검전사(檢田事)로서 청주(清州)에 머무는데 기생 강도(絳桃)가 재색(才色)이 뛰어나서 항상 곁에 있는데 사흘이 되던 날 밤에 깊이 잠이 든 뒤에 발을 뻗자 살찐 피부에 닿는데 곧 강도(絳桃)였다. 강도(絳桃)는 고하기를,

"주관(主官)의 명령이 있어 만일 고임을 받지 못하면 장차 죄를 줄 것이라고 하시기 때문에 부끄러움을 무릅쓰고 비밀히 들어온 것입니다."

한다.

이에 한지(韓祉)는 말하기를,

"이는 쉬운 일이다."

하고 즉시 이불 속으로 들어오게 하여 도합 13일 동안 같이 잤으나 어지럽히지 않고 일을 끝내고 돌아오는데 강도(絳桃)가 우는 것을 보고 한지(韓祉)가 말하기를,

"그래도 정(情)이 있느냐?"

하자 대답하기를,

"무슨 정이 있겠습니까만 다만 꽃다운 인연이 없었기 때문에 우는 것입니다."

했다. 이에 주관(主官)이 희롱으로 말하기를,

"강도는 더러운 냄새를 만년에 남겼고, 사군(使君)은 꽃다운 냄새를 백세(百世)에 남겼도다."

했다.

한지(韓祉)는 그를 모시는 **기생 수십** 명을 한 방에 두고서도 끝
내 범하지 않았고 여러 기생도 또한 감히 가까이 하지 못했다. 어
느날 조용히 부관(副官)에게 묻기를,

"오랜 여행 중에 여자를 가까이한 일이 있는가?"

하자 사실대로 고하니 한지(韓祉)는 웃으면서 말하기를,

"어찌 내가 스스로 막는 것을 가지고 남을 막을 수 있겠는가.
다만 난잡하게 하지 않을 뿐이다. 그러나 여색(女色)을 참기 어
려운 것이 어찌 여기에 이른단 말인가."

했다. 〈목민심서(牧民心書)〉

벼슬이 전라감사(全羅監司)에 이르렀다.

임준원(林俊元)이 욕당하는 여인(女人)의 빚을 그자리에서 갚아주다

임준원(林俊元)의 자는 자소(子昭)이니 사람됨이 준걸스럽고 사
원하여 기이한 기운과 변론(辨論)이 있었다.

집은 가난하고 늙은 부모가 있어서 드디어 뜻을 굽혀 내사리(內
司吏)가 되어 거기에서 부자가 되어 집의 재산이 수천 냥이 되었
다. 이에 탄식하기를,

"나에게 만족하다."

하고 즉시 벼슬 자리를 내놓고 집에 가 있으면서 문사(文史)를 가지
고 스스로 즐기고 날마다 그 무리들과 함께 모임을 가지니 그 무리
에는 유찬홍(庾纘洪)·홍세태(洪世泰)·최대립(崔大立)·최승태(崔
承太)·김충렬(金忠烈)·김부현(金富賢) 등 여러 사람이 있었다.

유찬홍(庾纘洪)의 호는 춘곡(春谷)이니 바둑을 잘 두고 시(詩)에
능했으며, 홍세태(洪世泰)의 호는 창랑(滄浪)이니 시를 잘 지어 명
성(名聲)이 모두 당시 세상에 으뜸이었으며 나머지 사람들도 또한
모두 기개가 있는 것으로 일컬어졌다. 그러나 유찬홍(庾纘洪)은 술

을 좋아하여 능히 두어 말을 마시고, 홍세태(洪世泰)는 가난해서
먹을 것이 없었다. 이에 준원(俊元)은 유찬홍을 자기 집에 유숙하
게 하고 술을 준비하여 그의 양껏 마시게 하고, 자주 홍세태(洪
世泰)에게 재물을 주어 군색한 데 이르지 않게 했다. 또 매양 좋은
때와 아름다운 경치를 만나면 여러 사람들을 불러서 문득 시를 짓
고 취하도록 마시면서 몹시 즐겁게 놀다가 파하여 이것을 항상 계
속했다.

　준원(俊元)은 이미 재물이 넉넉하고 의리를 좋아하여 베푸는 것
을 즐겨했으나 항상 미치지 못하는 것처럼 여겼다. 이리하여 친
척과 친구들 중에 가난해서 혼인과 상장(喪葬)을 치르지 못하는
자는 평상시에 그와 왕래할 때에 인사하고 공손한 태도를 취하여
자제(子弟)와 같이 하는 자가 수십 인이 되었다.

　일찍이 걸어서 육조(六曹) 거리 위를 지나가는데, 한 여자가 관
인(官人)에게 잡혀 끌려 가는데 나쁜 아이들이 따라가면서 욕을 하
니 여인은 몹시 슬피 운다. 이에 준원(俊元)이 그 까닭을 물어서
알고 꾸짖기를,

　"조그만 빚을 가지고 여인을 이렇게 욕보이느냐."
하고 그대로 서서 빚을 갚아주고 문서를 찢어버리고 갔다. 그 여
인이 따라 오면서 묻기를,

　"공은 누구이시며 집이 어디십니까?"
했으나 준원은 말하기를,

　"예법에 남녀는 길을 달리하는 것인데 어찌 내 성명을 묻는가."
하고, 억지로 물어도 끝내 가르쳐주지 않았다. 〈보만재집(保晩齋
集)〉

신유한(申維翰)이 감자(柑子)를 의논하다

　신유한(申維翰)은 영해(寧海) 사람이니 자는 주경(周卿)이요 호
는 청천(靑泉)이다. 숙종(肅宗) 을유(乙酉)에 진사(進士)가 되고 계

사(癸巳)에 문과에 급제했다.

통신사(通信使) 제술관(製述官)이 되어 일본(日本)에 들어가서 우
삼방주(雨森芳洲)와 함께 감자(柑子)를 먹다가 묻기를,

"이 물건이 우리 나라 남쪽 지방 해읍(海邑)에도 혹 있는데 특
히 제주(濟州)에서 나는 것이 몹시 많아서 해마다 공납(貢納)을
하지만 그 맛이 모두 귀국(貴國)의 감자(柑子)만 못하니 감자
(柑子)도 또한 아름다운 종자가 있는가?"

하자 방주(芳洲)는 다음과 같이 대답했다.

"아름답고 나쁜 것은 각각 토질(土質)에 따르는 것이지 어찌 종
자가 따로 있겠는가. 옛날에 귀국(貴國)의 배가 표류하다가 남
도(藍島)에 도착한 자가 있었는데 그 배에 있던 사람과 물건은
이미 물에 빠져 없어졌고 유독 깨진 선판(船板) 속에 감자(柑子)
한 상자가 있었는데 거기에 있는 문서(文書)를 보니 곧 제주목사
(濟州牧使)가 바치는 물건이었소. 이에 섬 안 사람들은 타국 물
건이라 하여 귀하게 여겨 그 씨를 가져다가 심은 후에 나무가 자
라자 이름하여 제주감(濟州柑)이라 했는데, 지금 이른바 제주감
(濟州柑)이라는 것이 맛이 달고 품질이 좋아서 이것과 구별이 없
는 것이오."〈신유한 유해록(申維翰遊海錄)〉

촉석루(矗石樓)에 올라 시를 짓기를,

"천지에 임금에게 보답한 세 장사(壯士)요, 강산에 나그네를 머
무르게 하는 하나의 높은 다락일세. (天地報君三壯士 江山留客一
高樓)"

했다. 벼슬이 첨정(僉正)에 이르렀다.

유혁연(柳赫然)이 배나무를 껴안고 통곡하다

유혁연(柳赫然)은 진주(晋州) 사람이니 자는 회보(晦甫)요 호는
야당(野堂)이다.

어려서부터 남보다 뛰어나고 웅준(雄俊)해서 장인(丈人) 남이흥

(南以興)이 기이하게 여기더니 그가 해미(海美) 집에 있을 때 큰 나무가 길 옆에 서 있고 그 밑에 단(壇)이 있는데 혁연(赫然)은 매양 그 위에 앉아서 나무꾼아이들을 지휘하여 마치 군령(軍令)처럼 했다. 그런데 한 아이가 마침 군령(軍令)을 어기자 낫을 가지고 장차 군율(軍律)을 행하려고 하는 것을 한 늙은이가 이것을 보고 크게 놀라 낫을 빼앗아서 무사했다.

출사표(出師表)와 악무목전(岳武穆傳) 읽기를 좋아하여 세 번 거듭 읽고나면 눈물을 흘리니 충의(忠義)가 천성(天性)에서 나오는 것이었다. 형제 사이의 우애가 지극해서 큰 소반과 긴 베개로 침식(寢食)을 같이 했다. 병자(丙子)에 남한산성(南漢山城)이 위급하다는 소식을 듣고 옷깃을 떨치고 일어서서 다투어 먼저 양성(陽城)에 도착했으나 성이 함락되었다는 소식을 듣고 도로 집으로 돌아와서 동산 뒤의 배나무를 껴안고 북쪽을 바라보고 통곡하니 이웃 마을에서 지금까지 유공수(柳公樹)라고 일컫는다.

정축(丁丑)에 세자(世子)가 심양(瀋陽)에 인질(人質)로 갈 때 공은 행장을 재촉하여 모화관(某華館)에 들어가서 시(詩)를 짓기를,

"서쪽 강 가는 비는 군신(君臣)들의 눈물이요, 북쪽 대궐에 어린 구름은 부자(父子)의 정이네. (西江細雨君臣淚 北闕凝雲父子情)"

하니 사람들이 울면서 전송(傳頌)하지 않는 자가 없었다.

계속해서 크고 작은 향시(鄕試)에 합격하고 갑신(甲申)에 무과(武科)에 급제하여 관서방(關西防)에 나가는데 영회시(咏懷詩)를 지어 말하기를,

"사나운 바람이 눈을 몰아 새벽에 깊이 내리니, 추위가 장군에게 침입하여 병으로 이불 속에 누웠네. 날이 밝자 억지로 일어나 활을 가지고 앉았으니, 오직 그늘진 산에 사냥할 마음 뿐이네. (獰風驅雪曉來深 寒透將軍病臥衾 平明强起彈弓坐 惟有陰山大獵心)"

했다.

벼슬이 형조판서(刑曹判書) 훈련대장(訓練大將)에 이르고, 경신(庚申)에 영해(寧海)로 귀양갔다가 대정(大靜)으로 옮겨 사사(賜死)

되었고, 뒤에 신원(伸寃)되었다. 〈번암집(樊巖集)〉

최신(崔愼)이 최질(衰絰)차림으로 밭을 갈다

최신(崔愼)은 회령(會寧) 사람이니 자는 자경(子敬)이요 호는 학암(鶴庵)이다.

최질(衰絰)의 복(服)을 입고 회령(會寧) 들에서 밭을 가는데 노봉 민정중(老峰閔鼎重)이 북백(北伯)으로서 순행(巡行) 길에 육진(六鎭)에 이르렀다가 보고서는 이상히 여겨 같이 이야기하고 크게 기뻐하여 우옹(尤翁)에게 보내서 배우게 하여 마치 곽림종(郭林宗)의 모계위(茅季偉)에 대한 일과 같이 했다.

최공(崔公)은 궁벽한 시골에서 생장(生長)하여 거상(居喪)하는데 예(禮)를 다하고 민공(閔公)이 농촌에서 뽑아내서 인재(人材)를 만들었으니 가히 후세(後世)의 법이 되었다. 〈매산집(梅山集)〉

우암(尤庵)의 문하(門下)에 있어서 드디어 이름난 선비가 되고 벼슬이 현감(縣監)에 이르렀으나 윤휴(尹鑴)의 구함(搆陷)으로 유필명(柳弼明)과 함께 조옥(詔獄)에 갇혀서 형벌과 신문을 받다가 사천(泗川)으로 귀양갔었는데 경신(庚申)에 또 휴(鑴)의 무리인 김몽양(金夢陽)의 구함(搆陷)을 입어서 사문(師門)의 복심(腹心)이라 하여 죄를 받아 광양(光陽)으로 귀양갔다가 갑술(甲戌)에 석방되었다. 그 뒤에 회령(會寧)으로부터 남쪽 지방으로 옮겼고, 일찍이 소(疏)를 올려 이옥(李沃)의 죄를 청하다가 공을 대신하여 함께 국문을 받고 경흥(慶興)으로 귀양갔다가 뒤에 신복(伸復)되었다. 〈동야수언(東野粹言)〉

을묘(乙卯) 윤5월에 우암(尤庵)의 문도(門徒) 중에 유필명(柳弼明)이란 자가 있는데 어리석고 망령되고 무식하여 변무(卞誣)를 하려고 어떤 사람에게 글을 청했더니 사략(史略)의 태정(太丁) 태갑(太甲)의 말로 글을 지어주므로 필명(弼明)은 이 글을 올렸다. 이에 윤휴(尹鑴)는 크게 기뻐하여 이것으로 죄를 얽어서 국청(鞫

廳)을 설치하고 매를 때리고 신문하여 거짓으로 최신(崔愼)을 끌
어들이게 하여 매맞다가 거의 죽을 뻔하고 필명(弼明)과 함께 모
두 귀양갔다. 〈종자대금(宗子大金)〉

전백록(全百祿)은 풍의(風儀)가
호매(豪邁)하여 크게 쓸 만했다

전백록(全百祿)은 온성(穩城)의 토병(土兵)이다. 어머니가 꿈에
흰 사슴(白鹿) 한 마리를 보고 낳았기 때문에 이렇게 이름을 지었
다. 벼슬길에 오르자 녹(鹿)을 녹(祿)으로 고치고 백(白)도 또한
백(百)으로 썼다.

경흥부사(慶興府使)가 되었을 때 경성(鏡城)을 지나다가 마침 북
평사(北評使) 이동언(李東彦)을 만났다. 동언(東彦)은 문과에 급제
하여 지평(持平)으로서 일을 당하면 용감하게 말하여 직신(直臣)
의 풍도가 있는 사람이다. 동언(東彦)은 그가 북쪽 지방의 호걸
이라 해서 함께 변방(邊方)의 일을 이야기하고 또 묻기를,

"내가 여기에 온 뒤로 정령(政令)의 잘못 중에서 그대가 들은 것
을 다 말해보라."

하자 백록(百祿)은 말하기를,

"맹자(孟子)가 말하기를, 자기 몸을 굽히는 자 중에는 남을 곧
게 하는 자가 없다고 했습니다. 북쪽 지방은 비록 먼 곳이나 대
개 듣건대 공이 대각(臺閣)에 있을 때에 남을 탄핵한 일이 많아
서 이것으로 위엄을 세우려고 하더니 여기에 부임한 이후로는 날
마다 크게 기악(妓樂)을 베풀고 하는 일이 없으니 병사(兵使)나
수령(守令)들이 처음에는 두려워했지만 지금은 쉽다고 하니 대
체로 성색(聲色)은 사람을 쉽게 호탕하게 만드는 것이오. 공은
앞길이 몹시 머니 마땅히 삼가하여 지위에 따라 자중(自重)해야
할 것이오. 만일 이 성색(聲色)을 멀리하지 못하겠으면 이후로
는 절대로 남의 득실(得失)을 경솔히 이야기하여 남의 비방을

하지 마시오. ”

했다.

　동언(東彥)이 옷깃을 여미고 부끄러워하고 사례하더니 조정으로 돌아오자, 백록(百祿)이 풍의(風儀)가 호매(豪邁)하고 식려(識慮)가 두루 통달해서 가히 크게 쓰일 것이라고 몹시 말했다.

　이보다 먼저 서북(西北) 사람이 병사(兵使)의 명령을 요구했으나 시행되지 못했더니 이 때에 이르러 백록(百祿)이 발탁되어 충청수사(忠淸水使)에 임명되었다. 〈이관기(二官記)〉

전종영(田種英)은 처음에 사략(史略)을 배우다

　전종영(田種英)은 강계(江界) 사람이다. 창주진(昌洲鎭)의 첨사(僉使)가 되어 처음 도임할 때 글자를 하나도 몰라서 감병영(監兵營)의 보장(報狀)을 모두 군관(軍官)에게 시켜서 쓰게 하더니 어느 날 발분(發憤)하여 글을 배우고자 하여 촌사람의 집에서 사략(史略) 초권(初卷)을 얻어다가 진리(鎭吏)를 스승으로 하여 먼저 그 뜻을 해석해달라고 하고 딴 종이에 그 글을 베껴 쓰고 글자 옆에 문득 그 음(音)과 뜻을 쓰고, 또 언문으로도 써서 이렇게 하여 음(音)과 뜻을 다 알고 다시 다음 글을 배워 이렇게 하루에 10여 번씩 하니 많은 날이 필요없이 초권(初卷)을 다 배웠다. 이렇게 하여 3개월 만에 사략(史略) 전질(全帙)을 이미 끝내고 또 통감(通鑑)을 읽어서 1년 안에 보장(報狀)을 다시 사람의 손을 빌리지 않고 스스로 능히 쓸 수가 있었으니 입심(立心)의 근고(勤苦)가 이와 같은 사람이 없었다.

　어사(御史) 이재(李縡)가 강계(江界)에 도착하자 먼저 글로 고을 사람에게 분부하여 종영(種英)을 부하(府下)로 데려오게 하여 불러 보니 풍의(風儀)가 좋고 담론(談論)을 잘하니 가위 호걸스러운 선비였다. 강변의 폐단을 묻고 지필(紙筆)을 내주면서 소견을 조목조목 써서 올리라 했더니 문리(文理)가 통창(通暢)했다.

이에 크게 기이하게 여겨 드디어 별단(別單)으로 인재를 천거할
때에 유생(儒生)으로는 황순승(黃順承), 무인(武人)으로는 전종영
(田種英)을 천거했다. 임금이 특별히 명하여 수령(守令)을 제수하
고 발탁해서 벽동군수(碧潼郡守)에 임명했다. 〈삼관기(三官記)〉

윤거형(尹居衡) 부자(父子)가
업(業)을 계승(繼承)하다

윤거형(尹居衡)이 만호(萬戶)로서 영변(寧邊)에 물러가 살아서 다
시 벼슬에 나가지 않고 글을 읽고 의리를 행하여 한 시골의 망중
(望重)한 사람이 되어 송파거사(松坡居士)로 일컬어졌다.

도암(陶庵) 이재(李縡)가 어사(御史)가 되었을 때 미처 그의 이
름을 듣지 못해 마침내 추천을 잃어서 종신(終身)의 한으로 여겼
다. 그의 아들 제세(濟世)의 호는 취암(就巖)인데 그 학문의 대를
이어서 침랑(寢郎)에 제수되었으나 나가지 않으니 도암(陶庵)이
또한 선사(善士)라고 일컬었다. 부자(父子)가 업(業)을 계승했으
니 가위 서쪽 지방의 걸사(傑士)이다. 〈매산집(梅山集)〉

권유(權愈)는 제비를 읊고 문형(文衡)의
천거에 응하다

권유(權愈)는 안동(安東) 사람이니 자는 퇴보(退甫)요 호는 하계
(霞溪)이다. 현종(顯宗) 을사(乙巳)에 문과에 급제하여 민점(閔點)
이 바야흐로 문형(文衡)에 천거하자 당시 의논이 권유(權愈)와 이
서우(李瑞雨) 두 사람을 말하므로 민(閔)은 취사(取舍)를 맘대로
하지 못했다.

어느날 여러 명사(名士)들이 모두 모였는데 민(閔)이 제비를 가

리키면서 운(韻)을 내고 말하기를,

"오늘 제군(諸君)의 재주를 시험하리라."

하자 권(權)이 그 말이 떨어지자 이내 시를 부르기를,

"진흙을 물고 몇 번이나 소릉(少陵)[1]의 배를 빼앗았는가, 날아서 한궁(漢宮)으로 들어가 물건의 근심이 되네. 만일 나로 하여금 네 모양처럼 물게 한다면, 모름지기 붓을 던지고 봉후(封侯)를 찾으리. (含泥幾掠少陵舟 飛入漢宮作物尤 若使吾頷如爾相 會須投筆覓封侯)"

하자 일좌(一座)는 모두 붓을 던졌다.

이리하여 권유(權愈)로 수천(首薦)을 했는데, 남인(南人)은 명기(名器)를 아끼기 때문에 을사(乙巳) 이후에 대제학(大提學)이 오직 권유(權愈) 한 사람이요, 서인(西人)은 무수히 많다. 이것이 곧 서(西)가 남(南)만 못한 일단(一端)이다. 벼슬이 판서(判書)에 이르렀다. 〈청구기화(靑邱奇話)〉

김주신(金柱臣)은 우육(牛肉)을 먹지 않다

김주신(金柱臣)은 경주(慶州) 사람이니 자는 하경(廈卿)이요 호는 수곡(壽谷)이다. 5세 때에 아버지를 여의고 아버지의 얼굴을 알지 못하는 것을 지극히 원통히 여겨 어머니의 교훈을 오직 부지런히 받들고, 항상 글을 읽다가 밤에까지 이르러도 그치지 않았으며, 어머니가 금하면 문득 작은 소리로 읽고 듣지 못한 것처럼 여겼다.

일찍이 선인(先人)의 묘갈(墓碣)을 소에 싣고 고개를 넘다가 그 소가 헐떡이면서 목이 말라 혀를 빼무는 것을 보고 드디어 측연(惻然)히 말하기를,

"이미 그 힘을 먹고 또 그 고기를 먹는다는 것이 옳단 말인가."

---

1) 少陵 : 성당(盛唐)의 시인(詩人) 두보(杜甫)의 호(號). 그는 소릉(少陵)에 살았다.

하고 그 이후로 쇠고기를 먹지 않았다.

병자(丙子)에 생원(生員)이 되고 음보(蔭補)로 순안현령(順安縣令)이 되고 인원왕후(仁元王后)가 곤위(坤位)에 등극하자 즉시 돈령부사·경은부원군(敦寧府事慶恩府院君)에 봉해졌다. 시호는 효간(孝簡)이다. 〈행장(行狀)〉

김우항(金宇杭)이 정승되기를 늙은 여인이 빌었다

김우항(金宇杭)은 김해(金海) 사람이니 자는 제숙(濟叔)이요 호는 갑봉(甲峰)이다. 기유(己酉)에 생원(生員)이 되고 숙종(肅宗) 신유(辛酉)에 문과에 급제했다.

휘릉 별검(徽陵別檢)이 되었는데 참봉(參奉)은 안동(安東)에 사는 권모(權某)로서 나이가 50세에 이르렀는데 집은 몹시 넉넉했지만 홀아비로 살고 있었다. 어느날 마침 합번(合番)을 당하여 한 나무도둑을 잡아왔는데 보니 나이는 20세가 넘었고 머리털은 헝클어지고 의복은 남루했다. 참봉(參奉)이 말하기를,

"너는 어떤 사람이기에 이 막중(莫重)한 능침(陵寢)에서 어려워하지 않고 나무를 베었으니 보통으로 처리할 수가 없다."

하고 먼저 도끼와 낫과 지게를 빼앗고 바야흐로 매를 때리려 했다.

이 때 그 아이는 눈물을 줄줄 흘리면서 말하기를,

"저는 칠순 노모(老母)의 시하(侍下)에 또 과년(過年)한 누이동생이 있사온데 눈은 쌓이고 날이 차서 주림과 추위를 이기지 못하여 생계(生計)가 묘연(渺然)하온데 오늘 하루라도 살고자 하여 감히 법을 범했습니다."

했다.

참봉(參奉)은 본래 후덕(厚德)한 사람이라, 그 말을 듣고 갑자기 측은한 마음이 나서 김공(金公)을 돌아다보고 이르기를,

"그 정상이 불쌍하도다. 특별히 용서해 주는 것이 어떠하오?"

하자 김공(金公)은 무방(無妨)하다고 했다. 이에 참봉은 그 아이를 돌아보고 말하기를,

"네가 하는 말을 들으니 정세(情勢)가 측은하구나."

하고 열 꾸러미의 돈을 내주고 또 빼앗았던 물건을 도로 내주면서 말하기를,

"너는 이 돈으로 양식을 사서 어미와 누이를 먹이고 다시는 법을 범해서 나무를 베지 말라."

하자 그 아이는 절하고 사례하고 돌아갔다.

그런지 보름쯤된 뒤에 교번(交番)하던 날을 당해서 그 아이가 또 나무를 베다가 잡혀 왔다. 이에 참봉은 크게 노하여 말하기를,

"네가 다시 범했으니 용서할 수가 없다."

하고 장방(長房)에 구류(拘留)해 두었다가 내일 아침에 죄를 의논하리라고 했다.

김공(金公)과 참봉은 밤에 같이 이야기하다가 김공이 말하기를,

"동관(同官)이 늙지도 젊지도 않은 나이에 이미 아내를 잃었는데, 고어(古語)에 말하기를, 사람이 아내가 없으면 마치 집에 대들보가 없는 것과 같다고 했소. 아까 잡혀온 그 나무도둑을 보니 그 동정(動靜)이 결코 상한(常漢)이 아니고, 그 누이가 시집 갈 때가 되었다 하니 만일 장가들 의사가 있다면 내가 중매를 할 터이니 의향이 어떠한가?"

했다.

참봉은 이에 한참 생각하다가 말하기를,

"좋지 않은 것은 아니나 저 사람이 내가 늙었다고 해서 어찌 물리칠 염려가 없겠는가."

하자 김공이 말하기를,

"어찌 되었든지 한 번 말해보겠소."

하고 이튿날 아침에 하인들에게 분부하여 그 아이를 데리고 당(堂)으로 올라오게 하여 말하기를,

"네가 법을 두 번 범했으니 법에 용서받을 수가 없으나 네 정상(情狀)을 불쌍히 여겨서 두 관원이 상의하여 특별히 돌려보내

는 것이다."

하고 또 말하기를,

"들으니 네 누이가 혼기(婚期)가 되었다고 하는데 여기 있는 권참봉(權參奉)이 지금 홀아비로 있고 가세(家勢)도 가난하지 않으며 근력이 아직 강건하니 서로 결혼한다면 네 집 식구가 길이 여기에 의탁하여 끝내 의식(衣食)의 걱정이 없을 것이니 어찌 아름다운 일이 아니겠느냐."

했다.

이에 그 아이는 말하기를,

"집에 늙은 어미가 있으니 돌아가서 승낙을 얻은 후에 허락하겠습니다."

한다. 이 때 김공이 말하기를,

"네 말이 몹시 도리가 있으니 너는 급히 돌아가 말씀을 드리고 오도록 하라."

하고 또 다섯 꾸러미의 돈을 주어 보냈다.

그 아이는 스스로 생각하기를,

'내가 적빈(赤貧)으로 살아나갈 수가 없고, 또 그 사람을 보니 후덕(厚德)한 군자이니 결혼시키는 것이 무방(無妨)하다.'

하고 돌아가 그 어머니를 보고 그 까닭을 자세히 말하니 그 어머니도 역시 기뻐서 승낙했다. 이에 그 아이는 바로 재실(齋室)로 돌아가 그 어머니가 승낙했다는 말을 갖추어 말하자 두 관원은 크게 기뻐하여 즉시 길일(吉日)을 고르고 그의 집이 가난해서 혼인할 수 없을 것이라고 생각하여 혼수(婚需)에 쓸 물건을 일일이 마련해 보내서 성혼(成婚)하니 두 사람이 정말 기뻐하고 흡족한 것은 이루 말할 것이 없었다.

그 후 오래지 않아 벼슬이 만기(滿期)가 되자 참봉은 벼슬에 뜻이 없어 벼슬을 내놓고 그 처가(妻家) 식구를 데리고 안동(安東) 고향으로 돌아가서 계속해서 두 아들을 두었는데 모두 재명(才名)이 있고 문학(文學)이 일찍 이루어져서 향시(鄕試)에 같이 합격하고 서울에 가서 회시(會試)에서 진사(進士)에 급제하니 그 기쁨을 측량할 수가 없었다.

그 뒤에 김공은 삼사(三司)와 이조참판(吏曹參判)을 거치고 경상 감사(慶尙監司)로 나가서 안동(安東) 지방을 순력(巡歷)하는데 어떤 사람이 명함(名銜)을 드리고 뵙기를 청하는데 그는 곧 전일의 참봉 권모(權某)였다. 김공은 휘릉(徽陵)에서 같이 있었던 일을 기억하고 급히 맞아다가 손을 잡고 회포를 말하는데 참봉이 말하기를,

"생(生)이 공의 권면(勸勉)의 힘을 입어 노부(老夫)가 홀아비를 면하고 계속해서 두 아들을 낳았는데 우연히 진사(進士)가 되어 내일은 곧 집에 돌아오는 날이오. 옛 정을 돌아보시어 다행히 왕림해 주시면 가위 천한 집에 빛이 나고 또한 세상에 드문 인연일 것이오."

하니 감사는 놀라서 하례하기를 그치지 않고 기꺼이 이를 승낙했다.

이튿날 아침에 감사는 하인들을 많이 데리고 권(權)의 집에 가서 두 신은(新恩)[1]을 청해다가 여러 차례 오가면서 하루 종일 즐겁게 노는데 손님들이 구름같이 모이고 늙은 주인은 기쁜 빛을 금치 못했다. 이 때 주인이 자리 위의 한 사람을 가리키면서 말하기를,

"공은 능히 이 사람을 기억하시오? 이는 곧 옛날에 죄지은 나무꾼인데 이제는 나이 많아서 아내와 아들이 있고 집도 또한 넉넉하게 살고 있소이다."

한다.

계속해서 주인은 공을 하룻밤 쉬어가라고 청하면서 말하기를,

"오늘의 잔치는 모두 공의 덕이니 원컨대 하룻밤 자면서 회포를 푸시기 바랍니다."

하므로 감사(監司)는 그 청을 거절할 수가 없어서 거기 머물러 하룻밤을 자고 이튿날 아침에 주인은 술과 안주를 내고 무슨 말을 하려다가 말을 내지 못한다. 이에 감사는 말하기를,

"할 말이 있으시오?"

하자 주인은 말하기를,

"늙은 아내가 평시에 공에게 결초(結草)의 은혜를 입었는데 다

---

1) 新恩 : 새로 과거에 급제한 사람.

행히 누지(陋地)에 오셨으니 한 번 존안(尊顔)을 뵈었으면 지극
한 소원을 이루겠다고 하니 원컨대 공은 잠시 내당(內堂)에 들
어가서 절을 받으시는 것이 어떠하실지 모르겠습니다."
한다.

감사는 이를 허락하고 안마루로 들어가니 자리를 화려하게 깔아
놓아 서울 대가(大家)의 범절(凡節)과 다를 것이 없었다. 이때 부
인이 나와 앞에 와서 절을 하니 슬픔과 기쁨이 섞이어 모이는데
또 보니 두 사람의 젊은 부인이 몸치장을 환하게 하고 뒤따라 나
와서 절을 하는데 이는 그 자부(子婦)였다.

또 주인은 감사를 인도하여 후원의 조용하고 궁벽한 곳으로 갔
는데 집 한 채가 정하고 깨끗한데 머리가 하얀 노파(老婆)가 쭈
그리고 앉아서 빌기를,

"김우항(金宇杭)이 원컨대 정승이 되게 하옵소서. 김우항이 원
컨대 정승이 되게 하옵소서."
한다. 감사가

"이게 무슨 말이오?"
하자 주인은 말하기를,

"이는 내 빙모(聘母)인데 이 집으로 온 뒤로 저 노인이 후원에
단(壇)을 모으고 날마다 저렇게 빌더니 지금은 노혼(老昏)해서
동서(東西)도 알지 못하고 단에도 오르지 못하여 잠자는 시간 외
에는 항상 저렇게 빌고 있소이다."
한다.

김공은 이 말을 듣고 기쁘게 웃었는데 계사(癸巳)에 과연 우상
(右相)이 되고 기사(耆社)에 들었으며 시호는 충정(忠靖)이다. 〈청
구야담(靑邱野談)〉

남용익(南龍翼)은 시(詩)로 참언(讖言)을 이루다

남용익(南龍翼)은 의령(宜寧) 사람이니 자는 운경(雲卿)이요 호

156

는 호곡(壺谷)이다. 어렸을 때 시재(詩才)가 무리에서 뛰어났는데
장로(長老)가 누에를 시제(詩題)로 하여 운(韻)을 불러 시를 지으
라 하자 말이 떨어지면서 이내 시를 이루었는데 그 앞의 연구(聯
句)에 말하기를,

"어려서는 검은 입술 이끌고 푸른 잎을 맞고, 늙어서는 누른 배
 이끌고 푸른 사다리로 오르네. (稚引黑脣迎綠葉 老拖黃腹上靑梯)"

하고, 그 끝의 귀에 말하기를,

"참모습을 잃고 나비로 화하니, 정히 장자(莊子) 늙은이가 꿈의
 넋이 희미한가 의심하네. (失却眞形仍化蝶 止疑莊叟夢魂迷)"

하니 장로(長老)가 가상히 여겨 칭찬하기를,

"이 아이가 반드시 청요(淸要)의 자리에 오르고 늙어서는 대관
 (大官)이 되겠으나 끝의 구가 끝까지 부귀(富貴)를 보존할 기상
 (氣像)이 없다."

고 하더니, 공이 21세에 과거에 급제하고 늙어서는 높은 벼슬에 올
랐으나 뒤에 간사한 무리의 모함을 받아 북쪽 변방에서 죽으니 장
로(長老)의 말이 모두 시종(始終)이 맞았다.

나이 24세에 정언(正言)으로 병이 위중하여 꿈 속에 시(詩)를 짓
기를,

"먼 새방에 다니는 사람 적으니, 나그네의 시름이 손의 얼굴에
 올라오네. 쓸쓸한 십리 비에, 밤에 귀문관(鬼門關)을 지나네.
 (絶塞行人少 羈愁上客顔 蕭蕭十里雨 夜渡鬼門關)"

하더니, 뒤에 과연 귀양가서 졸(卒)하여 마침내 시참(詩讖)을 이
루었다.〈조야집요(朝野輯要)〉·〈청구야담합록(靑邱野談合錄)〉

벼슬이 이조판서(吏曹判書)에 이르고 시호는 문헌(文憲)이다.

오도일(吳道一)이 적소(謫所)에
술이 있느냐고 물었다

오도일(吳道一)은 해주(海州) 사람이니 자는 관지(貫之)요 호는

서파(西坡)이다. 현종(顯宗) 계축(癸丑)에 문과에 급제하여 문형(文衡)을 맡으니 세상에서 동인삼학사(東人三學士)라고 일컬었다.

임금이 하교(下敎)하기를,

"오도일(吳道一)이 술을 좋아하여 병을 이루어 고질(痼疾)이 되었는데도 아직도 깨닫지 못하니 참으로 애석한 일이로다. 옛날 계주시(戒酒詩)에 말한, '성군(聖君)은 사랑이 지극하여 진사시(進士試)에 장원으로 뽑혔고, 어머니의 은혜가 두터워 흰머리털 드리웠네. 임금의 사랑과 어머니의 은혜 모두 갚지 못하고 술로 병을 이루면 뉘우침을 어찌 쫓으리. (聖君寵極龍頭選 慈母恩深鶴髮垂 君寵慈恩俱未報 酒如成病悔可追)'라는 글을 기억하여 항상 마음을 쓴다면 어찌 매양 낭패하는 폐단이 있으랴."

했다.

이에 도일(道一)이 감격하여 울고 시를 지어 말하기를,

"고치지 못할 병과 술은 아직 다 고치지 못했는데, 무릎 꿇고 운음(綸音) 읽으니 피눈물이 흐르네. 골육(骨肉)이 은혜가 다르니 어찌 갚을까, 죽기 전에 오직 옛허물 생각할 일이 있을 뿐이네. (膏肓麴蘗未全醫 跪讀綸音血淚垂 骨肉孫恩何以報 死前唯有舊愆追)"

했다.

신사(辛巳)에 귀양을 가게 되었는데 바야흐로 크게 취했을 때 금오리(金吾吏)[1]가 와서 장성(長城)으로 귀양가게 되었다고 고하자, 도일(道一)은 취해서 묻기를,

"장성(長城)에도 또한 소주(燒酒)가 있느냐?"

하자 대답하기를,

"어디에 소주가 없겠습니까?"

하니 말하기를,

"좋다."

하고 드디어 적소(謫所)로 가다가 천안(天安)을 지나게 되었는데 군수(郡守)가 술을 가지고 와서 위로하자 드디어 실컷 마시고 시(詩) 한 수(首)를 지어 말하기를,

---

1) 金吾吏 : 의금부(義禁府)의 아전.

"적적한 나그네 시름을 스스로 열지 못하는데, 천안태수(天安太守)가 술병을 가지고 왔네. 평생 술을 좋아하여 심상히 마셨지만, 백수(白首)로 이 술잔은 잊지 못하네. (牢落羈愁不自開 天安太守持壺來 平生好酒尋常飮 白首難忘是比盃)"
했다.

도중(途中)에 오직 술에 취하여 적소(謫所)에 이르러서 얼마 안되어 졸(卒)하니 시인(詩人) 유도삼(柳道三)이 만시(輓詩)를 지어 말하기를,

"이제 끝났도다. 대사마(大司馬)[2]여, 시혼(詩魂)이 어디서 노는가. 멱라(汨羅) 위에 머리를 돌이키니, 맑은 바람이 불어 쉬지 않네. (已矣大司馬 詩魂何處遊 回首汨羅上 淸風吹不休)"
했다.

일찍이 관동(關東)의 관찰사(觀察使)로 가다가 낙산사(洛山寺)에 이르러 밤에 앉아서 시를 짓는데 나락 아래에서 갑자기 소리가 있어 말하기를,

"방백(方伯)이 시에 능하다는 것이 가소롭도다."
한다. 공이 몹시 괴이히 여겨 시험삼아 다시 속음(續吟)을 짓는데 또 전과 같이 말한다. 이에 사람을 시켜 찾아보라 했더니 말하기를,

"소금장수 하나가 돌을 베고 졸고 있습니다."
한다.

이에 즉시 불러다가 앞에 앉히고 말하기를,
"네 어찌 감히 비웃었느냐?"
하니 소금장수가 말하기를,

"사또께서 밤새 괴롭게 시를 지으시고 잠을 자지 못하시어 한 말입니다."
한다. 공이 말하기를,

"네가 능히 시를 잘 지으면 상을 줄 것이요 그렇지 못하면 곤장을 면치 못하리라."
하니, 소금장수는 즉시 시를 부르기를,

2) 大司馬: 병조판서(兵曹判書)를 말함.

"하늘에 뜬 큰 바다 동쪽 남쪽 북쪽이요, 땅에 꽂힌 것은 기이
한 봉우리 1만 2천일세. (浮天大海東南北 揷地奇峰萬二千)"
하자 공은 크게 놀라 손을 잡고 말하기를,
"과연 기이한 재주로다. 성명(姓名)이 무엇인가?"
했으나 장수는 말하기를,
"천한 사람의 성명을 세상에 전하고자 하지 않는데 어찌 반드시
억지로 묻습니까?"
하고 드디어 끝내 말하지 않고 다만 성(姓)이 오(吳)라고만 했다
고 한다.〈해동시화(海東詩話)〉

황순승(黃順承)은 세상에서 황고집
(黃固執)이라고 일컫다

황순승(黃順承)은 제안(齊安) 사람이니 자는 득운(得運)이요 호
는 집암(執庵)이다. 권수암(權遂庵) 상하(尙夏)의 문하(門下)에서
공부했다. 어렸을 때 어떤 사람이 새로 난 과일을 주면 문득 사양
하고 받지 않으면서 말하기를,
"사당에도 천신(薦新)하지 않고 부모께서도 역시 맛보지 않았는
데 내가 먼저 먹을 수가 없다."
고 했다.
일찍이 밤길을 가다가 도둑을 만나서 말을 빼앗기자 순승(順承)
이 채찍을 주면서 말하기를,
"말이 몹시 파리해서 채찍이 없이는 가지 않는다."
하니 적이 서로 돌아보며 이르기를,
"이는 반드시 황고집(黃固執)이로다. 이는 범할 수가 없다."
하고 서로 길을 가르쳐 주어서 보호해 보냈다.
만년(晩年)에 경릉참봉(敬陵參奉)이 되었는데 능(陵)에 송충(松
虫)이가 많았다. 이에 순승(順承)이 말없이 하늘에 빌어 원컨대 송
충이를 없애달라고 하니 갑자기 까치 수천 마리가 나타나서 다 쩍

어먹어 없애었다. 능(陵)의 제사때 어떤 부랑배(浮浪輩)가 거짓말 하기를,

"원컨대 남은 음식을 얻어서 늙은 어머니께 드려야겠소."

하자 순승(順承)은 공손히 친히 주면서 말하기를,

"그대가 늙은 어머니를 위하여 이것을 요구하니 진실로 귀한 일 이로다."

하니 그 사람은 부끄러워하고 돌아가서 드디어 허물을 고치고 착한 사람이 되었다.

홍경렴(洪景濂)은 창렬사(彰烈祠)를 중수(重修)하고 자손(子孫)이 대창(大昌)했다

홍경렴(洪景濂)은 남양(南陽) 사람이니 하의(荷衣) 적(迪)의 증손(曾孫)이다. 문과에 급제하여 진주목사(晋州牧使)가 되었는데 그고을에 창렬사(彰烈祠)가 있어서 김천일(金千鎰)·최경회(崔慶會)·황진(黃進)·장윤(張潤)을 제사 지냈다. 세운 지 오래되어 무너지고 허물어져 비와 바람에 소상(塑像)이 모두 젖은 것을 보고 목사(牧使)는 민망히 여겨 영장(營將)에게 말하여 힘을 합하여 중건(重建)하자고 했으나 영장(營將)은 여기에 응하지 않았다.

이에 목사(牧使)는 홀로 재물과 힘을 내어 그 사당을 다시 세워 제사지내는데 친히 일을 보살펴 정성과 공경을 지극히 했다. 어느날 꿈을 꾸니 네 사람이 와서 사례하기를,

"우리들이 공의 은혜를 입어서 비에 젖는 것을 면하게 되었는데 그 은혜를 갚을 길이 없으니 마땅히 하늘에 빌어서 공의 자손으로 하여금 대대로 과거에 급제하는 것이 이어지게 하리라."

하고 나졸(邏卒)[1]을 불러 이르기를,

"목사(牧使)는 문관(文官)으로서도 능히 우리들의 사당을 세웠고, 영장(營將)은 무변(武弁)으로서 한 푼의 돈도 내지 않았으니

---

1) 邏卒 : 순찰 도는 병졸(兵卒).

벌하지 않을 수 없다."

하고 잡아들이게 하여 곤장을 무수히 때린 다음에 끌어내다가 베개 했다.

공은 꿈에서 깨어 이상히 여겨 즉시 사람을 보내서 영장(營將)의 안부를 물었더니 영장(營將)은 밤새 귀신에게 고통을 당하더니 목이 갑자기 부어올라서 물 한 모금도 넘어가지 않아 얼마 안되어 목숨이 끊어졌다고 한다. 그 후에 공의 세 아들과 손자·증손들이 모두 문과에 급제하여 드디어 대창(大昌)했다. 〈청구야담(靑邱野談)〉

이성징(李星徵)은 조신래(祖新來)라는 청호가 있었다

이성징(李星徵)은 연안(延安) 사람이다. 능주목사(綾州牧使)로서 과거에 급제했는데 이 때 나이 늙고 머리털이 희었다. 방(榜)을 붙이던 날 익로(翼老) 이직강(李直講)이 가서 신래(新來)[1]를 부르니, 이 때 익로(翼老)의 아들 우정(宇鼎)이 동방(同榜)에 급제했는데 가장 나이가 적었다.

이 때 성징(星徵)이 문으로 들어가서 나오지 않고 문 안에서 말하기를,

"내가 할 말이 있으니 선생께서 여기 들어와서 들어주시면 내가 마땅히 아무 말 없이 부름에 나갈 것입니다."

한다. 이에 익로(翼老)가 그 말대로 문 안으로 들어갔더니 성징(星徵)이 말하기를,

"내가 대궐에서 나오자 거리의 여러 아이들이 가리키면서 말하기를, '이것은 조신래(祖新來)가 아닌가.' 했으니 이는 나의 머리가 흰 것을 가리켜 한 말이었습니다. 이윽고 한 소년(少年)이 신래(新來)의 뒤에 따라 오자 거리의 어린이들은 또 가리키면서

1) 新來 : 새로 과거에 급제한 사람.

말하기를, '이는 손신래(孫新來)'라고 하는데 이는 곧 그대의 아들 아모였습니다. 그런데 나는 할아버지와 손자 사이에 있는 것이 누구인지 알지 못하겠습니다."

하자 익로(翼老)는 몹시 군색해져서 부르는 것을 중지하고 돌아가니, 듣는 자가 크게 웃었다. 벼슬이 감사(監司)에 이르렀다. 〈청구야담(靑邱野談)〉

목창명(睦昌明)이 종형(從兄)을 속여 기생(妓生)의 다리를 들게 하다

목창명(睦昌明)은 사천(泗川) 사람이니 문과에 급제하여 벼슬이 판서(判書)에 이르렀다. 어느날 종형(從兄) 안성태수(安城太守) 창우(昌遇)와 함께 한가히 앉아 이야기하다가 판서(判書)가 말하기를,

"고어(古語)에 있는 말인데 기생의 다리를 들어보지 못한 자는 죽은 뒤에 명부(冥府)에서 벌로 흙을 지게 한다고 했는데 형님은 이미 들어보셨습니까?"

하자 대답하기를,

"들어보지 못했다."

한다.

판서(判書)가 또 말하기를,

"나는 원접사(遠接使)가 되었을 때 이미 평양(平壤) 기생의 다리를 들었으니 그 벌을 면했지만 형님은 흙 지는 벌을 면키 어려울 터이니 장차 어떻게 감내하시렵니까?"

하자 창우(昌遇)가 말하기를,

"어찌 기생을 볼 기회가 없겠는가."

했다.

그 후에 그가 안성(安城)으로 돌아오는 길에 수원부(水原府)에 이르러 태수(太守) 조위수(趙謂叟)를 찾아 인사가 끝나자 말하기를,

"나에게 기생 하나를 주시오."

하니 군수는 말하기를,

　"기생을 찾는 것이 어찌 그다지 급하시오?"

한다. 이에 창우(昌遇)는 판서(判書)가 하던 말을 하니 태수(太守)는 웃으면서 말하기를,

　"내 어찌 기생 하나를 아끼리오마는 종씨(從氏) 판서(判書)가 이미 나에게 편지를 보내어 기생을 주지 말라고 부탁했으니 어쩌면 좋겠소?"

하니 창우(昌遇)는 말하기를,

　"비록 같이 자지는 않더라도 한 번 보고 이야기만 하면 족하오."

한다.

　이에 태수(太守)가 즉시 여러 기생을 불러서 마루에 앉히자 창우(昌遇)는 한 기생의 다리를 만지고 또 그 정강이도 만지다가 졸지에 그 다리를 들면서 말하기를,

　"이렇게 하면 과연 기생의 다리를 든 것이 아닌가. 이제는 가히 명부(冥府)의 벌을 면할 수 있겠다."

하니 일좌(一座)가 손뼉을 쳤다. 〈청구야담(靑邱野談)〉

《景宗朝》

이관명(李觀命)이 덕천(德川)으로 귀양가서
관청(官廳)을 소쇄(掃洒)하다

　이관명(李觀命)은 전주(全州) 사람이니 자는 자빈(子賓)이요 호는 병산(屛山)이다. 정묘(丁卯)에 생원(生員)으로 세마(洗馬)가 되고 함열군수(咸悅郡守)로 나갔다가 숙종(肅宗) 무인(戊寅)에 문과에 급제했다.

　공이 옥당(玉堂)에서 수직(守直)하는데 공의 아우 한포재(寒圃齋) 건명(健命)이 강화유수(江華留守)에 발탁되어 사은(謝恩)한 후에 새로 금관자를 달고 옥당(玉堂)을 지나자 요우(僚友)들이 그를 비웃기를,

　"아우는 재상이 되었는데 형은 아직도 여기에서 수직(守直)하고 있으니 어찌 나기는 먼저 하고 운명은 뒤에 있는가."

했다. 이 때 공은 말하기를,

　"우리들이 하는 사업(事業) 없이 다만 벼슬만 한다면 오직 이 관함(官啣)은 명정(銘旌)에 쓰이는 것과 자손의 영화에 지나지 않는 것인데, 나의 교리(校理)가 어찌 유수(留守)만 못하단 말인가."

했다. 〈삼관기(三官記)〉

　임인(壬寅)에 아우 건명(健命)이 극형(極刑)에 걸리고 공은 연좌되어 덕천(德川)으로 귀양가서 종이 되어 평량자(平涼子)를 쓰고 무명옷을 입고서 날마다 관청 뜰에 들어가 소쇄(掃洒)하고 물러나와서는 하루 종일 관문(官門)을 지켜서 군수(郡守)가 그만두라고 청해도 듣지 않고 더욱 부지런히 했다.

영묘(英廟) 을사(乙巳)에 방환(放還)되어 이윽고 대배(大拜)하여
좌상(左相)에 승진하고 기사(耆社)에 들어가고 문형(文衡)을 맡았
으며 시호는 문정(文靖)이다.

윤지술(尹志述)은 죽은 자가 다시 일어나
살아났다
이하 삼인칭 신임 삼포의(以下三人稱辛壬三布衣)

윤지술(尹志述)은 칠원(漆原) 사람이니 자는 노팽(老彭)이요 호
는 북정(北亭)이다.

진사(進士)가 되어 태학장의(太學掌議)로서 경종(景宗) 신유(辛
酉)에 소(疏)를 올려 이이명(李頤命)이 대행지문(大行誌文)을 지은
실수를 탄핵했고 화를 입은 후에 숙야재(夙夜齋)·정암(貞庵) 두
민공(閔公)이 후사(後事)를 처리할 사람으로 지극히 하지 않는 것
이 없어 숙야재(夙夜齋)는 그 딸을 일복(一復)에게 아내로 보내고
정암(貞庵)은 그 부인을 보내어 끝내 북정(北亭)의 부모를 봉양하
게 했으며 또 일복(一復)을 가르치려 했으나 일복이 즐겨 와서 배
우려 하지 않자 정암(貞庵)이 수백 리 되는 곳에 임시로 살면서 가
르쳤으니, 이렇게 한 것은 가히 죽은 자가 다시 일어나 살았다고
하겠다. 〈매산집(梅山集)〉

이 때 병계(屛溪) 윤봉구(尹鳳九)가 문화현령(文化縣令)이 되었
는데 지술(志述)이 죽었다는 말을 듣고 탄식하여 전(傳)에 말하기
를,

"까닭없이 선비를 죽이면 대부(大夫)는 갈 것이라고 했는데 내
비록 대부(大夫)는 아니라도 가야겠다."
하고 이내 벼슬을 버리고 돌아갔다.

임창(任敞)의 의사혈(義士血)

임창(任敞)은 풍천(豊川) 사람이니 자는 회이(晦而)요, 호는 강개옹(慷慨翁)이다. 어려서부터 기이한 절개를 좋아하더니 기사(己巳)에 인현왕후(仁顯王后)가 손위(遜位)한 것을 듣고 비분(悲憤)하여 죽으려 하여 걸어서 서울로 들어가 대궐을 지키면서 통곡하니 보는 자가 모두 의롭게 여기지 않는 자가 없었다.

신사(辛巳)에 이르러 계부(季父) 지중추부사(知中樞府事) 홍망(弘望)이 술을 마련하고 자질(子姪)들을 조그만 절에 모아놓고 술잔을 들고 창(敞)에게 이르기를,

"오늘 작별이 어찌 천고(千古)의 영결(永訣)이 되지 않을 줄 알랴."

하고 이내 눈물을 흘리니 창(敞)은 용감히 가면서 돌아보지 않고 글을 올려 복토(復討)의 의논을 아뢰자 교리(校理) 이탄(李坦)이 괴상한 소(疏)라고 일컬어 죄를 청하여 남쪽 변방으로 귀양갔다.

경종(景宗) 임인(壬寅)에 심단(沈檀)이 판의금(判義禁)으로서 청대(請對)하여 바로 사형(死刑)에 처했는데 그 죽음이 옳은 죄가 아니라 하여 지사(志士)들이 한을 품는 것이 오랠수록 더욱 깊어졌다. 이 때 한 고사(高士)의 가죽 주머니 속에 피가 물든 흔적이 있으므로 사람들이 그 까닭을 묻자 대답하기를,

"이는 의사(義士) 임창(任敞)의 피이다."

했으니 그 남을 감복시킨 것이 이와 같았다.

이는 촉(蜀)나라 사람이 장홍(萇弘)[1]의 피를 간직하고, 안로공(顔魯公)이 노혁(盧奕)[2]의 피를 핥은 것과 같이 모두 괴로운 마음에서 나온 것이다. 〈매산집(梅山集)〉

---

1) 萇弘 : 주(周)나라 경왕(敬王) 때의 대부(大夫). 진(晋)나라 범중행씨(范中行氏)의 난리에 간여되었다 하여 주(周)나라에서 죽임.

이의연(李義淵)에게 "독(毒)하도다, 이 사람이여!" 라고 말하다

이의연(李義淵)은 전주(全州) 사람이니 자는 방숙(方叔)이요 호는 유시당(有是堂)이니 중종(中宗)의 별자(別子) 경명군(景明君) 침(忱)의 자손이다.

증조(曾祖) 생인(生寅)의 진사(進士)로서 소(疏)를 올려 정인홍(鄭仁弘)을 배척해서 이름이 사림(士林) 사이에서 소중히 여겨지더니 영조조(英祖朝) 때 겨울에 천동이 있어 말을 구하자 공(公)이 포의(布衣)로서 응지(應旨)하여 소(疏)를 올렸으나 비답(批答)이 없었고, 유봉휘(柳鳳輝)·이광좌(李光佐) 등이 번갈아 나가서 위협하고 꾸짖기를,

"이는 전하(殿下)의 부형(父兄)의 원수이다."

하자 임금이 부득이 섬으로 귀양보냈었다.

그러나 그 뒤에 여러 적이 다투기를 더욱 힘껏하여 드디어 국문을 받았으나 조금도 꺾이지 않으니 여러 적들이 서로 돌아보면서 말하기를,

"독하도다, 이 사람이여!"

했다. 이 때 봉휘(鳳輝)가 위관(委官)으로서 혹독하게 음형(淫刑)을 가하여 마침내 옥중에서 죽었다. 〈매산집(梅山集)〉

이만성(李晩成)의 꿈에 누런 용이 버드나무에 걸렸다

이만성(李晩成)은 우봉(牛峰) 사람이니 자는 사추(士秋)요 호는

2) 盧奕 : 당(唐)나라 사람으로 어사중승(御史中丞)이 되었을 때 안록산(安祿山)의 군사가 이르자 조복(朝服) 차림으로 적을 꾸짖다가 죽었다.

귀락당(歸樂堂)이다. 임술(壬戌)에 진사(進士)가 되고 숙종(肅宗)
병자(丙子)에 문과에 장원으로 급제했다.

그 과차(課次) 때를 당하여 문형(文衡) 최석정(崔錫鼎)이 시관
(試官) 이세재(李世載)로 하여금 대독(對讀)하게 하고 그 글을 가
져다가 먼저 두 귀에 비점(批點)을 주고 나서 혹시 이의(異議)가 있
을까 두려워하여 말아서 무릎 앞에 두었는데 김진규(金鎭圭) 등 여
러 사람들이 이를 의심하여 앞으로 나가서 보여주기를 청하여 장
난을 하고자 했으나 워낙 그 글이 아름다워서 하지 못하고, 봉한
것을 뜯자 비로소 말하기를,

"사람을 지나치게 의심할 것이 아니로다. 자칫했으면 실재(實才)
를 잃을 뻔했다."

했다.

초방(草榜)[1]이 새벽에 도착했는데 공이 두번째에 뽑혀 있었다.
이에 공은 믿지 않고 말하기를,

"하지 않으면 모르지만 했으면 반드시 장원이 되어야 한다."

했다. 공의 꿈에 누런 용이 문 앞 버드나무에 걸려 있으므로 손에
가지고 있던 매를 놓아 보내자 매가 용의 머리로 올라가 쪼으니
피가 흘러 못에 가득했기 때문에 스스로 믿기를 이와 같이 했던 것
인데 정방(正榜)이 왔는데 과연 장원이었다. 〈삼관기(三官記)〉

성품이 굳세고 엄해서 그 조카 도암(陶庵)을 의리로 가르쳐서 조
금도 게을리 하지 않았다. 어느날 도암(陶庵)의 자당(慈堂) 민부인
(閔夫人)이 떡을 사 먹이자 공은 기뻐하지 않고 드디어 공부를 부
지런히 하지 않으므로 민부인(閔夫人)이 그 까닭을 물으니 공이 말
하기를,

"소아(小兒) 때 사온 떡을 먹이면 습관이 날로 젖어질 것이오
니 어떻게 사람이 되겠습니까. 배워도 쓸데가 없기 때문에 하지
않습니다."

하니 민부인(閔夫人)은 사과하고 부끄러워했다. 〈매산집(梅山集)〉

---

1) 草榜 : 방문(榜文)의 초안(草案)

김창집(金昌集)은 손님의 시(詩)를
보고 잔치를 거두다

김창집(金昌集)은 안동(安東) 사람이니 자는 여성(汝成)이요 호는 몽와(夢窩)이다. 계축(癸丑)에 진사(進士)가 되고 숙종(肅宗) 경신(庚申)에 문과에 급제했다.

강화유수(江華留守)로 있을 때 문루(門樓)를 중수(重修)하고 낙성연(落成宴)을 벌이는데 그 아우 삼연(三淵) 창흡(昌翕)이 그 좌중에 있어서 장차 시를 지으려 하는데 갑자기 들으니 문루(門樓) 아래가 시끄러우므로 까닭을 물었더니 한 유생(儒生)이 문루에 올라와서 참석하겠다고 해서 그러는 것이라 했다.

이에 공은 이를 허락하여 좌중으로 들어오게 했더니 의관이 떨어지고 더러워서 형용이 걸인과 같았다. 삼연(三淵)이 말하기를,

"능히 시를 짓겠는가?"

하고 이내 운자(韻字)를 보여주고 술을 대접하자 그 선비는 말하기를,

"갈 길이 바쁩니다."

하고 즉시 율시(律詩) 한 수를 썼다.

그 시에 말하기를,

"한 띠의 긴 강 만석문(萬石門)은 하늘이 형승(形勝)을 주고 동번(東藩)을 보호하네. 병자(丙子)년간의 일을 지금 생각하니, 몇 번이나 왕손(王孫)이 새방 밖에서 창자가 끊어졌던가. 오늘 제공(諸公)들은 술을 마시지 말라. 당시에 대장들이 좋은 잔을 기울였네. 서생(書生)의 소매 속에서 칼이 울고 있으니, 음산(陰山)을 향하여 옛원한 씻으려 하네. (一帶長江萬石門 天敎形勝護東藩 追思丙子年間事 幾斷王孫塞外魂 今日諸公休進酒 當時大將傾好樽 書生袖裏鳴三尺 欲向陰山洗舊寃)"

했다. 쓰기를 마치고 작별하고 가자 공은 말하기를,

"이 시는 나를 경계하기 위한 것이다."

하고 즉시 잔치를 거두었다.

병술(丙戌)에 대배(大拜)하여 영상(領相)에 이르고, 숙종(肅宗)이 승하(昇遐)한 지 3년 임인(壬寅) 4월에 성주(星州) 적소(謫所)에서 사사(賜死)되었는데, 절명(絕命)에 임하여 민진원(閔鎭遠)과 술을 마시면서 옛사람의 순절(殉節)한 일을 의논하는 담소(談笑)가 태연했다.

시 6수를 지었는데, 그 첫째에 말하기를,

"등잔불이 푸르게 비치는데 밤이 몇 경(更)이나 되었는가. 자연히 운명에 임하니 뜻이 평탄하기 어려우네. 이웃집 닭이 우니 밤이 어찌 짧은가. 성의 각소리 우니 하늘이 이미 밝았네. 길한 말 잠깐 전하니 어찌 다시 기쁜가. 흉한 소식 계속해 이르러도 모름지기 놀라지 않네. 황천에 이제 가면 여러 어진 이 따르게 되니, 인간이 홀로 구차히 사는 것보다 좋으네. (燈火靑熒間幾更 自然臨命意難平 隣鷄喔喔夜何短 城角鳴鳴天已明 吉語乍傳那復喜 凶音連至不須驚 泉臺此去從群季 全勝人間獨苟生)"

했다.

또 말하기를,

"임금 사랑하기를 아비 사랑하듯 하니, 하늘의 해가 붉은 마음에 비치네. 선현들의 이 글귀의 말은 슬프기가 고금이 같으네. (愛君如愛父 天日照丹衷 先賢此句語 悲絕古今同)"

했다. 공이 이명(頤命) 이충문(李忠文), 태채(泰采) 조충익(趙忠翼), 건명(健命) 이충민(李忠愍)과 함께 화를 당하니 세상에서 사대신(四大臣)이라고 일컬었다. 〈청구야담(靑邱野談)〉·〈소대기년합록(昭代記年合錄)〉

김창흡(金昌翕)은 사람의 상(相)을 보는데 기이하게 맞추는 데가 있었다

김창흡(金昌翕)은 몽와(夢窩)의 아우이니 자는 자익(子益)이요 호는 삼연(三淵)이다. 세 조정을 두루 섬겨서 덕업(德業)과 명절(名節)이 사림(士林)의 영수(領袖)가 되었다.

　기사(己巳) 이후로는 두루 명산(名山)에서 놀아 장사꾼들과 섞여서 장차 설악(雪嶽)으로 들어가는데 길에서 소나기를 만나 잠시 바위 아래에서 쉬게 되었다. 이 때 먼저 한 늙은이가 앉아 있고 한 중이 졸고 있었다. 이 때 공은 시 생각이 크게 일어나서 속으로 읊기를 그치지 않는데 늙은이가 말하기를,

　"서생(書生)은 무슨 아름다운 글귀가 있어서 기쁜 빛이 눈썹 사이에 움직이고 있는가?"
하자 공은 말하기를,

　"노인이 만일 시를 안다면 내 마땅히 말하리라."
했다.

　계속해서 읊기를,

　"신선이 산을 한 번 보니 나뉨이 없는 것을 알겠는데, 가을 비 쓸쓸하여 짐짓 병이 되네. (仙山一面知無分　秋雨蕭蕭故作魔)"
하고 말하기를,

　"어찌 아름답지 않은가."
하자 늙은이는 말하기를,

　"글귀는 자못 아름다우나 '知'자가 온당치 못하오."
했다. 공이 말하기를,

　"생각해 보아도 달리 좋은 글자가 없소."
하니, 늙은이는 말하기를,

　"시험삼아 '非'자로 고치면 운(韻)도 이미 유원(悠遠)하고 뜻도 또한 심후(深厚)할 것이오."
한다.

　공이 크게 놀라 말하기를,

　"그대가 이미 시를 알면 반드시 아름다운 글귀가 있을 것이니 외워보겠소?"
하자, 늙은이는 말하기를,

　"비가 이미 개었으니 갈 길이 바빠서 장황하게 이야기할 수가 없소. 저 중이 시를 잘 지으니 함께 이야기해보오."

172

하고 드디어 옷을 떨치고 가버렸다.

　이에 공은 졸고 있는 중을 깨워 일으켜서 말하기를,

　"그대가 시에 능하다 하니 한 번 듣기를 원하노라."

하니 중이 말하기를,

　"서생(書生)이 이렇게 강요(强要)하니 시험삼아 읊어보리라."

하고 즉시 시를 지어 말하기를,

　"늙은 중이 바라 주머니를 베고서, 꿈에 금강산 길을 밟았네. 쓸쓸한 낙엽 소리에 놀라 일어나니 가을 하늘이 저물었네. (老僧枕鉢囊 夢踏金剛路 蕭蕭落葉聲 驚起秋天暮)"

하고 읊기를 마치자 즉시 가버리니 공은 외워 읊기를 마지 않았다.

　삼연(三淵)은 사람의 상(相)을 보는데 왕왕히 기이하게 맞추는 곳이 있었다. 정마전(鄭麻田) 치(治)가 자익(子益)과 봄을 찾아 풍계(楓溪) 깊은 곳에 이르러서 풀을 깔고 앉아서 한가로이 이야가 하다가 자익(子益)이 말하기를,

　"우리 형제 중에 나와 내 아우는 모두 궁한 명(命)이니 말할 것이 없고, 둘째 형이 본래부터 문명(文名)이 성하고 새로 과거에 장원으로 급제하여 앞으로 나갈 길이 바야흐로 열렸으니 사람들의 기망(期望)이 후배(後輩) 중에 제일이지만 다만 그 골상(骨相)이 중임(重任)을 맡아 처리할 수 없고 정력(精力)이 짧고 약하여 멀리 나갈 그릇이 되지 못한다. 그러나 우리 백형(伯兄)은 음관(蔭官)으로 벼슬에 나갔기 때문에 세상에서 모두 범용(凡庸)한 사람으로 보지만 실은 참으로 대신(大臣)의 그릇이다. 모든 일 처리하는 것이 섬세하고 민첩하여 일일이 정신이 이르는 것이 비단 우리 형들 중에 제일일 뿐이 아니라 딴 날에 구해도 또한 대적할 사람이 드물 것이다. 후일에 마땅히 내 말을 믿어야 할 것이지만, 그러나 다만 만일 위엄과 권리를 쓰면 험하고 어려운 일을 많이 당해서 마침내 어찌될 것을 알 수 없을 것이다."

했는데 그 말이 과연 맞았다. 〈청구야담(靑邱野談)〉·〈삼관기합록(三官記合錄)〉

　벼슬이 진선(進善)에 이르고 시호는 문강(文康)이다.

조태채(趙泰采)는 부리(府吏)를 넉넉히 도왔다

조태채(趙泰采)는 양주(楊州) 사람이니 자는 유량(幼亮)이요 호는 이우당(二憂堂)이다. 숙종(肅宗) 병인(丙寅)에 문과에 급제하고 정유(丁酉)에 우상(右相)이 되었다.

공의 부인 심씨(沈氏)의 초상에 슬픔을 이기지 못했었는데, 판당(判堂)으로 마침 공사(公事)가 있어서 새벽에 일어나 부리(府吏)가 오기를 기다렸으나 오지 않고 아무 소식도 없더니 해가 떴는데도 오지 않으므로 공은 크게 노해서 수레를 타고 공청(公廳)으로 나가서 그 아전을 잡아다가 장차 곤장을 때리려 했다.

이 때 그 아전은 울면서 말하기를,

"소인이 간절히 슬픈 사정의 일이 있사오니 원컨대 한마디만 아뢰고 죽겠습니다."

한다. 공이 노여움을 참고 묻기를,

"무슨 일이냐?"

하자 아전은 말하기를,

"소인은 아내를 잃고 집에 세 어린 자식이 있는데 하나는 다섯 살이요, 둘째 자식은 겨우 세 살이요, 딸 하나는 난 지 겨우 여섯 달이어서 소인이 어미 노릇까지 겸해서 양육하고 있습니다. 하온데 오늘 아침에 일어나려 하는데 어린 딸이 울기에 이웃집 여자를 불러다가 젖을 먹이고 났는데 조금 있다가 또 둘째 아이가 배고프다고 하므로 소인이 죽을 쑤다가 주노라니 자연 때가 늦어졌습니다. 소인이 이미 공사(公事)가 있는 것을 알고 또 대감의 위엄을 아는 터에 어찌 감히 일부러 죄를 범했겠습니까?"

한다.

공은 이 말을 듣고 슬퍼하여 눈물을 흘리고 말하기를,

"너의 사정이 나와 흡사하구나."

하고 이내 석방하고 쌀과 포목을 넉넉히 주어 아이들을 기르는 자료로 삼게 했으니, 이는 대개 그 아전이 이러한 사정이 없으면서 공의 사정을 알고 일부러 말을 꾸며서 죄를 면하고 도움을 얻은 것이니 가위 군자(君子)를 그럴듯한 말로 속인 것이었다.

홍동석(洪東錫)이란 자는 공의 종으로서 선국(宣局)의 서리(書吏)가 되었는데 신임(辛壬) 사이에 소론(少論) 대관(臺官)이 계사(啓辭)를 지어 동석(東錫)으로 하여금 쓰게 하자 동석은 붓을 던지고 말하기를,

"자식은 그 아비의 죄를 쓰지 못하는 법인데 종이 상전에게는 부자(父子)의 의리가 있는 터라, 소인은 이 계사(啓辭)를 쓸 수 없습니다."

하자 여러 대관(臺官)이 노하여 잡아 가두고 형벌을 몹시 혹독하게 베풀었으나 끝내 쓰지 않았었다.

공이 제주(濟州)로 귀양가자 동석(東錫)은 아전을 그만두고 공을 따라갔는데, 뒤의 명령이 내려질 때에 이르러 공의 둘째 아들 회헌(悔軒)이 이 소식을 듣고 말을 달려 떠나서 30리쯤 못미처 도사(都事)가 먼저 들어가서 약그릇을 올리고 속히 마시라고 재촉하자 동석(東錫)이 옆에서 청하기를,

"죄인의 아들이 오래지 않아 도착할 것이니 조금만 늦추어서 부자(父子)가 서로 만나게 해주옵소서."

했으나 도사(都事)는 허락지 않았다. 동석은 이에 그 약그릇을 차서 엎어버리니 여러 사람들이 모두 실색(失色)했다. 이에 도사(都事)는 부득이 약사발이 바닷물에 떠내려갔다고 계사(啓辭)를 쓰는 동안에 회헌(悔軒)이 도착했다.

이 때 금부(禁府)로부터 약사발을 보낸 지 한 달이 넘었는데 뒤의 명령을 받게 되자 공은 회헌(悔軒)을 돌아다보면서 이르기를,

"동석을 너는 동기(同氣)로 여겨라."

했다. 동석은 초상길을 따라 서울로 올라와 다시 혜리(惠吏)가 되어 대대로 영습(永襲)하고 그 자손들이 조씨(趙氏)의 문에 출입하여 영구히 세의(世誼)의 좋은 것을 이루었다.

공이 적소(謫所)에 있을 때 삼대신(三大臣)이 화를 당했다는 말을 듣고 시를 지어 말하기를,

"원통한 눈물 선조(先朝)의 세 늙은 정승이요, 슬픈 노래 밤중의 한 외로운 신하일세. (冤淚先朝三老相　悲歌中夜一孤臣)"
했는데 이 시가 흘러서 서울로 들어가자 흉도(凶徒)들이 더욱 미워하여 마침내 사사(賜死)에 이르렀다. 사대신(四大臣)의 한 사람이 되었고 시호는 충익(忠翼)이다.

이이명(李頤命)이 양자(養字) 때문에 화를 입다

　이이명(李頤命)은 전주(全州) 사람이니 자는 양숙(養叔)이요 소자(少字)는 지인(智仁)이요 호는 소재(疎齋)이다. 민적(敏迪)의 아들로서 민채(敏采)에게 출계(出系)했다.
　어렸을 때 일찍이 아버지를 따라서 옥당(玉堂)에서 숙직(宿直)하는데 식사가 끝나면 문득 달리기를 배우게 하여 상번(上番)의 방으로부터 하번(下番)의 방 중간 마루까지 이르러서 10여 보(步)를 달린 후에 말하기를,
　"먹은 것이 내려갔느냐?"
하고 즉시 글을 읽게 하여 종일 쉬지 않았다.
　이마가 널쩍하고 말하는 것이 기운이 있었는데, 숙종(肅宗) 경신(庚申)에 나이 23세로 문과에 두번째로 급제하고 병인(丙寅)에 중시(重試)에 합격했으며 갑신(甲申)에 문형(文衡)에 천거되었고, 병술(丙戌)에 대배(大拜)하여 영상(領相)에 이르렀다.
　정유(丁酉)에 독대(獨對)[1]하여 동궁(東宮)을 보호하라고 아뢰었는데 경자(庚子)에 고명(顧命)[2]을 받아 김창집(金昌集)·조태채(趙泰采)·이건명(李健命)과 함께 미리 세제(世弟)를 세우기를 청하고 빈청(賓廳)에 모여서 각각 손바닥에 글자를 써서 보이니 곧 '養'자였다. 드디어 이로써 임금을 삼기로 정하고 경종(景宗)에게 아뢰어 세자(世子)를 세웠는데 신축(辛丑)의 당인(黨人)들이 거짓 소

---

1) 獨對 : 혼자서 임금을 뵙고 나랏일을 말하는 것.
2) 顧命 : 임금이 임종 때 후사를 부탁하는 유언.

(疏)로 손바닥 속의 '養'자는 곧 양숙(養叔 : 頤命의 字)의 양(養)자라고 하여 남해(南海)로 귀양갔다가 임인(壬寅)에 잡혀 한강(漢江)에 이르러 화를 입었다. 영묘(英廟) 을사(乙巳)에 복관(復官)되고 시호는 문충(文忠)이다. 〈신임착요(辛壬捉要)〉

이건명(李健命)이 화를 입자 흰기운이 목구멍에서 나와 하늘에 뻗치다

이건명(李健命)은 전주(全州) 사람으로 민서(敏叙)의 아들이니 자는 중강(仲剛)이요 호는 한포재(寒圃齋)이다. 숙종(肅宗) 갑자(甲子)에 진사(進士)가 되고 병인(丙寅)에 문과에 급제하고 무술(戊戌)에 대배(大拜)하여 좌상(左相)에 이르렀다.

신축(辛丑)에 세자(世子)를 세울 때에 건명(健命)이 왕세제(王世弟)를 책립(冊立)할 일로 사신이 되어 연경(燕京)에 가고 임인(壬寅)에 조정으로 돌아왔다가 흥양(興陽)으로 귀양갔는데 이윽고 사자(使者)를 보내서 처참(處斬)하고 처자(妻子)까지 사형에 처했다.

그 절명(絶命)에 임하여 절필시(絶筆詩)를 지었는데 말하기를,

"나라에 허락한 붉은 마음이 있으니, 죽고 사는 것은 저 하늘에 맡겼네. 외로운 신하의 오늘의 아픔은, 선왕(先王)을 뵈올 낯이 없네. (許國丹心在 死生任彼蒼 孤臣今日痛 無面拜先王)"

했다. 베임을 당할 때 흰기운이 목구멍에서 나와서 무지개와 같이 하늘에 뻗쳤다. 〈조야집요(朝野輯要)〉

조태구(趙泰耇)는 "백수(白首)의 노신(老臣)이 살면 또한 무엇을 하랴"고 했다

조태구(趙泰耇)는 양주(楊州) 사람이니 자는 덕수(德叟)요 호는

소헌(素軒)이다. 숙종(肅宗) 계해(癸亥)에 생원(生員)이 되고 병인 (丙寅)에 종제(從弟) 태채(泰采)와 함께 같은 방(榜)에 문과에 급제 하고 경자(庚子)에 대배(大拜)하여 영상(領相)에 이르렀다.

신축(辛丑)에 세자(世子)를 세울 때 태구(泰耈)는 노론(老論) 사 대신(四大臣)이 연차(聯箚)를 올렸다는 말을 듣고 창황히 대궐에 들어가서 선인문(宣仁門)으로부터 임금뵙기를 청하니 이 때 최 석항(崔錫恒)·이광좌(李光佐)·이조(李肇)·한배하(韓配夏)·김연 (金演)·이태좌(李台佐) 등이 뒤에 도착하여 함께 입시(入侍)했는 데 이 때 태구(泰耈)가 나와서 말하기를,

"흰머리의 늙은 신하가 살면 또한 무엇을 하겠습니까? 폐하의 명령이 고쳐지지 않으면 죽음이 있을 뿐입니다."

하고 눈물이 흘러 얼굴을 가렸다. 〈소대기년(昭代紀年)〉

이광좌(李光佐)는 그 성명(姓名)을 써붙이면 학질(虐疾)이 문득 나았다

이광좌(李光佐)는 경주(慶州) 사람이니 자는 상보(尙輔)요 호는 운곡(雲谷)이다. 백사(白沙) 항복(恒福)의 현손(玄孫)이다.

나면서부터 효행(孝行)이 있어서 부모의 병환에는 똥을 맛보고 손 가락을 깨물었으며 부모상을 당해서는 죽을 마시고 여묘(廬墓)하 니 송인명(宋寅明)이 위에 아뢰어 정려(旌閭)를 내렸다. 숙종(肅 宗) 갑술(甲戌)에 문과에 장원으로 급제하고 문형(文衡)을 맡았으 며 임인(壬寅)에 대배(大拜)하여 영상(領相)에 이르러 치사(致仕) 했다.

장중(莊重)하고 위엄과 인망(人望)이 있어서 조야(朝野)가 모두 꺼리고 두려워하니, 백성들이 학질을 앓는 자가 있을 때에는 등에 그 이름을 써붙이면 문득 나았다고 한다. 〈동소만록(桐巢謾錄)〉

신임(申銋)은 10년 동안 이조(吏曹)에 있는데도 방이 쓸쓸했다

신임(申銋)은 평산(平山) 사람이니 자는 화중(華仲)이요 호는 한죽당(寒竹堂)이다. 정유(丁酉)에 진사(進士)가 되고 숙종(肅宗) 병인(丙寅)에 문과에 급제하여 연안부사(延安府使)로 나갔다.

거기에 남대지(南大池)가 있어서 백성들의 논 천경(千頃)을 몽리(蒙利)에게 주었는데 후궁(後宮)이 이것을 빼앗으려 내사인(內司人)이 임금의 뜻이라 일컫고 와서 재촉했으나 공은 고집하고 듣지 않아서 서너 차례에 이르자 임금도 역시 억지로 하지 못해서 그대로 두었다.

경종(景宗) 임인(壬寅)에 좌참찬(左參贊)으로 소(疏)를 올려 군신(君臣)의 의리를 말하고 계속해서 동궁(東宮)을 보호하라고 청하니 이사상(李師尙)이 백 가지로 날조(捏造)하여 드디어 사형(死刑)을 감하여 제주(濟州)에 위리안치(圍籬安置)했는데 이 때 그의 나이 68세였다. 영묘(英廟) 을사(乙巳)에 우두머리로 명하여 석방하자 3월에 비로소 배에 올랐으나 바람이 좋지 않아서 5월에 육지에 내렸으나 병이 심하여 남해(南海)의 객관(客館)에서 졸(卒)했다. 공은 조정에 선 지 40년에 흙화로와 네모진 등경걸이로 방이 쓸쓸했고, 10년 동안 이조(吏曹)의 요직(要職)에 있었는데도 문정(門庭)이 물과 같았다. 시호는 충경(忠敬)이다.

공은 사람을 알아보는 감식(鑑識)이 있었다. 외아들 판관(判官) 사원(思遠)을 잃고 유복녀(遺腹女)가 있어서 나이가 혼기(婚期)에 이르렀다. 과부(寡婦)가 된 며느리가 매양 시아버지에게 청하기를,

"이 딸아이의 남편감은 아버님께서 반드시 손수 상(相)을 보아서 고르시옵소서."

하므로 공은 말하기를,

"너는 어떠한 신랑감을 구하느냐?"

하자 대답하기를,

"수(壽)는 팔십까지 해로(偕老)하고 지위가 상신(相臣)에 이르고 아들이 많으면 다행이겠습니다."

한다. 이에 공은 웃으면서 말하기를,

"세상에 어찌 그렇게 겸비(兼備)한 사람이 있겠느냐? 만일 네 소원에 맞추려면 반드시 얻기 어려울 것이다."

했다.

이로부터 매양 출입할 때는 반드시 신랑감에 가합(可合)한 사람을 찾더니 어느날 공이 초헌을 타고 한 곳을 지나는데 여러 아이들이 노는 중에 쑥대머리에 귀밑머리가 튀어나온 한 아이가 좌우로 뛰놀고 있다. 공이 초헌을 멈추고 익히 보니 옷은 비록 남루하나 골격(骨格)이 비상(非常)하여 불러서 성명(姓名)을 물었더니 아모의 아들이라고 했다.

이에 즉시 그 집에 가서 보니 3칸 모옥(茅屋)이 겨우 바람과 비를 가리는데 다만 과부 한 사람만이 있었다. 공이 계집종을 불러서 전갈시키기를,

"나는 아모 동리에 사는 신판서(申判書)인데 손녀 하나가 있어서 바야흐로 혼처를 구하는 중이어서 이 댁 도령과 정혼(定婚)하고 간다."

했다.

집으로 돌아와서 그 며느리에게 이르기를,

"오늘 혼인을 정하고 왔다."

하자 며느리는 뉘 집이냐고 물었지만 공은 말하기를,

"뒤에 자연 알게 될 것이다."

했다. 납채(納采)를 받는 날을 당하자 공이 비로소 그 집을 말해주니 며느리는 급히 늙은 계집종을 보내서 그 집 가세(家勢)와 신랑감을 보고 오게 했더니 그 종이 돌아와서 보고하기를, 가세(家勢)는 아주 적빈(赤貧)이고 신랑의 모양은 몹시 추하다고 했다.

며느리는 이 말을 듣고 넋이 나가고 낙담했지만 어찌할 수 없는 일이었다. 혼인날이 되어 그 신랑을 보니 과연 종의 말과 같았다. 마음이 몹시 즐겁지 않으나 3일이 지난 후에 신랑을 그 집으로

돌려보냈더니 저녁때가 되어 다시 왔다. 공이 묻기를,

"너는 어찌해서 다시 왔느냐?"

했더니 신랑은 대답하기를,

"집에 돌아가니 저녁밥이 준비되어 있지 않고 또 말이 이리로 오기에 도로 왔습니다."

했다.

공은 웃고 그대로 머물게 두었더니 이로부터 이 집에서 머물면서 집에 돌아갈 생각을 하지 않고 날마다 안에 들어가 잤다. 어느날 공은 그에게 이르기를,

"남자는 밖에서 거처하며 안에 말을 하지 않는 법인데 날마다 안에 가서 자는 것은 몹시 옳지 못한 일이니 오늘밤부터는 나와 같이 자는 것이 옳다."

하자 신랑은 말하기를,

"공손히 가르침을 받겠나이다."

했다.

밤이 되어 공의 옆에서 자는데 공이 눈을 감으면 신랑이 손으로 공의 가슴을 친다. 공이 놀라서 말하기를,

"이 어인 일이냐?"

하자 신랑은 말하기를,

"잠버릇이 곱지 못해서 그렇습니다."

한다. 공이 또 눈을 감으면 또 그와 같으므로 공은 그 괴로움을 견디지 못해서 말하기를,

"너는 안에 들어가서 자거라. 내가 같이 잘 수가 없구나."

했다.

신랑은 즉시 침구(寢具)를 걷어서 어깨에 메고 안으로 들어갔는데, 이 때 가족의 부녀(婦女)들이 그 집에 와서 마침 신방(新房)에 모여 앉았다가 놀라 일어나서 피했다. 이 때 신랑이 큰 소리로 말하기를,

"여러 부녀(婦女)들은 마땅히 급히 피하고 홀로 유서방댁(兪書房宅)만 있게 하는 것이 좋소이다."

하니 이런 까닭에 처가(妻家)의 상하(上下)가 모두 싫어하고 괴로

워했다.

공이 황해관찰사(黃海觀察使)로 갈 때 유랑(兪郎)도 역시 따라갔는데 해주(海州) 먹을 진상(進上)할 때 공이 유랑(兪郎)을 불러 묻기를,

"너도 먹을 쓰려느냐?"

하자, 대답하기를,

"좋습니다."

한다. 이에 공이 가리키면서 말하기를,

"네 맘대로 골라가거라."

했더니 유랑(兪郎)은 대절묵(大折墨) 5백 동(同)을 가져다가 따로 창고에 넣어 두니 비장(裨將)이 앞으로 나와서 고하기를,

"만일 이렇게 하면 진상(進上)을 하지 못할까 두렵습니다."

한다. 공이 말하기를,

"급히 다시 만들도록 하라."

했다.

이 때 유랑(兪郎)은 책실(册室)로 돌아와서 친한 친구와 종들에게까지 먹을 나누어 보내고 하나도 남은 것이 없었다. 이 신랑은 곧 유상(兪相) 척기(拓基)로서 호는 지수재(知守齋)인데, 수(壽)는 팔십에 이르고 해로(偕老)하여 벼슬이 영상(領相)에 이르고 아들 네 사람이 있어 과연 며느리가 바라던 바와 같았다.

유공(兪公)이 뒤에 해주감사(海州監司)로 갈 때 사위 윤랑(尹郎)을 데리고 갔었는데 또 먹을 진상(進上)할 때를 당하여 윤랑(尹郎)을 불러 맘대로 골라 가져가게 했더니 윤랑(尹郎)은 그 대중절(大中折) 도합 2동(同)을 골라서 따로 놓아 둔다. 이에 유공(兪公)이 말하기를,

"왜 더 고르지 않느냐?"

하자 윤(尹)은 말하기를,

"모든 물건이 모두 한도가 있는 것이오니 내가 만일 더 가져가면 국고(國庫)에 방해가 될까 두려워서 그러는 것입니다."

한다. 이 말을 듣고 유공(兪公)은 웃으면서 말하기를,

"사람의 의량(意量)은 크고 작은 것이 일반이니 너의 규모(規模)

도 또한 능히 정승이 되겠다."

하더니 뒤에 윤랑(尹郞)은 과연 정승이 되었으니 이는 곧 방원(方圓) 윤우상(尹右相) 시동(蓍東)이었다.

김성기(金聖基)가 수염을 뻗치고
비파(琵琶)를 던지다

김성기(金聖基)는 처음에 상방(尙方)의 활만드는 사람이 되었더니 이윽고 활을 버리고 사람을 좇아 거문고를 배워서 거문고로 이름이 나고, 또 퉁소와 비파(琵琶)에 능하여 능히 스스로 새 소리를 내니 교방(敎坊)의 자제들이 가서 그 음보(音譜)를 배워 이름이 난 자가 많으나 마침내 모두 성기(聖基)의 밑에 있었다.

이에 성기(聖基)는 이미 그 뛰어난 재주를 믿고 그 처자(妻子)를 위하여 생활하는 것을 부끄럽게 여겨 뇌물을 주는 자가 있으면 구차히 받지 않으니 집이 날로 더욱 가난해졌다. 이에 조그맣 배를 서호(西湖) 위에 띄우고 손에 낚싯대 하나를 들고 왕래하며 낚시질을 하면서 드디어 스스로 호를 조은(釣隱)이라 하여 강이 고요하고 달이 밝은 때를 당하면 중류(中流)까지 노를 저어 퉁소를 가지고 서너 번 불면 소리가 몹시 비장(悲壯)하여 강 위의 기러기와 따오기가 깍깍하면서 날아 울고 갈대들 사이에서 이웃배가 이 소리를 듣고 모두 가지 못했다.

이 때를 당하여 아전 목호룡(睦虎龍)이 고변(告變)해서 이미 크게 옛신하들을 죽이고 점점 동궁(東宮)을 흔들다가 이루지는 못했으나 동성군(東城君)에 훈봉(勳封)했기 때문에 공경(公卿) 이하가 감히 미워하지 못해서 그 무리들과 함께 술을 마시고 음악을 울리는데 준마(駿馬)를 갖추어 그 무리를 시켜 성기(聖基)를 청하기를,

"오늘 술을 마시는데 그대가 아니면 즐겁게 놀 수가 없으니 원컨대 그대는 잠시 나를 돌아보라."

했다.

그러나 성기(聖基)는 병을 칭탁하고 가지 않으니 사자(使者)가 여럿이 와서 굳이 청했으나 성기(聖基)가 굳이 가지 않자 호룡(虎龍)은 크게 부끄러워하여 그 무리들을 시켜 위협하기를,

"만일 오지 않으면 내 너를 괴롭게 하리라."

했다. 이 때 성기(聖基)는 바야흐로 친구와 함께 비파(琵琶)를 치다가 수염을 뻗치고 비파를 사자(使者)의 앞에 던지면서 말하기를,

"나를 위하여 호룡(虎龍)에게 말하라. 내 나이 칠십에 어찌 너를 두려워하랴. 네가 고변(告變)을 잘하니 가서 나를 고변하라. 내가 한 번 죽는 것 이외에 무엇을 더할 것이 있으랴."

했다. 이에 호룡(虎龍)은 이 말을 듣고 얼굴빛이 변하여 잔치를 파하고 말았다.

이로부터 성기(聖基)는 성 안에 들어가지 않으니 놀기를 좋아하는 자는 문득 술을 싣고 강 위로 가서 퉁소를 불면서 즐겼다. 〈침우담초(扰雨談草)〉

《英祖朝》

윤봉구(尹鳳九)는 입이 둔(鈍)해서 서숙(書塾)의 선생님이 사양하려 하다

윤봉구(尹鳳九)는 파평(坡平) 사람이니 자는 서응(瑞應)이요 호는 병계(屛溪) 또는 구암(久庵)이다. 아버지 명운(明運)이 벼슬이 창수(倉守)에 이르러 두 번 상처(喪妻)하고 세번째 완산 이씨(完山李氏)를 아내로 맞았다.

이씨(李氏)가 꿈을 꾸니 한 여자가 사당으로부터 와서 말하기를, "나는 주인의 전실(前室)이다. 전에 계실(繼室)이 내 자식을 대우하기를 몹시 박하게 하고 조상을 받드는 일에 성의가 없기에 내가 죽였었는데, 이제 그대의 아름다운 덕이 유명(幽冥)을 감동시켰으니 반드시 귀자(貴子)들을 낳으리라."

하더니 그 뒤에 과연 두 아들을 낳았으니 맏이는 봉구(鳳九)인데 유일(遺逸)로 벼슬이 판서(判書)에 이르고 시호는 문헌(文憲)이며, 다음은 봉오(鳳五)이니 문과에 급제하여 대사헌(大司憲)에 이르렀다. 〈조야집요(朝野輯要)〉

어려서 입학(入學)해서 입이 둔하여 능히 구절을 통하여 읽지 못하므로 서숙(書塾)의 스승이 작별하고 가려했다. 이에 병계(屛溪)가 울면서 잠을 자지 않자 선생은 그 뜻에 감동하여 다시 가르쳤더니 병계(屛溪)도 역시 노력해서 마침내 성공했다. 이에 자라자 수암(遂庵) 권상하(權尙夏)의 문하에서 배웠다.

이재(李縡)는 꿈에 난초 화분이 내려오다

이재(李縡)는 우봉(牛峰) 사람이니 자는 희경(熙卿)이요 호는 도암(陶庵)이요 또 하나의 호는 한천(寒泉)이다. 숙종(肅宗) 임오(壬午)에 문과에 급제하고 정해(丁亥)에 중시(重試)에 급제하여 문형(文衡)을 맡고 이조판서(吏曹判書)가 되고 시호는 문정(文正)이다. 〈국조방목(國朝榜目)〉

재(縡)가 알성(謁聖)하고 창명(唱名)하던 날에 임금 앞에 이르니 한 늙은이가 먼저 와서 곁에 있으므로 괴이히 여겨 물었더니 그는 곧 임공(任公) 방(旼)이었다. 재(縡)가 나던 해에 임(任)은 41세였는데 재(縡)와 같은 해에 과거에 급제했으니 어찌 희귀(稀貴)한 일이 아닌가.

뒤에 들으니 임(任)이 경신년(庚申年)에 장차 정시(庭試)를 보려는데 밤에 꿈을 꾸니 하늘에서 난초 두 분(盆)이 내려와서 하나를 그 집에 주면서 말하기를,

"한 분(盆)은 이미 아현(鵝峴) 이감사(李監司)댁에 주었다." 고 한다. 이 때 선인(先人 : 晩昌)께서 문명(文名)이 자못 심하여 사람들이 말하기를 금시에 급제할 것이라고 하기 때문에 임(任)은 혹시 같은 방(榜)에 급제하지 않는가 했더니 누가 하늘의 뜻이 그로 하여금 새로 나는 아이를 기다려서 23년 후에 동방(同榜)에 급제하게 할 줄 알았으랴. 과제(科題)도 또 의난조(猗蘭操)였으니 그 또한 기이하였다. 〈삼관기 도암소찬(三官記陶庵所撰)〉

서덕수(徐德修)가 집에 혹독한 화를 입어 문호(門戶)가 아주 망해서 외롭게 시골 밖으로 떠돌았는데 화색(禍色)이 하늘을 불살라 수화(水火)가 서로 통하지 않고 살아있는 자도 굶주려서 거의 죽게 되었는데 갑자기 밥과 국을 문 밖에 갖다놓고 아무 말도 없이 가는 자가 있으므로 그 집에서 두려워하고 겁이 나서 역시 감히 나가서 보지 못하다가 오랜 뒤에 갖다 먹어서 이렇게 하기를 여러 번

하여 이 힘으로 죽지 않았다. 그 뒤에 밥을 가져온 자를 뒤쫓아 가보았더니 이는 곧 도암(陶庵)이 시킨 것이었다. 〈매산집(梅山 集)〉

이봉상(李鳳祥)은 숙질(叔姪)이 순국(殉國)하다

이봉상(李鳳祥)의 자는 의숙(儀叔)이니 충무공(忠武公) 순신(舜 臣)의 오세손(五世孫)이다. 키가 크고 수염이 아름다우며 목소리 가 크고 명랑했다.

숙종(肅宗) 임신(壬申)에 무과(武科)에 급제해 선전관(宣傳官)· 총융사(總戎使)·형참(刑參)·금장(禁將)·훈장(訓將)을 지내고, 정미(丁未)에 김일경(金一鏡)의 당(黨)이 득지(得志)하자 나가서 충 청병사(忠淸兵使)가 되었더니 역적 필명(弼明) 등이 그 당(黨)의 용사(用事)하는 틈을 타서 비밀히 폐족(廢族) 이인좌(李麟佐)·정 희량(鄭希亮) 등과 함께 안팎에서 옳지 않은 일을 도모하니 중외 (中外)의 인심이 위태롭고 두려워했다.

이에 봉상(鳳祥)이 근심하고 두려워하여 대궐을 떠났더니 무신 (戊申) 3월 15일에 인좌(麟佐) 등이 거짓 장사를 지내러 간다고 하 고 병기(兵器)를 그 속에 감추어 가지고 어둔 틈을 타서 주성(州 城)으로 들어가니 밤은 4경인데 큰 바람이 불고 눈이 내리고 있었 다. 크게 떠들면서 병영(兵營)으로 몰려가니 병영의 비장(裨將) 양 덕보(梁德溥)가 적의 꾀임을 받고 문을 열고 인도하여 바로 봉상 (鳳祥)의 침소에 이르렀다.

이 때 봉상(鳳祥)이 창졸간에 칼을 빼들고 나가서 서로 치다가 손이 부러졌는데도 더욱 분발하더니 결박을 당하자 적이 횃불을 그 입에 갖다대고 목에 칼을 대고 말하기를,

"서울이 이미 함락되었으니 만일 나를 쫓으면 부귀(富貴)가 함 께 할 것이다."

했다. 그러나 봉상(鳳祥)은 꾸짖기를,

"우리집은 대대로 충의(忠義)를 지켜왔는데 어찌 역적 아이들
을 쫓아서 반(叛)하겠느냐?"
하고 꾸짖는 소리를 그치지 않다가 죽었다.

봉상(鳳祥)의 계부(季父) 홍무(弘茂)도 역시 영중(營中)에 있다
가 적에게 잡혀서 적이 위협하여 무릎을 꿇으라고 하자 홍무(弘
茂)는 꾸짖기를,

"내 조카가 이미 나라를 위해서 죽었는데 죽으면 죽었지 이 무
릎을 어찌 너에게 굽힌단 말이냐."
했다. 적이 병부(兵符)를 찾자 홍무는 말하기를,

"나는 알지 못하고, 알아도 또한 말할 수 없다."
하니 적이 노하여 칼을 뽑아 목에 대었으나 끝내 굽히지 않고 잡
혀 갇힌 지 6일 만에 죽었다.

봉상(鳳祥)의 어머니 정씨(鄭氏)는 울지 않고 말하기를,

"내 아이가 나라를 위해서 죽었으니 그 할아비를 더럽히지 않았
는데 내가 무슨 부족함이 있으리오."
했다.

일이 나라에 알려지자 좌찬성(右贊成)을 증직(贈職)하고 시호는
충민(忠愍)이요 정려(旌閭)를 내렸다. 영장(營將) 남연년(南延年)
과 비장(裨將) 홍림(洪霖)도 모두 해를 입었다. 〈행장(行狀)〉

황인검(黃仁儉)이 삼십년(三十年)의
의옥(疑獄)을 판결하다

황인검(黃仁儉)은 창원(昌原) 사람이니 자는 경득(景得)이다. 정
묘(丁卯)에 문과에 급제하여 이조판서(吏曹判書)가 되었다. 〈국조
방목(國朝榜目)〉

젊었을 때 절에 가서 글을 읽는데 한 중이 정성을 다하여 심부
름을 하여 끝까지 게으리 하지 않고 양식이 떨어지면 쌀을 얻어다
가 밥을 해먹었다.

인검(仁儉)이 귀하게 된 뒤에 전혀 찾지 않다가 뒤에 경상감사 (慶尙監司)가 되어 나가서 여러 고을을 순회하다가 우연히 그를 만나서 수레에 싣고 감영(監營)으로 돌아와 밤마다 같이 자고 돌보고 사랑하기를 몹시 후하게 하더니 어느날 인검(仁儉)이 중에게 이르기를,

"내가 너의 의리에 힘입었는데 네가 만일 머리를 기르고 환속 (還俗)한다면 비단 산업(産業)이 넉넉할 뿐만 아니라 발신(發身) 의 계제를 도모해 주리라."

했다.

그러나 중은 사례하기를,

"소승(小僧)은 본래 속인(俗人)으로서 산골짜기 속에서 새로운 무덤 앞에 소복(素服)한 미인(美人)을 보고 갑자기 음심(淫心) 이 생겨서 강간(強姦)하다가 죽게 했습니다. 이로부터 마음이 놀라서 드디어 머리를 깎고 중이 되어 전의 죄를 갚으려 하여 지금에 이르렀사온데 어찌 공의 후의(厚誼)로 해서 다시 본심이 변할 수 있겠습니까."

했다.

이 때 인검(仁儉)이 마침 도내(道內)의 살옥(殺獄)의 의안(疑案) 을 보니 이 옥사(獄事)가 있어서 자못 30년이 가깝도록 원범(原犯) 을 아직도 잡지 못하고 있었다. 또 그 연월일(年月日)을 묻자 하나도 차이가 없었다. 이에 인검(仁儉)은 탄식하기를,

"내가 너와 정의(情誼)가 비록 두터우나 공법(公法)은 폐할 수 없다."

하고 그대로 체포하여 법을 바르게 하고 장사에 쓸 제구를 후하게 주고 나서 무덤에 가서 슬피 울었다. 〈청구총화(青邱叢話)〉

이광덕(李匡德)이 가련(可憐)의 출사표(出師表)
외우는 것에 감동하다

이광덕(李匡德)은 전주(全州) 사람이니 호는 관양(冠陽)이다. 문과에 급제하여 벼슬이 참판(參判)에 이르고 문형(文衡)을 맡았다.

북관(北關)에 어사(御史)가 되어 나갔을 때 자취를 감추고 행적을 비밀히 하여 일찍이 어려움을 많이 겪으면서 수령(守令)들의 잘잘못과 풍속의 일그러진 것을 찾아 살피고 함흥(咸興)에 도착하여 장차 자기의 행색을 나타내려 하여 따르는 사람들과 함께 날이 저물어 성 안으로 들어가 보니 거기 사는 백성들이 분주히 외치기를,

"어사(御史)가 장차 온다."

고 한다.

이공(李公)이 여러 고을을 두루 다녀도 아는 자가 없었는데 이제 이렇게 시끄럽게 떠드니 이는 필시 종자(從者)들이 누설한 것이라고 생각하고 도로 성 밖으로 나와서 종자(從者)들을 힐문했으나 단서(端緒)를 보지 못하고 두어 날이 지나 다시 성 안으로 들어가 비로소 출도(出道)해서 공무(公務)를 판결(判決)하고 나서 또 군리(郡吏)에게 이르기를,

"너희들은 어떻게 내가 오는 것을 알았느냐?"

하자 아전은 말하기를,

"말의 뿌리가 나온 곳을 알 수 없습니다."

한다.

이에 이공(李公)이 그 말의 근원을 찾으라고 명하자 아전이 물러가서 찾아보니 7세된 소기(小妓) 가련(可憐)이 먼저 한 말이라고 한다. 들어가서 이대로 고하자 이공(李公)은 가련에게 명하여 가까이 오라 하여 말하기를,

"강보(襁褓)에 있는 어린애가 어떻게 내가 올 것을 알았느냐?"

하니 대답하기를,

"제 집은 거리 모퉁이에 있는데 저번에 창문을 열고 엿보니 걸
인(乞人) 두 사람이 길가에 같이 앉았는데 그 중 한 사람의 의
복과 신은 비록 다 떨어졌어도 두 손이 몹시 희기 때문에 스스로
생각하기에 얼고 굶주린 사람이 어떻게 저렇게 살찌고 살빛이
흴 수가 있을까 하고 의아해 하는데 그 사람이 옷을 벗어 이를
잡고 이내 바꿔 입자 곁에 있던 한 사람이 그 옷을 가져다가 입
고서 예(禮)를 몹시 공손히 하여 마치 존비(尊卑) 사이인 것 같았
기 때문에 그가 어사(御史)라는 것을 알고 집에 가서 말했더니
금시에 말이 퍼져서 온 성안이 시끄러워졌습니다."

한다.

이공(李公)이 그 총명한 것을 크게 이상히 여겨 몹시 사랑하고 귀
여워 하다가 돌아올 때가 되어 시(詩) 한 수(首)를 지어 주었더니
그 기녀(妓女)도 역시 공의 문화(文華)에 감복하여 그 시(詩)를 몸
에 지녀 공에게 몸을 의탁하는 뜻이 있었다. 나이가 이미 혼기(婚
期)가 되었는데도 한결같이 정조를 지키고 맹세코 남에게 허락하
지 않았는데 공은 이미 잊고 있었다.

그 뒤에 공이 무슨 일에 연좌되어 북쪽으로 귀양가서 함흥(咸興)
에 머물고 있는데 그 기생이 와서 뵙고 모시어 아침 저녁으로 게
을리 하지 않자 공도 또한 깊이 그 정성에 감동했으나 자기 몸이
죄에 걸려 있으므로 여색(女色)을 가까이 할 수 없다고 생각하여
함께 있은 지 4, 5년에 일찍이 어지러운 데에 이르지 않았고, 기녀
도 역시 공의 그 훌륭함에 감복했다.

이리하여 공이 일찍이 딴 곳으로 시집가라고 했으나 기녀는 죽
기로 맹세하고 듣지 않고 강개(慷慨)하고 조그만 일에 구애받지 않
으면서 공명(孔明)의 출사표(出師表) 외우기를 좋아하여 매양 맑은
밤에 달이 밝으면 공을 위해서 그 글을 한 번 외우는데 맑은 소리
가 요요(寥寥)하여 마치 학의 울음소리와도 같았다.

공은 이 소리를 듣고 알지 못하게 눈물을 흘리고 절구(絶句) 한
수를 지었는데,

"함관(咸關)의 여협(女俠) 머리에 실이 가득한데, 나를 위해서

높이 노래하는 것은 두 출사표(出師表) 일세, 읽다가 세 번 초려 (草廬)를 찾은 대목에 이르면, 내쫓긴 신하의 맑은 눈물이 만 줄 로 흐르네. (咸關女俠滿頭絲 爲我高歌兩出師 唱到草廬三顧地 逐臣 淸淚萬行垂)"

했다.

그 후 공이 용서를 받아 집으로 돌아오게 되자 비로소 그를 사 랑하는 마음이 생겨 타이르기를,

"이제 내가 돌아갈 것인데 비록 너와 같이 가고 싶어도 용서받 아서 돌아가는 사람이 기녀(妓女)를 데리고 가는 일은 마땅치 못 하니, 내가 집에 돌아간 뒤에 반드시 데려갈 것이니 조금 늦는 것을 탓하지 말라."

하자 기녀는 기뻐하는 빛으로 눈썹을 움직이면서 개연(慨然)히 이 를 승낙한다.

그러나 공은 집으로 돌아온 지 얼마 되지 않아서 병으로 졸(卒) 하니 기녀는 흉음(凶音)을 듣고 제물(祭物)을 차려놓고 통곡하다 가 자결(自決)해 죽으니 그 집에서 길 가에 장사지냈다. 그 뒤에 영성군(靈城君) 박문수(朴文秀)가 북관(北關)에 부임하는 길에 그 길을 지나다가 그 이야기를 듣고 비석을 세우고 쓰기를,

"咸關女俠可憐之碑"

라 했다. 〈청구야담(靑邱野談)〉

김긍(金砡)이 소(疏)를 올려 새 평안감사(平安監司)를 탄핵하여 바꾸다

김긍(金砡)은 경주(慶州) 사람이니 자는 대서(大叙)요 호는 독관 재(獨觀齋)이다. 계축(癸丑)에 진사(進士)가 되고 영조(英祖) 을묘 (乙卯)에 문과에 급제하여 벼슬이 필선(弼善)에 이르렀다. 〈국조 방목(國朝榜目)〉

성품이 강직하고 바른 말을 잘하여 사람들이 철공(鐵公)이라고

이름 지었다. 이 때 송순명(宋淳明)이 평안감사(平安監司)로서 조정을 떠나서 서문(西門) 밖에 나갔는데 그를 전송하는 자의 술과 음식이 몹시 풍성했다. 공이 마침 그 자리에 있어 같이 마셨는데 상을 치우자 이내 순명(淳明)이 말하기를,

"우리 고모(姑母)의 집이 가까이에 있으니 잠시 가뵙고 올 것이니 제공(諸公)은 잠시 기다려 주시오."

하고 문을 나가더니 이내 돌아와서 장차 길을 떠나려 하니 자리에 앉아 있던 손들이 모두 작별한다.

이에 공이 정색(正色)하고 말하기를,

"공은 가지 말고 모름지기 조금 더디게 떠나시오."

한다. 순명(淳明)이 그 까닭을 묻자 공은 말하기를,

"주인으로서 자리에 있는 손님은 돌아다보지 않고 문을 나갔으니 크게 빈주(賓主)의 예(禮)를 잃었고, 음식을 하인들에게 주고서 이내 문을 나갔으니 하인들이 어느 겨를에 남은 음식을 먹을 수 있으리오. 이는 아랫 사람의 정(情)에 통하지 않는 것이오. 크게 체례(體禮)를 잃고 하정(下情)에 통하지 못했으니 어떻게 방백(方伯)의 책임을 받아 여러 고을의 태수(太守)들을 인도하겠는가. 바야흐로 내 돌아가서 탄핵할 것이오."

하고 그대로 일어나서 가버렸다.

순명(淳明)은 그것이 희롱의 말이려니 하고 길을 떠났는데, 굉(硡)은 소(疏)를 올려 탄핵하기를,

"신(臣)이 새로 임명된 평안감사(平安監司)를 사석(私席)에서 한 두 가지 일을 눈으로 보았사온데 크게 체례(體禮)를 잃고 하정(下情)에 불통(不通)하여 방백(方伯)의 책임을 맡길 수 없사오니 청컨대 바꿔주시옵소서."

하자 임금은 그렇게 하라고 비답을 내렸다. 순명(淳明)은 겨우 고양(高陽)에 도착했을 때 벼슬이 바뀌었으니 옛관잠(官箴)이 이와 같았다. 〈청구총화(靑邱叢話)〉

송인명(宋寅明)이 영조(英祖)를 모시고 담을 넘다

송인명(宋寅明)은 여산(礪山) 사람이니 자는 성빈(聖賓)이요 호는 장밀헌(藏密軒)이다. 숙종(肅宗) 계사(癸巳)에 생원(生員)이 되고 기해(己亥)에 문과에 급제하고 영조(英祖) 을묘(乙卯)에 대배(大拜)하여 좌상(左相)이 되고 시호는 충헌(忠憲)이다.

젊었을 때 집이 가난하여 먹는 것이 양에 차지 않았지만 항상 태연했다. 집은 양주(楊州)에 있고 친산(親山)은 장단(長湍)에 있는데, 어느날 묘지기 종이 와서 급한 일을 고하기를,

"모택(某宅)에서 바야흐로 산소 밑에 투장(偸葬)하여 내일 묘시 (卯時)에 장차 하관(下棺)할 것입니다."

한다. 소위 모택(某宅)이라는 것은 당시의 권력있는 재상이었다.

이 때 인명(寅明)이 그 부인에게 이르기를,

"오늘 저녁에 쌀 한 말을 밥으로 지어 주려는가?"

하자 부인은 승낙하고 즉시 밥을 지어다가 주니 인명(寅明)은 두 손으로 밥을 움켜 소금을 찍어서 입에 넣으니 금시에 밥이 없어졌다. 이에 부인이 비로소 공의 양이 큰 것을 알았으니 대개 전에는 가난해서 배고픈 것을 참았던 것이다.

즉시 걸음을 재촉하여 성으로 들어가서 밤중에 이르러 재종형 (再從兄) 판서(判書) 성명(成明)을 찾아보고 대략 그 내력을 이야기하자 성명(成明)은 말하기를,

"여기서 장단(長湍)이 백여 리요 또 그 집에서 투장(偸葬)하는 것이 내일 아침이니 비단 세력(勢力)이 미치지 못할 뿐이 아니라, 또한 어떻게 능히 시간을 대어 금할 수가 있겠는가?"

했으나 인명(寅明)은 말하기를,

"내가 스스로 계교가 있습니다."

했다.

드디어 파루(破漏)에 문을 열기를 기다려 즉시 성을 나와서 묘

하(墓下)에 이르니 날이 이미 밝았는데 그 재상은 마침 하관(下棺)하려 하고 회장(會葬)한 자가 수백 명이 된다. 인명(寅明)이 바로 상인(喪人) 앞에 가서 크게 꾸짖기를,

"무수한 청산(靑山)에 어째서 다른 곳에 가서 장사지내지 못하고 피혐(避嫌)의 땅에 장사지내려 하느냐."

하는데 좌우에서 보니 풍색(風色)이 좋지 않으므로 결박하려 하자 인명이 두 손으로 관(棺)을 번쩍 들고 말하기를,

"만일 침범하는 자가 있으면 즉시 이 관(棺)을 부셔버리리라."

하고 서서히 걸어서 무논으로 들어가니 여러 사람들이 크게 놀라서 감히 손을 움직이지 못했다.

이 때 비가 몹시 내려 평지에도 물의 깊이가 한 자가 넘는데 상주(喪主)는 여러 종자(從者)들과 함께 울면서 영구(靈柩)를 따라 진흙도 피하지 않았다. 이 때 인명은 밭 가운데 높고 건조한 곳에 가서 그 곁에 있는 죽은 나무를 뽑더니 그것을 둘로 분질러서 땅 위에 놓고 관(棺)을 그 위에 놓고 말하기를,

"여기에 장사지내도록 하라."

하고 서서히 걸어서 돌아가자 그 재상은 그의 신력(神力)이 두려워서 딴 곳으로 옮겨 장사지냈다.

신임(辛壬)간에 조정에서 사대신(四大臣 : 金昌集·李頤命·趙泰采·李健命)을 귀양보내고 한쪽 사람들이 마음대로 사납게 굴어 이미 동궁(東宮 : 英祖)에게 문안하는 길을 끊으니 화가 장차 헤아릴 수 없게 되자 인원왕후(仁元王后 : 肅宗妃金氏)가 나라의 위태로움이 알(卵)과 같은 것을 가슴 아프게 여겨 애통한 교지(敎旨)를 조정에 내렸으나 적신(賊臣)들은 이것을 숨기고 반포(頒布)하지 않으니 후(后)도 또한 어쩔 수가 없었다.

어느날 영조(英祖)는 혹독하게 적의 핍박을 받아서 동궁(東宮)과 관료(官僚)들을 데리고 손위(遜位)하고 물러가려 하자 적신(賊臣)들은 거짓 간해서 그치게 하는 듯이 하고 역모(逆謀)가 더욱 급해졌다. 어느날 적신(賊臣) 김일경(金一鏡) 등이 모두 임금의 앞으로 오고 역환(逆宦) 박상검(朴尙儉)이 옆에 있다가 세제(世弟)를 폐하여 서인(庶人)으로 삼는 글을 초 잡아 다음날 발표하려 했으

나 임금은 실상 혼미하게 조느라고 알지 못했다.

이 때 환관(宦官) 장세상(張世相)이 이것을 보고 급히 달려 가서 고급(告急)하자 영조(英祖)는 그 말을 들었으나 임금에게 그 실상을 아뢸 길이 없어서 화색(禍色)이 몹시 박두했다. 이에 독약을 타서 두 그릇을 만들어 가지고 빈궁(嬪宮 : 貞聖王后徐氏)의 침실로 들어가 울면서 빈(嬪)에게 이르기를,

"이제 화가 눈 앞에 박두했으니 한 번 천안(天顏)을 뵙고 위급한 것을 호소하고자 해도 나가 뵈올 길이 없고 내일이면 화가 반드시 일어날 것이니 욕을 당하고 저들의 손에 죽는 것이 이것을 마시고 스스로 몸을 깨끗이 하는 것만 못하다."

하자 빈(嬪)은 울면서 대답하기를,

"주상(主上)께서 인성(仁聖)하고 우애가 있으시나 병환이 계시기 때문에 이들이 일을 꾸며 이렇게 되었사오니 만일 이것을 마시고 함께 죽으면 이들이 또 장차 어떠한 죄명(罪名)을 씌울지 알 수 없습니다. 그러니 이러한 일을 모두 자전(慈殿)께 아뢰어서 만일 자전께서 불쌍히 여기시어 우리를 구원해 주시면 다행이요 만일 힘이 미치지 못하면 그 때 죽어도 늦을 것이 없습니다."

했다.

영조(英祖)가 그 말을 좇아 앉아서 새벽이 되기를 기다려 드디어 빈(嬪)과 함께 샛길로 가는데 이 때 인명(寅明)이 설서(說書)로 숙직(宿直)하다가 그 일을 알고 나와서 아뢰기를,

"조석의 문안(問安)하는 길에 복병(伏兵)이 있사오니 청컨대 동궁(東宮)의 작은 담을 넘어 가시면 거기가 바로 자전(慈殿)입니다."

했다.

영조(英祖)가 그 말을 좇아 빈(嬪)과 함께 청휘문(淸暉門)에 이르니 문이 과연 닫혀 있다. 드디어 담을 넘는데 담이 높아서 올라갈 수가 없다. 인명은 본래 힘이 사람을 지나는 터라, 급히 두 손으로 영조(英祖)와 빈(嬪)을 들어 올리니 비로소 올라갈 수가 있었다. 영조(英祖)가 담에 올라가자 묻기를,

"네가 어떻게 담을 넘으면 자전(慈殿)이라는 것을 알았느냐?"

하자 인명은 황공하게 아뢰기를,

"신(臣)의 아비가 호조(戶曹)의 낭관(郞官)으로 궁궐을 수리했
사온데 신(臣)이 어렸을 때 아비를 따라 와보아서 자못 대궐 뜰
을 자세히 압니다."

했다.

세상에서 전하는 말에 인명이 과거에 급제하기 전에 꿈을 꾸니
어떤 사람이 자줏빛 옷을 가지고 오색의 채색 무지개를 타고 바야
흐로 하늘로 올라가다가 반공(半空)에 이르러 장차 떨어지므로 급
히 손으로 받들었더니 그대로 하늘로 올라가는 것이었다. 꿈에서
깨어 이상히 여겼더니 이 때에 이르러 그 꿈이 과연 맞았다.

이 때 자전(慈殿)은 새벽에 일어나 머리에 빗질을 하다가 세제
(世弟)와 빈(嬪)이 온 것을 보고 머리를 손으로 쥐고 빗질을 멈추
고서 하교하기를,

"그대들이 어찌해서 이렇게 일찍 왔는가?"

하자 빈(嬪)이 앞으로 나와 울면서 세제(世弟)가 독약을 탄 사실
을 고하고 나서 말하기를,

"화가 경각에 박두했사옵기로 어머님께 여쭙고 물러가서 죽으려
하옵니다."

하자 자전(慈殿)은 크게 놀라서 빗을 내던지고 발연(勃然)히 하교
하기를,

"이 무리들이 어찌 감히 이같이 한단 말이냐. 나는 막연(漠然)
히 알지 못했다."

하고 이내 머리를 거두어 쪽도 찌지 못하고 일어나서 신도 신지
않고 걸어서 대궐 뜰로 내려가서 세제(世弟)에게 명하여 앞에서 인
도하게 하고 가자 궁인(宮人)들이 급히 대비(大妃)를 업고 대조전
(大造殿)에 이르니 대궐문은 모두 닫혔고 안에서는 사람의 비밀히
말하는 소리가 있다.

이에 영조(英祖)가 문을 밀치자 문고리가 저절로 열린다. 드디
어 대비(大妃)를 모시고 들어가니 이 때 상검(尙儉)이 궁녀(宮女)
들과 함께 창 앞에서 비망지(備忘紙)에 전교를 쓰다가 졸지에 영조
(英祖)가 들어오는 것을 보고 크게 놀라서 급히 종이를 쥐고 뛰어

나가서 뜰을 돌아가는데 거리가 한 길쯤 되었다. 이에 영조(英祖)
가 한 번 뛰어 소매를 붙잡고 종이를 빼앗으니 상검(尙儉)은 한사
코 놓지 않아서 각각 한쪽 끝을 쥐고 잡아당기자 종이는 중간이
찢어졌고 상검(尙儉)은 몸을 빼어 달아났다.

이에 영조(英祖)가 그가 쓴 반쪽 종이를 보니 '弟爲庶人'이란 네
글자가 있었으니 이는 대개 세제(世弟)를 폐하라는 전지(傳旨)였
다. 대비(大妃)가 이것을 보고 크게 노하여 언문(諺文)으로 쓴 교
지를 약방(藥房)에 내리기를,

"이 달 초일 이후의 일은 모두 대전(大殿)의 처분이 아니요 두
환시(宦侍)에게서 나온 교지(矯旨)[1]이니, 이번 조정 관료(官僚)
가 귀양가고 국문을 받은 것은 오로지 대전(大殿)의 장번내관(長
番內官) 박상검(朴尙儉)과 승전색(承傳色)[2] 문유도(文有道), 대
전 상궁(大殿尙宮) 필정(弼貞)·석렬(石烈) 등이 한데 묶여 다투
어 나가서 거의 나라가 위태롭게 되고 나와 동궁(東宮)을 외롭
고 위태롭게 만들었으니 만만 지극히 가슴 아픈 일이다. 운운."
했다.

그러므로 이 날 화를 면한 것은 인명(寅明)의 힘으로 이루어진
것이 많다. 〈신임찰요(辛壬撮要)〉·〈제사합록(諸史合錄)〉

고유(高裕)는 대나무 끝을 구별하여
잃은 돈을 도로 찾다

고유(高裕)는 개성(開城) 사람이니 자는 순지(順之)요 호는 추담
(秋潭)이다. 아이 때 어떤 나무꾼아이가 나무를 해가지고 지고 가
지 못하는 것을 보고 그로 하여금 물에 띄우고 흘러 내려가기를 가
다려 가지고 가게 했다.

신유(辛酉)에 생원(生員)이 되고 계해(癸亥)에 문과에 급제하여

1) 矯旨 : 임금의 명령이 아닌 것을 거짓으로 사칭(詐稱)함.
2) 承傳色 : 내시부(內侍府)의 한 벼슬로서 임금의 뜻을 전달하는 구실을 함.

승지(承旨)가 되었다. 계해(癸亥)에 창녕현감(昌寧縣監)이 되었는데 이 때 한 상인(商人)이 객점(客店)에서 자다가 돈을 잃고 그 자취를 밟아보니 도둑이 대나무 울타리를 부수고 나갔다. 상인(商人)이 이 사실을 유(裕)에게 고하자 유(裕)는 말하기를,

"대체로 대나무를 부순 자가 밖에서 왔으면 그 뾰족한 것이 밖에 있고 안에서 나왔으면 안에 있을 것이니 가서 살펴보라."

고 했다.

대나무 울타리를 조사해 보니 과연 안에 있으므로 점주(店主)를 잡아다가 한 번 신문하자 자복(自服)하여 그 돈을 돌려받았다. 기해(己亥)에 안주(安州) 임소(任所)에서 졸(卒)했다. 그의 장인(丈人)도 계해(癸亥)에 문과에 올라 사위와 함께 동방(同榜)에 급제했다. 〈묘지(墓誌)〉

최규서(崔奎瑞)의 삼한(三閒)

최규서(崔圭瑞)는 해주(海州) 사람이니 자는 문숙(文叔)이요 호는 낭재(良齋)요 또 소릉(少陵)이다.

숙종(肅宗) 기유(己酉)에 진사(進士)가 되고 경신(庚申)에 문과에 급제하여 삼사(三司)를 거치고 전라감사(全羅監司)가 되었는데 명곡(鳴谷) 최석정(崔錫鼎)이 호남(湖南) 사람에게 그의 정사에 대하여 묻자 대답하기를

"별로 딴 일은 없고 다만 삼한(三閒)이 있을 뿐이니 삼한이란 부서(簿書)가 한가하고 공방(工房)이 한가하고 기악(妓樂)이 한가하다는 것입니다."

한다.

이조판서(吏曹判書)에 대제학(大提學)이 되고 신축(辛丑)에 대배(大拜)하여 영상(領相)에 이르고 기사(耆社)에 들어가 치사(致仕)했다. 무신(戊申)에 고변(告變)하자 임금이 친히 '一絲扶鼎'이라고 써주었다. 81세에 졸(卒)하니 시호는 문충(文忠)이다. 영조(英祖)

의 사당에 배향(配享)했다.

　일찍이 말하기를, 젊었을 때 길에서 한 여인을 만났는데 돌아다
볼 생각이 나면 반드시 눈을 감고 스스로 생각하기를,

　"이 마음이 장차 나를 죽일 것이다."

하고 생각하기를 두세 번 거듭했으니 자기 몸을 이기는 것이 이와
같았다. 〈인물고(人物考)〉‧〈안순암집(安順庵集)〉‧〈잡저합록(雜著
合錄)〉

정호(鄭澔)가 이름을 고치지 않다

　정호(鄭澔)는 연일(延日) 사람이니 자는 중순(仲淳)이요 호는 장
암(丈巖)이다. 숙종(肅宗) 임술(壬戌)에 진사(進士)가 되고 갑자
(甲子)에 문과에 급제했으며 영조(英祖) 을사(乙巳)에 대배(大拜)
하여 영상(領相)에 이르고 기사(耆社)에 들어갔으며 시호는 문경
(文敬)이다.

　과거에 급제하기 전에 꿈에 신인(神人)이 말하기를,

　"네 이름이 좋지 않으니 필시 과거에 급제하지 못할 것이다. 만
　일 이름자에 수(水)자를 버리고 백(白)자를 버리면 반드시 급제
　할 것이다."

했다. 호(澔)는 꿈에서 깨어 말하기를,

　"과거에 급제하고 급제하지 못하는 것은 나의 문학(文學)에 있
　는 것이지 이름이 어찌 능히 그렇게 한단 말이냐."

하고 고치지 않고 신인(神人)이 세 번 말했어도 고치지 않았으나
뒤에 과거에 급제했다.

　집이 충주(忠州)에 있었는데 나이 늙고 일이 없어서 배나무 수
십 그루를 밭에 심었더니 이 때 이참판(李參判) 형좌(衡佐)가 도
승지(都承旨)로서 임금의 명령을 받고 찾았더니 호(澔)는 친히 배
나무 접을 붙이는데 길이가 한 자에도 미치지 못했다. 형좌(衡佐)
가 빙그레 웃으면서 말하기를,

"이 어린 나무에서 언제 열매가 열리기를 기다립니까?"
했다.

이 때 호(澔)의 나이가 80세이므로 늙어서 능히 열매를 먹어 보
지 못할 것이라고 해서 한 말인데 호(澔)도 역시 웃었다. 그러
나 그 뒤에 형좌(衡佐)가 충청감사(忠淸監司)로서 가뵈었더니 호
(澔)가 간략하게 술과 안주를 차려 내고, 배 10여 개를 주는데 그
달고 아름다운 맛이 보통 것보다 좋았다. 이에 묻기를,

"이것은 진실로 아름다운 배인데 어디서 구하셨습니까?"
하자 호(澔)는 웃으면서 말하기를,

"이것은 곧 연전에 내가 친히 접붙인 것이오. 그대는 열매가 열
지 못할까 걱정했지만 이제 따먹기 시작한 지가 수년이 되었소."
했다. 호(澔)는 나이 89세에 졸(卒)했다. 〈운가 심기택담(雲稼沈綺
澤談)〉

이사관(李思觀)이 초구(貂裘)를 벗어서
정순왕후(貞純王后)에게 바치다

이사관(李思觀)은 한산(韓山) 사람이니 자는 숙빈(叔賓)이요 호
는 장음(長陰)이다. 영조(英祖) 정사(丁巳)에 문과에 급제하고 임
진(壬辰)에 대배(大拜)하여 좌상(左相)에 이르렀으며 시호는 효정
(孝靖)이다.

영조(英祖)의 비(妃) 정순왕후(貞純王后)가 어렸을 때 서산(瑞山)
에 있었는데 집이 몹시 가난해서 그 아버지 한구(漢耉)가 일찍이
그 족인(族人)의 집에서 살고 있었다. 이 때 역질(疫疾)이 몹시 번
져서 온 마을에 모두 번지므로 들 밖에 초막(草幕)을 마련하고 피
해 있었다. 이에 왕후(王后)와 모부인(母夫人)이 나가서 피했는데
왕후는 겨우 3세인데, 도깨비들이 떼를 지어 초막(草幕) 밖에 와
서 말하기를,

"곤전(坤殿)께서 여기 계시니 떠들지 말라."

하고 모두 흩어져 가니 모부인(母夫人)이 자못 이를 이상히 여겼다.

정묘(丁卯) 정월에 이르러 왕후가 3세 때에 한구(漢耉)가 식구를 데리고 서울로 들어가니, 이 때 사관(思觀)이 전라감사(全羅監司)로 부임하다가 객지에서 서로 만나게 되었다. 본래부터 이미 서로 아는 처지였는데 날이 몹시 춥고 바람과 눈이 섞여 일고 있었다. 이에 사관(思觀)이 한구(漢耉)에게 이르기를,

"날이 이같이 추운데 그대의 딸이 추위에 고생하지 않겠는가?"

하고 드디어 입고 있던 초구(貂裘)를 벗어서 주니 한구(漢耉)가 몹시 고맙게 여겨서 항상 그 말을 후(后)에게 들려 주었다.

서울에 와서 남촌(南村)에 있는 학주(鶴洲)의 옛집에 있더니 왕후가 15세 때에 이르러 정성왕후(貞聖王后)의 상기(喪期)가 이미 다하자 영조(英祖)가 친히 가서 간택(揀擇)하게 되었다. 이 때 사대부(士大夫)의 딸들이 궁중(宮中)에 모여 있는데 왕후(王后)는 홀로 자리를 피해 앉아 있었다. 임금이 묻기를,

"어찌해서 피해 있는가?"

하자 왕후는 말하기를,

"아비의 이름이 여기에 있으니 어찌 감히 자리에 나가서 앉아 있을 수 있겠습니까."

했다. 이것은 대개 간택(揀擇)할 때에는 그 아버지의 이름을 방석 끝에 써놓기 때문이었다.

임금이 여러 여자들에게 묻기를,

"무슨 물건이 가장 깊은가?"

하자, 혹은 산이 깊다고 하고 혹은 물이 깊다고 하여 여러 사람의 말이 모두 같지 않은데 왕후는 홀로 말하기를,

"사람의 마음이 가장 깊습니다."

한다. 임금이 그 까닭을 묻자 후(后)는 대답하기를,

"물건의 깊이는 헤아릴 수 있사오나 사람의 마음은 헤아릴 수가 없습니다."

한다.

임금이 또

"무슨 꽃이 가장 좋으냐?"

고 묻자 혹은 복숭아꽃이라 하고 혹은 모란(牧丹)꽃이라 하고 혹은 해당화라고 하여 대답이 다 같지 않았다. 그러나 후(后)는 말하기를,

"목화꽃이 가장 좋습니다."

한다. 임금이 그 까닭을 묻자 대답하기를,

"딴 꽃은 한 때의 좋은 것에 지나지 않지만 오직 목화꽃은 옷을 천하 사람에게 입혀서 따뜻하게 해주는 공이 있습니다."

한다.

이 때 마침 비가 몹시 내리는데 임금이 말하기를,

"행랑(行廊)의 기와가 몇 줄인지 알겠느냐?"

하자 모두 손가락으로 하나 둘 셋 넷이라고 세었으나 후(后)는 머리를 나직이 하고 점잖게 앉았다가 대답하기를,

"몇 줄입니다."

한다. 임금이 어떻게 아느냐고 묻자 대답하기를,

"처마의 물을 세어보고 알았습니다."

한다.

임금이 놀라고 이상히 여겼더니 그 이튿날 아침에 채색 무지개가 대궐 안에서 일어나서 후(后)의 세수그릇에 꽂히니 이는 후비(后妃)의 덕이 있다는 증거였다. 이에 특별히 정궁(正宮)으로 간택(揀擇)하여 장차 궁중으로 들어갈 때 여관(女官)이 옷모양을 보아주기 위하여 후(后)에게 돌아앉으라고 청하자 후(后)는 정색(正色)하고 말하기를,

"너는 돌아앉지 못하느냐?"

하니 여관(女官)이 황공히 여겼다.

궁중으로 들어온 뒤에 임금이 이르기를,

"옛날에 후(后)가 곤궁했을 때 돌봐준 사람이 없는가?"

하자 후(后)는 말하기를,

"옛날 정묘(丁卯)년에 서울에 들어오는 길에 마침 몹시 추워서 장차 동상(凍傷)을 입을 뻔 했사온데 만일 이사관(李思觀)이 초구(貂裘)를 벗어 주지 않았다면 지탱하지 못했을 것입니다."

했다.

드디어 발탁해 써서 그 후 14년 만에 덕망(德望)으로 입상(入相)
했다. 〈위관 김상덕담(韋觀金商悳談)〉

이종성(李宗城)이 5월 강 위에서 누구를 위하여…

이종성(李宗城)은 경주(慶州) 사람이니 자는 자고(子固)요 호는
오천(梧川)이다. 신묘(辛卯)에 진사(進士)가 되고 영조(英祖) 정미
(丁未)에 문과에 급제하고 임신(壬申)에 대배(大拜)하여 영상(領相)
에 이르렀다.

영조(英祖)가 만년(晩年)에 아들 낳을 소망이 간절해서 포태(包
胎)할 약을 자주 정순왕후(貞純王后)에게 올렸으나 왕후(王后)는
원래 성덕(聖德)이 있는 터여서 스스로 생각하기를 만일 태기(胎
氣)가 있으면 세손(世孫 : 正祖)이 사랑을 잃을까 걱정하여 비밀히
딴 곳에 버리고 먹지 않았는데 이 사실을 실상 임금은 알지 못했
다.

임금이 사랑하는 후궁(後宮) 문씨(文氏) 성(姓)을 가진 자가 있
었는데 그녀는 속으로 사랑을 굳힐 계획이 생겨서 옷을 배 속에
넣어 마치 애를 밴 것처럼 만들고 태기(胎氣)가 있다고 소문을 내
고 산기(産期)에 이르자 비밀히 친속(親屬)에게 부탁하여 민간(民
間)에서 새로 난 아이를 구해서 궁중으로 들여다가 자기가 낳았다
고 일컬으려 하니 그 흉한 계획이 장차 헤아릴 수가 없었다.

이 때 공이 오촌(梧村)으로 가려다가 그 기미를 비밀히 살펴 알
고 대나무 삿갓에 도롱이를 입고 날마다 용산(龍山) 강 위에서 낚
시질을 하는데 어느날 석양 낙엽에 먼 시골에 사는 무부(武夫)가
이곳을 지나다가 공의 낚시질 하는 것을 보고 그 곁에서 다리를
쉬었다.

이에 공이 묻기를,

"그대는 누구인가?"

하자 그는 대답하기를,

"나는 아모 시골에 사는 사람으로서 출신(出身)한 지 10년이 되었으나 아직도 발을 붙일 곳이 없어서 서울에 가서 벼슬을 구하려 하오."

한다. 공이 말하기를,

"내가 들으니 저동(苧洞)에 사는 이영부사(李領府使)는 나라를 위하여 공변된 일을 하고 또 사람을 구제하는 풍도가 있다고 하니 이번에 가거든 바로 그 집을 찾아서 그 집 심부름꾼을 만나 용산 강에서 낚시질 하는 늙은이가 보내서 왔다고 하면 반드시 그 집에서 유숙(留宿)하게 할 것이요. 또 출세(出世)의 길도 있을 것이다."

하자 그 사람은 기뻐하여 사례하고 바로 저동(苧洞)에 들어가서 그의 말대로 했더니 한결같이 늙은이의 말과 같고 틀림이 없었다.

해가 저문 뒤에 공이 집에 돌아가서 그 사람을 불러 보니, 그 사람은 비로소 그가 상공(相公)인 것을 알고 부복해서 황공해 한다. 이에 공은 좋은 말로 타이르고 수일을 유숙하게 한 뒤에 통화문(通化門)의 수문장(守門將)을 제수했는데, 어느날 공은 그 무변(武弁)을 불러 부탁하기를,

"오늘밤 파루(罷漏) 후에 문을 열면 반드시 궁비(宮婢) 하나가 붉은 보로 함지를 싸서 마치 음식인 양 이고 들어올 것이니 너는 불문곡직하고 잡아서 찾아 보면 반드시 어린 아이가 있을 것이니 마음을 단단히 먹고 덤벼서 한 칼로 두 동강이를 내라. 만일 그렇지 않으면 너는 죽을 것이니라."

했다.

무변(武弁)이 그날 밤에 그 말을 명심(銘心)하고 기다리고 있노라니 과연 공의 말과 같은지라, 즉시 칼을 휘둘러 이를 죽이니 온 궁중이 놀라 움직였다. 이튿날 아침에 정국(庭鞫)을 열자 드디어 문녀(文女)의 간계(奸計)가 발각되어 같이 꾀한 문가(文家)의 족속(族屬)을 모두 귀양보내거나 베고 이로써 세손(世孫)의 지위를 보존할 수 있었다.

공이 졸(卒)한 후에 어제(御製)의 제문(祭文) 속에 말하기를,

"강 위에 낚시를 드리우고 기다린 것이 누구였던가?"

하고 또 말하기를,

"5월 강 위에서 누구를 위하여 더디었던가?"

했다. 공이 물러가서 장단(長湍) 오촌(梧村)에 있었는데 오촌(梧村)은 사신 길이 지나는 곳이다. 어느날 공이 명하여 마당을 쓸게 하면서 말하기를,

"오늘 유척기(兪拓基)가 마땅히 올 것이다."

한다.

이에 자질(子姪)들이 묻기를,

"그 사람은 우리와 혐의가 있는데 무엇 때문에 여기에 옵니까?"

하자 공은 말하기를,

"공사(公事)에는 사사로운 혐의를 두지 않기 때문이니라."

한다. 이윽고 마을 밖에 벽제(辟除) 소리가 나더니 유상(兪相)이 과연 온다. 이에 공은 병풍과 휘장을 마루 중간에 쳐서 서로 보이지 않게 하고 묻기를,

"공이 오신 것은 무슨 일이시오?"

하니 유(兪)가 말하기를,

"이제 변무(辨誣)의 일로 사신(使臣)으로 연경(燕京)에 가는데 어떻게 하면 변무(辨誣)가 되겠습니까?"

한다.

이 때 공은 말하기를,

"나는 항상 제삿밥을 좋아했는데, 이웃집에 재가(再嫁)한 여자가 전부(前夫)를 몹시 정성껏 제사지내자 후부(後夫)가 시기해서 책망하기로 그녀는 말하기를, '그대의 말이 틀렸습니다. 그대가 만일 불행하고 내가 생활에 어려워서 또 개가(改嫁)했다면 그대의 제사를 마땅히 이렇게 지내지 않겠습니까.' 하자 그 남편도 그 말을 옳게 여겨 제사를 지내게 하고 나와 같이 밥을 먹으면서 그 일을 갖추어 말하기에 나도 또한 그녀를 기이하게 여겼습니다."

하고, 또 말하기를,

"내가 새로 만든 금관(金冠)과 조복(朝服)을 공에게 주는 것이니 공은 유의(留意)하십시오."

했다.

유상(兪相)이 말을 알아듣고 길을 떠나서 연경(燕京)에 이르러 미리 금관(金冠)에 조복(朝服)을 입고 건륭황제(乾隆皇帝)를 뵙자 제(帝)가 노해서 묻기를,

"너의 나라가 대보단(大報壇)을 세워 명제(明帝)를 제사지내고 공복(公服)도 아직 명(明)나라 제도를 쓴다고 하니 너의 나라가 짐(朕)의 신민(臣民)이 되고서도 오히려 명(明)나라 조정을 잊지 못하니 어찌 이와 같은 도리가 있느냐?"

한다.

유상(兪相)은 대답하기를 이상(李相)의 말과 같이 하여 비유하여 넌지시 깨우치게 말하고 나서 금관(金冠)과 조복(朝服)을 가리키면서 부복하고 말하기를,

"명(明)나라 제도가 이러한데, 또한 옛근본을 잊을 수가 없어서 폐할 수가 없었습니다."

했다.

청제(淸帝)가 정제(整齊)하고 나서 화려하고 패옥(佩玉)이 쟁쟁한 소리를 내는 금관조복을 보고 하교하기를,

"너의 나라가 본래부터 예의(禮義)의 나라라고 일컬어 옛임금을 잊지 않았으니 그 뜻이 가상하고 의관(衣冠)과 문물(文物)이 옛날로부터 소중화(小中華)라고 일컬어지더니 그 복색(服色)을 보니 거짓이 아니로다."

하고 특별히 상으로 천리나(千里裸) 한 필을 주었는데, 유상(兪相)이 일을 마치고 돌아오는 길에 공의 뜻에 감동하여 그 노새를 마을 어구에 매어 놓고 서울로 돌아와서 복명(復命)했다.

그 날 공은 종에게 명령하여 나귀를 끌어오게 했으니 공의 신명(神明)함을 세상이 경탄(警歎)했다. 시호는 문충(文忠)이다. 〈청구야담(靑邱野談)〉

윤급(尹汲)이 소 탄 사람을 만나 초헌(軺軒)에서 내려 반갑게 말했다

윤급(尹汲)은 해평(海平) 사람이니 오음(梧陰) 두수(斗壽)의 자손이니 호는 근암(近庵)이요 문과에 급제했으며 풍의(風儀)가 아름답고 문한(文翰)을 잘하고 뜻이 또 곧아서 일찍이 가볍게 남과 사귀지 않았다.

그가 한성판윤(漢城判尹)으로 있을 때 부(府)의 하인들이 모두 말하기를, 지금 세상에 처지(處地)와 풍의(風儀)와 문화(文華)와 언론(言論)이 이 대감의 위에 나올 사람이 없다고 했다. 어느날 관청에서 돌아오다가 길에서 소를 탄 사람 하나를 만났는데 다 낡은 도포를 입고 있었다.

그러나 공은 그를 만나자 초헌(軺軒)에서 내리고 그 사람도 소에서 내려 손을 잡고 서울에 온 까닭을 묻자 그는 말하기를,

"미중(美仲)이 밥을 굶은 지 이미 사흘이 되었다고 하는데 어제 우리 집에 마침 쌀이 생겼기로 실어다가 주고 오는 길이네."

하고 담소(談笑)하는 것이 태연했다.

이에 부(府)의 하인들이 모두 놀라고 탄식하지 않는 자가 없어 그 소를 탄 사람이 누구인지 알아 보았더니 곧 윤부학(尹副學) 심형(心衡 : 鳳朝侄)이요, 미중(美仲)이란 이정언(李正言) 언세(彦世)의 자였다. 근암(近庵)은 벼슬이 이조판서(吏曹判書)에 이르렀다. 〈청구야담(靑邱野談)〉

조중회(趙重晦)의 초계(抄啓)는 곧 행성(行性)

조중회(趙重晦)는 함안(咸安) 사람이니 자는 익장(益章)이다. 도

암(陶庵) 이재(李縡)의 문하(門下)에서 공부했고 나이 26세에 문과
에 급제했다.

영조(英祖)가 세초(歲初)를 당하여 먼저 육상궁(毓祥宮)에 거둥
하려 하자 중회(重晦)가 대신(臺臣)으로서 소(疏)를 올려 말하기를,
 "세시(歲時)에 태묘(太廟)에 가뵙지 않고 먼저 사묘(私廟)에 거
 둥하시는 것은 예(禮)에 옳지 못합니다."
하자 임금이 크게 노하여 즉시 걸어서 바로 흥화문(興化門)을 나
서니, 이 때 창졸간의 일이어서 시위(侍衛)와 배종(陪從)이 모두
갖추어지지 못해 야현(夜峴)을 거쳐 육상궁(毓祥宮)에 이르러 눈
물을 흘리면서 하교하기를,
 "불초(不肖)한 까닭에 욕이 돌아가신 부모에게까지 미쳤으니 무
 슨 면목(面目)으로 다시 신민(臣民)을 대하랴. 내 마땅히 자결
 (自決)하리라."
하고 군병(軍兵)으로 하여금 창을 가지고 둘러서서 호위하여 대신
(大臣) 이하 한 사람도 들어오지 못하게 하고 만일 들어오기를 허
락하면 대장(大將)을 마땅히 중률(重律)에 처하겠다고 했다.

또 하교하기를,
 "80세의 노인이 만일 얼음 위에 앉아 있으면 오래지 않아서 마
 땅히 죽을 것이다."
했다. 이 때가 정초(正初)여서 얼음과 눈이 아직 녹지 않았고 북
풍이 세차게 불고 있었다. 이 소식을 들은 백관(百官)들이 뒤쫓아
이르렀으나 막아서 들어가지 못하고 정조(正祖)가 세손(世孫)으로
서 홀로 입시(入侍)하고 있다가 머리를 두드리고 눈물을 흘리면서
간했으나 끝내 듣지 않았다.

조금 후에 옥체(玉體)가 떨리는 것을 보고 세손(世孫)이 눈물을
흘리면서 다시 간하자 임금이 말하기를,
 "조중회(趙重晦)의 머리를 베어다가 내 눈 앞에 놓으면 내 마땅
 히 환궁(還宮)하리라."
한다. 이에 세손(世孫)이 급히 문을 나가서 대신(大臣)을 불러 영
(令)을 내리기를,
 "조중회(趙重晦)의 머리를 속히 베어 오라."

했다.

이 때 영상(領相) 김상복(金相福)이 홀로 호위 밖에 서 있다가
아뢰기를,

"조중회(趙重晦)는 죽일 만한 죄가 없사오니 어찌 전하의 엄명
(嚴命)에 못 이겨서 죄없는 사람을 죽이겠습니까. 오직 바라옵건
대 저하(邸下)께서는 힘써 성의(誠意)를 쌓으시어 천의(天意)를
돌이키도록 하시옵소서."

하자 세손(世孫)은 발을 구르고 울면서 말하기를,

"종묘(宗廟) 사직(社稷)의 위태로움이 순식간에 박두했는데 대
신(大臣)들은 어찌해서 중회(重晦)를 아껴서 명령을 받들어 행
하지 않는가?"

한다.

상복(相福)은 대답하기를,

"이는 대조(大朝)의 지나치신 일이오니 어찌 과중(過中)하신 행
동으로 인하여 언관(言官)을 죽일 수 있겠습니까? 신(臣)이 비
록 죽어도 감히 명령을 받들지 못하겠습니다."

하고 서로 버티고 있을 때 임금은 찬기운을 견디지 못하여 이에
하교하기를,

"조중회(趙重晦)에게 아직 죄를 묻지 말고 먼저 정청(庭請)의 계
사(啓辭)를 들여오라."

했다.

이에 대신(大臣)이 여러 신하들과 함께 계사(啓辭)를 초(抄)해서
들이니 임금이 이것을 보고 종이를 찢어 땅에 던지고 말하기를,

"이것은 곧 조중회(趙重晦)의 행상(行狀)이로다."

하자 제신(諸臣)들이 개초(改草)해서 급히 방형(邦刑)을 바르게 하
자고 아뢰니 임금이 삼배도(三倍道)[1]하여 흑산도(黑山道)에 안치
(安置)하게 하여 즉일로 떠나게 하고 그대로 환궁(還宮)했는데 중
회(重晦)는 배소(配所)에 도착하기 전에 석방하라는 명령이 있었다.

정조(正祖)가 즉위하자 특별히 **이조판서(吏曹判書)**에 임명했고

---

1) 倍道 : 이틀에 갈 길을 하루에 가는 것. 삼배도(三倍道)는 사흘에 갈 길을
하루에 가는 것.

시호는 충헌(忠憲)이다. 〈영조기사(英祖記事)〉

이만원(李萬元)이 불을 놓아 병부(兵符)를 찾다

이만원(李萬元)은 연안(延安) 사람이니 평안감사(平安監司)가 되었을 때 셔윤(庶尹)과 사이가 화합하지 않았는데 어느날 병부(兵符)를 잃었다. 이에 그 모부인(母夫人)에게 고하기를,

"제가 병부(兵符)를 잃었으니 그 죄가 마땅히 죽어야 할 것이오니 어찌하오리까?"

하자 어머니는 말하기를,

"이리 이리하라."

했다.

이튿날 본관(本官)과 도사(都事)와 함께 연광정(練光亭)에서 음악을 벌이고 노는데 갑자기 감영(監營) 내아(內衙)에 불이 났다고 보고했다. 이에 모두 일어나서 보니 연기와 불꽃이 하늘에 처오르고 있었다. 감사(監司)는 급히 병부(兵符) 주머니를 풀러서 본관(本官)에게 주면서 말하기를,

"나는 장차 불을 끄러 갈 것인데 이것은 태울 수가 없으니 그대에게 부탁한다."

하고 가버리니 본관(本官)은 감히 사양하지 못하고 가지고 있었다. 감사(監司)는 감영(監營)으로 가서 불을 끄는 체했으나 일부러 놓은 불이어서 금시에 끌 수가 있었다.

이에 돌아와서 본관(本官)에서 병부(兵符) 주머니를 찾자 병부(兵符)가 과연 주머니에 있다. 감사(監司)가 태연히 통인(通引)으로 하여금 병부(兵符)를 꺼내게 하여 다시 봉하면서 말하기를,

"이 물건은 지극히 소중한 것이니 마땅히 심상(尋常)하게 가질 수가 없다."

하니 본관(本官)의 얼굴빛이 변했다. 〈청구야담(青邱野談)〉

이태중(李台重)이 삼종수(三從嫂)의 몽조(夢兆)에
의하여 과거에 급제하다

　이태중(李台重)은 한산(韓山) 사람이니 호는 삼산(三山)이다.
　평안감사(平安監司)로 나갔는데 최진해(崔鎭海)는 이 때 선천부
사(宣川府使)요 이인강(李仁綱)은 이 때 중화부사(中和府使)로 있
었는데 최(崔)는 영조(英朝)의 외가(外家)요 이(李)는 정조(正祖)
의 외가(外家)이다. 공이 중화(中和)에 도착하자 부사(府使)가 들
어와 뵙는다. 이에 공이 묻기를,
　"그대는 누구인가?"
하니 대답하기를,
　"동궁(東宮)의 외사촌(外四村)입니다."
한다. 공이 눈을 부릅뜨고 말하기를,
　"누구의 누구인가?"
하니 또 전과 같이 대답한다.
　공은 그 자리에서 계사(啓辭)를 올려 말하기를,
　"중화부사(中和府使) 이인강(李仁綱)은 아직 털과 깃도 생기지
　않았고 말도 서투르기에 부득이 파멸시켜 내쫓았습니다."
했다. 평양(平壤)에 도착하자 선천부사(宣川府使)가 와서 뵙자 공
이 또 묻기를
　"그대는 누구인가?"
하니 대답하기를,
　"하관(下官)은 선천부사(宣川府使)입니다."
한다. 공이 소리를 질러 말하기를,
　"내가 어찌 선천부사(宣川府使)를 모르겠는가. 그대에게 묻는 것
　은 어떤 사람이냐는 것이다."
하자 대답하기를,
　"하관(下官)은 문벌(門閥)이 미천(微賤)하오나 나라의 후한 은혜

를 입어서 여기에 이르렀사오나 이 소임은 하관(下官)에게 몹시 과람(過濫)합니다. 사또께서는 다만 선천부사(宣川府使) 최진해(崔鎭海)로만 아실 뿐이요 그 나머지는 물으실 것이 없습니다. 하관(下官)의 족척(族戚)은 시정(市井)의 무리가 아니면 이서(吏胥)의 무리이니 비록 아모 아모의 이름을 댄다 해도 사또께서 어찌 아실 수 있겠습니까."

이에 공은 빙그레 웃고 마음으로 기뻐하여 관대(款待)해서 보내고 돌봐주기를 딴 태수(太守)보다 다르게 하여 일마다 들어주고 교분(交分)이 좋았으니 두 사람의 우열(優劣)을 알 만했다.

공이 과거에 급제하기 전에 결성(結城)에서 살 때 그의 삼종제(三從弟) 덕중(德重)이 서학현(西學峴)에서 살았는데 집이 몹시 가난하여 이튿날 새벽에 장차 정시(庭試)를 보러 과장(科場)에 가려고 새벽밥을 짓기 위하여 이웃집에서 쌀을 꾸어왔는데 한 되도 차지 못했다. 이것을 목함(木盒) 속에 넣어 두었는데 부인이 꿈을 꾸니 그 쌀이 알알이 모두 조그만 용이 되어 목함 속에 가득 들어 있었다. 꿈에서 깨어 친히 밥을 짓는데 밖에서 인기척이 나면서 삼산(三山)이 들어온다.

덕중(德重)이 놀라 일어나서 맞으면서

"형님은 어디서 이렇게 일찍 오셨습니까?"

하니 삼산(三山)은 말하기를,

"결성(結城)에서 걸어 오다가 해가 저물어 성 밖에 이르러 점사(店舍)에서 자고 이제 오는 길일세."

한다. 덕중(德重)이 안으로 들어가 밥을 차려 사랑으로 내보내면 결성 형님과 같이 먹겠다고 명하자 부인은 말하기를,

"한 사발도 안되는 밥이고, 또 이 밥은 절대로 남에게 나누어줄 수가 없습니다."

한다.

덕중(德重)이 그 까닭을 묻자 부인이 꿈이야기를 하니 덕중(德重)은 이를 책망하기를,

"어떻게 이것을 홀로 먹어 형님을 배고프게 한단 말인가. 만일 이런 마음을 먹으면 천신(天神)이 반드시 돕지 않을 것이오."

하고 내보내게 하니 부인은 부득이 밥을 내보내고 창 틈으로 엿보
니 삼산(三山)은 반을 나누어 덕중(德重)에게 주어 같이 먹고 함께
과장(科場)에 들어갔는데 방(榜)이 나오는데 두 사람이 모두 급제
했다. 덕중(德重)은 벼슬이 부학(副學)에 이르렀고 삼산(三山)은
벼슬이 호조판서(戶曹判書)에 이르렀다.

박문수(朴文秀)는 원수를 은혜로 갚다

　박문수(朴文秀)는 고령(高靈) 사람이니 자는 성보(成甫)요 문과
에 급제했다. 무신(戊申) 난리에 종사관(從事官)으로 훈(勳) 이등
(二等)에 영성군(靈城君)에 봉해졌으며 벼슬이 판서(判書)에 이르
고 시호는 충익(忠翼)이다.
　일찍이 신임사화(辛壬士禍) 때 이우당(二憂堂) 조태채(趙泰采)와
반대당(反對黨)이 되었었는데 당론(黨論)이 좀 안정되자 영조(英
祖)가 이들을 화해시키기 위하여 탕평론(蕩平論)을 만들어 대신(大
臣)들로 하여금 조화(調和)하게 했다. 문수(文秀)가 일찍이 금중
(禁中)에서 입직(入直)하다가 회식(會食)을 하는데 반찬애 콩나물이
나왔다. 콩나물의 대가리를 반드시 잘라내고 먹으면서 말하기를,
　"태채(太菜)의 머리를 베지 않을 수 없다."
했으니 이는 대개 태채(太菜)와 태채(泰采)의 음(音)이 같기 때문
이었다.
　태채(泰采)의 아들 관빈(觀彬) 또한 같이 조정에 있었는데 비
록 서로 만나지는 않았지만 문수(文秀)는 항상 태채(泰采)의 충성
을 사모하여 관빈(觀彬)에 대하여 항상 숨어서 사랑하는 인정이
있었다. 관빈(觀彬)을 미워하는 자가 장차 극전(極典)에 처하고자
하자 문수(文秀)는 이를 구원하고자 하여 임금께 아뢰기를,
　"관빈(觀彬)이 몹시 흉한 죄가 있으니 그 죄로는 마땅히 벨 것
　이나 이번에 말하고 있는 일은 죽일 만한 죄가 아닙니다."
한다.

아에 임금이 말하기를,

"이 사람은 너의 원수가 아닌가?"

하자 문수(文秀)는 아뢰기를,

"사사로운 일에 있어서는 원수요 공사(公事)에 있어서는 죄가 아닙니다. 전하께서 관빈을 죽이시려 하시면 청컨대 신(臣)의 원수를 갚는다고 중외(中外)에 포고(布告)하시고 죽이시옵소서."

하자 임금은 크게 감동하고 깨달아 그를 용서했다.

관빈(觀彬)의 벼슬이 판서(判書)에 이르러 졸(卒)할 때 문수는 그 집에 가서 사람을 시켜 그 아들에게 이르기를,

"내가 존옹(尊翁)과 대대로 내려오는 원수가 있지만 그러나 일찍이 동료(同僚)로서의 옛정의가 있으니 어찌 일곡(一哭)을 하지 않을 수 있겠는가. 감히 그대에게 청하노라."

하니 그 아들이 그의 곡(哭)하는 것은 허락하면서도 끝내 나와서 맞지는 않았다.

문수가 곡하기를 몹시 슬프게 하고 곡이 끝나자 사람을 시켜 그 관(棺)을 마당으로 가지고 나오게 하여 관을 빠개고 보려 하니 사람들이 크게 놀라 그 아들에게 사실을 고했다. 그러나 그 아들은 말하기를,

"해로울 것이 없다. 박공(朴公)이 비록 서로 원수가 되었지만 반드시 우리 선인(先人)을 욕보이지는 않을 것이요 응당 할 일이 있을 것이다."

했다.

문수가 이에 관을 빠개고 위쪽의 나무를 자르자 그 속에 낫끝이 있어서 길이가 한 치가 넘는데 이는 대개 나무를 벨 때 낫끝이 부러져서 나무 속으로 들어가 오래된 것이다. 이에 목공(木工)을 불러 책망하기를,

"한 나라 중신(重臣)의 관(棺)을 네가 주의하지 않고 낫끝이 관의 나무 속에 들어가게 했으니 만년유택(萬年幽宅)에 어찌 후환(後患)이 없겠는가."

하고 관을 새로 짜서 장사지내게 했다.

이로부터 두 집 자손이 비록 서로 만나지는 않아도 모든 환란

(患難)이 있을 때면 언제나 힘껏 도와주지 않는 일이 없었다.

서유망(徐有望)이 어장(御將)의 마부(馬夫)를 가두다

서유망(徐有望)은 달성(達城) 사람이니 약봉(藥峰) 성(渻)의 후손이다. 영조(英祖) 때에 진사(進士)가 되고 문과에 급제하여 벼슬이 대사성(大司成)에 이르렀다.

태학장의(太學掌議)가 되었는데 고사(故事)에 임금이 알성(謁聖)할 때에는 성균관(成均館) 의절(儀節)을 장의(掌議)가 주장하게 되어 있었다. 이 때 백관(百官)이 하마비(下馬碑)에 이르면 모두 말에서 내리는데 어장(御將) 아모가 말(馬)이 빨라서 고삐를 제어하지 못해서 하마비(下馬碑)를 뛰어넘어 수십 보 안까지 들어 갔다.

이에 유망(有望)이 예에 의해서 그 마부(馬夫)를 잡아 가두어 대장(大將)에게 주고 이웃집으로 물러가서 명령을 기다렸다. 전구장(前驅將)이 임금께 이 사실을 아뢰자 임금은 도승지(都承旨) 서유문(徐有聞)을 돌아보고 말하기를,

"어장(御將)이 경솔하기는 했지만 그러나 대장(大將)도 또한 소중한 임무여서 전도(前導)가 없을 수 없으니 대장(大將)을 노상(路上)에서 임명(任命)할 처지가 아니다. 그러니 네가 달려가서 유망(有望)을 타일러 그 마부(馬夫)를 석방하게 하고 어장(御將)으로 하여금 그대로 봉직(奉職)하게 하라."

했다.

유문(有聞)은 유망(有望)과 사종형제(四從兄弟) 사이라 임금의 뜻으로 사사로이 말했으나 유망(有望)은 듣지 않았다. 이에 임금이 서매수(徐邁修)를 돌아보고 말하기를,

"경(卿)이 그를 위하여 한 번 말하라."

했다. 매수(邁修)가 말하기를,

"그는 신(臣)의 삼종질(三從姪)이온데 성질이 강직(剛直)하고 또

예(例)에 비추어 법을 지키고 있사온데 신(臣)이 어찌 감히 억지로 하겠습니까. 하오나 한 번 말은 해보겠습니다."

하고 매수(邁修)가 갔으나 유망(有望)은 노해서 말하기를,

"하나의 장의(掌議)가 법을 지키는 일 때문에 승지(承旨)와 대신(大臣)이 서로 계속 와서 달래어 법을 행할 수가 없으니 청컨대 장의(掌議)를 사직하겠습니다."

한다.

매수(邁修)는 깜짝 놀라서 말하기를,

"내가 어찌 그대를 강요(强要)하겠는가. 다만 내 회포를 말하려는 것이다. 금상(今上)께서 명륜당(明倫堂)에 거동하셨으니 그대가 어찌 사직하겠는가."

하고 드디어 이 사실을 임금께 아뢰자 임금도 역시 어찌할 수 없어 권도로 좌상(左相)으로 하여금 대장(大將)의 일을 보도록 했다.

권진응(權震應)은 귀양가라는 말을 듣고 자는데 코고는 소리가 천둥 같았다

권진응(權震應)은 안동(安東) 사람이니 자는 형숙(亨叔)이요 호는 산수헌(山水軒)이다.

처음에 자의(諮議)에 임명되었을 때 글을 올려 수암(遂庵)이 부름을 받고 갔을 때의 일이 유곤록(裕昆錄)에 실린 것을 변명하자 영조(英祖)는 몹시 노해서 즉시 제주도(濟州島)로 귀양을 보내라 했다. 진응(震應)은 명령을 듣고 태연히 아무런 기미도 없이 밤새 편안히 자는데 코고는 소리가 천둥과 같았다.

지암(止庵) 김양행(金亮行)이 그와 베개를 연하여 자면서 자기가 미치지 못하는 것을 탄식하니 군자(君子)의 수양(修養)을 알 수가 있었다. 공은 예(禮)를 익혀서 친척에 초상이 있으면 반드시 몸소 가서 염습(殮襲)을 하면서 말하기를,

"나는 궁해서 초상을 도울 수가 없으니 마땅히 근력으로라도 재

물을 대신할 것이다."

했다. 〈매산집(梅山集)〉

송명흠(宋明欽)은 아비가 자식을 죽일
수 없다고 말했다

　송명흠(宋明欽)은 은진(恩津) 사람이니 동춘(同春)의 현손(玄孫)으로서 자는 회가(晦可)요 호는 역천(櫟泉)이다. 도암(陶庵) 이재(李縡)의 문하(門下)에서 공부했고 은일(隱逸)로서 벼슬이 이조판서(吏曹判書)에 이르고 시호는 문원(文元)이다.

　영조(英祖) 임오(壬午)를 당하여 군소(群小)의 무리가 세자(世子)를 모해(謀害)하기를 몹시 급하게 하여 장차 사사(賜死)하기에 이르렀다. 고사(故事)에 나라에 큰일이 있으면 시임(時任)과 원임(原任)의 대신(大臣)과 문무(文武)의 삼품(三品) 이상 및 야(野)에 있는 유현(儒賢)을 불러 대궐 마당에 모아놓고 문의(問議)하게 되어 있었는데 이 때는 모두 임금의 뜻을 따라서 감히 직언(直言)을 하지 못했다.

　그런데 오직 명흠(明欽)이 아뢰기를,

　"걸주(桀紂)도 아들을 죽이는 악한 일은 하지 않았는데 전하께서 어찌 차마 아들을 죽이시렵니까."

하자 임금이 크게 노하여 그를 쫓아내고 선전관(宣傳官)에 칼을 주면서 말하기를,

　"너는 송모(宋某)를 따라 가다가 만일 길에서 남의 집으로 들어가거든 그 집 주인까지 베고 만일 남의 집에 들어가지 않고 바로 그 집으로 들어가거든 네가 가서 베고자 하는데 목을 늘여 베임을 당하고자 하면 머리를 벨 필요가 없고 만일 변명을 하거든 반드시 베고 오라."

했으니 이는 대개 그에게 당파(黨派)가 있을까 의심해서였다.

　이 때 선생은 이미 임금의 뜻을 알고 지팡이를 끌고 집으로 돌

아가서 문을 닫고 나오지 않다가 선전관(宣傳官)이 이르자 사색(辭色)을 변치 않고 말하기를,

"임금이 신하에게 죽음을 주시는데 어찌 감히 죽지 않으리요. 청컨대 가묘(家廟)에 가뵙고 오리라."

하니 선전관(宣傳官)이 이를 허락한다.

선생은 사당에 다녀오더니 북쪽을 향하여 두 번 절하고 짚자리에 무릎을 꿇고 베임을 청했으나 선전관(宣傳官)은 베지 않는다. 선생이 말하기를,

"어찌 해서 머리를 베지 않는가?"

하자 선전관은 말하기를,

"상(上)께서 하교하시기를, 목을 늘이고 베임을 당하고자 하면 반드시 목을 베지 말라고 하셨습니다."

한다. 그러나 선생은 말하기를,

"이것은 임금이 신하를 희롱하는 것이다. 임금의 말이 한번 나왔으면 어찌 변경이 있을 수 있겠는가."

히고 드디어 소(疏)를 올려 아버지가 아들을 죽일 수 없다는 것을 말하고 임금은 신하를 희롱해서는 안된다고 하자 임금은 그를 가상히 여겨 말하기를,

"이는 곧은 신하이다."

하고 죄를 주지 않았으나 드디어 세자(世子)에게 죽음을 내렸으니 곧 윤5월 21일이었다.

이내 세자(世子)의 아들 정조(正祖)로 세손(世孫)을 삼으니 군소(群小)의 무리들은 그래도 다투기를

"죄인의 아들은 종묘(宗廟)에 들어갈 수 없다."

했다. 그러나 정조(正祖)는 이미 세손(世孫)이 되자 지극히 공손하고 지극히 효성스러워 비로소 군소(群小)의 무리들의 참소를 면할 수 있었다. 고종(高宗) 기묘(己卯)에 부조(不祧)의 은전(恩典)을 베풀라고 명했다.

현구기(玄駒記)에 말했다.

문소의(文昭儀)가 임금의 사랑을 받아 후궁(後宮)을 기울이더니 어느날 영빈 이씨(暎嬪李氏)와 조그맣게 다툰 일이 있어서 불손(不

遜)한 말을 많이 하자 인원대비(仁元大妃)가 문녀(文女)를 책망하여 말하기를,

"네가 세자(世子)의 안면(顔面)을 보더라도 어찌 감히 이같이 한단 말이냐?"

하고 세자(世子)를 불러 세우고 문녀(文女)를 매 때리니 그 후로는 문녀(文女)의 독이 날로 심해졌다.

화완옹주(和緩翁主)는 곧 정치달(鄭致達)의 아내이다. 화완(和緩)은 어려서부터 지혜가 있더니 차츰 자라자 임금의 뜻을 잘 엿보아서 총애(寵愛)가 더해지더니 치달(致達)에게 출가하자 비로소 나라의 정치에 간섭하여 장상(將相)들이 그 손에서 많이 나오고 죽고 사는 것이 그의 말 한마디에 결정되어 대궐 안의 권리가 모두 이 정치달(鄭致達)의 아내에게로 돌아갔다. 이에 세자(世子)는 엄하게 경계하여 그로 하여금 방자히 하지 못하도록 하니 그 꺼리고 미워하는 마음이 이미 여기에서 시작되었다.

임금이 일찍이 치달(致達)을 동궁(東宮)에 보내서 모시고 놀게 했는데 치달(致達)은 세자가 어리고 군신(君臣)의 예수(禮數)를 모른다 믿고 게으른 모습과 버릇없는 말을 많이 했다. 이에 세자(世子)는 처음에는 아무렇지 않게 여겼으나 나이 14,5세에 이르렀는데도 그 거만한 습관이 전과 같았다. 이에 세자(世子)가 안에서 출입하는 문을 잠그자 정녀(鄭女)는 사납고 독한 마음이 더해져서 문녀(文女)와 함께 힘을 합하여 여러 가지로 거짓으로 일을 꾸미고 정축(丁丑)에 이르러 두 대비(大妃)의 초상이 있는 후로는 두 여인이 더욱 꺼리는 것이 없어서 마음으로 분궁(分宮)하려 하여 밤낮으로 위태롭고 두려운 말로 중궁(中宮)을 두려워하게 만들어 정순대비(貞純大妃) 경진(庚辰)에 마침내 분궁(分宮)하기에 이르고 비로소 대궐을 떠나서 놀러 거둥한다는 말이 있었다.

서쪽으로 거둥할 때 정희량(鄭翬良)이 평양감사(平壤監司)로서 독교(獨轎)를 준비해 보냈고 정처(鄭妻)와 문녀(文女)가 또 와서 놀러 거둥하여 그윽한 근심을 풀라고 권했는데, 당시에 세자(世子)는 아직 문(文)과 정(鄭)이 서로 일을 꾸미는 실정을 살피지 못하고 그 말을 믿었던 것이다. 서쪽으로 거둥이 떠난 후에 여러 흉한

사람들이 한 사람을 찾아 얻어서 세자(世子)에게 글을 올리니 비로소 중궁(中宮)이 비밀히 말을 내린 일이 있었다.

기묘(己卯) 7월에 지사(知事) 박치원(朴致遠)이 글을 올려 잘못을 몹시 간하자 세자(世子)는 좋은 비답(批答)을 내리고 가상히 받아들였으며, 전일의 희롱하던 물건을 모두 내다 버렸다. 또 궁예(宮隷)를 빙자하여 마을에서 죄를 지은 자를 유사(有司)에게 붙여서 그 죄를 바로잡게 하니 이에 민간과 시정(市井)이 모두 순조로 와서 총명한 덕을 칭송했다.

8월에 용안현감(龍安縣監) 이정(李瀞)이 동궁(東宮)에게 글을 올리고 이내 자살(自殺)하려 했는데 그 글에 말하기를,

"저하(邸下)께서 대조(大朝)의 마음을 얻지 못하여 화변(禍變)이 장차 어디에서 일어날지 모릅니다."

하고 또 말하기를,

"신(臣)이 죽지 않는다면 반드시 빈 말이 될 것입니다."

하고, 끝에 가서 말하기를,

"삼가 스스로 죽으면서 아뢰나이다."

했다.

바야흐로 이 글을 써서 이미 원예(院隷)에게 주고 칼을 목에 꽂고 기다리는데, 이 때 승지(承旨)가 그 글의 내용이 위태로운 것을 보고 즉시 도로 갖다 주었는데 칼이 인후까지는 들어가지 않아서 죽지 않았다. 그 후에 임금이 이 말을 듣고 특별히 통정(通政)의 계급을 더하여 권장(勸獎)했다.

세자(世子)가 일찍이 조용히 궁료(宮僚)에게 말하기를,

"내가 어렸을 때에는 성질이 자못 느슨하더니 근래에 와서 노여움이 다시 급해졌으니 어떻게 고쳐야 하느냐?"

했다. 처음에 세자(世子)가 일찍이 울화(鬱火)가 있어 조용히 치료하기를 오래하더니 간세(奸細)한 무리가 비밀히 수의(首醫)를 끼고 음(陰)이 허(虛)하고 기(氣)가 올라가서 그렇다는 핑계로 문득 육계(肉桂)·부자(附子) 등의 더운 약을 6, 7년 사이에 여러 근(斤)을 쓰자 기(氣)는 내려가지 않고 화(火)가 더욱 올라가서 마침내 어쩔 수 없는 지경이 되었다.

홍술해(洪述海)가 일찍이 궁료(宮僚)로서 입직(入直)하자 세자 (世子)가 노해서 말하기를,

"계희(啓禧)의 아들이 어찌 감히 나를 모신단 말이냐?"

했다. 이 까닭에 홍(洪)의 부자(父子)는 크게 근심하고 두려워했 다. 이보다 먼저 세자(世子)가 우물에 떨어졌었는데 계희(啓禧)가 명(明)나라 사람의 소설(小說)에 있는 의문태자(懿文太子)를 우물 에 던진 일을 인용해서 임금에게 아뢰기를,

"명태조(明太祖)는 태자(太子)의 죽음으로 여기지 않고 해친 것 이 그 성(聖)스러운 것이 된다고 했습니다."

했다.

신축(辛丑) 사이에 참소가 날로 심하여 화가 장차 아침 저녁에 박두했다. 이 때 세자가 덕성각(德盛閣)에 거둥하여 계희(啓禧)를 입대(入對)하게 하여 말하기를,

"근일에 너희들이 나를 무함(誣陷)하기를 지극히 하는데 나를 대 신하여 촉망(屬望)하는 것이 누구냐? 강충(江充)이 아니겠느 냐?"

하자 계희(啓禧)는 현저하게 분하고 괴로워하는 빛이 있었는데 이 때에 이르러 동궁(東宮)의 액례(掖隷) 나경언(羅景彦)이 고변(告變) 하여 국청(鞫廳)을 설치하니 세자는 임금 계신 곳으로 나가서 땅에 엎드려 명령을 기다리다가 마침내 참상(慘狀)에 이르렀다.

이광현(李光鉉)은 임오(壬午)의 일을 자세히 알다

이광현(李光鉉)은 광주(廣州) 사람이니 자는 백겸(伯謙)이요 한 원군(漢原君) 수철(守哲)의 자손이다. 6세에 비로소 글을 배워 더 운 여름에 앉아서 글을 읽는데 묻는 자가 있자 대답하기를,

"우리 아버지는 지금 땀을 흘리면서 밭을 매는데 내 어찌 편안 히 서늘한 곳에 있으랴."

하니 듣는 이가 기이히 여겼다.

영조(英祖) 신사(辛巳)에 문과에 급제하여 벼슬이 지평(持平)에 이르고 고종(高宗) 광무(光武) 3년에 내부대신(內部大臣)에 증직(贈職)되었다. 〈서정순저 가장(徐正淳著家狀)〉

임오(壬午) 윤5월 13일에 가주서(假注書)로 창덕궁(昌德宮)에 입직(入直)했는데 임금이 창덕궁(昌德宮)에 거둥한다는 명령이 내려지자 강관(講官)들은 청대(請對)했으나 세자(世子)는 영을 내려 말하기를,

"꺼리는 병이 있어서 행례(行禮)를 못한다."

고 했다. 이에 승지(承旨)가 뵙기를 청하자 영을 내려 말하기를,

"아까 꺼리는 병이 있어서 예를 행할 수 없다는 뜻으로 강관(講官)에게 말했는데 승지(承旨)는 어찌해서 이렇게 번거롭게 청하는가?"

했다.

임금이 바로 진전(眞殿)으로 들어와 이내 휘령전(徽寧殿)에 거둥하여 하교하기를,

"열(熱)이 비록 심해도 동궁(東宮)은 예를 행하지 않을 수 없다."

하자 승지(承旨) 조중회(趙重晦), 한림(翰林) 임덕제(林德躋), 주서(注書) 이광현(李光鉉), 약방제조(藥房提調) 한광조(韓光肇), 필선(弼善) 이만회(李萬恢), 문학(文學) 변득양(邊得讓), 사서(司書) 임성(任城), 설서(說書) 권정침(權正忱)이 나가서 문 앞에 엎드려 뵙기를 청하니 이 때 대가(大駕)는 이미 강서원(講書院) 앞길에 와서 하교를 내려 동궁(東宮)의 행례(行禮)를 재촉한다.

동궁(東宮)은 드디어 진현문(進賢門)에서 나와 임금을 맞고 걸어서 휘령전(徽寧殿)으로 들어가자 임금은 전상(殿上)에 거둥하시고 대궐 뜰에 판위(板位)를 설치하므로 동궁(東宮)은 판위(板位)에서 행례(行禮)하고 그대로 엎드려 있자 승지(承旨)와 사관(史官)이 모시고 엎드린다. 임금이 시위(侍衛)를 부르자 시위(侍衛)가 곧 들어왔다. 임금이 칼을 뽑으라고 명하자 시위는 주저한다.

이 때 임금이 칼을 뽑고 큰 소리로 말하기를,

"왜 칼을 뽑지 않느냐?"

하니 시위도 칼을 뽑는다. 임금은 계속해서 선전관(宣傳官)을 불러 비밀히 하교했는데 이는 대개 궁성(宮城)을 호위하는 절차에 대한 것이었다. 이 때 시간은 사시초(巳時初)에 가까워서 날이 덥기가 불과 같았다. 동궁(東宮)이 판위(板位) 위에서 피로함을 이기지 못하여 숨소리가 가빠지자 여러 신하들은 동궁(東宮)의 환후(患侯)가 더해지겠다는 뜻으로 아뢰자 임금은 두어 마디 하교하고 동궁(東宮)은 관(冠)을 벗고 판위(板位)에서 내려가 땅에 엎드린다.

강관(講官)들이 말하기를,

"대조(大朝)에서 무슨 하교(下敎)가 계셨기에 저하(邸下)께서 갑자기 관을 벗으십니까?"

하자 대답하기를,

"차마 말을 하지 못하겠다."

한다. 이 때 임금이 칼로 책상을 치면서 소리를 높여 말하기를,

"네가 만일 자결(自決)한다면 조선 세자(朝鮮世子)의 이름은 잃지 않을 것이니 속히 자결(自決)하라."

한다.

이에 뜰에 가득한 신료(臣僚)들이 모두 소리 내어 우는데, 동궁(東宮)이 대답하기를,

"부자(父子)는 천성(天性)의 친한 사이로서 영원히 변할 수 없는 이치이온데 차마 흉하고 더러운 짓은 하지 못하겠습니다. 청컨대 밖에 나가서 자결(自決)하겠나이다."

하고 이내 뜰의 남쪽 가로 옮겨 가서 곤룡포를 다 벗고 북쪽으로 머리를 두고 땅에 엎드린다. 강관(講官)과 승지(承旨) 사관(史官)도 모두 관을 벗고 모시고 엎드린다.

이 때 임금은 대궐에서 내려와 월대(月臺)로 거둥하여 하교하기를,

"내가 죽으면 3백년의 종묘와 사직이 망하고 네가 죽으면 종묘와 사직은 아직 보존될 것이니 네가 죽는 것이 옳다."

하고 또 말하기를,

"내가 너 하나를 죽이지 못하고 종묘와 사직으로 하여금 망하게

하겠느냐."
한다.

동궁(東宮)이 머리를 조아리자 시위(侍衛)했던 여러 신하와 병조판서(兵曹判書) 이하가 모두 관을 벗고 곡(哭)하기를,
"전하(殿下)께서 이 어인 일이십니까?"
하자 임금은 더욱 노하여 스스로 칼로 치려고 하자 여러 신하들은 황겁하여 일어서서 감히 다시 말하지 못했다. 그러나 임금은 계속하여 하교하기를,
"너는 속히 자결(自決)하라."
하니 동궁(東宮)은 대답하기를,
"전하께서 칼로 신(臣)을 치실 때 칼머리에 넋이 놀라지 않았사오니 지금은 신(臣)이 청컨대 죽겠나이다."
한다.

임금이 가슴을 치면서 크게 울면서 말하기를,
"네가 말하는 것을 보니 어찌 그렇게 흉하냐."
하자 동궁(東宮)은 또 말하기를,
"신(臣)은 지극히 아픈 마음이 가슴에 있습니다."
하니 임금은 대답하지 않고 말하기를,
"어찌해서 자결(自決)하지 않느냐?"
한다. 이에 동궁(東宮)은 말하기를,
"신(臣)이 청컨대 자결(自決)하겠습니다."
하고 드디어 허리띠를 풀러서 스스로 목을 매어 기운이 막혀 땅에 쓰러지니 좌우가 다투어 그 목맨 것을 풀어주고 모두 곡(哭)하면서 황황해 하자 주서(注書)로 하여금 나가서 제조(提調)에게 말하여 약을 가져오게 하니 내의(內醫)가 들어와서 진찰하고 또 청심원(淸心元)을 물에 타서 올려 입 속에 넣었으나 동궁은 내뿜고 즐겨 마시지 않는다. 이에 여러 신하들이 계속해서 울면서 권하자 동궁은 서너 숟갈을 마시다가 일어나서 반그릇쯤 마시다가 강관(講官)에게 주면서 말하기를,
"경(卿) 등도 또한 마시라."
한다.

임금은 이것을 익히 보다가 말하기를,

"저 사람들이 이와 같기 때문에 저 흉인(凶人)이 그것을 믿고 더욱 흉하게 구는구나."

했다. 이 때 제조(提調) 한광조(韓光肇)가 문 밖으로부터 약을 가지고 들어오자 임금이 명하여 파직시켜 내보내게 하고, 내의(內醫) 등이 겨우 대궐로 들어오자 임금은 칼을 뽑아 들고 빠른 소리로 말하기를,

"방모한(方某漢)·박모한(朴某漢)이 어찌 감히 들어오느냐. 명하여 그 머리를 잘라 오도록 하라."

한다.

이 때 동궁이 땅 위에 자빠져서 누웠거늘 승지(承旨) 이이장(李彛章)·병조판서(兵曹判書) 김양택(金陽澤)이 와서 문안하는데, 동궁(東宮)이 머리를 벽돌과 돌에 부딪치니 사서(司書) 임성(任珹)이 손바닥으로 그 이마를 받치고 있다가 손등이 벗겨져서 상했다. 계속해서 나가서 뜰 아래 엎드려 머리를 두드리면서 곡하고 아뢰기를,

"동궁(東宮)이 비록 덕을 잃은 일이 있더라도 전하께서는 인자하고 어지신 마음으로 어찌해서 동궁(東宮)의 처지를 위해서 스스로 새로워지는 길을 열어주시지 않으십니까?"

하자 임금은 한참 동안 잠자코 있다가 말하기를,

"저것이 임성(任珹)이로다."

한다.

이 때 영상(領相) 신만(申晚)·좌상(左相) 홍봉한(洪鳳漢)·원임(原任) 정휘량(鄭彙良)이 들어왔다가 이내 물러간다. 이에 강관(講官)이 세 정승이 물러가는 것을 보고 일이 할 수 없게 되었다고 생각하고 의논하기를, 세손(世孫)을 맞아 들여오면 거의 임금의 마음을 돌이킬 수 있을 것이라고 하자 임성(任珹)이 나가서 익선(翊善) 홍술해(洪述海)를 보고 세손(世孫)을 모시고 들어오게 하자 세손(世孫)은 관을 벗고 손을 모아 빈다.

그러나 임금은 멀리서 세손(世孫)을 보고 큰 소리로 말하기를,

"어찌해서 급히 세손(世孫)을 모시고 나가지 않느냐?"

한다. 동궁(東宮)이 이광현(李光鉉)의 손을 잡아당겨 세손(世孫)을 앞으로 가까이 오게 하라고 말하자, 이 때 세손(世孫)은 문에 들어와 땅에 엎드려 있어서 동궁과 점점 가까워진다. 이에 임금은 급히 별군직(別軍職)에게 명하여 세손을 안고 나가게 하자 별군직은 장차 세손을 안으려 하나 세손이 이를 거절한다.

이에 동궁이 광현(光鉉)의 손을 이끌면서 말하기를,

"저 놈의 이름이 무엇인가?"

하니 대답하기를,

"그 이름은 자세치 않사오나 별군직(別軍職)으로 봉명(奉名)하는 자입니다."

한다. 동궁이 친히 그를 향해서 묻기를,

"너는 하늘이 높고 땅이 낮은 것을 알지 못하느냐? 세손이 스스로 나가는 것이 옳거늘 네가 감히 핍박해서 밀어낸단 말이냐. 네 이름이 무엇이냐?"

하자 그 사람은 황공하여 대답하기를,

"소인(小人)은 김수정(金守貞)이온데 이미 명령을 받들었으므로 부득이 세손을 모시고 나가야 하겠습니다."

하고 드디어 안고 나가버린다.

이 때 동궁은 또 광현(光鉉)의 손을 이끌면서 이르기를,

"저 놈이 흉하니 족히 나를 해치리로다."

했다. 이 때 해가 신시초(申時初)가 되었는데 임금은 계속해서 하교하기를,

"네가 끝내 자결(自決)하지 않겠느냐?"

하니 동궁은 드디어 곤의(袞衣)를 가져다가 그 한 폭을 찢어서 목을 조이자 강관(講官)이 또 이것을 풀었다.

이 때 한광조(韓光肇)가 파직당한 채 합문(閤門) 밖에 있다가 청심원(淸心元) 3, 4개를 올리니 이렇게 하기를 2, 3차 계속했다. 이 때 갑자기 큰 궤짝을 갖다가 뜰 가운데 놓는데 그 높이와 넓이는 금척(帛尺)으로 높이가 3척 반이나 되고 넓이도 또한 이와 같았다. 임금이 소리를 크게 하여 말하기를,

"너는 속히 이 속에 들어가라."

한다. 동궁이 궤 옆으로 가서 장차 들어가려 하자 강관(講官)이 동궁을 붙들고 울면서 그대로 궤 밑에 엎드리니 임금이 몹시 노해서 말하기를,

"저들은 모두 역적이니 모두 파직시키고 속히 나가도록 하라."

한다. 그래도 강관(講官)이 오히려 나가지 않자 임금은 말하기를,

"육진(六鎭)으로 보내버리게 속히 쫓아내라."

한다. 이리하여 강관이 나가고 홀로 권정침(權正忱)이 사관(史官)과 함께 머물러 있었다.

임금이 또 말하기를,

"전대(前代)에 비록 군림(君臨)한 임금도 이렇게 하면 강화(江華) 교동(喬桐)으로 갔는데 네가 어찌 감히 이 속에 들어가지 않느냐."

하고 또 말하기를,

"승지(承旨)와 사관(史官)도 또한 파면시켜 내보내라."

했다. 홀로 한림(翰林)과 주서(注書)만이 아직 남아 있는데 동궁이 한림(翰林) 임덕제(林德濟) 및 광현(光鉉)의 손을 잡고 서로 의지하고 서서 우러러 대궐 위를 보니 임금이 칼을 짚고 동쪽 뜰 아래의 별감(別監)이 시위(侍衛)한 곳을 향하여 무슨 하교가 있는 듯싶더니 별감(別監) 등이 모두 조총(鳥銃)을 땅에 버리고 크게 운다.

이 때 임금이 칼로 장막의 대나무를 치면서 말하기를,

"이 무리들은 모두 저 흉인(凶人)을 두려워하여 나를 임금으로 여기지 않는다."

하고 즉시 선전관(宣傳官)에게 명하여 말하기를,

"별감(別監) 중의 한 사람의 목을 베어서 합문(閤門)에 달라."

하자 선전관이 별감 한 사람을 잡아 가지고 나간다. 임금은 또 금군(禁軍) 두 사람에게 명하여 말하기를,

"너는 한림(翰林) 주서(注書) 두 사람을 잡아가지고 나가서 급히 나라에서 정한 형벌을 바로잡으라."

한다.

이리하여 이광현(李光鉉)과 임덕제(林德濟)가 잡혀 나가자 동궁은 그 뒤를 따라 문을 나갔다. 이 때 날이 이미 어두워서 햇불을

처음 들고 금군(禁軍)이 좌우익(左右翼)으로 진(陣)을 벌였는데, 대궐 안에서는 계속해서 강관(講官)을 불러,

"빨리 동궁을 모시고 들어오라. 그렇지 않으면 모두 나라의 형벌을 받으리라."

한다.

이 때 여러 강관들은 모두 합문(閤門) 밖에 있다가 동궁이 나오는 것을 보고 일제히 나가서 묻기를,

"저하(邸下)께서 어찌해서 나오셨습니까?"

하니 동궁은 대답하지 않고 다만 슬피 울 뿐이더니 합문(閤門)에서 바로 수십 보를 걸어가 담 밑에 이르러 담에 의지하여 소변(小便)을 보고 드디어 땅에 앉더니 몹시 목이 말라서 마실 것을 청한다. 내관(內官)이 청심원(淸心元)을 물에 타서 한 그릇을 올리자 동궁은 이것을 다 마시고 나서 묻기를,

"어떻게 해야 하는가?"

하자 강관들이 일제히 말하기를,

"오늘 저하(邸下)의 도리로는 공손히 대조(大朝)의 처분을 기다릴 뿐이오니 비록 밤을 마치더라도 전하의 마음을 돌리시기를 기다린 뒤에 나오셔야 합니다."

한다.

동궁이 말하기를,

"그렇다."

하고 드디어 일어나서 다시 들어가는데, 겨우 합문(閤門)을 들어서자 궁료(宮僚)들과 한림(翰林)·주서(注書)가 따라 들어가려 했으나 문졸(門卒)들이 좌우에서 막아서 들어가지 못하고 문틈으로 엿보니 멀어서 능히 자세히 들을 수는 없으나 동궁이 친히 옷을 걷고 두 손으로 궤의 양쪽에 기대어 임금을 우러러 보고 슬피 울면서 말하기를,

"아버님은 나를 살려주소서."

하고 드디어 몸을 날려 궤 안으로 들어가자 임금이 친히 자물쇠를 채우고 명하여 긴 판자와 긴 못과 큰 밧줄을 가져다가 단단히 봉하게 했다. 강관들은 다만 문 밖에서 곡하고 울 뿐이었다.

이윽고 선전관(宣傳官) 김성(金姓)인 한 사람이 비밀히 궁관(宮官)을 불러 말하기를,

"궤에 틈이 있으니 음식을 넣을 수 있다."

한다. 이 때는 합문(閤門)이 좀 통해져서 비밀히 들어갈 수가 있었다. 이에 광현(光鉉)이 임성(任珹)과 함께 들어가서 궤의 남쪽 가를 보니 깨진 구멍이 있고 한 중관(中官)이 옆에 있다. 이에 임성(任珹)이 약과 미음을 얻어서 올리자 동궁은 궤 속에서 입고 있던 누비바지를 벗어서 임성(任珹)에게 주어 홑옷으로 바꿔오게 하자 임성은 여러 중관(中官)을 찾아 무명옷으로 바꿔다가 바치고 또 미음 한 그릇을 중관(中官)에게서 구해다가 올리고 궤 앞에 부복하고 있는데, 임성이 갑자기 손으로 광현(光鉉)의 옷자락을 잡아당기고 급히 일어나서 나가므로 광현도 역시 따라나왔다. 이는 임금이 궤 옆에 틈이 있다는 말을 듣고 임금이 친히 내려와서 더욱 봉하고 잠그기 때문이었다. 그 때 한 관원이 곁에 있어 물러가지 않았었는데 뒤에 들으니 세자익위사(世子翊衛司) 김이곤(金履坤)이라고 하였다.

밤이 삼경(三更)에 이르자 동궁을 폐해서 서인(庶人)을 삼으라는 전지(傳旨)가 내렸는데, 이 때 승지(承旨) 정순검(鄭純儉)이 나오기로 그 사기(事機)를 물었더니 정(鄭)은 말하기를,

"아까 임금이 승선(承宣)에게 명하여 폐하여 서인(庶人)을 삼으라는 전지(傳旨)를 내리라고 하시기에 나는 명령을 받들지 않고 파하고 나왔노라."

한다. 대개 임금이 먼저 도승지(都承旨) 이이장(李彝章)에게 명하여 전교(傳敎)를 쓰라고 하자 이장(彝章)이 간하기를,

"전하께서 한 부인의 말로 해서 이러한 전에 없던 일을 하시니 신(臣)은 감히 하교를 받들지 못하겠습니다."

하자 임금은 급히 나라의 정한 형벌대로 바르게 하여 내보내고 다음으로 정순검(鄭純儉)에게 명했으나 역시 하교를 받들어 전지(傳旨)를 내리지 않았으니 이는 곧 임금이 친히 쓴 것이었다.

조금 있다가 궁관(宮官)을 귀양보내고 승지(承旨)·사관(史官)을 정형(正刑)하라는 일을 환수(還收)했다. 명하여 궤를 승문원(承文

院)으로 옮기게 했다. 이날 밤에 한림(翰林) 윤숙(尹塾)이 합문(閤門) 밖에 모두 앉아있는 것을 보고 분연(奮然)히 말하기를,

"제공(諸公)은 다만 벼슬이 높고 녹(祿)이 많은 것만 아니 장차 어디에 쓰겠는가?"

했는데 이튿날 좌상(左相)이 아뢰기를,

"윤숙(尹塾)이 조정에서 대신을 꾸짖었다 하여 심지어 먼 곳으로 귀양보냈고, 임덕제(林德濟)는 궤를 지나다가 통곡했다 해서 이것으로 죄를 삼아서 또한 멀리 귀양보냈다."

"21일에 이르러 염습(殮襲)했는데 이 때 궤 안에 부채 하나가 있었으나 어떤 사람이 바친 것인지 알 수 없다."

고 했다. 〈이광현저 가내독견(李光鉉著家內獨見)〉

조신선(曺神仙)은 봉주강감(鳳洲綱鑑)의
화(禍)를 알았다

조신선(曺神仙)이란 자는 어떤 사람인지 알 수 없고 또한 이름도 모르는데 그 나이가 많은 것으로 해서 세상에서 조신선(曺神仙)이라고 일컬었다. 책거간으로 일찍이 진신(縉紳) 장로(長老) 사이에 왕래하는데 아이들이 희롱삼아 조신선(曺神仙) 세 글자를 써서 미투리 속에 넣어 두었더니 수년 후에 보아도 그 글이 아직도 미투리 속에 있었으니 그 경첩(輕捷)함이 이와 같았다.

강목(綱目) 한 질을 몸에 간직하고 있었는데 혹 보자고 하는 자가 있으면 소매 속에서 꺼내어 방 안에 벌여 놓으면 70여 권이 되는데 이것을 다시 소매 속에 접어 넣으니 사람들이 모두 그 신이(神異)함을 칭찬했다.

어느날 갑자기 여러 진신(縉紳)들에게 사양하기를,

"내가 늙고 또 병들어서 마땅히 깊은 산 속으로 들어가 숨어야 겠기로 제공(諸公)에게 고별(告別)하노라."

했다.

이로부터 수년 동안 보이지 않더니 영조(英祖) 말년에 이르러 봉주강감(鳳洲綱鑑)의 일로 제생(諸生)들을 잡아서 옥에 가두어 죄를 의논하게 되어 당시의 책거간이 잡히지 않은 자가 없었는데 오직 조신선(曺神仙)만이 면하니 사람들은 모두 먼저 아는 감식(鑑識)이 있다고 했다.

이 옥사(獄事)의 심리(審理)가 끝나자 조신선(曺神仙)은 다시 세상에 나와서 1년여를 지나서 다시 그 마친 곳을 알 수 없었다. 〈불사 윤판서 치정담(不辭尹判書致定談)〉

이지광(李趾光)은 나무를 베고 발복(發福)했다

이지광(李趾光)은 전주(全州) 사람이니 양녕대군(讓寧大君)의 종손(宗孫)이다.

남대문 밖 관왕묘(關王廟) 건너편 언덕에 사는데 가세가 몹시 가난하여 생활해 나갈 방법이 없어서 천역(賤役)이라도 하려고 하는데, 어느날 행걸승(行乞僧)이 문에 와서 밥을 달라고 한다. 지광(趾光)이 불러들여 먹고 있던 죽의 절반을 나누어 주고 날이 이미 저물자 냉방에서 같이 잤는데 그 중은 주인을 몹시 덕이 있다고 생각하여 떠날 때 이르기를,

"내가 공의 기색(氣色)을 보니 항상 굶주려서 처량한데 내가 한 방법이 있어 공을 구원할 것이니 공은 능히 내 말을 듣고 믿겠는가?"

한다.

이에 지광(趾光)이 말하기를,

"궁(窮)하고 달(達)하는 것은 운명인데 그대에게 무슨 계책이 있어서 나를 건져주겠는가?"

하니 중은 말하기를,

"그렇지 않소. 일을 계획하는 것은 사람에게 있고 일을 이루는 것은 하늘에 있는 것이니 어찌 능히 뜻을 죽이고 일을 계획하지

않는단 말이오. 집 뒤의 단청(丹靑)한 집은 누구의 사당입니까?"
하니 대군(大君)의 사당이라고 한다.

이에 중은 말하기를,

"그렇다면 내일 사당 앞에 나무를 모두 베면 수일이 못되어 발
복(發福)할 것이오."

하고 말을 마치자 마침내 작별하고 가버린다. 지광(趾光)이 마음
으로 이상히 여겨 중의 말에 의하여 사당 앞의 나무를 다 베어버
렸더니 수일이 지난 후에 영조(英祖)가 헌릉(獻陵)에 거둥했다가
돌아오는 길에 관왕묘(關王廟)에 왔다가 하연대(下輦臺)에 거둥하
여 한 옛사당이 산기슭 사이에 퇴락(頹落)한 것을 바라보고 좌우
를 돌아보며 누구의 사당이냐고 물으니 승지(承旨)가 아뢰기를,

"이는 양녕대군(讓寧大君)의 사당 지덕사(至德祠)입니다."

했다.

임금이 말하기를,

"사손(祀孫)이 있느냐?"

하니 대답하기를,

"들으니 그 사손(祀孫)이 몹시 가난하고 또 궁해서 장차 천역
(賤役)으로 들어가려 한다고 합니다."

한다. 임금이 말하기를,

"그로 하여금 입시(入侍)하도록 하라."

한다. 이에 지광(趾光)이 다 떨어진 도포에 찢어진 두건 차림으로
나와서 앞에 엎드리자 임금은 그의 남루한 모습을 보고 측연히 여
겨 말하기를,

"네가 대군(大君)의 몇 대(代) 손자이냐?"

하니 대답하기를,

"십삼대 손(十三代孫)입니다."

한다.

이에 임금이 말하기를,

"만일 대군(大君)이 양위(讓位)를 하지 않았으면 내 자리가 곧
너의 자리이다."

하고 곧 명하여 녹용(錄用)하여 남부도사(南部都事)를 제수하고 승

지(承旨)를 보내어 대군(大君)의 사판(祠板)에 제사를 지내게 하고, 또 호조(戶曹)에 명해서 새롭게 중수(重修)하게 하고, 또 명하여 그 집에 돈과 곡식을 넉넉히 보내게 하니 지광(趾光)이 사은(謝恩)하고 물러갔다.

얼마 되지 않아 수령(守令)에게 승전(承傳)을 내려 벼슬이 목사(牧使)에 이르렀는데 잘 다스렸다고 이름이 났다. 지광(趾光)의 증손(曾孫) 승보(承輔)는 문과에 급제하여 판서(判書)가 되었고 승보(承輔)의 아들 근수(根秀)도 역시 문과에 급재하여 판서(判書)가 되어 대대로 부귀(富貴)를 누렸으니 죽 한 그릇의 덕으로 이와 같은 두터운 보답을 받았다. 〈문어기후손(聞於其後孫)〉

이정보(李鼎輔)가 이승(異僧)을 만나서 높이 출세(出世)하다

이정보(李鼎輔)는 연안(延安) 사람이니 자는 사수(士受)요 호는 삼연(三淵)이다.

젊었을 때 여러 번 과거에 떨어져서 낙척(落拓)하고 불우(不遇)했는데 일찍이 일이 있어 영남(嶺南)으로 가다가 죽산(竹山) 금량역(金良驛)을 지나는데 노소(老少) 두 중이 안동부사(安東府使)의 종에게 맞고 있다. 이공(李公)은 이것을 보고 민망히 여겨 청해서 면하게 해주었다.

이 때 해가 이미 저물어 그 중과 함께 역점(驛店)에서 자게 되었는데 부사(府使)도 역시 이웃 역점(驛店)에서 자고 있었다. 밤이 깊은 뒤에 나이 젊은 중이 갑자기 스스로 말하기를,

"저 소위 부사(府使)라는 자가 부임(赴任)도 하지 못하고 오늘 밤에 마땅히 이 역점(驛店)에서 폭사(暴死)할 것이니 도로에서 흉한 짓을 하는데 사람의 착하지 못한 것이 이와 같도다."

한다.

이 때 늙은 중이 급히 중지시켰는데 옆에 있던 사람은 모두 깊

히 잠들어서 알지 못했고 오직 정보(鼎輔)만은 잠들지 않고 듣고
있다가 그 말을 이상히 여겼더니 밤중이 되면서 한 마을이 시끄러
운데 안동부사(安東府使)가 어느 역점(驛店)에서 폭사(暴死)했다고
전한다.

이에 정보(鼎輔)는 크게 놀라서 비로소 두 중이 남다른 감식(鑑
識)이 있다는 것을 알고 즉시 중의 앞으로 가서 자신의 명수(命數)
를 묻자 늙은 중은 처음에는 강경하게 거절하더니 정보가 하도 몹
시 간절히 물으니 늙은 중은 노한 눈으로 젊은 중을 보면서 말하
기를,

"네가 망령되게 입술을 놀려서 나로 하여금 곤경을 당하게 하는
구나."

하고 이어서 말하기를,

"나는 이미 늙어서 정신이 희미하니 저 젊은 중에게 묻는 것이
좋겠소."

한다.

이 때 젊은 중은 한동안 움츠리고 있다가 말하기를,

"공의 소원은 과거에 급제하는 일이오. 그런데 과거에 급제하는
것이 눈깜짝할 사이에 있는데 이것을 버리고 영남(嶺南)에 가는
것은 무슨 까닭이오?"

한다. 그러나 정보(鼎輔)는 말하기를,

"정시(庭試)가 이미 지났는데 다시 무슨 과거가 있겠소."

한다.

이에 중은 말하기를,

"천기(天機)는 많이 누설할 수 없으니 공은 급히 서울로 돌아가
시오. 수일 안에 반드시 과거에 급제하여 벼슬이 판서(判書)에
이르고 마땅히 문형(文衡)을 맡게 될 것이오."

한다. 정보가 또 그 밖의 일을 물었으나 중은 다 말하려 하지 않
았다.

날이 밝자 두 중과 작별하고 급히 서울로 돌아오니 이미 황감과
(黃柑科)의 영이 내려 있었다. 드디어 이 과거에 급제하여 벼슬이
이조판서(吏曹判書)에 이르고 문형(文衡)을 맡았다. 〈청구야담(靑

이이장(李彝章)이 발꿈치 종기로 죽다

이이장(李彝章)은 한산(韓山) 사람이니 자는 군측(君則)이요 호는 수남(水南)이다. 영조(英祖) 기유(己酉)에 진사(進士)가 되고 을묘(乙卯)에 문과에 급제하여 벼슬이 대사헌(大司憲)에 이르고 시호는 충정(忠正)이다.

6세 때에 종부(從父)인 교관(敎官) 필흥(必興)에게서 사략(史略)을 배우다가 수인씨(燧人氏)[1]가 비로소 찬수(鑽燧)[2]했다는 데에 이르러 말하기를,

"수인씨(燧人氏) 이전에는 불이 없었습니까?"

하니 대답하기를,

"그렇다."

고 했다. 또 묻기를,

"만일 그렇다면 지황씨(地皇氏)는 화덕(火德)을 썼다고 했는데 이것은 무슨 불입니까?"

하자 종부(從父)는 그를 기이히 여겼다.

임오(壬午) 5월에 도승지(都承旨)가 되었는데 임금이 세자(世子)를 폐하는 전지(傳旨)를 쓰라고 명하자, 이장(彝章)은 울면서 말하기를,

"신(臣)의 팔뚝이 끊어질지언정 차마 신의 손으로는 쓸 수가 없습니다."

하니 임금이 말하기를,

"이와 같은 때에 이와 같은 신하가 있으니 이이장(李彝章)이 이 사람이다."

---

1) 燧人氏 : 태고(太古)의 제왕(帝王)의 이름. 불을 일으켜서 백성들에게 화식(火食)하는 법을 가르쳐 주었다 함.
2) 鑽燧 : 나무를 송곳으로 뚫어 그 마찰하는 힘으로 불을 일으킴.

했다. 〈비명(碑銘)〉

　일찍이 조판서(趙判書) 엄(曮)과는 사이좋게 사귀었는데 어느 날 갑자기 급한 종기가 있어 급히 사람을 시켜 엄(曮)을 청하자 이 때 엄(曮)이 마침 일이 있어서 그 아들 진관(鎭寬)을 대신 보냈다. 이장(彝章)이 말하기를,

　"내가 존대인(尊大人)과 결별(訣別)하려 하는데 어찌 한 번 만나 보기를 아끼는가?"

하니 진관(鎭寬)은 놀라서 그 까닭을 묻는다.

　이장(彝章)의 말은 이러했다.

　내가 일찍이 암행어사(暗行御史)로서 합천(陜川) 해인사(海印寺)에서 자는데 짐꾼 수십 명이 한 곳에 모여서 밤새 떠들면서 이야기 하다가 그 중 한 사람이 갑자기 말하기를,

　"곽란에 걸려서 사지(四肢)를 뒤틀고 죽으려 한다."

하자 여러 사람이 모두 말하기를,

　"아모가 바야흐로 취해서 부엌 아래 누워 있으니 급히 와서 진찰하도록 청하라."

한다. 이에 즉시 가보더니 한 술취한 사람과 같이 왔는데 그 사람이 진맥(診脈)하고 물러앉았더니 말하기를,

　"걱정할 것 없소. 조금 있으면 크게 설사를 하고 곧 나을 것이오."

한다. 이윽고 병자는 과연 크게 설사를 하고 동작(動作)이 평상시와 같았다.

　나는 몹시 신이(神異)하게 여겨 밤이 깊기를 기다려 부엌 아래에 이르니 그 때는 몹시 더운 때인데 그 사람은 맨몸으로 돌을 베고 깊이 잠들어 있었다. 나는 그를 흔들어 깨워가지고 청하기를,

　"아까 그대가 진맥(診脈)하는 것을 보니 참으로 신의(神醫)였소. 나도 또한 고질(痼疾)이 있으니 그대는 청컨대 나를 위하여 한 번 진맥(診脈)해 보고 신이(神異)한 약을 주시오."

하자 그 사람은 별로 사양하는 기색 없이 나를 진맥(診脈)하다가 한참 동안 익히 보더니 갑자기 몸을 일으켜 절을 하고 말하기를,

　"소인(小人)이 존안(尊顔)을 몰라뵙고 죄를 얻었습니다. 공은 어

사(御史)가 아니십니까?"

한다.

이에 나는 그 아는 것이 신(神)과 같은 것에 놀라서 능히 그를 속이지 못하여 사실대로 대답하고 나서, 나의 평생 신수(身數)를 보아주기를 원하자 그 사람은 주머니 속에서 지필(紙筆)을 꺼내더니 두루 긴 글을 써서 주면서 말하기를,

"이것이 공의 평생 신수인데 어느 해에는 재상이 되고, 어느 해에 계급이 오르고, 어느 해에는 중복(重服)을 당하고, 어느 해에 마땅히 수립(樹立)하는 일이 있을 것이오."

했는데, 임오(壬午) 여름의 일을 가리킨 것이었다. 계속해서 이르기를,

"이로부터 벼슬길이 좀 시원치 않다가 아모 해에 이르러 오른쪽 발꿈치에 종기가 날 것인데 이것은 위험한 증세로서 필시 고치지 못할 것이니, 이 일만 넘어가면 벼슬이 마땅히 우상(右相)에 이를 것이오."

한다. 내가 말하기를,

"그 종기는 또한 구원할 방법이 없습니까?"

하자 그 사람은 말하기를,

"비록 마땅히 쓸 약이 있기는 하지만 지키기 어려울 것이오."

하고 드디어 치료하는 방법을 써주었는데 날이 밝기를 기다려 가보았더니 어디로 갔는지 알 수 없었다.

나는 복명(復命)한 뒤에 그 처방(處方)을 깊이 행담에 감추어 두고 또한 마음 속에 항상 기억해 두었었는데 그 후에 지난 일이 과연 그 말과 같아서 조금도 착오가 없더니 이제 오른쪽 발꿈치에 종기가 났는데 이것이 곧 그 사람이 말한 모년(某年) 모월일(某月日)이었다. 이에 급히 행담 속을 찾아보았으나 그 방문(方文)을 볼 수가 없고 또 평일(平日)에 기억했던 것도 이제 갑자기 생각이 나지 않으니 이는 그 운명이 아니겠는가.

여기까지 말하고 그는 말하기를,

"이런 일이 있었기 때문에 대인(大人)과 영결(永訣)하려는 것이다."

한다. 이에 진관(鎭寬)이 즉시 돌아가서 고하므로 엄(曮)이 급히 가보니 부종(浮腫)이 이미 배에까지 올라가서 구원할 수가 없었다. 〈심운가담(沈雲稼談)〉

유진항(柳鎭恒)이 사람을 살리고 보답(報答)을 받다

유진항(柳鎭恒)은 진주(晋州) 사람이니 충경공(忠景公) 형(珩)의 육세손(六世孫)이다. 젊었을 때 선전관(宣傳官)으로 입직(入直)했었는데 이 해는 곧 영조(英祖) 정축(丁丑)이었다. 크게 흉년이 들어 임금이 계주문(戒酒文)을 짓고 태묘(太廟)에 영을 내려 또한 제사에 현주(玄酒)를 쓰게 했는데 대사간(大司諫) 남태회(南泰會)가 아뢰기를 남병사(南兵使) 윤구연(尹九淵)이 주금(酒禁)을 범했다 하여 잡아다가 남문(南門) 밖에서 효시(梟示)했다.

(처음에 구연(九淵)이 운명을 묻자 삼남(三南)에 끝난다는 말이 있더니 이 때에 이르러 남병사(南兵使)가 남(南)의 아룀으로 인해서 남문(南門) 밖에서 죽으니 그 말이 과연 맞았다.)

어느날 밤이 깊었는데 갑자기 선전관(宣傳官)이 입시(入侍)하라는 명령이 있어 진항(鎭恒)이 달려 들어가자 임금이 상방검(尙方劍)[1]을 주면서 하교하기를,

"요새 들으니 동촌(東村)의 한 양반집에서 비밀히 스스로 술을 빚어서 많은 이익을 취한다고 하니 가서 조사해 보아서 이 칼로 그 사람을 베어 가지고 오라. 그렇지 않으면 반드시 이 칼로 네 머리를 끊으리라."

했다.

진항(鎭恒)은 부복하고 하교를 듣고 나서 황공하게 물러나와 스스로 생각했으나 계책이 생기지 않아서 정히 번민하고 있다가 갑자기 그전에 사귀던 기생 하나가 이화정(梨花亭) 가에 산다는 것을 생각하고 석양을 타고 말에 돈과 비단을 싣고 그 문을 두드려

1) 尙方劍 : 임금이 차는 칼.

자 기생은 기꺼이 나와 맞는다.

함께 정의를 풀고 밤이 깊은 뒤에 손을 잡고 자리에 들었다가 이튿날 아침에 후하게 금과 비단을 주니 기생은 몹시 기뻐하여 대접하기를 더욱 친밀히 한다. 둘째 밤에 더욱 몹시 친밀히 굴자 진항(鎭恒)은 거짓 괴로운 모습을 하면서 몸을 뒤척이고 부르짖어 당장 숨이 끊어지는 시늉을 했다. 기생이 황망히 그 병을 묻자 진항(鎭恒)은 말하기를,

"내가 본래 담적(痰積)을 앓아서 한번 아프기 시작하면 참을 수가 없어서 이와 같이 위독하다."

한다.

기생이 말하기를,

"그러면 무슨 상복(常服)하는 약이 없습니까?"

하자 진항(鎭恒)은 더욱 고통스러워 하면서 말하기를,

"내 명이 다했나 보다. 옛날에 이 병이 생기면 백 가지 약이 효력이 없고 의원의 말에 이 병은 뿌리를 뽑을 수가 없고 병이 발작할 때 약주(藥酒) 한 잔을 마시면 아픔이 그친다고 해서 내가 여러 번 시험하여 효험이 있었지만 금주령(禁酒令)이 지극히 엄한 이 때에 어떻게 한 잔의 술을 얻어서 잠깐 사이의 목숨을 건질 수가 있겠느냐."

했다.

그러나 기생은 말하기를,

"하늘이 무너져도 솟아날 구멍이 있는 법이니 어찌 되는 도리가 없겠습니까. 제가 마땅히 도모해 보겠습니다."

하고 드디어 조그만 병을 치마 속에 차고 문을 나간다. 진항(鎭恒)이 가만히 일어나 칼을 소매 속에 숨기고 뒤를 따라가니 기생은 산기슭 밑의 첫번째 집에 이르러 거적문을 걷고 들어가더니 조금 있다가 술을 사가지고 나온다.

진항이 그 병을 빼앗고 방으로 쳐들어가니 한 소년(小年)이 등잔불을 돋우고 조용히 앉아서 책상 앞에서 글을 읽고 있었다. 진항이 분연(奮然)히 칼을 빼면서 말하기를,

"나는 선전관(宣傳官)이다. 그대의 집에서 비밀히 술을 빚어 금

법(禁法)을 범했으므로 어명(御命)을 받들어 그대의 머리를 베러 왔다. 그대는 윤구연(尹九淵)의 죽음을 알지 못하느냐?"

하니 소년은 놀라 일어나서 애걸(哀乞)하기를,

"집에 늙은 어머니가 있고 기한(飢寒)을 못 견디어서 구차히 쇠 잔한 목숨을 이어가느라고 이런 범법(犯法)을 했사오니 국법(國 法)을 어찌 도망할 수 있겠습니까. 그러나 청컨대 늙은 어머니 를 한 번 뵙고 죽으면 남는 한이 없겠습니다."

한다.

진항이 그 정상을 불쌍히 여겨 이를 허락하자 소년은 창황히 안 으로 들어가더니 이윽고 곡성(哭聲)이 진동하면서 그 어머니와 그 자부(子婦)가 문을 밀고 뛰어 나오더니 진항에게 절하고 말하기를,

"내가 기한(飢寒)을 못 이겨서 수일 동안의 남은 목숨을 연장하 려고 늙은 몸이 실상 법을 범한 것이오. 이 아이는 알지 못하는 일이니 청컨대 이 늙은 몸을 베소서."

한다.

젊은 머느리가 또 곡(哭)하기를,

"술을 빚는 일은 제가 한 것이요 시어머니나 남편은 실상 알지 못하는 일이오니 원컨대 내 머리를 베시옵소서."

한다. 그러나 소년은 말하기를,

"내가 남자가 되어 모든 집안일을 알지 못하는 것이 없는데 이 미 법을 범하고 어찌 늙은 어머니나 약한 아내에게 미루겠습니 까. 청컨대 속히 나를 베어주시옵소서."

하고 세 사람이 한 덩어리가 되어 서로 죽기를 다툰다.

진항이 이러한 광경을 보고 처량함을 이기지 못하여 이에 분연 (奮然)히 술병을 깨뜨리고 일어나면서 말하기를,

"내가 차라리 이 칼로 죽을지언정 어찌 차마 이런 잔인한 일을 하랴."

하고 드디어 문을 나서서 가니 일의 기한이 찼다. 대궐로 들어가 탑전(榻前)에 엎드려 말하기를,

"신(臣)이 명령을 받자옵고 동촌(東村)에 이르러서 여러 곳에 비 밀히 물어보았사오나 금령(禁令)이 지극히 엄해서 비밀히 술을

빚는 자가 없사옵기로 이 칼을 도로 올리고 죽기를 청하나이다."
했다.

이에 임금이 몹시 노하여 말하기를,

"네 머리가 어디 있느냐?"

하자 진항은 부복하고 아무 말도 없으니 한참 후에 임금이 명하여 세 갑절로 빨리 보내서 제주(濟州)에 위리안치(圍籬安置)하라 했다가 수년 후에 귀양을 풀어서 낙척(落拓)한 지 1년여 만에 겨우 복직(復職)하여 강령현감(康翎縣監)이 되었는데 그 고을에 있은 지 수년 동안에 제 몸만 살찌워서 고을이 시끄러웠다.

어느날 암행어사(暗行御史)가 그 사나운 정치를 듣고 강령(康翎)에 출도(出道)하여 동헌(東軒)에 앉았는데, 수향(首鄕)·수리(首吏)·창색(倉色)·극리(廚吏)를 모두 잡아들여서 형구(刑具)를 크게 벌이고 위엄이 서리와 눈과 같이 엄했다.

이 때 진항이 문득으로 엿보니 어사(御史)는 곧 옛날 동촌(東村)에 있던 유생(儒生)이다. 이에 뵙기를 청하니 어사(御史)는 마음 속으로 해괴히 여겨 대답하지 않고 말하기를,

"본관(本官)이 어찌 감히 보기를 청하는가. 가위 염치가 없는 사람이로다."

한다. 이 때 진항이 바로 들어가서 절하여 뵙고 말하기를,

"사또(使道)께서 본관(本官)을 모르십니까?"

하자, 어사(御史)는 정색(正色)하고 단정히 앉아서 말하기를,

"내가 어떻게 본관(本官)을 안단 말인가?"

한다.

진항이 말하기를,

"귀택(貴宅)이 일찍이 동촌(東村) 어느 마을에 있지 않았습니까?"

하자 어사는 놀라고 의아해서 말하기를,

"어찌해서 묻는 말인가?"

한다. 진항이 말하기를,

"모년(某年) 모일(某日) 밤에 임금의 명령을 받고 갔던 선전관(宣傳官)을 기억하십니까?"

하자 대답하기를,

"과연 기억한다."

한다. 이에 진항은 말하기를,

"본관(本官)이 바로 그 사람입니다."

하자 어사(御史)는 익히 그를 보다가 벌떡 일어나더니 그의 옷소매를 잡고 울면서 말하기를,

"그대는 나에게 재생(再生)의 은혜가 있는데 어찌 오늘 이곳에서 만날 줄 뜻했으리요. 이는 황천(皇天)이 지시한 것이니 어찌 기이한 인연이 아니겠는가?"

하고, 즉시 여러 죄인을 석방하고 잔치를 열어 음악을 갖추어 밤새 이야기하다가 이내 잘 다스렸다고 칭찬해 아뢰었다.

이에 임금은 가상히 여겨 진항(鎭恒)을 삭주부사(朔州府使)로 승진시켰다. 그 후로 어사(御史)는 벼슬이 상국(相國)에 이르니 그 일이 한 세상의 아름다운 일이 되었다. 이 때문에 진항은 쉽게 벼슬이 승진되어 통제사(統制使)에 올랐는데 그 대신(大臣)의 이름은 잊었다. 〈이원명저 동야휘집(李源命著東野彙輯)〉

이술원(李述源)이 눈과 코가 다 떨어졌는데도 꾸짖는 말이 입에서 그치지 않다

이술원(李述源)은 연안(延安) 사람이니 자는 선숙(善叔)이요 호는 화촌(和村)이니 부사(府使) 중길(重吉)의 손자이다.

영조(英祖) 무신(戊申)에 거창좌수(居昌座首)가 되었는데 동계(桐溪) 정온(鄭蘊)의 종손(宗孫) 희량(希亮)이 처음에는 명조(名祖)의 자손으로서 학행(學行)이 있다고 일컬어져서 자못 영남(嶺南)에서 이름이 있던 자였다. 그러나 그 어미 아비를 잡아먹는 성품으로 감히 하늘을 쏠 계획을 내어 군사를 일으켜 이인좌(李麟佐)에게 호응하여 먼저 흉악한 격문(檄文)을 띄워 거창(居昌)으로 진병(進兵)해 나갔다. 이 때 현감(縣監) 신정모(申正模)가 술원(述源)을 공조(工曹)에 추천했는데 이튿날 적에게 결박당하자 술원(述源)은 분해

서 꾸짖기를,

"네가 명조(名祖)의 자손으로 때마다 나라의 은혜를 입어왔는데 나라에서 너에게 무엇을 잘못했기에 이런 일을 하느냐?"

했다.

이 때 적이 노하여 칼로 치자 눈과 코가 떨어졌으나 꾸짖는 말이 입에서 그치지 않다가 죽었다. 이미 그 아들 우방(遇芳)이 그 시체를 거두어다가 염습해서 침류정(枕流亭)에 안치하고 곡(哭)하기를,

"아버지의 원수를 갚지 못했으니 내가 어찌 살랴."

하고 그대로 백의(白衣)로 군사를 일으켜 적과 우두령(牛頭嶺) 밑에서 싸우는데 우방(遇芳)이 앞장서서 힘껏 싸우다가 밤에 언덕에 올라가 외치기를,

"거창(居昌)에 사는 사람은 내 말을 들어라. 너희들이 만일 나라의 적을 따르면 금시에 죽을 것이오, 너희들 중에 만일 적을 묶어다가 우리 진(陣)에 넘기는 자가 있으면 먼저 죄를 용서해 주고 녹훈(錄勳)하겠다."

고 돌아다니면서 소리치자 군교(郡校) 두어 사람이 마침 적진(賊陣)에 있다가 밤에 희량(希亮)을 결박해다가 진중(陣中)에 넘겼다.

이에 여러 사람이 의논하기를 가두어서 서울로 보내는 것이 옳다고 했으나 우방(遇芳)은 울면서 말하기를,

"아비를 죽인 원수와 어찌 한때인들 함께 하늘 밑에 있는단 말이냐."

하고 칼로 그 배를 가르고 간(肝)을 꺼내서 아비의 관(棺) 앞에 제사지냈다.

이 사실이 위에 알려지자 임금이 탄식하기를,

"술원(述源)이 능히 안고경(顔杲卿)의 일을 행했도다."

하고 집의(執義)를 증직(贈職)하고 정려(旌閭)를 내렸으며 본군(本郡) 웅양면(熊陽面)에 사당을 세우고 포충(褒忠)이라 사액(賜額)했다. 우방(遇芳)은 승전(承傳)으로 서사(筮仕)하여 벼슬이 현감(縣監)에 이르렀다. 〈무신기사(戊申紀事)〉

이사성(李思晟)이 막비(幕裨)로 인(因)해서
한 아들을 보존했다

이사성(李思晟)은 무신(戊申)의 적당(賊黨)이다. 온당치 못한 뜻
이 있어서 평안병사(平安兵使)를 구하여 장차 떠나는데 당시 재상
들이 다투어 막비(幕裨)를 추천하자 사성(思晟)은 사람을 고르기가
어려워 모두 추후(追後)해서 영중(營中)으로 보내게 했으니 이는
자기가 사람을 골라서 쓰려는 것이었다.

영(營)에 이르자 추천된 자들이 모두 모였는데 차례로 그들에
게 물어보니 각각 천거한 사람을 말하는데 모두 당시 세상의 유력
한 재상들이었다. 그런데 홀로 뒤에 한 사람이 말하기를,

"저는 가난하고 또 천해서 실로 힘써 줄 사람이 없어서 스스로
천거하여 왔습니다."

한다.

사성(思晟)이 익히 보다가 말하기를,

"모생(毛生)[1]의 스스로 천거한 것이 참으로 좋다."

하고 드디어 그 사람으로 호비(戶裨)를 삼아 오래 두고 살폈더니
자못 일처리하는 국량(局量)에 있어서 일마다 이치에 맞으므로 계
속하여 신임(信任)하기를 수족같이 여겼다.

그 뒤에 인좌(麟佐)의 모역(謀逆)에 이르러 여러 번 적초(賊招)에
나오므로 왕부(王府)로부터 금부도사(禁府都事)를 보내서 잡아오라
하니, 여러 막비(幕裨)들이 이 소식을 듣고 서로 비밀히 도망해 갔
으나 홀로 호비(戶裨)만은 그대로 있다가 밤에 사성(思晟)에게 묻
기를,

1) 毛生: 전국시대 조(趙)나라 평원군(平原君)의 식객(食客). 진(秦)나라가
조(趙)나라를 쳤을 때 자천(自薦)하여 평원군(平原君)을 따라 초(楚)나라
에 가서 안검(按劍)하고 초왕(楚王)을 위협하여 합종(合從)의 협약을 맺
게 함.

"이제 들으니 잡으라는 명령이 장차 이른다고 하는데 공은 과연
죄를 범한 일이 있습니까?"
하자 사성(思晟)은 말하기를,
"있다."
고 한다. 호비(戶裨)가 말하기를,
"그렇다면 공은 장차 죽을 것인데 후에 혹시 신원(伸寃)할 길이
있습니까?"
했으나 사성(思晟)은 말하기를,
"이 역시 어렵다."
한다.
이에 호비(戶裨)는 말하기를,
"그렇다면 공은 과연 역적이시오. 그렇다면 남아(男兒)가 천지
사이에 나서 어찌 손을 묶고 결박을 당하여 앉아서 죽음을 기
다린단 말이요. 이 영(營)이 비록 적으나 그래도 표하(標下)에
6백여 명이 있으니 도사(都事)가 영(營)에 도착하기를 기다려
먼저 그 머리를 베고 군사를 일으켜 동쪽을 향하여 바로 서울
을 범하면 서남쪽이 호익해서 여러 고을이 마땅히 바람을 따라
서 쓸릴 것이니 공의 뜻이 어떠하십니까?"
했다.
그러나 사성(思晟)은 말하기를,
"힘이 적고 담(膽)이 약해서 능히 그런 일을 행할 수 없으니 차
라리 앉아서 죽을 수밖에 없다."
고 한다. 이에 호비(戶裨)가 말하기를,
"슬프도다, 공이시여! 내가 공을 위해서 계획할 수가 없도다. 그
러나 내가 공에게 은혜를 받은 것이 많으니 마땅히 공을 위하여
한 아들을 보존해 드리겠습니다."
하고 드디어 그 어린 아들을 업고 밤을 틈 타서 문을 나가 간 곳을
알 수 없었으니 당시 역적의 집에 오직 사성(思晟)의 아들만이 그
목숨을 보존했다고 한다. 〈이원명저 동야휘집(李源命著東野彙輯)〉

임명태(任命台)가 도깨비를 거꾸러뜨리고 다리를 지나다

임명태(任命台)는 풍천(豊川) 사람이니 자는 응삼(應三)이요 호는 서파(西波)이다. 숙종(肅宗) 갑오(甲午)에 생원(生員)이 되고 영조(英祖) 병오(丙午)에 문과에 급제했다. 문장과 명필(名筆)로 세상의 추앙(推仰)을 받았다.

6세 때에 시(詩)를 짓기를,

"규구(規矩)[1]"는 모나고 둥근 것에 맡기고 해와 달은 음양(陰陽)이 나뉘었네. 나라 다스리는 것은 백성 편안한 것에 있고, 임금이 밝은 것은 신하가 어진 것에 달려 있네. (規矩任方圓 日月分陰陽 國治在民晏 君明繫臣良)"

했다.

풍의(風議)가 헌앙(軒昂)하고 많은 사람 중에 힘이 뛰어나서 영조(英祖) 무신(戊申)의 난리에 안동(安東)에서 의병(義兵)을 일으키는데 천거되어 장수가 되었다.

그가 사는 집 앞 춘양평(春陽坪)은 곧 수천 두락(斗落)이 되는 큰 들로서 그 물을 대는 입구(入口)에 광석교(廣石橋)가 있는데 옛날에 물방아가 걸려 있던 곳이다. 만일 날이 흐리거나 밤이 깊은 때에 한두 사람의 행인이 이 다리를 지나면 문득 외다리에서 도깨비를 만나 도깨비가 행패를 부려서 심지어 목숨을 상하는 자까지 많았다.

공이 젊었을 때 어느 비내린 다음날에 나막신을 신고 건너 마을 권태경(權泰卿)의 집에 가서 놀다가 밤에 이 다리에 이르자 과연 커다란 도깨비 하나가 노한 눈으로 앞을 가로막는다. 공이 힘을 내어 서로 다투다가 그 허리를 껴안고 자빠지니 소리가 울려 골짜기가 응한다. 이에 천천히 걸어서 집으로 돌아갔다가 이튿날 아침에

---

1) 規矩 : 정규(定規)와 자.

가보니 옛날에 쓰던 물방아가 허리가 부러진 채 자빠져 있으므로 보는 자가 놀라고 탄식하지 않는 자가 없었다. 그런 뒤로는 도깨비의 장난이 영구히 없어져서 밤에 다니는 데에 아무런 근심이 없이 왕래하고 있으니 그곳에 사는 사람들이 지금까지 전해가면서 칭송하고 있다.

성환 도찰방(成歡道察訪)이 되었다가 벼슬이 바뀌어 돌아오다 죽령(竹嶺)에 이르니 이 때는 곧 섣달의 혹한(酷寒)이어서 길이 얼어서 소와 말이 달리기가 어렵자 공은 그가 탔던 큰 말을 들고 고개를 넘으니 길가던 사람들이 눈을 크게 하고 서로 돌아다보았다. 〈행장(行狀)〉

《正祖朝》

정홍택(鄭弘澤)이 육상궁(毓祥宮)의 문터를 깎아 뭉개다

정홍택(鄭弘澤)은 동래(東萊) 사람이니 자는 외중(毅仲)이요 호는 호천(瓠泉)이다. 영조(英祖) 을축(乙丑)에 문과에 급제했다. 공은 항상 두 개의 입모(笠帽)를 가지고 다녔는데 하나는 비에 대비(待備)하는 것이요 하나는 남을 위해서 준비하는 것이었다.

아직 과거에 급제하지 못했을 때 영조(英祖)가 동구릉(東九陵)에 거둥하는데 공이 동대문 밖에 나가서 구경하다가 대가(大駕)가 환궁(還宮)한 뒤에 구경하던 사람들이 각각 돌아가는데 마침 비가 내리는 중에 옆에 있는 한 사람이 입모(笠帽)가 없어서 탄식하고 있었다. 이에 공은 입모(笠帽) 하나를 주어 동행(同行)해 가다가 회동(會洞) 병문(屛門)에 이르러 입모를 돌려달라고 청했으나 그 사람은 말하기를,

"비가 아직 개이지 않았으니 내일 마땅히 그대의 집으로 돌려주겠소."

했다. 공은 회동(會洞) 몇째 집이라고 자세히 가르쳐주고 나서 공은 또 그가 전해주지 않을까 걱정하여 그 사람의 사는 곳을 물었더니, 그는 남문(南門) 밖 아모 동리라고 했다.

그러나 이튿날 그 사람이 오지 않았기 때문에 즉시 그 집에 가서 찾아온 일이 있었다. 그 후 20여 년이 지나 공이 호조판서(戶曹判書)가 되었는데 좌랑(佐郞) 하나가 새로 임명되어 뵈오러 왔다. 공이 익히 보다가 말하기를,

"그대가 옛날 동구릉(東九陵)에 임금이 거둥하실 때 나에게 입

모(笠帽)를 빌려갔었는데 나를 기억하지 못하는가 ? ”

하자 그 사람은 익히 생각하다가 놀라서 말하기를,

　“과연 그렇습니다. ”

한다. 그러나 공은 말하기를,

　“그대가 입모(笠帽)를 돌려주지 않았으니 그 무신(無信)함을 알 수가 있다. 어찌 국가의 명기(名器)를 차지하겠는가. 즉시 사직(辭職)하는 것이 옳다. ”

하여 그 사람은 마침내 벼슬에 나가지 못했다.

　영조(英祖)는 성효(誠孝)가 천성(天性)에서 나와서 육상궁(毓祥宮)을 세우는데 공은 이 때 호조판서(戶曹判書)였다. 임금이 하교하기를, 문 만드는 것을 한결같어 종묘(宗廟)와 같이 하라고 했다. 공이 터를 닦고 문을 세우는데 지세(地勢)가 낮고 문도 또한 높지 않았다. 공사가 끝난 후에 임금이 거둥하여 문의 모양을 보니 몹시 낮아서 종묘(宗廟)와 같지 않았다. 이에 급히 호조판서(戶曹判書)를 불러 하교하기를,

　“문모양이 종묘에 비해서 몹시 낮으니 경(卿)이 어찌 감히 내 뜻을 거스르는가. ”

하자 홍택(弘澤)은 부복하고 말하기를,

　“전하께서는 급히 근시(近侍)를 시켜 종묘(宗廟)에 달려가서 재어가지고 비교하게 하소서. ”

한다. 이에 종묘와 비교해서 차이가 없자 임금의 노여움이 비로소 개었다.

　공이 호조판서(戶曹判書)로서 예조판서(禮曹判書)를 겸했는데 장헌세자(莊獻世子)의 초상에 초종 범절(初終凡節)을 몹시 풍후(豊厚)하게 하기에 애쓰고 옷과 이불로부터 악모(握帽)·띠와 신의 미세(微細)한 물건에 이르기까지 각각 한 조각씩 베어서 그 때 쓸 문부(文簿)와 함께 단단한 궤 속에 넣고서 조심하여 봉함(封函)하고 신실(信實)한 조리(曹吏)에게 이르기를,

　“이 궤를 깊이 감추어두라. 그렇지 않으면 큰 화가 있으리라. ”

하고 그 궤를 여는 열쇠는 공이 항상 가지고 있었다.

　정묘(正廟)가 즉위하자 그 이듬해인 무술(戊戌)에 임금이 그 당시

의 초상과 장례의 후하고 박했던 것을 알고자 하여 그 때의 예조판
서(禮曹判書)가 누구냐고 묻자 좌우가 말하기를, 정홍택(鄭弘澤)이
라고 한다. 임금의 생각에 초상과 장사에 만일 터럭만큼이라도 박
하고 소루한 점이 있으면 즉시 국문해서 죽이리라 하여 즉시 홍택
(弘澤)을 불러오게 하여 묻자 홍택은 즉시 조리(曹吏)를 시켜 궤를 지고
대궐 뜰로 들어오게 하여 임금 앞에서 열어 보이자 임금이 일일이
조사해 보니 물자(物資)도 풍후(豊厚)하고 예(禮)에도 흠이 없었다.
이에 임금은 크게 칭찬하고 즉시 우상(右相)으로 승진시켰다.

공이 깨진 돈이 한 푼(分) 있었는데 사람을 시켜 녹여 합쳤는데
그 공조(工曹)가 돈 2푼이 들었다. 어떤 사람이 묻기를,

"2푼의 돈을 들여서 한 푼의 돈을 얻는다면 오히려 손해입니다.
공은 어째서 이렇게 하십니까?"

한다. 그러나 공은 말하기를,

"나는 한 푼을 손해보았지만 국가로 보면 한 푼이 이익이니 어
찌 공익(公益)이 되지 않겠는가."

하니 사람들이 그 넓은 도량에 탄복했다.

공이 딸이 있어서 장차 시집을 보내려는데 그 부인에게 묻기를,
"포백(布帛)과 돈이 얼마나 들겠는가?"

하자 대답하기를,

"8백냥은 필요합니다."

했다. 또 묻기를 잔치 비용은 얼마나 들겠느냐고 묻자 4백이 필요
하다고 했다. 이에 공은 그 때에 준비해 주겠다고 했다. 그러나
혼인날이 되어도 포백(布帛)이 오지 않자 공은 말하기를,

"내가 이미 저자 사람에게 부탁했는데 저자 사람이 좇지 않으니
내가 정승의 자리에 있으면서 어찌 이 일을 가지고 상인(商人)
을 죄주겠는가. 차라리 전에 입던 옷을 빨아 입혀 시집보내는
것이 옳다."

고 했다.

혼인날이 하루가 남았는데 잔치에 쓸 음식이 오지 않자 공은 말
하기를,

"저자 사람이 또 내가 요구하는 것을 들어주지 않으니 차라리

사람을 시켜 가서 사오는 것만 못하다. 간략히 술과 안주를 준
비하도록 하오."

하니 부인은 하는 수 없이 이 말을 좇았다. 그 사위도 역시 이름
있는 재상의 아들인데 그 장인이 지나치게 인색한 것을 이상히 여
겨 어느날 아침에 가보았더니 마침 비가 내리는데 공은 삿갓과 나
막신을 주면서 말하기를,

"너는 네 집에 돌아가서 먹도록 해라. 나는 준비한 밥이 없고
너는 이미 지어놓은 밥이 있으니 이미 지어놓은 밥을 버리고 준
비가 없는 밥을 기다릴 것이 없다."

하니 사위는 원망하고 돌아가서 이로부터 끊고 가지 않았다.

두어 해가 지난 뒤에 홍택(弘澤)이 불러도 오지 않자 드디어 그
아버지에게 편지하여 사위와 딸을 데리고 오도록 했다. 서로 인사
가 끝난 뒤에 그들을 데리고 뒤뜰로 가니 조그만 집이 하나 있는
데 정원(庭園)이 깊고 아늑하며 방과 마루가 정결하고 기구(器具)
도 완전히 갖추어져 있다. 공은 말하기를,

"옛날에 네가 시집갈 때 너의 어머니에게 혼수(婚需)에 들 비용
을 물었더니 천2백 냥이 든다고 말했다. 그러나 어찌 이 큰 돈
을 필요없는 비용에 소비해서 한갓 남이 보는 것에 장식한단 말
이냐. 나는 그 돈으로 매년 이자를 불려서 이 집을 짓고 또 시
골에 땅을 사서 해마다 수백 가마니를 수확하여 몸이 마치도록
배고프지 않을 것이니 네가 여기서 살도록 하라."

했다.

공이 평안감사(平安監司)가 되었을 때 수청(守廳) 기생이 공이
안에 들어간 틈을 타서 상자 속에서 담배를 조금 꺼내다가 피웠는
데 공은 본래 일을 잘 독촉하는 터라, 돌아와서 기생에게 호되게
매 30대를 때렸다. 그 후에 동인(通引) 등이 공이 없는 틈을 타서
장난하다 다투어 체경(體鏡)을 깨뜨리니 통인들은 전일 기생이 매
맞던 일을 생각하여 겁을 내어 도망갔다.

공이 돌아와 보니 거울은 깨어지고 사람은 없어서, 감영(監營)
하인을 시켜 다 불러다가 따뜻하게 타이르고 각각 거울 한 조각씩
나누어주고 그대로 죄주지 않았다. 이에 막비(幕裨)가 말하기를,

"지금의 겨울 하나가 먼젓번의 담배보다 소중하온데 먼저에는 죄를 주시고 이번에는 죄를 주지 않으시는 것은 무슨 까닭입니까?"

했다. 이에 공은 말하기를,

"기생은 일부러 범한 것이요 지금은 우연히 한 일이니 무슨 죄가 있단 말이냐."

했다.

공이 호조판서(戶曹判書)가 된 지 10년 동안에 나라의 재물은 비록 송곳 같은 작은 물건이라도 반드시 스스로 친히 보살펴 국고(國庫)가 가득히 넘쳤다. 정승이 된 뒤에 그 집을 수리하는데 공인(工人)과 공임(工賃)을 가지고 다투자 자제(子弟)들이 이를 민망히 여겨 말하기를,

"아버님께서 몸이 정승의 자리에 계시면서 천공(賤工)과 돈을 가지고 다투시니 체면을 잃는 것이 아닙니까."

하자 공은 말하기를,

"그렇지 않다. 나라의 정승은 한 나라의 의표(儀表)인데 내가 공임(工賃)을 많이 준다면 반드시 나라의 예(例)가 되어 소민(小民)들이 곤란을 받게 될 것이다."

했다. 〈규당 정성국 범조담(葵堂鄭相國範朝談)〉

양완(梁浣)이 한산도(閑山島)의 수렵(獸獵)을 방보(防報)[1]하다

양완(梁浣)은 남원(南原) 사람이니 무과(武科)에 급제하여 벼슬이 수사(水使)에 이르렀다. 일찍이 거제부사(巨濟府使)가 되었는데 이 때 통사(統使) 이득제(李得濟)가 장차 한산도(閑山島)에 나가 사냥하려고 군정(軍丁)을 내라고 하자 완(浣)은 이르기를,

"농사일이 바야흐로 바쁜데 백성을 부리는 것이 마땅치 않다."

하고 방보(防報)를 몹시 굳게 올렸는데 그 보사(報辭)에 말하기를,

"장수는 군막(軍幕)을 나가지 않는 것이요 군사는 행오(行伍)를 떠나지 않는 법인데, 이제 대장(大將)이 범사냥을 한다는 말로 한산도(閑山島)에서 군사를 모집하여 본부(本府)로 하여금 음식을 대접하게 하니 그 뜻이 장차 어쩌하자는 것인가?"
했다.

득제(得濟)가 그 보사(報辭)를 보고 크게 뉘우쳐 깨닫고 급히 사사로운 글을 봉해 보내면서 무수히 사과하니 이로부터 한산도(閑山島)에 짐승사냥의 폐해가 드디어 없어졌다. 〈행장(行狀)〉

이성원(李性源)이 돌에 새기다가 안경을 깨뜨리다

이성원(李性源)은 연안(延安) 사람이니 자는 선지(善之)요 호는 조은(湖隱)이다. 영조(英祖) 계미(癸未)에 진사(進士)가 되고 무신(戊申)에 문과에 급제하고 병술(丙戌)에 중시(重試)에 장원으로 급제했다.

강원관찰사(江原觀察使)가 되어 순행하는 길에 풍악(楓嶽) 길로 들어가 구룡연(九龍淵)에 이르러 이름을 쓰려고 하는데 돌 새기는 중은 모두 출타(出他)했고 고성군수(高城郡守)가 말하기를 이 아랫마을에 와서 머무는 자가 한 사람 있는데 자못 손재주가 있어 잘 새긴다고 했다.

이에 그를 불러오게 하여 새겼는데 그 사람이 쓰고 있는 안경(眼鏡)이 아주 절품(絕品)이다. 이상(李相)은 본래 그런 벽(癖)이 있어서 가져오게 하여 한참 동안 사랑하고 매만지다가 우연히 실수하여 바위 위에 떨어뜨려서 깨지고 말았다.

이상(李相)이 놀라서 그 안경 값을 주게 했으나 그 사람은 사양하여 말하기를,

"물건의 성패(成敗)는 또한 운수가 있는 것이오니 반드시 관념

---
1) 防啓 : 상급 관청의 지휘대로 업무를 수행할 수 없을 적에 그 이유를 변명하여 올리는 보고.

(關念)하실 것이 없습니다.ˮ
한다. 이상(李相)이 말하기를,
ˮ네가 산골짜기의 가난한 백성으로서 어떻게 이 안경을 사겠느
냐.ˮ
하고 억지로 그 값을 주자, 그 사람은 안경집을 풀어 보이면서 말
하기를,
ˮ이것을 보시면 또한 아실 것입니다.ˮ
한다.
이상(李相)이 그것을 가져다가 보니 거기에 쓰기를,
ˮ모년월일(某年月日)에 순사(巡使)를 만나 구룡연(九龍淵)에서 깨
지리라.ˮ
했다. 이상(李相)이 크게 놀라 말하기를,
ˮ이것은 네가 쓴 것이냐?ˮ
했으나 그는 말하기를,
ˮ당초에 삼을 때 이 글씨가 있었습니다.ˮ
했다.

조운규(趙雲逵)가 기생(妓生)으로
인(因)해서 화(禍)를 피하다

조운규(趙雲逵)는 양주(楊州) 사람이니 문과에 급제하여 완산백
(完山伯)이 되었다.
어느날 밤이 깊은 뒤에 자리에 들어 곤히 자고 있는데 옆에 있
던 기생이 흔들어 깨운다. 순사(巡使)가 놀라 깨어서 묻자 기생은
말하기를,
ˮ저기 저 창 밖의 그림자를 보시옵소서.ˮ
한다. 이 때 달빛이 낮과 같은데 창틈으로 엿보니 8척의 건장한
남자가 눈빛에 비치는 비수를 들고 장차 들어오려 하므로 심신(心
身)이 뛰어서 어찌할 바를 몰랐다.

이 때 기생이 낮은 목소리로 말하기를,

"소녀(小女)가 장차 비장청(裨將廳)에 통할 것이오니 비밀히 뒷문을 열고 나가시옵소서."

한다. 순사(巡使)가 스스로 생각하기에 혼자 있다가는 비상(非常)한 화가 있을까 두려워하여 기생을 따라 나갔으나 몸을 숨길 만한 곳이 없었다. 부엌 아래로 들어갔더니 곁에 재를 담는 빈 돌이 있었다. 여기에 머리를 숨기고 피해있으려니 이윽고 칼을 든 큰 사나이가 점점 부엌 가까이로 오자 머리털이 치솟아 기운을 죽이고 엎드려 있었다.

조금 있다가 감영(監營) 안이 물끓듯 하면서 불빛이 밝게 비치니 적이 칼로 부엌 기둥을 치면서 말하기를,

"모두 운명(運命) 아닌 것이 없도다."

하고 뒷담을 뛰어넘어 달아났다. 이 때 사면이 시끄러운 중에 모두 말하기를,

"사또(使道)는 어디 계십니까?"

한다. 이에 순사(巡使)는 어둠 속에서 말하기를,

"사또 여기 있다."

하니 막객(幕客)이 영례(營隸)와 함께 소리를 찾아 와서 부축해 가지고 선화당(宣化堂)으로 돌아갔다.

이에 즉시 소(疏)를 올려 벼슬이 바뀌어 돌아가고 그 기생에게 후하게 사례했다. 벼슬이 이조판서(吏曹判書)에 이르렀다. 〈청구야담(青邱野談)〉

윤필병(尹弼秉)이 소가 화(化)해서 용(龍)이 되다

윤필병(尹弼秉)은 파주(坡州) 사람이다. 포천(抱川)에 살았는데 진사(進士)로서 장차 과장(科場)에 가게 되었다. 이 때 마침 이웃 사람이 나무를 팔러 가는 길이 있어 소등에 실린 나무 위에 앉아서 새벽에 동대문 밖에 도착했으나 너무 일러 아직 문을 열지

않았다.

이에 주점(酒店)에 들어가 조금 쉬려는데 점주(店主)가 나와 맞으면서 묻기를,

"생원(生員)님이 이번 행차로 과거보러 가는 윤씨(尹氏)이십니까."

하므로 그렇다고 대답하자 점주(店主)는 말하기를,

"지난밤 꿈에 한 사람이 소에 나무를 실었고 나무 위에 또 오색 채색이 영롱한 한 괴물이 있는데 이 길로 와서 이 점포로 들어오기에 그 나무 위에 무슨 물건을 실었느냐?"

고 물었더니 대답하기를,

"이 소가 새끼를 낳았는데 그것은 용(龍)이었소. 그래서 이것을 서울 장에 팔려 한다."

했다.

놀라 꿈에서 깨어 마음 속으로 간절히 의아하게 여겼더니 생원(生員)이 이 길로 오고 또 소의 등에 앉았으며 성(姓)이 또 윤씨(尹氏)라 하는데, 일찍이 들으니

"윤씨(尹氏)를 소라고 하고 용은 과거에 급제할 징조이니 급제할 것을 하례합니다."

했다. 공은 웃으면서 희롱의 말을 한다고 책망하더니 그 걸음에 과연 과거에 올라 벼슬이 참판(參判)에 이르렀다. 〈청구야담(青邱野談)〉

김하재(金夏材)의 처자(妻子)의 수정(守貞)

김하재(金夏材)는 광주(光州) 사람이니 상신(相臣) 양택(陽澤)의 아들이다. 문과에 급제하여 벼슬이 이조참판(吏曹參判)에 이르렀다가 갑진(甲辰)에 복주(伏誅)되었다.

그 후처(後妻)는 뉘 집 딸인지 알 수 없으나 처음에 흑산도(黑山島)에서 종살이를 하다가 끝에 가서 또 교살(絞殺)을 당했는데 목

을 맬 때 금오랑(金吾郞)의 종이 사장(沙場)으로 끌어내려 하자 그
녀는 엄숙한 말로 거절하기를,

"비록 죄인이 되기는 했지만 나는 사대부(士大夫)인데 어찌 너
  희 무리에게 끌려나갈 수 있겠느냐. 내 손이 잘려질지언정 종에
  게 잡히지는 않을 것이다."

하고 자기 손으로 목을 매어 조용히 죽음에 나가니 섬 사람들이
이 일을 일컫기를 마지않았다.

　그 아들이 진도(珍島)에서 종노릇을 하다가 옥(獄)의 문 옆에 살
면서 신을 삼아 생업(生業)을 삼으면서도 입으로 상스러운 말을 하
지 않고 앉으면 반드시 단정하게 무릎을 꿇고 남을 대하기를 공손
히 하고 터럭만큼도 의리가 아닌 것으로 남에게 관여하지 않으니
사람들이 모두 아끼고 불쌍히 여겼다.

　관비(官婢)를 얻어 한 아들을 낳았는데 가르치기를 정성껏하여
말하기를,

"우리집이 비록 이 지경에 이르렀으나 어찌 이치가 아닌 일을
  행하여 조상에게 욕을 먹이겠느냐."

했다. 그 누이는 어린 나이에 나주(羅州)로 가 있다가 자라서 어느
상천(常賤)의 아내가 되었는데 가세(家勢)가 넉넉하여 새옷 한 벌
을 지어서 그에게 보내자 울면서 불에 넣어 태우고 다시는 서로 왕
래하지 말라고 경계했다.

　하재(夏材)가 비록 광역(狂逆)하고 본성(本性)을 잃어서 스스로
흉한 화를 불렀으나 그 집에는 대마다 시례(詩禮)를 전했기 때문
에 그 처자(妻子)들의 곧은 것을 지키는 것이 이와 같았다.〈매산
집(梅山集)〉

이창운(李昌運)이 종사관(從事官)을
가두고 비계(秘計)를 주다

　이창운(李昌運)은 함평(咸平) 사람이니 자는 성유(聖兪)이다. 무

과(武科)에 급제하여 벼슬이 어영총사(御營總使)에 이르고 함춘군
(咸春君)에 봉해졌다.

추수(推數)에 밝고 장신(將臣)의 풍도가 있더니, 이 때 김재찬
(金載纘)이 문과에 급제하자 창운(昌運)이 불러다가 종사관(從事官)
을 삼았다. 그러나 재찬(載纘)은 일찍이 교만한 마음을 품고 여러
번 불렀는데도 가지 않았다. 이에 어느날 창운(昌運)이 군중(軍中)
에 영을 내리기를,

"오늘 종사관(從事官) 김재찬(金載纘)을 벨 것이니 급히 잡아오
라."

했다.

재찬(載纘)이 비로소 크게 두려워하여 울면서 그 아버지 익(熤)
에게 구원을 애걸하자 익(熤)이 말하기를,

"네가 체례(體禮)를 알지 못하고 교만하고 방자하여 장막(將幕)
의 규율(規律)을 어기었으니 나도 어찌할 수 없다."

하더니 오래 있다가 편지 하나를 준다. 재찬(載纘)이 군문(軍門)에
나가자 이미 좌기(坐起)[1]가 벌여져 있는데 칼과 창이 벌여 있고 위
의(威儀)가 서리처럼 무섭다.

이 때 군법(軍法)을 행하려고 하자 재찬(載纘)은 몹시 놀라고 두
려워서 엎드려 있다가 그 아버지의 편지를 올리니 창운(昌運)이 이
것을 뜯어보자 하나의 빈 종이였다. 이는 할 말이 없다는 말이다.

창운이 그 뜻을 알아차리고 영을 내리기를,

"내가 네 아비의 얼굴을 보아서 네 목숨을 용서한다."

하고 영창(營廠)에 가두어 두고 이 날로부터 밤마다 영창에 가서 평
안도 안의 군읍(郡邑)의 형편과 산천(山川)의 험한 것과 도로의 사
정, 곡식의 총숫자와 포량(砲糧)이 얼마라는 것, 인구의 많고 적
은 것과 군액(軍額)이 얼마라는 것을 일일이 자세히 말하고 그 이
튿날 밤에 또 가서 어젯밤에 말한 것을 강(講)하게 하여 풍우(風
雨)를 피하지 않고 하루와 같이 매일 한 고을의 형편을 감하니 갇
힌 지 40여 일에 능히 평안도 40여 군(郡)의 일에 능통하여 확실
히 알기를 손바닥 가리키듯이 하는 것이었다.

---

1) 坐起: 관청의 으뜸 자리에 있는 자가 출근하여 일을 시작함.

이에 창운이 재찬의 손을 잡고 말하기를,

"노부(老夫)가 국가의 소중한 일을 그대에게 부탁하노니 그대는 충성에 노력해서 국가로 하여금 위태로운 것을 바꾸어 편안케 하라. 내가 죽은 뒤 3 년이면 반드시 관서(關西)의 난리가 있을 것인데 국가에서 군사를 쓰지 않은 지가 이미 200년이 되어서 승평(昇平)한 지가 오래인 터에 만일 불의의 변을 당하면 반드시 흙이 무너지고 기와가 깨지는 형세가 될 것이다. 내가 두루 조정 안을 보건대 세상을 다스리고 난리를 평정할 재주가 그대만한 자가 없으니 그대는 삼가하여 노부(老夫)의 말을 잊지 말라."

하고, 또 침략을 막을 방책을 말하니 재찬은 본래 글이 많고 총명한 터라 이것을 폐부(肺腑)에 새겨 두었다.

얼마 안되어 창운이 죽고 재찬이 정승이 되었는데 신미(辛未)에 이르러 서쪽의 적 홍경래(洪景來)가 반(叛)한다는 보고가 이르자 조정이 놀라 움직이고 성 안이 물 끓듯 한다. 임금이 명하여 대신(大臣)들을 불러 적을 멸할 계획을 의논하는데 재찬의 집은 신문(新門) 밖에 있었다. 말을 달려 가서 부르자 재찬은 서서히 일어나 아침밥을 먹고 말하기를,

"소적(小賊)이 마땅히 스스로 멸할 것이니 어찌 반드시 놀라고 시끄럽게 구는가."

한다.

집사람이 견여(肩興)를 내어 나가게 했으나 재찬은 높은 초헌(貂軒)에 바꾸어 타고 일부러 남대문(南大門)을 거쳐 종로(鍾路)에 이르러 하인들에게 경계하여 천천히 가게 하니 서울 사람들이 손을 이마에 대고 말하기를,

"상국(相國)이 이처럼 안한(安閑)하니 우리들에게 반드시 걱정이 없을 것이다."

하여 서울 안이 드디어 편안했다.

드디어 대궐로 들어가서 여러 원로(元老)들에게 이르기를,

"금상(今上)께서 병환이 있으신 지 이미 여러 해가 되었으니 영(令)이 임금의 뜻에서 나왔다면 백성들이 반드시 믿지 않을 것이니 왕대비(王大妃 : 孝懿王后)의 전지(傳旨)로 도민(都民)을 달

래고 급히 잔무대장(鎭撫大將)을 정해서 도내(都內)에서 영(營)
을 열고 먼저 선봉장(先鋒將)을 보내서 관서대장(關西大將)과 함
께 힘을 합쳐서 적을 토벌하라."
했다.

그리고 나서 드디어 낭리(郞吏)를 불러 입으로 방략(方略)을 주
고 손으로 판단하기를 물 흐르듯이 하여 도로·산천·인물·풍토·
봉수(烽燧)·성보(城堡)·군민(軍民)의 다과와 강약에 이르기까지
촛불로 비추듯이 뚜렷이 알아 손을 내저으니 바람이 나서 반일(半
日)도 못되어 조치하고 계획하는 것이 이미 끝났다.

이 때 여러 원로(元老)들이 잠잠히 보고 말이 없다가 말하기를,
"각하(閣下)는 미리 이 난리가 있을 것을 알고 익혀 익혔도다.
어찌하여 이처럼 신속히 각각 그 마땅함을 얻었는가?"
하자 재찬은 말하기를,
"내가 이미 3년 동안 외우고 익힌 것이오."
하니 좌우가 놀라서 그 까닭을 묻자 재찬은 드디어 창운(昌運)의
알을 말하고 나서 말하기를,
"모두 우리 사또(使道)가 가르쳐준 것이니 나에게 어찌 터럭만
한 공이 있겠습니까."
했다. 이런 지 며칠 되지 않아서 적은 드디어 평정되었다.

채제공(蔡濟恭)어 홀로 화부화(花復花)를 알았다

채제공(蔡濟恭)은 평강(平康) 사람이니 자는 백규(伯規)요 호는
번암(樊岩)이다. 영조(英祖) 계해(癸亥)에 문과에 급제하고 정조
《正祖》 무신(戊申)에 대배·(大拜)하여 영상(領相)에 이르렀다.
정조(正祖)가 매양 선비를 시험할 때에 혹 벽서(僻書) 속에서 제
목을 내서 선비의 재주를 보았다. 어느날 화부화(花復花)라는 제
목을 내려는데 조정에 가득한 신료(臣僚)들이 모두 그 뜻을 알지
못하지만 홀로 채제공(蔡濟恭)은 반드시 알 것이라 하여 그 재목을

내지 않았다가 제공(濟恭)이 죽은 후에 임금이 비로소 이 제목으로 선비를 시험하려 했다.

이 때 영남(嶺南)의 한 선비가 과거에 가기 위하여 한 산을 지나는데 한 거인(巨人)이 그를 맞아다가 자기 집에서 유숙시키고 밤에 말하기를,

"이번 과제(科題)는 화부화(花復花)이니 그대는 미리 준비하라."

한다. 선비가 말하기를,

"화부화(花復花)는 무슨 전고(典故)에서 나왔습니까?"

하자 거인(巨人)은 말하기를,

"이것은 알기 쉬운 일이다. 금상(今上)께서 이 제목을 내서 선비들의 재주를 보려는 것인데, 화부화(花復花)는 곧 목화꽃이다."

라고 한다.

이에 선비는 크게 깨달아서 사례하고 과거에 가보니 과연 그 제목이 나와 있는데 과장(科場)에 가득한 많은 선비들이 제목의 뜻을 알지 못하여 붓을 들지 못하는데 홀로 선비만이 시권(試券)을 올린다. 임금이 불러서 묻기를,

"누가 이 제목의 뜻을 가르쳐 주더냐?"

하자 선비가 도중에서 있었던 일을 고한다. 임금이 그 사람의 상모(狀貌)와 사는 곳을 물어보니 상모(狀貌)는 곧 채제공(蔡濟恭)이요 산다는 곳은 곧 묘지(墓地)이다. 임금이 탄식하기를,

"이 사람이 죽어서도 오히려 재주를 쓰는도다."

했다.

제공(濟恭)은 남중(南中)의 걸인(傑人)이다. 어렸을 때 빈한(貧寒)해서 절에 가서 글을 읽는데 부귀한 집 자제들이 모두 예(禮)로 대접하지 않았다. 세모(歲暮)가 되어 집에 돌아가는데 서로 시를 지어 회포를 말하게 되었다. 이 때 제공(濟恭)의 시에 말하기를,

"가을 바람 옛잣나무에 매가 새끼를 낳고 눈과 달, 빈 산에 범이 정기(精氣)를 기른다. (秋風古栢鷹生子 雪月空山虎養精)"

하자 모두 그것이 아무 말도 아니라고 웃었으나 한 재상이 그 시

를 보고 그 아이들에게 이르기를,

"너희는 이 뜻을 아느냐? 매는 가을에 새끼를 낳는 것이 아닌데 낳았으니 그 모양이 똑똑치 못한 것으로서 이는 너희들의 용렬함에 비유한 것이요, 눈과 달, 빈 산에 범이 정기를 기른다는 것은 자기에게 스스로 비유한 것이니 이 사람은 반드시 귀하게 나타나리라."

했다.

제공(濟恭)이 과거를 보러 가려는데 필묵(筆黑)이 없어서 당시 재상에게 가서 요구하자 재상은 후하게 필묵을 주어 앞에 갖다가 놓는다. 그러나 제공은 말하기를,

"내가 가난하여 돈이 없다고 하여 각하(閣下)께서 나로 하여금 손으로 이것을 가지고 가라는 것입니까?"

하자 재상은 이를 사과하고 사람을 보내어 갖다 주게 했는데 제공이 문을 나서자 개가죽이 옷 속에서 떨어졌다. 이는 대개 그가 가난하여 솜옷이 없어 남에게서 개가죽을 빌어 등에 넣어서 추위를 막다가 잘못해서 떨어진 것이었다.

이 때 제공은 그 종을 불러서 말하기를,

"너는 내 등에 이것을 꽂아라."

하고 드디어 부끄러워 하는 빛이 없자 일좌(一座)가 모두 놀라 말하기를,

"반드시 큰 지위에 오를 것이다."

했다. 〈운가 심참판 기택담(雲稼沈參判琦澤談)〉

심환지(沈煥之)가 산삼(山蔘)으로
해서 벽파(僻派)가 되다

심환지(沈煥之)는 청송(靑松) 사람이니 자는 휘원(輝元)이요 호는 만포(晚圃)이다. 영조(英祖) 임오(壬午)에 진사(進士)가 되고 음보(蔭補)로 부솔(副率)이 되고 신묘(辛卯)에 문과에 급제했으며 무

오(戊午)에 대배(大拜)하여 영상(領相)에 이르고 시호는 충헌(忠憲)
이다.

과거에 급제하기 전에 몹시 가난해서 밥을 먹지 못했으나 밝은
지조가 있어서 망령되이 사귀어 놀지 않았다. 이 때 국구(國舅) 오
흥부원군(鰲興府院君) 김한구(金漢耈)의 아들 참판(參判) 김귀주
(金龜柱)가 사귀려고 하다가 사귀지 못했다.

이 때 환지(煥之)가 마침 어머니의 병이 있어서 피성(皮姓)의 의
원을 불러다가 진찰하게 했더니 의원이 말하기를,

"산삼(山蔘) 한 근을 쓰지 않으면 고칠 수 없다."

고 한다. 그러나 환지(煥之)는 가난해서 식사도 계속하지 못할 때
이므로 귀주(龜柱)가 이 소식을 듣고 그 아버지에게 고하여 공금
(公金) 천 냥을 꾸어다가 피성(皮姓)의 의원으로 하여금 산삼(山蔘)
을 사다가 병을 치료하게 하고 또 내가 주었다는 말을 하지 말라
고 했다.

피의(皮醫)가 먼저 산삼 두어 뿌리를 가지고 가서 주자 환지(煥
之)는 놀라고 기뻐하여 어디서 가져왔느냐고 묻자 의원은 말하기
를,

"마침 일가 사람 중에 삼을 파는 자가 있기에 얻어다가 쓰시기
를 청한 것입니다."

한다. 환지(煥之)는 몹시 감동하여 이로부터 계속해서 쓰자 어머
니의 병은 쾌히 회복되었다.

환지(煥之)가 의원의 덕에 감동하여 간략히 술과 안주를 장만하
여 대접하는데 술 마시는 사이에 의원이 말하기를,

"나도 또한 가난한 의원인데 어찌 산삼 한 근을 살 돈이 있겠
습니까. 이것은 곧 이동(泥洞) 김참판(金參判)이 그대가 가난해
서 능히 어버이의 병을 고치지 못한다는 말을 듣고 나에게 돈을
주어서 사게 한 것이오."

한다.

환지(煥之)는 잠자코 몹시 그 일을 고맙게 여겼으나 끝내 한번
도 찾아가지 않았다. 그러다가 그 어머니가 죽었는데 가난해서 염
습하고 장사지내지 못하고 울 뿐이었는데 귀주(龜柱)가 이 소식을

듣고 사람을 시켜 가서 조상하고 그 초상의 절차를 물어서 이것을 마련해 주었는데 몹시 사치하게 해서 비단으로 염습(斂襲)을 하고 상여와 관(棺)과 제수(祭需)를 재상의 초상과 같이 했다. 이에 혹 너무 사치하다고 말하자 환지(煥之)는 말하기를,

"내가 이 사람에게 이미 마음으로 허락했으니 받는 것이 해로울 것이 없다."

했다. 귀주(龜柱)는 이로 인해서 죽을 힘을 얻었었다.

풍은(豊恩) 조만영(趙萬永)이 상국(相國) 김도희(金道喜)에게 이르기를,

"내가 들으니 오흥(鰲興)이 본래 맑고 검소하다고 하더니 이제 보니 금영(禁營)의 빚진 것이 천 냥에 이르렀다고 하니 어찌 이렇게 남용(濫用)했단 말인가."

하자 도희(道喜)가 웃으면서 말하기를,

"이것은 남용(濫用)한 것이 아니라 사우(士友) 사이에 구휼(救恤)해준 까닭이다."

했다.

귀주(龜柱)는 이 일로 하여금 당시의 명사들을 망라하여 벽파(僻派)의 세력을 증식(增植)시켰고, 환지(煥之)도 또한 이 일로 해서 귀주(龜柱)에게 붙어 뒤에 시파(時派)를 탄핵하게 되었다.

김이소(金履素)가 머리에 해흥군(海興君)의 영혼(靈魂)을 이고 오다

김이소(金履素)는 안동(安東) 사람이니 자는 유안(儒安)이요 호는 용암(庸庵)이다. 영조(英祖) 갑신(甲申)에 문과에 급제하고 정조(正祖) 임자(壬子)에 대배(大拜)하여 좌상(左相)에 이르렀으며 시호는 익헌(翼獻)이다.

동지사(冬至使)로 청(淸)나라에 갔다가 돌아오는 길에 손가참

(孫家站)에 이르렀는데 밤이 깊어서 갑자기 보니 한 재상이 옥관자에 서대(犀帶)로 앙연(昂然)히 들어온다. 이소(履素)가 말하기를,

"어떤 사람이오?"

하자 재상은 말하기를,

"나는 해흥군(海興君)이오."

한다.

이소(履素)가 말하기를,

"각하(閣下)께서 이미 고국(故國)에 반장(返葬)되었는데 영혼이 어찌해서 지금까지 머무르십니까?"

했다. 이는 대개 해흥군(海興君)이 동지사(冬至使)로 이 참(站)에서 죽었던 것이다. 해흥군(海興君)이 말하기를,

"내가 여러 귀신들에게 잡혀서 산해관(山海關)을 나가지 못하고 홀로 머물러 여기에 있어서 날마다 고원(故園)을 바라보며 관산(關山) 만리에 자손들의 제사도 받아 먹지 못하다가 다행히 각하(閣下)를 만났는데, 각하의 기개가 뛰어나서 귀신이 감히 범하지 못하겠는데 능히 나를 인도하여 관(關)을 나가겠는가?"

한다.

이소(履素)가 말하기를,

"내가 어떻게 인도해서 관(關)을 나갑니까?"

하자 해흥군은 말하기를,

"공(公)의 기백(氣魄)이 모두 머리에 모여 있으니 내 혼백(魂魄)이 만일 여기에 붙어 있으면 나에게 매달리는 귀신들을 가히 밀어낼 수가 있을 것이오. 그러나 여기에서 산해관(山海關)까지의 거리가 하루의 길이 아닌데 공이 능히 아픔을 참고 신음(呻吟)하는 소리를 내지 않는다면 귀신이 범하지 못할 것이요 그렇지 않으면 저들에게 막혀서 능히 관(關)을 나가지 못할 것이오."

한다.

이소(履素)가 감히 사양할 수 없어서 억지로 승낙하고 새벽이 되어 장차 떠나려는데 갑자기 머리에 돌을 인 것과 같아서 아픔을 감당할 수가 없었다. 그러나 억지로 힘을 내어 교자에 올라 산해관(山海關)에 이르렀는데 머리를 태산(泰山)으로 누르는 것 같아서

아프다는 소리가 저절로 입에서 나오는 것을 깨닫지 못했다. 그러나 이 때 갑자기 머리가 가벼워지면서 괴롭지 않자 뉘우침을 금치 못했다.

돌아와서 그 사실을 그 집에 전했더니 얼마 안되어 해흥군(海興君)이 그 집에 현령(顯靈)하여 몹시 영이(靈異)한 것이 있고 제사 때마다 문득 의자에 앉아 흠향하고 만일 불결한 것이 있으면 문득 그 종을 죄주니 온 집안이 두려워하여 감히 혹시라도 게을리 하지 못했다. 그러나 그 후 수십년에 이르자 그 영혼이 자못 쇠해졌다고 한다. 〈운가 심참판 기택담(雲稼沈參判琦澤談)〉

김종수(金鍾秀)의 배에 큰 뱀이 서리다

김종수(金鍾秀)는 청풍(淸風) 사람이니 자는 정부(定夫)요 호는 진솔(眞率), 또는 몽촌(夢村)이다. 영조(英祖) 무자(戊子)에 진사(進士)가 되고 문과에 급제하여 정조(正祖) 기유(己酉)에 대배(大拜)하고 치사(致仕)한 뒤에 기사(耆社)에 들어갔는데 시호는 문충(忠文)이요 정조(正祖)의 사당에 배향했다.

일찍이 일로 남쪽 지방으로 귀양가서 이방(吏房)의 집에서 묵고 있다가 낮에 대청에서 자는데 큰 뱀이 배 위에 서리고 있었다. 이것을 본 곁의 사람들이 놀라고 황황하여 어쩌할 바를 모르는데 이방(吏房)의 아들 나이 13세 된 아이가 통인(通引)이 되어 점심밥을 먹으려고 나가다가 그 모양을 보고 드디어 큰 개구리 수십 마리를 잡아다가 그 앞에 던지자 뱀은 개구리를 잡아 먹으려고 배에서 내려왔다. 이에 종수(鍾秀)는 크게 기이히 여겨 그 아이와 함께 서울로 돌아왔다.

일찍이 평안감사(平安監司)가 되었다가 장차 조정으로 돌아오는데 여러 고을의 수령(守令)들이 대동강(大同江) 위에서 전송하느라 크게 기생과 음악을 베푸니 종수(鍾秀)가 담뱃대로 뱃전을 두드리면서 적벽부(赤壁賦)를 외우다가 담뱃대가 잘못하여 강 속에 떨어졌다.

이에 드디어 웃고 말하기를,

"내가 평양 감영(平壤監營)에 있은 지 2년에 오직 이 담뱃대가 이 감영의 물건이더니 이제 강신(江神)이 허락하지 않고 물에 던지게 했다."

했으니 그 청백(清白)함이 이와 같았다. 〈문어심운가(聞於沈雲稼)〉

김유근(金逌根)이 도우(道友)
갈처사(葛處士)가 있었다

김유근(金逌根)은 안동(安東) 사람이니 자는 경선(景先)이요 호는 황산(黃山)이다. 문과에 급제했고 직언(直言)을 좋아하니 이 까닭에 여러 번 영해(嶺海)로 귀양갔는데 임금이 그를 생각하여 다시 불러서 이조판서(吏曹判書)에 임명했다.

그의 도우(道友)가 남산(南山) 밑에 사는데 호를 갈처사(葛處士)라고 했지만 세상에 아는 자가 없었다. 그러나 이 때 유근(逌根)이 출타(出他)한 틈을 엿보아 한 수(首)의 시를 벽에 써붙였는데 그 시에 말하기를,

"서리와 눈 뒤의 대나무요, 바람과 서리 이후의 꽃일세. 물이 그쳐야 원래 바다임을 아는 것인데, 어찌해서 다시 물결이 이는가. (霜雪然後竹 風霜以後花 止水元知海 如何更作波)"

하고 성명(姓名)을 말하지 않고 가버렸다.

유근(逌根)이 돌아와서 그 시를 보고 말하기를,

"이는 필시 갈처사(葛處士)가 내가 이조판서(吏曹判書)가 된 것을 조롱한 것이로다."

하고 사람을 시켜 그를 찾았더니 이미 집을 헐고 가버렸다.

윤명열(尹命烈)은 모양은 비루해도
복(福)은 많았다

윤명열(尹命烈)은 해평(海平) 사람이니 자는 언국(彦國)이요 호
는 석유(石囿)인데 모양이 질박하고 누(陋)했다.

정조(正祖) 기유(己酉)에 삼일제(三日製)[1]에 장원하자 임금이 명
하여 바로 전시(殿試)에 나가게 하니 상신(相臣) 채제공(蔡濟恭)이
제술(製述)이 아름답지 못하고 또 외양이 거칠고 비루하여 가까이
모실 수 없다 하여 삭과(削科)를 청하자 임금이 이를 윤허했다. 대
개 제공(濟恭)의 오촌(五寸) 조카가 상신(相臣) 윤시동(尹蓍東)의
주청(奏請)에 의하여 삭과(削科)된 혐의가 있어서 그를 시동(蓍東)
의 근족(近族)으로 잘못 알고 이러한 청이 있었던 것이다. 오래된
뒤에 임금이 말하기를,

"윤모(尹某)의 아비 면동(冕東)은 단아하고 깨끗한 글 읽는 선비
인데 그 아들이 글 못한다는 기록은 이상한 일이다."
하고 드디어 명하여 복과(復科)시켰다.

일찍이 점쟁이에게 운명을 점치게 하니 이 때 여러 재상의 아들
들이 벌여 앉았었는데 공을 보고 말하기를,

"이는 몹시 가난한 상이니 반드시 함께 이야기할 것이 없다."
고 한다. 이에 공이 분연(奮然)히 일어났었는데 그 이튿날 상(相)
보는 자가 공을 찾아보고 이르기를,

"공은 지극히 귀한 상(相)이니 공의 등은 귀함을 이루 말할 수
가 없습니다. 내가 세 꾸러미의 돈을 줄 것이니 한 꾸러미는 즉
시 술과 안주의 비용으로 쓰고, 두 꾸러미는 공이 몹시 가난하
니 당장 나무와 양식의 비용으로 쓰시오. 뒤에는 부귀(富貴)할
것이니 금후 20년 후에 지급할 것으로 돈 3천 냥의 표를 나에
게 써 주시오."

---

1) 三日製 : 절일제(節日製)의 하나. 3월 초사흗날에 보는 과거.

하자 공은 기꺼이 승낙했다.

그 후에 노소론(老少論)의 변무(辨誣)로 사신이 되어 연경(燕京)에 가서 일을 성공하고 돌아와서 그 공로로 강원감사(江原監司)가 되었는데 상(相)보던 자가 와서 약속한 것을 요구하자 즉시 표에 의하여 내주었다.

공의 부인은 학주(鶴洲) 김홍유(金弘郁)의 자손으로서 모양이 역시 추했으나 네 아들이 있었으니 치승(致承)은 판관(判官)이요 치응(致膺)은 목사(牧使)요 치의(致義)·치영(致英)은 모두 문과에 급제했다. 공은 벼슬이 재상의 반열에 이르러 일문(一門)이 나타나고 혁혁했다.

일찍이 희롱으로 말하기를,

"부인의 얼굴로 만일 내가 없었으면 부인이 시집가지 못했을 것이요, 내 얼굴로 만일 부인이 없었으면 내가 장가들지 못했을 것이다."

했다. 시호는 충헌(忠憲)이요 뒤에 영상(領相)에 증직되었다. 〈매산집(梅山集)〉·〈수정 윤녕구담(須亭尹甯求談)〉

이주국(李柱國)이 법(法)으로
인(因)하여 원망이 쌓이다

이주국(李柱國)은 전주(全州) 사람이니 자는 군언(君彦)이다. 무과(武科)에 급제하여 총사(摠使)·통사(統使)·어장(御將)·금장(禁將)·훈장(訓將)·형조판서(刑曹判書)를 지내고 시호는 무숙(武肅)이다.

일찍이 장군으로서 한강(漢江) 사장(沙場)에서 진법(陣法)을 익히는데 옛날 군법(軍法)에 군오(軍伍) 중에 뒤에 오는 자는 간략히 곤장을 때리는 법이 있었다. 그런데 불행히 뒤에 온 자가 몸이 약해서 법에 의해 곤장을 때렸더니 땅에 쓰러져 죽었다. 진법(陣法) 시키던 것을 마치고 돌아오다 보니 그 처자(妻子)들이 시체에 엎드

려 우는데 그 아들이 나이 십여 세로서 주국(柱國)을 돌아보면서
살기(殺氣)가 얼굴에 가득하여 사람으로 하여금 바로 보지 못할 지
경이었다.

　주국(柱國)이 두려운 생각이 나서 그 처자(妻子)를 불러오게 하
여 이르기를,

　"내가 일부러 네 남편을 죽인 것이 아니라, 그 군율(軍律)을 행
　하다가 죽음에 이른 것에 지나지 않으니 너희 모자(母子)는 나
　를 원망할 것이 아니다. 그러나 또한 그 죄없이 죽은 것은 참혹
　하다."

하고 드디어 장사지낼 비용을 후하게 주니 그 아내는 감사함을 금
치 못하나 그 아들은 원독(怨毒)한 마음을 품어 눈을 흘기고 이를
갈아 살기(殺氣)를 의연(依然)히 돌리지 않았다.

　주국(柱國)은 은혜로 감화(感化)시키고자 하여 그 아내에게 이
르기를,

　"너의 생계(生計)가 필시 어려울 것이요 네 자식을 교육시킬 사
　람이 없을 것이니 내가 장차 내 집으로 데리고 가서 그를 성취
　시키리라."

하자 그 어머니는 절하고 사례하니 이로부터 사랑하고 돌보기를 자
질(子姪)과 같이 하여 의식(衣食)을 후하게 하고 자라자 또 아내를
얻어주어 항상 침방(寢房)에 머물게 하고 그 기색(氣色)을 살피
었다.

　어느날 보니 살기(殺氣)가 더욱 심해서 화가 눈깜짝할 사이에 있
었는데 밤이 깊은 후에 몸을 숨기고 문을 열고 나가므로 주국(柱國)
은 급히 옷을 입고 일어나서 죽부인(竹夫人)[1]을 이불 속에 넣어두
고 방구석으로 피하여 동정(動靜)을 보고 있노라니 조금 후에 그
아들이 단도(短刀)를 가지고 들어와서 바로 이불 속을 찔으면서 말
하기를,

　"소인(小人)이 비록 각하(閣下)의 후한 은혜를 입었으나 어찌 사
　람의 자식이 되어 아비 죽인 원수를 갚지 않는 일이 있겠습니
　까. 각하(閣下)는 소인의 배덕(背德)을 괴상히 여기지 마시옵소
　서."

하고 말을 마치자 문을 열고 나가려 한다.

이 때 주국은 뒤에서 그의 허리를 껴안으면서 말하기를,

"네가 이미 아비의 원수를 갚았으니 어찌 반드시 나를 죽인 후에야 마음이 쾌하겠느냐. 나는 너를 효자(孝子)로 여겨 조금도 개의(介意)치 않을 것이니 너도 또한 마음을 돌리고 영구히 내 집에 머물러 시종(始終)을 변치 말라."

하자 그 아들은 절하고 말하기를,

"각하(閣下)께서 비록 넓은 덕을 베푸시나 소인이 이미 만 번 죽을 죄를 범했으니 어찌 다시 문하(門下)에 머물겠습니까."

하고 그대로 표연(飄然)히 갔는데 사람을 시켜 그 집을 찾아 보니 그 어미와 아내도 함께 도망하고 없었다. 〈청구야담(靑邱野談)〉

정조(正祖)가 수원(水原) 현룡원(顯隆園)에 거둥하려고 수레가 노량(鷺梁)에 이르러 용주(龍舟)로 나루를 건너 강 머리에 머물렀는데 마침 가랑비가 부슬부슬 내리고 남풍이 솔솔 불어 삼막사(三幕寺)의 종경(鍾磬) 소리가 들려 왔다. 정조(正祖)가 우연히 시 한 구를 얻어,

"구름이 옛절은 숨겨도 경쇠소리는 숨기지 못하네. (雲藏古寺難藏磬)"

하고 괴롭게 대구(對句)를 생각했으나 얻지 못했다.

이 때 시종신(侍從臣)에게 물었으나 대답하지 못하더니 한 재신(宰臣)이 아뢰기를,

"대장(大將) 이주국(李柱國)이 본래 시명(詩名)이 있습니다."

하자 임금이 이에 급히 표신(標信)을 내려 앞으로 나오게 하자 주국(柱國)이 즉시 응대(應對)하기를,

"비가 강 마을 적셔도 연기는 적시지 못하네. (雨濕江村不濕烟)"

하니 임금이 크게 아름답게 여겨 탄식하고 상 주었다. 〈행장(行狀)〉

---

1) 竹夫人 : 여름밤에 끼고 자면서 서늘한 기운을 느끼기 위하여 쓰는 대나무로 만든 제구.

서부인(徐夫人)은 문장(文章)에 능했다

서부인(徐夫人)은 감사(監司) 연수(延修)의 딸이니 어질고 덕이 있었다. 이 때 여자(女子)는 한문(漢文)에 능한 자가 없었으나 부인이 홀로 능하여 경사(經史)와 자집(子集)에 통해서 알지 못하는 것이 없고 더욱 산술(算術)에 능해서 배우지 않아도 능히 읽어 상서(尙書)의 기삼백주(朞三百註)를 한 번 보고 문득 해득하니 옛날 여사(女史)의 풍도가 있었다.

출가하여 참판(參判) 홍인모(洪仁謨)에게로 가서 세 아들을 낳았는데 맏이는 연천(淵泉) 석주(奭周)이니 현종(憲宗), 철종(哲宗) 두 조정에서 정승이 되었고, 다음은 항해(沆瀣) 길주(吉周)이니 수재(守宰)가 되어 치적(治績)의 소문이 많았고, 끝은 해거(海居) 현주(顯周)이니 정조(正祖)의 딸 숙선옹주(淑善翁主)에게 장가들어 영명위(永明尉)가 되었다.

연천(淵泉), 항해(沆瀣) 두 공은 문장과 박학(博學)이 근세(近世) 사림(士林)의 종장(宗匠)이 되었는데 이는 모두 부인이 친히 스스로 가르쳐서 큰 그릇을 성취시킨 것이요, 해거(海居)는 시(詩)로써 세상에 이름이 났다. 부인은 또 먼저 아는 것이 많았으니, 일찍이 연천(淵泉)이 어렸을 때 병이 위독해서 의원도 모두 손을 묶고 고치지 못하는데 부인은 오히려 태연하여 걱정하지 않았다.

이 때 어떤 사람이 그 까닭을 묻자 대답하기를,

"이 아이를 날 때 내 꿈에 그 관(棺) 위에 쓰기를 좌의정 홍공지구(左議政洪公之柩)라고 했으니 이 아이는 반드시 정승이 될 것이니 어찌 요절(夭折)하겠는가. 또 이 아이의 사람됨이 비범(非凡)해서 다음날에 반드시 정승이 될 것이니 결코 걱정할 것이 없다."

하더니 뒤에 과연 그 말과 같았다.

부인이 일찍이 항해(沆瀣)로 하여금 소과(小科)에 나가게 하여 진

사(進士)에 합격했고 대과(大科)에 나가는 것을 허락하지 않았으
니, 이는 대개 풍감(風鑑)을 잘했기 때문에 그 벼슬이 수재(守宰)
에 그칠 것을 알았기 때문이었다. 항해(沆瀣)는 산학(算學)에 정
밀하고 역법(曆法)에 능했으니 이는 모두 부인이 가르친 바이다.

연천(淵泉)의 형제가 서로 지어 창수(唱酬)하다가 억지로 부인께
시를 짓기를 청하면 혹 화답해 짓다가 이내 없애버리면서 말하기
를,

"부인의 할 일이 아니다."

했다. 저서(著書) 몇 권이 있는데 모두 부녀(婦女)의 잠계(箴戒)요
자질(子姪)들을 훈도하는 말이었다.

그 종질(從姪) 홍학사(洪學士) 한주(翰周)는 또한 당시 세상의 문
장하는 선비인데 항상 부인을 모시고 있다가 옆에서 문헌통고(文
獻通考) 속의 한 편을 가리키면서 말하기를,

"숙모(叔母)께서는 능히 이것을 외우십니까?"

하니 부인은 웃으면서 말하기를,

"내가 이제 늙어서 정신이 이미 감해졌으니 어떻게 외우겠느냐.
그러나 한번 시험해 보리라."

하고 드디어 누워서 외우는데 한 글자도 틀림이 없었다.

한주(翰周)가 놀라서 말하기를,

"문헌통고(文獻通考)를 모두 이렇게 외우십니까?"

하자 부인은 웃으면서 말하기를,

"어찌 다만 문헌통고 뿐이랴. 어찌 제가(諸家)에서 나온 것을 알
지 못하겠느냐."

했다. 이에 한주(翰周)가 계속해서 딴 글을 뽑아 들었으나 기억해
외우지 않는 것이 없었다. 이는 대개 그 총명과 기억력이 범인(凡
人)의 미칠 바가 아니었기 때문이었다.

연천(淵泉)이 12세 때에 삼국지(三國誌)를 읽다가 관공(關公)이
화용도(華容道)에서 의리로 조조(曹操)를 놓아 보낸 것을 보고 몹
시 분해서 천중절(天中節 : 端午)에 글을 지어가지고 관왕묘(關王
廟)에 가서 수죄문(數罪文)을 읽었다. 그 날 그 아버지 인모(仁謨)
가 낮잠을 자는데 꿈에 관공(關公)이 청건 녹포(靑巾綠袍)로 마루

274

로 올라와 말하기를,

"네 아들이 글을 지어 나를 비방하기로 내가 때려서 방금 내 사
당에 기절해 있으니 너는 속히 와서 구원하라. 이 아들이 다음
날에 정승이 되어 반드시 나라에 공이 있으리라."

한다. 인모(仁謨)가 놀라 깨어 가서 구원했으니 사람들이 이 때문
에 그가 반드시 정승이 될 것을 알았다고 한다.

연천(淵泉)은 모양이 못나고 위엄이 없었으나 어렸을 때부터 서
적을 탐독(耽讀)하여 나이 6세에 집안 사람이 밤에 그가 있는 곳을
잃어서 찾아보니 책 한 권을 가지고 후원(後苑) 달 아래에서 글을
읽고 있었다. 벼슬에 나가자 잡된 손님이 없고 모든 전고(典故) 및
국가의 이롭고 병되는 일을 들으면 반드시 기록해 두니 근세(近
世)의 상업(相業)의 위대함이 공에게 지나는 자가 없었다. 〈동야
휘집(東野彙輯)〉

연천(淵泉)이 딸이 있어서 한씨(韓氏)의 가문(家門)에 들어가서
아들을 낳았는데 장석(章錫)이니 고종조(高宗朝)의 문형(文衡)이
되어 모든 전고(典故)와 조령(詔令) 및 교린(交麟)의 글이 모두 그
손에서 나왔고 갑오(甲午) 6월에 죽었으니 이는 모두 부인이 연원
(淵源)이라 한다.

윤득부(尹得孚)는 강 위에 집이 있어서
사제(賜第)를 받지 않다

윤득부(尹得孚)는 해평(海平) 사람이니 자는 사휴(士休)요 호는
신암(信庵)이다. 평생에 한 가지 일에 구애받지 않고 한 걸음도 잘
못 걷지 않아 명의(名義)와 풍절(風節)이 당시 세상의 제일류(第一
流)였다.

그런 까닭에 정조(正祖)의 아는 것을 받아서 가르치는 책임을 맡
기고 은례(恩禮)가 융숭해서 끝내 변하지 않았다. 그러므로 만일
정조조(正祖朝)의 완인(完人)을 친다면 그에 앞설 사람이 없었다.

처음 유선(諭善)에 임명되었을 때 임금이 명하여 반현(泮峴)에 집을 골라놓고 집값을 하사했으나 공은 사양하기를,

"강 위에 집이 있사와 그 값이면 치를 수 있사오니 마땅히 옛 것을 팔아서 새 것을 살 것이요 감히 사제(賜第)의 명령은 받을 수 없습니다."

하여 여러 번 간곡히 타일러도 끝내 듣지 않으므로 임금이 비밀히 하인들에게 영을 내려 스스로 공의 강 위의 집을 사고 그 값을 넉넉히 주어 새집을 사서 살게 했으니 곧 반현(泮峴)의 여(廬)가 이 것이다. 〈매산집(梅山集)〉

이의철(李宜哲)이 등 뒤에 우부빈객(右副賓客)을 쓰다

이의철(李宜哲)의 자는 원명(原明)이요 호는 문암(文庵)이니 도암(陶庵)의 문하(門下)로서 그와 비교할 자가 없었다. 도암(陶庵)이 매양 저술할 일이 있으면 문득 그와 상의했다.

어느날 도암(陶庵)이 문암(文庵)에게 이르기를,

"밤에 꿈을 꾸니 그대의 등 뒤에 우부빈객 이의철(右副賓客李宜哲)이라고 쓴 것을 보았는데 내 꿈이 일찍이 헛되지 않았으니 혹 맞을지 모르겠다."

했다.

문암(文庵)이 마침내 우부빈객(右副賓客) 홍문관 제학(弘文館提學)에 임명되었다. 〈매산집(梅山集)〉

이규복(李圭復)의 아내가 마침내 효부(孝婦)가 되다

이규복(李圭復)의 호는 송석(松石)이니 처음에 도암(陶庵)을 뵙자 도암이 그 세벌(世閥)을 물으니 규복(圭復)이 시(詩)로 대답하

기를,

"삼대(三代)의 기병(騎兵)의 값으로 포복을 내던 자요, 백년 깊
은 골짜기에 교생(校生)의 몸일세. (三世騎兵價布者 百年窮峽校
生身)"

했다. 그 처지의 비천(卑賤)한 것을 숨기지 않았으니 진실로 분수
를 알아서 이로 인해 실지의 마음으로 학문을 할 것을 알았는데
그 조예(造詣)도 또한 참다운 기이한 선비였다.

아내가 시부모에게 순종하지 않더니 규복(圭復)의 지극한 행동
을 보고 거기에 감화되어 마침내 효부(孝婦)가 되었다. 정선(旋善)
송석(松石)에 살았기 때문에 그대로 스스로 호를 했다. 〈매산집(梅
山集)〉

김정묵(金正默)에게 무녀(巫女)가
그 꾀를 부리지 못하다

김정묵(金正默)은 광주(光州) 사람이니 호는 과재(過齋)이다. 약
관(弱冠) 때에 종가(宗家) 부인이 무녀(巫女)에게 혹해서 세전(世
傳)의 물건을 다 기울이기에 공이 몸소 그 곳에 가보았더니 무녀
(巫女)는 방울을 흔들었으나 신(神)이 내리지 않아서 그 꾀를 부
리지 못하니 양(陽)이 강(剛)한 기운에는 귀신도 꺼리는 것이어서,
우암(尤庵)의 어렸을 때의 일과 서로 같았다. 〈매산집(梅山集)〉

이직보(李直輔)가 관절(關節)¹⁾을 받지 않다

이직보(李直輔)의 자는 유종(維宗)이요 호는 중주(中洲)이다.
젊었을 때 과거공부를 하는데 과장(科場)에 나가면 매양 관절(關

―――――――
1) 關節 : 뇌물 주는 것

節)¹¹이 있었으나 문득 받지 않았다. 이에 그 종형(從兄) 이판서 악보(李判書益輔)가 나가서 받으라고 전했으나 역시 응하지 않고 지암(止庵) 김공(金公)을 따라서 여주(驪州)에 가서 살고 이내 과거를 보지 않았다.

이에 판서(判書)가 과거와 벼슬에 힘쓰지 않아서 그대로 폐해버렸으나 조금도 고치지 않았으니 그 염정(恬靜)하고 과욕(寡慾)한 것이 본래의 타고난 성품이었다. 종질(從姪) 술원(述源)이 일찍이 탄식하기를,

"우리 아저씨는 곧 옛날에 이른바 일민(逸民)이다."

했다. 〈매산집(梅山集)〉

김용겸(金用謙)은 매양 삼가(三加)의 손이 되다

김용겸(金用謙)은 안동(安東) 사람이니 호는 교교재(嘐嘐齋)이다. 예(禮)에 밝아서 매양 사대부(士大夫)의 삼가(三加)의 빈(賓)이 되는데 조금도 의식(儀式)을 잃지 않았다.

일찍이 이우당(二憂堂)의 사손(嗣孫)의 관례(冠禮)에 갔는데 그 기용(器用)이 크게 사치스러운 것을 보고 수레를 재촉하여 나가자 주인이 그 까닭을 물으니 공이 책망하기를,

"사치하고서 망하지 않는 자가 없으니 내가 이 일을 하고자 하지 않는다."

하니 주인이 사과하기를 마지 않고 즉시 소박한 것으로 바꾸자 공은 비로소 예(禮)를 행하고 경계하고 돌아갔다. 〈매산집(梅山集)〉

벼슬이 음사(蔭仕)로 공조판서(工曹判書)에 이르렀다.

정종로(鄭宗魯)의 시(詩)는 경절(警絶)해서 외울 만했다

정종로(鄭宗魯)는 우복(愚伏)의 사손(嗣孫)으로 가업(家業)을 잘 계승하여 우산 고택(愚山故宅)에서 경서(經書)를 강의하니 그를 쫓아 배우는 자가 거의 온 영남(嶺南)에 두루 퍼졌다.

일찍이 시를 지어 그 문인(門人) 최상룡(崔象龍)에게 주었는데 그 시에 말하기를,

"예쁘다, 그대. 천리 길을 일찍이 멀리 여기지 않고, 석실(石室)에서 글 읽은 지 드디어 몇 해인가. 붉은 낱알은 용호(龍虎)의 솥을 이루려 했고, 청춘은 이미 봉황의 집을 배웠네. 경서를 연구하여 가느다란 실오리도 나누고, 일에 임하면 모름지기 나무다리를 건너는 것이 필요하네. 다시 소옹(邵翁)[1]을 잡아 추리(推理)하여 다하니, 뜻에 따라서 어초(漁樵)에 대답하는 것이 해롭지 않네. (憐君千里不曾遙 石室伊吾遂幾朝 丹粒欲成龍虎鼎 靑春已學鳳凰巢 硏經會使分銖縷 臨事須要過木橋 更把邵翁推得盡 不妨隨意答樵漁)"

했는데 또한 경절(警絶)하여 외울 만했다. 〈매산집(梅山集)〉

벼슬이 지평(持平)에 이르렀다.

이양연(李亮淵)은 청산백운인(靑山白雲人)

이양연(李亮淵)은 전주(全州) 사람이니 자는 진숙(晉叔)이요 호는 임연(臨淵), 또는 산운(山雲)이다. 8세에 그림 한 장을 그렸는데 그 안이 모나고 모난 속에 인(人)자를 썼으니 삼재(三才)의 뜻

---

1) 邵翁 : 소강절(邵康節).

을 표한 것이었다.

자라자 성리(性理)의 학설(學說)을 설명하자 홍석주(洪奭周)가 천거해서 충청도사(忠淸都事)에 임명되고 헌종조(憲宗朝)에서 벼슬이 참판(參判)에 이르렀다. 술을 즐기고 시를 좋아하며 이름난 산과 아름다운 물에 놀기를 좋아하여 일찍이 부혁(傅奕)의 청산백운인(靑山白雲人)을 모방하니 향리(鄕里)에서 산운(山雲)으로 호를 했다.

어느날 율곡(栗谷)의 글을 읽다가 황연(恍然)히 말하기를,

"우리의 도(道)가 여기에 있다."

하고 이에 이연평(李延平)의 초의목식(草衣木食)으로 공부의 요점(要點)으로 삼아 드디어 온돌(溫突)을 폐지하고 이불을 덮지 않고 솔잎을 섞어 먹으면서 입으로 수초(手抄)를 외워 비록 질병(疾病)이나 여행중이라도 폐하지 않았다. 〈묘지(墓誌)〉

이경무(李敬懋)가 수절기(守節妓) 무운(巫雲)을 사랑하다

이경무(李敬懋)는 전주(全州) 사람이니 자는 사직(士直)이다. 무과(武科)에 급제하여 벼슬이 형조판서(刑曹判書)·금장(禁將)·훈장(訓將)을 지냈고 시호는 무숙(武肅)이다.

강계부사(江界府使)가 되었을 때 기생 무운(巫雲)이 아름다운 얼굴과 재예(才藝)로 당시에 이름이 났었다. 서울에 사는 성진사(成進士)라는 자가 우연히 이곳에 왔다가 무운을 천침(薦枕)시켜 애정이 몹시 두터웠었는데 성생(成生)이 간 뒤로는 무운은 그를 사모하는 마음을 금할 수가 없어서 쑥을 떠서 종기를 나게 해가지고 악질(惡疾)이 있다고 핑계하고 있었다.

경무(敬懋)가 부임하자 그를 불러 보고 가까이 하려 하자 무운(巫雲)은 종기 난 곳을 끌러 보이면서 말하기를,

"제가 이 종기가 있어 감히 가까이 가지 못합니다."

한다. 이(李)가 말하기를,

"그렇다면 네가 앞에 있어 사환(使喚)의 일을 하는 것이 좋다."

하여 이로부터 낮에는 심부름을 하고 밤에는 집으로 돌아가기를 4, 5개월을 계속했다.

그러던 어느날 밤에 운(雲)이 갑자기 앞에 가까이 오더니 말하기를,

"오늘 밤에는 모시고 자겠습니다."

한다. 이에 이(李)가 말하기를,

"네가 악질(惡疾)이 있다면서 어찌 이런 말을 하느냐?"

하자 운(雲)은 말하기를,

"제가 수절(守節)하기 위하여 쑥으로 떠서 종기를 나게 하여 남이 가까이 하는 것을 막아왔사온데 이제 사또를 모신 지 여러 달이 되는 동안 동정을 살펴 보니 참으로 대장부이십니다. 제가 비록 무식한 천기(賤妓)이오나 어찌 흠모하고 공경하는 마음이 없겠습니까."

한다.

이(李)가 말하기를,

"네 마음이 그렇다면 천침(薦枕)하는 것이 좋다."

하고 계속하여 가까이 하더니 임기(任期)가 차서 장차 돌아가게 되자 운(雲)이 따라가기를 원했으나 이(李)는 말하기를,

"나는 아내와 첩이 모두 있어서 데리고 가기가 편하지 못하다."

했다. 이에 운(雲)이 말하기를,

"만일 그러시다면 저는 마땅히 수절(守節)하겠습니다."

한다.

이(李)가 웃으면서 말하기를,

"네가 말하는 수절(守節)이 또 성진사(成進士)를 위한 것이냐?"

하자 운(雲)은 발연(勃然)히 얼굴빛을 고치더니 즉시 단도(短刀)를 꺼내서 그 왼쪽 손가락을 자른다. 이(李)가 크게 놀라 데리고 가려 하자 또 듣지 않고 그대로 작별하고 머물러 있었다.

그 후 10여 년이 되어 이(李)가 훈장(訓將)으로 성진(城津)에 부임하는데 어느날 운(雲)이 와서 뵙기를 청하자 이(李)는 기뻐하여

불러 보고 같이 자는데 밤에 가까이하려 했으나 죽기로 거절한다. 이(李)가 그 까닭을 묻자 대답하기를,

"사또를 위해서 수절(守節)하는 것입니다."

한다. 이(李)가 말하기를,

"이미 나를 위해서 수절했으면서 어찌하여 나를 거절하느냐?"

하자 운(雲)은 말하기를,

"이미 남자를 가까이하지 않기로 마음에 맹세했기 때문에 감히 명령을 받들지 못하겠습니다."

하고 같이 거처한 지 1년에 끝내 서로 가까이하지 않았고, 벼슬에서 돌아갈 때에도 또 작별하고 집에 있었다.

이공(李公)이 상처(喪妻)했을 때 운(雲)은 분상(奔喪)해 와서 서울에 머무르다가 장사지낸 뒤에 돌아갔고, 이공(李公)이 죽었을 때도 역시 그러했다. 스스로 호하기를 운대사(雲大師)라 하고 이내 자기 집에서 늙었다. 〈청구야담(靑邱野談)〉

왕태(王太)가 군포(軍舖) 속에서 글을 읽다

왕태(王太)의 자는 보경(步庚)이요 일명(一名)은 한상(漢相)이요 호는 수리(數里)이니 여씨(麗氏)의 자손이다. 가난해서 살아나갈 수가 없어서 나이 24세에 술집 김온(金媼)의 보배(保盃)가 되어 일을 하면서도 오히려 글을 읽자 술집 노파가 꾸짖어 그만두라 하므로 이에 책을 품고 다니면서도 읽고 혹은 아궁이불에 비춰서 읽자 노파는 그 뜻을 기이히 여겨서 날마다 초 한 자루씩을 주면서 밤에 읽으라고 하니 이로 인하여 문사(文辭)가 크게 진보되었으나 아는 사람이 없었다.

일찍이 금호문(金虎門) 밖에서 천경(踐更)[1]하는데, 이날 밤 달이 밝은 중에 토굴 속에서 상서(尙書) 한 장(章)을 외우니 소리가 금

---

1) 踐更 : 병졸로서 징발된 자가 돈으로 사람을 사서 대신 내보내는 일.

석(金石)에서 나오는 것과 같았다. 이 때 윤행임(尹行恁)이 지나다가 듣고 이상히 여겨 수레를 세우고 불러서 보니 쑥대머리에 때 묻은 얼굴이요 의복이 남루하다.

행임(行恁)이 놀라서 말하기를,

"강청야소연(江淸夜少烟)의 왕한상(王漢相)이 아닌가?"

하고 임금에게 아뢰어 불러서 시를 짓게 하자 두어 걸음에 시를 이루었는데,

"화평한 바람은 검은 장막에서 나고, 아침 해는 붉은 문에 비치네. (和風生早幕 旭日曠丹門)"

란 글귀가 있어서 한 세상에 전파되었다.

일설(一說)에는 정조(正祖) 11년에 왕태(王太)가 경점(更點)[2]의 군사로서 틈을 타서 군포(軍舖) 속에서 글을 읽으니 임금이 그 말을 듣고 몹시 기이히 여겨 명하여 불러 보니 용모가 기이하고 잘났다. 이에 경사(經史)를 강(講)하게 하니 응송(應誦)이 물 흐르는 것과 같고 또 시에 뛰어나서 발탁하여 우림장(羽林將)을 삼고 대철장(大鐵杖)을 주어서 밤에 궁성(宮城)을 순회하게 했다. 또 조령별장(鳥嶺別將)에 제수되고 임금이 크게 쓰고자 하다가 되지 않았는데 철장행(鐵杖行)이 있다. 〈매산집(梅山集)〉

정민수(鄭民秀)는 적(賊)이 폐립(弊笠)을 훔치려다가 돌려주다

정민수(鄭民秀)의 자는 기범(豈凡)이요 호는 벽산(碧山)이니 젊었을 때 외롭고 가난했는데 어머니를 효성으로 섬겼으나 조석을 자주 걸렀다. 이에 신을 삼아 장에 내다가 팔아서 날마다 봉양하더니 어머니가 죽자 초하루, 보름으로 묘소(墓所)에 가서 반드시 음식을 마련하여 어깨에 지고 가서 3년 동안 일찍이 비나 바람, 추

___
2) 更點: 북과 징을 쳐서 시간을 알리던 일.

위와 더위 때문에 폐하는 일이 없었다.

　본래 의학(醫學)을 배우다가 이루지 못하고 시읊기를 좋아했는데 나이 45세에 비로소 아내를 얻으니 배는 불룩하고 머리털은 드문드문했다. 드디어 아내를 이끌고 서적(書籍)을 주머니에 넣어가지고 적성(積城) 암거천(岩居川)에 살더니 크게 흉년이 들어 유민(流民)들이 밤에 그 집을 덮쳤는데 일행이 수십 명이었다.

　민수(民秀)가 울타리 틈으로 단공(短筇)을 보이면서 말하기를,

　"누가 기계(奇計)가 없겠는가. 너희가 내게 어찌하겠느냐?"

하자 도둑이 크게 웃으니 민수(民秀)도 또한 크게 웃고 즉시 사립문을 열고 들어오게 하여 말하기를,

　"좋은 물건이 있으면 모두 가져가라."

하고 손에 불을 들고 네 벽을 비쳐 보이는데 오직 베틀 하나와 두어 상자의 책이 있을 뿐이다.

　이에 도둑들이 도로 나가는데 그 중에 그의 갓을 훔친 자가 있자 민수(民秀)는 도둑에게 타이르기를,

　"다 떨어진 갓을 아끼는 것은 아니지만 어찌 나로 하여금 갓을 벗고 제사를 지내며 손님을 맞게 하려는가."

하니 도둑이 웃고 돌려주었다. 〈은송당집(恩誦堂集)〉

김홍도(金弘道)는 삼천금(三千金)이
하루 쓸 돈도 못되었다

　김홍도(金弘道)의 자는 사능(士能)이요 호는 단원(檀園)이니, 산수(山水)·인물(人物)·화초(花草)·영모(翎毛)를 어느 것이나 묘하게 그리지 않는 것이 없었다. 정조(正祖) 때 내정(內廷)에 공봉(供奉)하여 매양 그림 한 폭을 올리면 문득 칭찬했다.

　일찍이 큰 벽에 흰 분칠을 하라고 명하여 해상군선(海上群仙)을 그리라했는데 환자(宦者)로 하여금 진한 먹물 두어 되를 들고 서있게 하고 옷을 걷고 서서 붓을 풍우(風雨)처럼 내두르니 몇 시간

이 안되어 이루어졌다. 음사(蔭仕)로 벼슬이 연풍현감(延豊縣監)에 이르렀다.

명하여 금강산(金剛山) 네 고을의 산수(山水)를 그리게 하고 여러 고을로 하여금 음식을 바치게 했으니 모두 남다른 대우였다.

집이 가난해서 식사도 계속하지 못했는데 어떤 사람이 매화 하나를 팔러 와서 보니 몹시 아름답지만 돈이 없어 살 수가 없었다. 이 때 마침 그림을 청하러 와서 돈 3천 냥을 주자 즉시 2천 냥을 주고 매화를 사고 8백 냥으로 술 두어 말을 사가지고 동지(同志)를 모아 매화음(梅花飮) 놀이를 하고 2백 냥으로 쌀과 나무를 사니 하루 쓸 돈도 되지 않았으니 그 소광(疏狂)함이 이와 같았다.

아들 양기(良驥)의 호는 긍원(肯園)이니 또한 그림에 가법(家法)이 있었다. 〈일산외기(壹山外記)〉

최북(崔北)을 최직장(崔直長)이라고 일컫다

최북(崔北)의 자는 칠칠(七七)이니 대대로 그 족계(族系)를 알 수가 없고 이름자를 파자(破字)해서 자를 삼아 세상에 전했다. 그림을 잘 그리는데 한 눈이 멀어서 항상 안경을 쓰고 화첩(畫帖)에 임해서 모본(模本)했다.

술을 좋아하고 나가 놀기를 잘해서 구룡연(九龍淵)에 들어가 몹시 취해서 혹 울기도 하고 혹 웃기도 하다가 외치기를,

"천하명인(天下名人) 최북(崔北)이 마땅히 천하명산(天下名山)에서 죽는다."

하고 드디어 몸을 날려 뛰어 들어가자 마침 구원하는 자가 있어서 죽지 않았다. 칠칠(七七)이 술을 마시면 항상 하루에 5, 6되를 마시기 때문에 시중(市中) 술집에 술을 사러 가면 칠칠(七七)이 문득 다 마셔서 술이 없을 지경이었다. 이 까닭에 집형편이 더욱 곤궁했다.

평양(平壤) 및 동래(東萊)에 나그네로 가서 노는데 사람들이 비

단을 가지고 찾아오는 자가 잇달았다. 어떤 사람이 산수화(山水畵)를 요구하는데 산만 그리고 물을 그리지 않았으므로 괴상히 여겨 물으니 칠칠은 붓을 던지고 일어나면서 말하기를,

"종이 밖은 모두 물이다."

했다. 그림을 잘 그렸는데 돈을 조금 주면 칠칠은 문득 노해서 꾸 짖고 나서 그 그림을 찢어버리고 남겨 두지 않았다. 또 혹 잘 그리 지 못했는데 지나치게 값을 많이 주면 소리 내어 크게 웃다가 그 사람을 때리고 그 돈을 돌려주고 나서 그 사람이 문을 나서면 다 시 불러 웃으면서 말하기를,

"저 녀석이 값을 모르는도다."

했다.

그는 스스로 호를 호생자(豪生子)라 했는데 성질이 거세고 거만 하여 남의 말을 듣지 않았다. 서평공자(西平公子)와 백 냥을 내기 로 걸고 바둑을 두는데 칠칠이 바야흐로 이기게 되었을 때 한 수 만 무르자고 청하자 칠칠은 드디어 바둑을 흩어버리고 손을 거두 고 앉아서 말하기를,

"바둑은 본래 놀이인데 만일 수없이 무르다가는 1년내 두어도 한 판도 마치지 못할 것이오."

하고 그 뒤로는 다시 서평(西平)과 바둑을 두지 않았다.

일찍이 귀인(貴人)의 집에 이르자 문지기는 그 성명(姓名)을 부 르기가 미안해서 들어가 주인에게 최직장(崔直長)이 왔다고 고했 다. 그러자 칠칠은 노해서 말하기를,

"어찌해서 정승이라고 하지 않고 직장(直長)이라고 했느냐?"

한다. 문지기가 말하기를,

"언제 정승을 하셨습니까?"

하니 칠칠은 말하기를,

"그러면 내가 언제 직장(直長)을 했단 말인가? 가왕 벼슬 이름 을 빌려다가 나를 높여주려 했다면 어찌 정승을 버리고 직장(直 長)이라고 했는가."

하고 귀인(貴人)은 보지도 않고 돌아갔다. 칠칠의 그림이 세상에 전하는데 사람들은 최산수(崔山水)라고 했다.

금릉(金陵) 남공철(南公轍)이 이단전(李亶佃)으로 인해서 산방(山房)에서 칠칠을 알게 되었는데 칠칠이 말하기를,

"국가에서 수군(水軍) 몇 만 명을 두어서 장차 왜(倭)에 대비해야 할 것이오. 왜는 진실로 수전(水戰)에 익숙하지만 우리는 수전을 익히지 않았기 때문에 왜가 왔을 때 우리가 응하지 않으면 저들은 스스로 물에 빠져 죽을 것인데 어찌 괴롭게 삼남(三南) 적자(赤子)들을 못살게 하는가."

하고 다시 술을 가져다가 새벽에 이르기까지 이야기했다.

세상에서는 칠칠을 주객(酒客), 또는 화리(畵吏)라 하고 심한 자는 광생(狂生)이라 하지만 그 말은 이치가 있어서 기풍(譏諷)이 많았다. 이단전(李亶佃)은 말하기를,

"칠칠은 글읽기를 좋아하다가 서울 집에서 죽었는데 그 나이가 얼마였는지는 기억하지 못한다."

했다. 〈금릉집(金陵集)〉

임희지(林熙之)가 수월(水月)의 뜻을 저버리지 않다

임희지(林熙之)의 호는 수월도인(水月道人)이다. 사람됨이 강개(慷慨)하고 기절(氣節)이 있었으며 술을 좋아하여 여러 날 깨지 않았으며 대나무와 난초를 잘 그렸는데 대나무는 강표암(姜豹庵) 세황(世晃)과 이름이 가지런했고 난초는 그보다 나았다. 그림을 그리면 문득 수월(水月) 두 글자를 써서 반드시 연결시켜 꿰매고 혹 제어(題語)가 있으면 부록(符籙)과 같아서 해득하기가 어렵고 자획(字畫)이 기고(奇古)해서 인간의 글씨와 같지 않았고 또 피리를 잘 불어서 사람들이 많이 배웠다.

집 안에는 볼 만한 물건이 없고 한 계집아이를 두고 기르면서 말하기를,

"내가 동산이 없어 꽃을 가꾸지 못하니 이것으로 가히 이름있는 꽃 한 떨기를 감당할 것이다."

했다. 사는 집은 서까래 두어 개에 지나지 않았고, 또 빈 땅이 반
두둑도 되지 않는데도 반드시 못을 파는데 물이 나오지 않으면 뜨
물을 모아서 여기에 부으니 물이 흐리터분했다. 매양 못가에서 휘
파람을 불고 노래하면서 말하기를,

"내가 물과 달을 저버리지 않을 뜻이니 달이 어찌 물을 가려서
비치겠는가."

했다. 그는 딴 책은 간직하지 않고 오직 진서(晋書) 한 부(部)뿐
이었다.

일찍이 배를 타고 교동(喬洞)에 가는데 바다 가운데 이르러서 크
게 풍우(風雨)가 일어 거의 건너지 못할 지경이었다. 이에 배 안
에 있던 사람들이 모두 불보살(佛菩薩)을 불렀으나 희지(熙之)는 갑
자기 크게 울고 일어나서 구름이 검고 물결이 흰 사이에서 춤을
춘다. 바람이 안정된 뒤에 사람들이 그 까닭을 묻자 그는 대답하
기를,

"죽는 것은 보통이지만 바다 속의 풍우(風雨)의 기장(奇壯)한 것
은 얻을 수가 없는 것이니 어찌 춤을 추지 않을 수 있겠는가."

했다.

오리털을 엮어서 입고 달 밝은 밤에 쌍상투를 틀고 맨발 차림으
로 우의(羽衣)를 입고 피리를 가로 불고 가면 보는 자들이 귀신이
라 하여 모두 달아나니 광탄(狂誕)함이 이와 같았다. 〈호산외사
(壺山外史)〉

《純祖朝》

이서구(李書九)가 따로 호적(戶籍)을 베끼게 하다

이서구(李書九)는 전주(全州) 사람이니 자는 낙서(洛瑞)요 호는 척재(惕齋), 또 강산(薑山)이다. 정조(正祖) 갑오(甲午)에 문과에 급제하고 순조(純祖) 을유(乙酉)에 우상(右相)에 임명되고 시호는 문간(文簡)이다.

그가 복상(卜相)되었을 때 풍석(楓石) 서판서 유구(徐判書有榘)가 좌객(座客)들에게 이르기를,

"강산(薑山)이 입상(入相)할 것은 약관(弱冠) 때부터 우리 선인(先人)이 이미 아셨다."

했다. 강산(薑山)은 약관(弱冠)에 과거에 급제하여 선인(先人)과 함께 같이 각신(閣臣)이 되어 입시(入侍)하여 임금에게 아뢰기를 자세히 밝게 하고 행동이 진중(珍重)해서 사람들이 몹시 소중히 여겨 모두 공보(公輔)로 기약했다.

어느날 일부러 남산(南山)의 조그만 집으로 강산(薑山)을 찾아 인사를 끝냈는데 갑자기 마루 아래에서 시끄럽게 강산의 성명을 부르면서 욕하는 자가 있었으나 강산은 조금도 얼굴빛을 변하지 않고 종을 불러서 이르기를,

"저 놈이 강상(綱常)을 범했으니 다시 그 죄를 용서해 주면 또 다시 방자하고 악한 짓을 할 것이니 이것을 용서하면 법을 베풀 곳이 없고 기강(紀綱)이 해이해질 것이니 너는 이놈을 수구문(水口門) 안으로 가서 때려 죽이고 오라."

했다.

종이 명령을 받고 가자 우리 선인(先人)이 그 결과를 보고자 하

여 같이 점심을 먹고 종일 이야기할 것을 청하자 강산은 이를 허락했다. 해가 장차 저물 때 종이 때려 죽였다고 고하자 강산은 말하기를,

"이놈이 비록 큰 죄를 지어서 법에 의하여 죽였지만 그래도 우리집 옛물건이니 후하게 매장해 주도록 하라."

하니 종은 대답하고 갔다.

선인(先人)은 오히려 믿어지지 않아서 장차 몸을 일으키려 하는데 종이 또 고하기를,

"형조(刑曹)의 서리(書吏)가 뵙기를 청합니다."

하자 강산이 불러들여 묻자 대답하기를,

"판서대감(判書大監)이 방금 출근하셨는데 들으니 수구문(水口門) 밖에 하나의 죽은 시체가 있는데 혈육(血肉)이 낭자한 것이 본댁(本宅)의 종인데 관(官)에 고하지 않고 사사로이 때려 죽였으니 이는 법 밖의 일이므로 특별히 소인(小人)에게 명하여 탐지해 오라 하셨습니다."

한다.

그 때의 형조판서(刑曹判書)는 곧 채제공(蔡濟恭)인데 강산이 말하기를,

"이는 곧 우리 집 사노(私奴)인데 죄가 강상(綱常)을 범했는데 법에 비추어 용서할 수가 없고 만일 관청에 고하면 또한 수치스러운 일이기 때문에 스스로 사사로이 죽인 것이다."

했다. 대개 나이 젊은 명사(名士)로서 성색(聲色)을 움직이지 않고 일처리 하기를 조용히 했으니 어찌 원대(遠大)한 그릇이 아니겠는가.

서구(書九)는 앞의 일에 아는 것이 많았다. 두번째 전라감사(全羅監司)에 임명되어 묵은 폐단을 바로잡으니 한 도(道)가 그 힘으로 편안해졌다. 돌아올 때 호적(戶籍)을 가져다가 여러 아전들에게 나누어 주어 다시 등서(謄書)하게 하여 따로 한 창고에 간직하게 했더니 얼마 안되어 호적고(戶籍庫)에서 불이 나서 딴 장부는 모두 없어지고 오직 유독 따로 베낀 호적만이 탈이 없었다.

서구(書九)가 전라감사(全羅監司)가 되었을 때 어느날 보니 천강

성(天罡星)[1]이 나주(羅州) 지방에 떨어지자 감영의 하인을 불러 이르기를,

"네가 나주(羅州) 어느 사람의 집에 가면 그 집 부인이 반드시 출산(出産)할 것이니 만일 남자를 낳거든 반드시 죽이고 여자를 낳거든 죽이지 말고 돌아오라."

했다. 하인이 돌아와서 보고하기를,

"과연 여자를 낳았습니다."

하자 서구(書九)는 말하기를,

"만일 남자를 낳았으면 반드시 나라를 어지럽힐 것이지만 구구한 여자가 족히 무엇을 하랴. 그러나 반드시 권귀(權貴)의 첩이 되어 세력이 한 때를 기울일 것이다."

하더니 그 후에 그녀가 과연 하옥 김상국(何屋金相國)의 첩이 되었으니 이를 나함(羅閤)이라고 했다.

김재찬(金載瓚)이 산삼(山蔘)을 받고 아버지의 책망을 받다

김재찬(金載瓚)은 연안(延安) 사람이니 문정공(文貞公) 익(熤)의 아들이다. 자는 국보(國寶)요 호는 해석(海石)이다. 영조(英祖) 갑자(甲子)에 진사(進士)가 되고 문과에 급제하여 각신(閣臣) 초계문신(抄啓文臣)으로 순조(純祖) 을축(乙丑)에 대배(大拜)하여 영상(領相)에 이르니 시호는 문충(文忠)이요 순조(純祖)의 사당에 배합되었다.

주서(注書)로서 입시(入侍)하여 야대(夜對)했을 때 임금이 대신(大臣:熤)의 병을 묻자 재찬(載瓚)은 말하기를,

"노병(老病)이어서 항상 기운이 약합니다."

하자 임금은 산삼(山蔘) 3근을 주면서 말하기를,

"너는 이것으로 네 아비의 병을 치료하라."

1) 天罡星 : 북두성(北斗星).

했다. 이에 재찬은 사은(謝恩)하고 집에 돌아와서 산삼을 아버지에게 바치고 임금이 하사한 것이라고 고하자 익(熤)은 말하기를,
"너 같은 무리가 시종(侍從)하고 있으니 나라 일을 알 만하구나. 국군(國君)이 대신(大臣)을 공경하고 예로 대우하는 것은 사사로운 은혜가 아닌 것이다. 만일 임금이 삼을 하사하시려면 마땅히 사관(史官)으로 하여금 선유(宣諭)하는 것이 열성조(列聖朝)의 대신을 대접하는 예이거늘 어찌 밤중에 그 아들을 불러서 준단 말이냐. 너는 어찌해서 예로 간하지 않고 순종했단 말이냐."
했다.
　이렇게 말하고 도로 갖다 바치라 하자 다시 삼을 갖다 올리고 그 아비의 말을 고하자 임금은 말하기를,
"내 과실이다."
하고 사관(史官)에게 명하여 전해 보냈다.

정만석(鄭晩錫)이 김진사(金進士)를 만나서 적을 무찌르다

　정만석(鄭晩錫)은 온양(溫陽) 사람이니 자는 성보(成甫)요 호는 과재(果齋)이다. 정조(正祖) 계묘(癸卯)에 생원(生員)이 되고 문과에 급제하여 순조(純祖) 경인(庚寅)에 우상(右相)이 되었고 시호는 숙헌(肅獻)이다.
　젊었을 때 전라어사(全羅御史)로 두루 여러 고을을 다니다가 한 곳에 이르니 농부들이 서로 이르기를,
"우리 이웃에 김진사(金進士)라는 자가 있는데 어디에서 옮겨왔는지는 알 수 없으나 부리는 종이 구름처럼 많고 기상(氣像)이 호매(豪邁)한데 여러 종을 데리고 나가면 수십 일 만에 돌아오는데 수백 냥씩 가지고 오니 몹시 괴상스럽다."
한다.
　만석(晩錫)은 그가 도둑의 괴수인가 의심하여 그 집을 물어서 찾

아갔더니 집이 굉장히 크고 종들이 수없이 많다. 영접해 들어가서 술을 내어 친절히 대접하는데 언론(言論)과 풍채가 호걸 중의 호걸이다. 이틀이 된 뒤에 진사(進士)가 말하기를,

"내가 일이 있어서 밖에 나갔다가 3일 후에 돌아올 것이니 그대는 여기에 머물러 있으라."

한다.

그러나 만석(晩錫)은 말하기를,

"나도 또한 일이 있으니 머무를 수가 없다."

하고 드디어 김진사의 뒤를 따라 한 객점(客店)에 이르러 서로 만나자 진사는 크게 기뻐하여 같이 자기를 청하여 닭을 잡고 돼지를 잡아 이미 취하고 그 이튿날 데리고 간 종이 여비(旅費)가 다 되었다고 고하자 진사는 대답하지 않았다. 이 때 가랑비가 내리는데 한 여인이 머리에 무거운 물건을 이고 가쁘게 오더니 길을 묻는다. 이에 진사는 말하기를,

"그대가 사람에게 쫓기고 있으니 만일 그 길로 가면 반드시 잡혀서 죽을 것이다."

하고 산 속의 한 길을 가리키면서

"속히 이 길로 가면 살 수가 있다."

한다.

이 때 그녀는 말하기를,

"머리에 무거운 물건을 이고 어떻게 산을 오른단 말이오?"

하고 드디어 이고 있던 물건을 김진사에게 주면서 말하기를,

"공이 나에게 살 길을 가르쳐 주었으니 이것으로 사례합니다."

하고 드디어 산기슭 소로(小路)로 갔는데 이윽고 수십 명의 사람이 지팡이를 가지고 와서 그녀가 어디로 갔느냐고 묻자 진사는 말하기를,

"그 여자는 저쪽 대로(大路)로 갔소."

하자 그 사람들은 모두 대로(大路)로 갔다. 이 때 진사가 그 여인이 주고 간 보자기를 끄르고 보니 돈 30냥과 비단 2필이 있어서 이것으로 밥값을 주니 만석(晩錫)은 이를 이상히 여겼다.

진사가 또 동행하기를 청하므로 만석이 이를 승낙하고 또 한 여

점(旅店)에 이르니 또 풍성하게 음식을 장만하기를 전과 같이 했는데 마침 수백 명을 거느린 상여가 앞 산에 장사를 지내고 있었다. 진사는 만석과 같이 가보고 주상(主喪)에게 이르기를,

"여기에는 장사지낼 수 없다."

하고 지팡이로 광중(壙中)을 두드리자 조그만 구멍이 생기더니 수십 길이 꺼져 내린다. 주상(主喪)이 크게 놀라서 길지(吉地)를 구해주기를 청하자 진사는 말하기를,

"길지는 가까이에 있는데 그대는 나에게 3천 냥을 주겠는가?"

하자 주상은 이를 승낙하고 드디어 가까운 산 한 곳에 가서 과연 길지를 잡아 주었다. 진사가 돈을 받자 만석에게 이르기를,

"청컨대 함께 집에 돌아가서 한 번 취하는 것이 어떻겠는가?"

하자 만석은 이를 승낙한다.

이날 밤이 깊어서 진사는 만석에게 이르기를,

"나는 진실로 그대가 어사(御史)라는 것을 알았소. 그대는 내가 도둑인가 의심해서 뒤를 밟고 있는 것이오. 그러나 내가 처음에 30냥을 얻은 여자는 간부(間夫)의 집으로 도망해 가는 것을 본부(本夫)가 알고 쫓는 것인데 만일 그 길로 갔더라면 반드시 잡혀서 죽었을 것이오. 사람의 한 목숨을 구해주고 돈 30냥을 얻은 것이 무엇이 해롭단 말이오. 또 장지(葬地)에 구멍이 있는 것을 광중(壙中)을 깊이 파지 않았기 때문에 몰랐지만 만일 하관(下棺)을 하고 나면 관(棺)이 반드시 빠지고 말 것이오. 그러니 남의 죽은 뼈를 구원하고 또 길지(吉地)를 가르쳐 주고서 돈 3천 냥을 받은 것이 무엇이 해롭단 말이오."

한다.

이에 만석이 놀라 일어나서 함께 주역(周易)을 의논하니 모두 평생에 듣지 못하던 말이었다. 벼슬에 나가기를 청하자 진사는 말하기를,

"벼슬에 나가기를 좋아하지 않아서 청산(靑山) 녹수(綠水) 사이에서 자유롭게 지냈는데, 이제 조정이 태평한 지가 오래되었으니 즐겨 내 말을 듣겠는가. 나는 그대가 나라 일에 부지런한 것에 감동했는데 이 후 20년이면 반드시 그대를 관서(關西)로 찾을

것이오."

하고 드디어 동복(僮僕)을 불러 재촉하여 행장을 차려 새벽에 나섰는데 그 걸음이 나는 듯하여 따라갈 수가 없었다. 만석이 일을 마치고 돌아와서 임금께 아뢰어 그를 찾았으나 이미 간 곳을 알 수 없었다.

만석이 평안감사(平安監司)가 되었는데 홍경래(洪景來)가 반해서 정주성(定州城)을 점령하고 성을 지키기를 몹시 엄하게 하여 무찌를 수가 없었다. 이에 만석이 몹시 근심하는데 어느날 밤에 문을 열고 들어서는데 보니 곧 김진사인데 안색(顔色)이 전과 같다. 손을 잡고 이르기를,

"그대는 오늘 만나기로 한 약속을 잊었는가?"

한다. 만석이 절하고 적을 무찌를 계책을 묻자 진사는 화공(火攻)의 계책을 가르쳐준다. 만석이 또 나와서 벼슬을 하라고 청했으나 진사는 크게 웃고 대답하지 않고 나가는데 그 걸음이 빨라서 따라갈 수가 없었다. 만석은 끝내 그 계교를 써서 적을 무찔렀다.

윤광안(尹光顔)이 영교(營校)의
선유(善喩)를 칭찬하다

윤광안(尹光顔)은 파평(坡平) 사람이니 벼슬이 판서(判書)에 이르렀다.

역학(易學)에 깊었고 또 계획이 있었다. 영남관찰사(嶺南觀察使)가 되었을 때 감영(監營)에 불이 나자 광안(光顔)이 계획을 세워 영선(營繕)하는데 돈 몇천 냥이 들었다. 그런데 준공(竣工)하기에 이르러 보니 광안(光顔)이 설계(設計)한 것과 비교해 볼 때 20냥이 더 들었다. 이에 목공(木工)을 불러서 물었더니 어느 대들보가 잘못해서 그 절반이 부러졌기 때문에 다시 사서 대용(代用)하여 처음 계획과 좀 어긋났다고 한다.

또 천문(天文)에 능해서 연사(年事)의 풍년들고 흉년드는 것을

일찍이 맞추지 못한 것이 없었다. 어느날 영교(營校)에게 이르기를,

"네가 어느 점포(店舖)에 가면 어떤 사람이 와서 술을 살 것이니 결박해 가지고 오라."

했다. 영교(營校)가 그곳에 가자 과연 술을 사는 자가 있었다. 그 사람을 보니 곧 도망한 아전으로서 결박해다가 반드시 벨 자였다. 이 때 도망한 아전이 말하기를,

"그대와 나의 정의가 형제와 같은데 그대가 나를 결박하지 않으면 내 죄가 죽음에까지는 이르지 않을 것이지만 내가 만일 갇히면 죄로 반드시 죽을 것이니 그대는 생각해서 처리하라."

한다.

이에 영교(營校)가 말하기를,

"순사또(巡使道)께서 신명(神明)하여 그대의 행적을 알고 계신데 어떻게 속인단 말인가?"

하자 아전은 말하기를,

"속이면 그대의 죄는 귀양가는데 그치지만 그렇지 않으면 나는 몸과 머리가 각각 딴 곳에 있을 것이다."

하고 애걸하기를 그치지 않자 영교(營校)는 그를 용서해 주고 돌아와서 감영(監營) 뜰에 엎드린다.

광안(光顔)이 묻기를,

"도망한 아전은 어디 있느냐?"

하자 영교는 말하기를,

"사또께서는 공명 선생(孔明先生)과 같으시고 소인(小人)은 관공(關公)과 같아서 가서 조조(曹操)를 잡았사오나 석방해 보내고 왔습니다."

한다. 광안(光顔)이 웃으면서 말하기를,

"먼 시골의 영교(營校) 중에 능히 이렇게 비유를 잘하는 자가 있었느냐."

하고 그대로 석방했다.

광안이 이 일로 인하여 파면되어 집에 돌아와 있는데 홍경래(洪景來)가 반란(叛亂)을 일으키자 어떤 사람이 이르기를 공이 원수

(元師)가 될 만하다고 하자 광안은 말하기를,

"나는 복이 박해서 능히 성공하지 못할 것이요 이요헌(李堯憲)
이 중후(重厚)하고 복이 많으니 이 사람이 반드시 이 소임을 감
당할 것이다."

하더니 이윽고 과연 그렇게 되었다.

홍직필(洪直弼)이 권행(權倖)을 수죄(數罪)하다

홍직필(洪直弼)은 당성(唐城) 사람이니 자는 백응(伯應)이요 호
는 매산(梅山)이다. 잉태했을 때 어머니 꿈에 신귀(神龜)가 품 속
으로 들어왔었다. 공의 외가(外家)는 박씨(朴氏)로서 광해군(光海
君)의 제사를 받드는데 7세 때에 광해(光海)는 윤상(倫常)에 어긋
났다 하여 제사음식을 먹지 않았다.

8세 때에 마루 아래에서 비석을 가는 역사가 있었는데 그것이
순붕(順朋)의 묘(墓)에 세울 것이라는 것을 알고 그 아버지에게
고하기를,

"소인(小人)의 비석을 어찌해서 우리집 마루에서 만든단 말입
니까. 청컨대 이를 쫓으십시오."

하자 그 아버지는 비록 그 지나친 것을 책망했지만 마음 속으로는
더욱 이를 기이히 여겼다.

또 권행(權倖)의 집이 가까이 있자 선생은 후원 높은 곳으로 가
서 그 이름을 부르면서 그 죄를 세어 말하자 그 사람은 크게 노해
서 판서공(判書公)이 시킨 일이라고 무고(誣告)해서 화가 장차 헤
아릴 수 없더니 정조(正祖)가 성명(聖明)해서 무사할 수가 있었다
한다. 〈매산집(梅山集)〉

김기서(金基叙)가 꿈에 청로장군(淸虜將軍)을 보다

김기서(金基叙)는 청풍(淸風) 사람이니 호는 구우(邱隅)이다. 순조(純祖) 때에 문과에 급제했다.

집이 양주(楊州) 평구(平邱)에 있는데 집 뒤에 고묘(古墓) 하나가 있어 서로 전하기를 고려분(高麗墳)이라고 한다. 기서(基叙)가 어느날 저녁에 홀로 앉아서 책을 보다가 갑자기 보니 한 중이 상모(狀貌)가 잘나고 의관이 이상한데 읍(揖)하고 앞으로 와서 말하기를,

"나는 고려 청로장군(淸虜將軍)이다. 혁명(革命) 때 머리를 깎고 세상을 도망하여 때와 서로 잊고 그 뒤에 그대의 집 뒤 산기슭에 장사지낸 지 이제 4백여 년이 되었지만 한 가닥 원통한 넋이 지금까지 흩어지지 못하고 있으니 그대는 능히 나를 위하여 단(壇)을 모으고 미음 김직각(渼陰金直閣 : 邁淳號臺山)의 제문(祭文)을 청하여 나의 외로운 넋을 위로해 주겠는가?"

한다.

이에 기서(基叙)가 말하기를,

"고려는 지금 4백여 년이나 오래 되었는데 공의 영혼이 아직도 있단 말인가."

하자 중은 말하기를,

"나의 일편단심(一片丹心)이 아직도 없어지지 않고 명산 대천(名山大川)에 두루 놀면서 울적한 마음을 풀다가 이제 비로소 돌아온 것이다."

한다. 기서(基叙)가 다시 말하기를,

"공의 충성된 영혼과 굳센 혼백이 아직까지 백세(百世) 후에도 있다니 이는 흠앙(欽仰)하는 바이다. 고려조(高麗朝)의 명장(名將)에 정경(鄭經)이 일찍이 파로장군(破虜將軍)을 지냈는데 공이 과연 그 사람인가?"

하자 중은 말하기를,

"아니다."

하면서 다시 말을 계속한다.

"그대는 여러 왕씨(王氏)의 배가 승천포(昇天浦)에 가라앉을 때 시를 짓기를, 한 소리 부드러운 노(櫓)가 창망한 밖에, 비록 중이 있은들 네가 무엇을 하랴. (一聲柔櫓蒼茫外 縱有山僧奈爾何) 하는 구절을 기억하는가?"

한다. 기서(基叙)가 말하기를,

"나도 능히 기억한다."

하자 중은 말하기를,

"내가 곧 그 때의 중이다. 산하(山河)가 백겁(百劫)을 지나서 창상(滄桑)이 여러 번 변해서 창망한 고국(故國)에 벼나 기장이 무성하니 나는 원통한 한이 있어서 유유히 없어지지 않는다."

하고 이에 눈물을 줄줄 흘린다.

기서(基叙)도 역시 강개(慷慨)히 눈물을 뿌리고 이에 꿈에서 깨자 즉시 이 일을 갖추어 김직각(金直閣)에게 글을 써보내어 한 편의 제문(祭文)을 청하자 직각이 처음에는 일이 황탄(荒誕)하다 하여 사양하고 허락지 않았으나 기서(基叙)가 사람을 여러 차례 보내자 이에 글을 지어 보냈는데 그 대략은 아래와 같다.

그대의 말이 괴이치 않아 유(儒)를 받드는 것으로 경(經)을 삼았도다. 국사(國史)에 숨긴 것이 많으니 야(野)에서 듣는 것이 빠지기 쉽다. 포은(圃隱), 야은(冶隱)과 함께 간청(簡靑)에 참여해서 빛나지 않았네. 표연(飄然)히 세상을 버리니 월석(月錫)이요 운병(雲瓶)이네. 인간 만사가 관(棺)을 덮으면 정해지네. 충혼(忠魂)의백(義魄)이 나와서 영영(靈英)이 되었는데, 무슨 까닭으로 일어나서 우리 조정을 장하게 만드는가. (이 글은 뒤에 탄핵을 받을까 두려워했기 때문에 문집에 실리지 않았음.)

당시 의논이 '何由起來 以壯我廷'을 가지고 대산(臺山)의 죄안(罪案)을 삼아서 대사간(大司諫) 구강(具康)이 소(疏)를 올려 두 공을 탄핵하여 말하기를,

"귀신을 한 수레에 실어 혹세 무민(惑世誣民) 등의 말로 모두 왕

부(王府)에 잡아다가 화가 장차 헤아리지 못하게 되었다가 이윽고 석방되었다. 그 때 유진사(柳進士) 관(輨)이 나귀를 타고 이곳을 지나다가 불려 종헌관(終獻官)이 되었다 해서 잡혀서 탄핵을 받았다."〈순조기년(純祖紀年)〉

이제로(李濟魯)의 초상에 백학(白鶴)이 날아 모이다

이제로(李濟魯)는 전주(全州) 사람이니 자는 ○○이다. 나이 겨우 20세에 문사(文辭)에 정진(精進)했다.

어느날 그 아버지 석견루(石見樓) 복현(復鉉)의 꿈에 붉은 종이가 하늘로부터 내려왔는데 '命召李濟魯'라는 다섯 글자가 씌어 있었다. 마음 속으로 몹시 괴이히 여겨 말을 하지 않았는데 제로(濟魯)도 또한 아무 병도 없이 지냈다.

그 이튿날 제로(濟魯)가 갑자기 앞에 와서 무릎을 꿇고 말하기를,

"소자(小子)의 명이 이미 이르렀으니 오래 슬하(膝下)에 머물 수가 없습니다."

하고 이내 울먹이면서 자기 방으로 돌아가서 이윽고 죽었는데 이상한 향기가 방에 가득하고 갑자기 백학(白鶴) 수백 마리가 날아 집에 모여서 쫓아도 가지 않았다.

발인(發靷)하는 날에 이르자 구름과 안개가 사방에 막혀서 지척을 분별하지 못하겠더니 백학이 상여로 모여들어서 앞뒤에서 인도하여 학을 따라 가니 곧 제천(提川) 의림지(義林池) 위 모산리(茅山里) 뒷기슭이었다. 산 위에 정구(停柩)했는데 갑자기 구름과 안개의 가운데가 터져서 마치 칼로 자른 것과 같거늘 그 터진 곳을 쫓아서 광중(壙中)을 팠더니 거기에 경석(磬石)이 있어서 두드리면 소리가 났다. 역부(役夫)가 이상히 여겨 괭이로 조금 열고 보니 그 아래에 두 백학이 있는데 한 마리는 날아가려고 한다.

급히 뚜껑을 덮자 그 중 한 마리는 마치 상한 곳이 있는 것처럼

소리를 친다. 드디어 그 위에 장사를 지냈는데 그 뒤에 어떤 중이
그 아래를 지나다가 가리키면서 말하기를,

"이는 대지(大地)이다. 그 손자가 반드시 20세 전에 환옥재상
(還玉宰相)[1]이 될 것이나 기(氣)가 세어 중간에 잘못될 것 같
다."

하더니 그 뒤에 과연 손자 인응(寅應)은 19세에 풍계군(豊溪君)의
자손으로 나가서 경평군(慶平君)에 봉해져서 일품(一品)의 환옥(還
玉)이 되었으나 중간에 귀양갔다가 본종(本宗)으로 돌아와서 뒤에
일품(一品)으로 돌아왔고, 인응(寅應)의 아우 택응(宅應)은 이른
나이에 과거에 뽑혀서 겨우 승지(承旨)에 이르러 졸(卒)하니 그 말
이 과연 맞았다. 〈문어기본손성석 이재영(聞於基本孫醒石李載榮)〉

---

1) 還玉 : 도릭옥. 3품 관원의 관자(貫子)를 옥으로 했던 것을 2품 관원이 되
면 금으로 했다가 1품이 되면서 다시 옥으로 한 관자를 말함.

《憲宗朝》

홍기섭(洪耆燮)이 유군자(劉君子)로 인해서
힘입은 바가 있었다

홍기섭(洪耆燮)은 남양(南陽) 사람이니 처음에 참봉(參奉)에 제수되어 계동(桂洞) 윗마을에 사는데 집이 몹시 가난해서 집이 한갓 네 벽뿐이었다. 어느날 밤에 도둑이 그 집에 들어가서 두루 살펴보니 다만 밥솥 하나뿐이요 딴 물건은 없었다. 이에 도둑이 몹시 불쌍히 여겨서 돈 일곱 꾸러미를 솥 속에 던져 두고 갔다.

기섭(耆燮)은 본래 출입을 좋아하여 아침에 일어나서 냉수로 낯을 닦고 두루 친척과 친구의 집을 돌아다니는데 비록 가난해도 대대로 부리는 계집종은 있어서 그 계집종이 세숫물을 데우려고 부엌에 들어가서 솥을 열고 보니 돈이 솥 속에 가득하여 용이 서리고 있는 것과 같았다. 계집종은 기뻐서 이 일을 고하기를,

"이는 하늘이 반드시 불쌍히 여겨서 준 것이니 우선 나무와 양식과 고기를 사다가 한 때라도 배부르게 먹는 것이 좋겠습니다."
했다.

그러나 기섭(耆燮)은 말하기를,

"이 어찌 하늘이 준 것이겠느냐. 반드시 잃은 자가 있을 것이니 오늘은 내가 집에 있어서 주인을 기다려 돌려줄 것이다."
하고 드디어 문에 글을 써서 걸기를,

"만일 돈을 잃은 자가 있으면 찾아가라."
했다. 해가 저물 때에 이르러 그 도둑이 이 집 동정을 보고자 하여 와서 문에 걸린 것을 보고 마음으로 이상히 여겨 계집종을 불러서

묻기를,

"이것은 누구의 집이냐?"

하자,

"홍참봉의 집이오."

한다. 문에 걸린 것이 무슨 뜻이냐고 묻자 계집종은 전후 사연을 자세히 말한다.

이에 도둑은 말하기를,

"진사(進士)가 어디 있느냐?"

하여 같이 방으로 들어가서 인사가 끝난 후에 말하기를,

"소인(小人)은 곧 도둑입니다. 어젯밤에 밥솥을 훔치려고 들어와서 진사댁의 형세를 살펴보니 도리어 차마 하지 못할 마음이 생겨서 마침 훔친 돈이 있기에 이것을 넣어두고 간 것이오니 원컨대 진사는 이것으로 며칠이라도 생계(生計)의 비용으로 쓰시옵소서."

했으나 공은 크게 노하여 도둑으로 하여금 돈을 받아가게 하니 도둑이 사례하기를,

"오늘에 비로소 양반을 보았습니다. 오늘로부터는 맹세코 도둑의 습성을 고치고 원컨대 진사댁의 종노릇을 하겠습니다."

하고 비로소 돈을 받아 가지고 갔다.

도둑은 그 이튿날로부터 매일같이 와서 뵙는데 몹시 영리했으며 이 사람은 집이 본래 가난하지 않아서 자주 급한 것을 돌봐주니 그 성심에 감동하여 또한 사양하여 물리치지 않았다. 뒤에 공의 손녀가 헌종(憲宗)의 비(妃)가 되자 아들이 익풍부원군(益豊府院君)이 되니 기섭(耆燮)은 벼슬이 감사(監司)에 이르러 드디어 크게 나타났다. 이 사람(도둑)의 성(姓)은 유(劉)이니 세상에서 유군자(劉君子)라 일컫는다. 대대로 구의(舊誼)를 생각하여 지금에 이르기까지 익풍(益豊)의 집에서는 그 손자를 대하여 희롱의 말로,

"도둑의 손자."

라고 한다.

기섭(耆燮)은 몸이 작고 맑고 파리했다. 그가 빈곤(貧困)했을 때 날마다 영안부원군(永安府院君) 김조순(金祖淳)에게 문안을 갔는데,

영안(永安)이 본래 사람 상(相)보는 법을 알아서 그가 귀현(貴顯)의 상(相)이라는 것을 알았다. 마침 그 집애 침모(針母)하나가 나이가 30세도 못되었는데 사람됨이 또한 소조(蕭條)하지 않고 과부로 지내면서도 가세(家勢) 또한 가난하지 않았다.

영안(永安)은 그를 시집보내고자 하여 어느날 그녀로 하여금 성장(盛粧)을 하고 주식(酒食)을 준비해 가지고 그 집에서 기다리게 해놓고 기섭(耆燮)이 오기를 기다려 푸른 노새에 좋은 안장을 장식하고서 나이 어린 상노(床奴)로 하여금 기섭에게 타라고 권하게 하니 기섭이 말하기를,

"어디로 가자는 것이냐?"

한다. 상노(床奴)는 말하기를,

"아모 곳 풍경이 뛰어나서 구경할 만하여 아모 아모 영감과 진사(進士)도 와서 기다립니다."

하고 좌우에서도 역시 거기를 권하니, 이는 이른바 군자(君子)는 그럴듯한 말로 속일 수 있다는 것이었다.

드디어 말을 타고 한 곳에 도착하니 초가집 두어 칸이 맑고 깨끗하여 티끌 한 점도 없는데 동자(童子)가 말에서 내리기를 권하여 이끌고 그 집으로 들어가니 묘령(妙齡)의 여자 하나가 머리털을 반쯤 떨치고 마루에서 내려와 맞아 들여갔다. 기섭이 크게 놀라 말하기를,

"내가 평생 처음 당하는 일이다."

하고 소매를 뿌리치고 돌아오고자 했으나 그녀가 재삼 권해 들어가 보니 분벽 사창(粉壁沙窓)이 사람으로 하여금 눈을 어지럽게 했다. 한편 다과(茶果)를 내왔는데 그릇이 또한 찬란하기 이를데 없다.

이 때 그녀가 말하기를,

"소녀(小女)가 청년 과거(靑年寡居)로 재가(再嫁)하고자 하여 익히 진사의 높으신 이름을 듣고 모시기를 원하나이다."

한다. 기섭이 말하기를,

"나는 본래 청빈(淸貧)하고 처자가 모두 있어서 가권(家眷)이 10여 명이나 되는 터에 조석도 계속하기 어려운 형편인데 네가 내

첩이 된다면 무엇을 먹고 살려느냐? 천만 부당하고 분수 밖의
일인데 어찌 할 수 있겠느냐."
했다.

그러나 그녀는 말하기를,

"진사의 권속(眷屬)이 비록 많으나 첩이 좀 자산(資産)이 있어서
가히 구제할 만하니 원컨대 걱정하지 마시옵소서."

한다. 기섭이 비록 강직(剛直)하지만 본래 가난에 상한 터여서 억
지로 허락하니 이로부터 같이 산 지 여러 해에 힘입은 바가 많았고,
귀현(貴顯)하게 된 뒤로 여자도 또한 편안하여 노년(老年)까지 이
르렀다 한다. 〈옥파 이종일담(沃坡李鍾一談)〉

임익상(任翼常)이 용호영교(龍虎營校)를
곤장으로 다스리다

임익상(任翼常)은 풍천(豊川) 사람이니 자는 경문(景文)이요 호
는 현계(玄溪)이다. 헌종(憲宗) 때에 새로 용호영(龍虎營)을 설치
하고 정벌(征伐)할 것을 의논하는데 그 장교(將校)가 교만하고 방
자해서 법에 맞지 않는 것이 많았다.

익상(翼常)이 금천태수(金川太守)가 되었을 때 영교(營校)가 일
이 있어 군(郡)에 와서 평민(平民)을 침학(侵虐)하자 익상(翼常)은
크게 노하여 그 영교(營校)에게 곤장을 때려서 경계 밖으로 내쫓
았다. 이에 영교(營校)는 분을 머금고 돌아가서 그 장수에게 고하
자 임금께 아뢰니 임금은 크게 기뻐하여 말하기를,

"용호영(龍虎營)은 내가 친히 설치한 것이어서 그 장교(將校)들
이 폐단을 만드는 일이 있을 것이라고 생각했으나 소식을 들을
수가 없더니 이제 임익상(任翼常)으로 인해서 알게 되었도다."

하고 이에 그 장교(將校)를 파면시키고 엄하게 대장(大將)에게 분
부하여 그 아랫사람을 단속하게 했다.

임금은 계속하여 익상(翼常)을 불러 근밀(近密)한 데에 두려 하

자 어느 재상이 말하기를,

"임익상(任翼常)은 심양(心養)이 있어서 지존(至尊)을 가까이 모실 수 없습니다."

하여 이에 안주목사(安州牧使)를 제수하여 그 어진 것을 포장(褒獎)했다.

익상(翼常)이 본래 간질(癎疾)이 있어서 그 발병(發病)할 때가 되면 의관을 바르게 하고 꿇어 앉아서 이를 물고 손을 꼭 쥐고 진정하는데 이 때 위아래 이 사이에 무명 조각을 넣어서 이 가는 소리가 없게 했는데 병이 끝난 뒤에 보면 그 무명이 가루와 같았다. 이 까닭에 그 병이 일지 않아야 비로소 벼슬에 나가지만 그래도 1년 사이에 두어 차례 발작할 때에는 반드시 정좌(正坐)하고 참아서 세상에서 그가 병이 있는 것을 알지 못했다.

임치종(林致宗)이 창루(娼樓)에 의연(義捐)하여 부호(富豪)의 이름을 얻다

임치종(林致宗)이 의주(義州)에 있을 때 남에게 품팔이를 하는데 의주(義州) 풍속에 남의 일을 하다가 5년이나 10년 동안 임금(賃金)을 주지 않았으면 점주(店主)가 돈 몇천 냥을 내어서 문상(門商)을 시켜 주는 법이 있었다.

이 때 조선과 중국은 서로 통하지 못하고 사신이 왕래할 때에는 비로소 책문(柵門)을 열어서 조선과 중국의 장사꾼이 서로 무역(貿易)을 하는데 이것을 문상(門商)이라고 한다. 여기에서 생기는 이익과 본전은 모두 품팔이한 사람의 것이니 이로부터 자립(自立)해서 주상(主商)이 된다.

치종(致宗)이 40세에 비로소 문상(門商)이 되어 시가(市街)로 나가니 한 청루(靑樓)가 있는데 현판에 만금루(萬金樓)라 쓰여 있다. 무슨 말이냐고 물었더니 시가 사람이 말하기를,

"기생이 새로 나왔는데 참으로 절대(絶代)의 가인(佳人)인데 한

번 자는데 만금(萬金)이어서 비록 중국 조정 사람이라도 서로 친하기가 어렵다."
고 한다.

치종(致宗)이 생각하기를,

"소국(小國) 사람으로서 먼저 이 기생에게 선수(先手)를 쓰면 중원(中原) 사람과 함께 사귈 수 있을 것이다."
하고 드디어 있는 돈을 다 털어서 내주고 가까이는 하지 않았다. 그러나 돌아갈 때에 그녀는 그 성명(姓名)을 물어 두었었다.

치종(致宗)이 빈 주머니로 돌아오자 고향 사람들은 그를 비웃었고 수년이 못되어 몹시 가난해서 살아갈 수가 없었다. 한편 그녀는 부상(富商)의 아내가 되어 한 나라에 부(富)를 자랑하는데 드디어 장사꾼들에 의하여 널리 치종(致宗)을 찾아서 10만금을 주고 또 상업(商業)을 시키니 치종(致宗)이 드디어 백만의 부(富)를 이루어 이름이 나라에 알려지고 벼슬이 곽산군수(郭山郡守)에 이르렀다.

그러나 마음에 모략(謀略)이 있어 계획하는 것은 반드시 이루고 또 계획을 잘했다. 이 때는 전신(電信)과 우편(郵便)이 없었으나 능히 돈을 천리 밖으로 보내고 또 기개(氣慨)가 호탕하고 남주기를 좋아하여 호걸(豪傑)로 소문이 났다.

어느날 은덩어리를 뜰에 내다가 바람쐬는데 한 가난한 자가 이것을 보고 그 많은 것에 놀라자 치종은 그에게 은덩어리 하나를 준다. 곁에 있던 사람이 괴이히 여겨 묻자 치종은 말하기를,

"나도 역시 옛날에 한 번 놀란 자이니 어찌 동정(同情)하는 마음이 없겠는가."
하니 그 호매(豪邁)하기가 이와 같았다.

충주(忠州) 아전 한 사람이 관청 돈을 포흠냈는데 치종의 소문을 듣고 돈을 얻고자 하여 가서 말하기를,

"내가 충주(忠州)에 사는데 흉년이 들어 구제할 길이 없기로 그대에게 만금의 돈을 청합니다."
하자 치종은 말하기를,

"좋다. 그러나 여기에서 충주(忠州)까지는 1천 3백 리가 되는데

어떻게 운반한단 말인가?"

하니 아전은 말하기를,

"환(換)으로 보내면 됩니다."

한다.

이에 치종은 웃으면서 말하기를,

"네가 어찌 나를 속여가지고 포흠낸 돈을 충당하려 하느냐?"

하자 아전은 놀라서 사과하기를,

"과연 그대의 말과 같기는 하지만 그러나 그대는 어떻게 알았습니까?"

한다. 치종이 말하기를,

"지금이 2월인데 만일 환(換)으로 보내면 반드시 4월이나 되어야 찾아서 백성이 장차 주려 죽을 것이다. 이 까닭에 네가 속인 것을 알았다. 또 지금은 돈을 운반하기가 지극히 어려운데 내가 너에게 승낙했을 때 먼저 돈을 운반할 방책을 묻지 않으므로 이 것으로 거짓임을 알았다."

한다.

이 때 아전이 말하기를,

"만일 그렇다면 그대는 속히 돈을 운반할 방책이 있는가?"

하자 치종은 웃으면서 말하기를,

"내 돈이 온 나라에 퍼져 있어서 만 냥의 돈을 운반하는데 한 달이 지나지 않을 것이다."

하고, 천 냥을 주면서 사과하기를,

"네 말이 비록 거짓이지만 멀리 천리 길을 왔으니 그 뜻을 저버릴 수가 없다."

하자 아전은 고맙다고 말하고 갔다.

치종이 닭을 길러 친히 먹이를 주는데 어느날 병아리가 마당에 가득히 나와서 놀고 있었다. 이 때 소리개가 병아리 한 마리를 채가자 치종이 집사람을 불러서 이르기를,

"내가 장차 죽으리니 급히 문부를 정리하라."

한다. 그 까닭을 묻자 말하기를,

"내가 10여 년 이래로 하나도 나를 해치는 자가 없더니 이제 소

리개가 병아리를 채갔으니 운수가 장차 쇠한 것이요, 운수가 쇠
하면 내가 죽을 것이다."
하더니 과연 두어 달이 지나 죽었다.

치종은 그 孫자가 능히 재산을 보존하지 못할 것을 알고 천석
(千石)의 땅을 모궁(某宮)에 맡겼더니 뒤에 갑오경장(甲午更張)을
당하여 제실(帝室)의 재산을 정리할 때 드디어 그 땅을 돌려주니
그 집의 부후(富厚)가 전과 같았으니 이는 대개 먼저 아는 지감
(知鑑)이 있었던 것이다.

김병연(金炳淵)이 관서(關西)에 가는 것을 끊다

김병연(金炳淵)은 안동(安東) 사람이니 그 조부 익순(益淳)이 선
천부사(宣川府使)로서 순조(純祖) 임신(壬申)에 서적(西賊) 홍경래
(洪景來)에게 항복하여 복주(伏誅)했기 때문에 그 집이 그대로 폐
족(廢族)이 되었다.

이에 병연(炳淵)은 스스로 이르기를, 천지간의 죄인이라 하여 일
찍이 삿갓을 쓰고 감히 우러러 하늘의 해를 보지 못했기 때문에
세상에서 김삿갓(金笠)이라고 일컬었다. 공령시(功令詩)를 잘하여
세상에 이름이 났는데 일찍이 관서(關西)에 노는데 관서(關西)에
노진(盧稹)이라는 자가 있어 공령시(功令詩)를 잘 지었으나 김립
(金笠)에게는 미치지 못했다.

이에 그는 김립(金笠)을 쫓으려 하여 김익순(金益淳)을 조롱하는
시를 지어 세상에 이름이 났는데 거기에서 더욱 뛰어난 시에 말하
기를,
"너의 세신(世臣)이란 김익순(金益淳)은 정공(鄭公)이 향대부
(鄕大夫)에 지나지 못했네. 가성(家聲)은 장동(壯洞) 갑족(甲族)
의 김(金)이요, 이름은 장안(長安)의 항렬인 순(淳)일세. 장군
(將軍)의 도리(桃李)가 농서(隴西)에 떨어지니, 열사(烈士)의 공
명(功名)이 끝에 높기를 도모하네. (曰汝世臣金益淳 鄭公不過鄕

大夫 家聲壯洞甲族金 名字長安行列淳 將軍桃李隴西落 烈士功名圖末
高)"

했다.
이에 김립(金笠)은 이 시를 보고 큰 술잔에 술을 마시고 크게 읊
고 나서 말하기를,
"참 잘 지었다."
하고 그대로 피를 토하고 다시는 관서(關西) 땅을 밟지 않았다.
항상 황해도를 왕래했는데 그의 구월산시(九月山詩)에 말하기를,
"지난해 구월에 구월산을 지났더니, 올해 구월에 구월산을 지
나네. 해마다 구월에 구월산을 지나니, 구월산의 산빛이 길어
구월일세. (去年九月過九月 今年九月過九月 年年九月過九月 九月山
色長九月)"

했다. 낙척(落拓)하고 강개(慷慨)하여 여점(旅店)에서 객사(客死)
했다.

임백수(任百秀)가 용만(龍灣)에 이르러
꿈에 선조(宣祖)를 보다

임백수(任百秀)는 풍천(豊川) 사람이니 자는 치호(穉好)이다. 순
조(純祖) 을유(乙酉)에 진사(進士)가 되고 음사(蔭仕)로 부솔(副率)
이 되고 헌종(憲宗) 기해(己亥)에 문과에 급제했다.
공이 동지 부사(多至副使)로 의주(義州)에 이르러 병이 위독하여
강을 건널 기일을 세 번 물렀더니 어느날 베개를 베고 누워서 불
초(不肖: 公之三子慶準)에게 이르기를,
"내가 꿈에 선조(宣祖)를 뵈었는데 당시 명석(名碩)으로 백사(白
沙)·한음(漢陰) 같은 이가 모두 모시고 서있고, 임금의 말씀이
온순(溫淳)하고 수작(酬酢)의 소리가 들리는 것 같아서 깨어난
뒤에도 오히려 귀에 있는 것 같으니 이는 우연한 일이 아니니 이
것을 기록해 두라."

하므로 불초(不肖)는 "예예" 하고 대답했다.

이윽고 공은 갑자기 행장을 차려 수레에 올라 장차 취승정(聚勝亭)에 가니 이는 선조(宣祖)가 머물던 곳이다. 이 날 바람과 눈이 몹시 드센데 공이 오랜 병이 있은 후에 졸지에 이런 일이 있자 좌우에서 모두 놀라고 이상히 여겨 다투어 가볍고 간절히 말렸으나 모두 듣지 않고 그대로 행했는데 말린 것은 병이 더할까 걱정해서였다. 그러나 돌아온 뒤에 딴 연고가 없고 이튿날 병을 참고 강을 건넜는데 점차 병이 회복되어 마치 신공(神功)이 있는 것 같았으니 어찌 왕령(王靈)이 도운 것이 아니겠는가. 〈임경준저 증행록(任慶準著蒸行錄)〉

공이 권귀(權貴)를 탄핵했다는 이유로 중화(中和)로 귀양가서 주첨지(朱僉知)의 이웃집에 있다가 한 달이 넘어 용서를 받아 집으로 돌아올 때 사람에게 이르기를,

"내가 5년 전에 꿈에 한 곳에 이르러서 신상서(申尙書) 석우(錫愚)·조상서(曺尙書) 석우(錫雨)와 같이 앉아서 이야기하다가 깨고 생각하니 몹시 역력(歷歷)했으나 그 까닭을 알 수 없다가 이번에 주가(朱家)에 이르러 보니 문당(門堂)이 의연(依然)히 꿈에 두 공이 일찍이 살던 곳이다. 그러므로 모든 일은 먼저 정해져 있는 것이니 마땅히 남을 허물할 것이 아니다."

했다.

벼슬이 이조판서(吏曹判書)에 이르러 치사(致仕)하고 봉조하(奉朝賀)가 되었다. 〈가장(家狀)〉

이원조(李源祚)는 선관(仙官)이 범을 잡게 해서 과거에 급제했다

이원조(李源祚)는 성주(星州) 사람이니 자는 주현(周賢)이요 호는 응와(凝窩)이다.

성주(星州)에 살더니 순조 기사(己巳)에 과거보러 가느라 청주

(淸州) 작천점(鵲川店)에 이르러 밤에 자는데 꿈에 한 곳에 이르니 선관(仙官) 두 사람이 이번의 과방(科榜)에 대하여 의논하고 있었다. 한 선관(仙官)이 탄식하기를,

"성주(星州) 이원조(李源祚)가 이번에 반드시 장원할 것이니 다만 오늘밤에 범이 물어갈 것을 어찌 하리오."

하자 한 선관이 말하기를,

"한 나라의 재상을 범이 물어가게 한단 말인가."

하고 드디어 포군(砲軍)으로 하여금 잡게 하자 원조(源祚)는 포성(砲聲)에 놀라 꿈에서 깨었다.

조금 있자니 포군(砲軍) 하나가 횃불을 가지고 방으로 들어와 성주(星州) 이원조(李源祚)를 찾기를 몹시 급하게 한다. 원조(源祚)가 놀라서 묻자 대답하기를,

"나는 이 여점(旅店) 수리(里) 밖에 사는데 꿈에 한 부(府)에 들어가니 범을 잡아서 성주 이원조를 구하라는 명령이 있기에 총을 가지고 왔더니 과연 범이 있기로 쏘아 죽였습니다."

하므로 문을 열고 보니 과연 큰 범 한 마리가 있었다. 원조는 과연 문과에 급제하여 벼슬이 판서(判書)에 이르렀다.

처음에 고성(固城)에 사는 백구용(白九容)이란 자가 집에 있는데 어느날 늙은 중이 오더니 말하기를,

"내가 몹시 배가 고파 청주 작천(鵲川)에 가려는데 좋겠는가?"

하자 구용(九容)은 말하기를,

"안된다. 너는 반드시 죽을 것이다."

했으나 늙은 중은 듣지 않고 이날 밤에 작천점(鵲川店)에 이르렀다가 포군(砲軍)에게 죽은 것이다. 이에 제자가 괴이히 여겨 묻자 구용(九容)은 말하기를,

"이것은 범이 변해서 중이 된 것이다."

했다. 구용은 고성(固城)의 이족(吏族)인데 이름은 알 수 없고 구용은 그 호이다. 역학(易學)에 깊어서 문집 6권이 있고 문도(門徒)가 항상 수백 명이었다.

고종(高宗) 을축(乙丑)에 원조(源祚)는 기사(耆社)에 들어가고 기사(己巳)에 회방(回榜)¹¹하고 다섯 조정을 두루 섬기면서 학규(學

規)를 닦아 밝혀서 유림(儒林)의 사표(師表)가 되었고 문집 12권이 있었으며 시호는 정헌(定憲)이다.

---

1) 回榜 : 과거에 급제한 지 만 60년이 되는 해.

《哲宗朝》

김정희(金正喜)는 글씨를 잘 썼으나
명도(命道)가 기구(崎嶇)했다

김정희(金正喜)는 경주(慶州) 사람이니 자는 원춘(元春)이요 호는 추사(秋史)이다. 문과에 급제하여 벼슬이 참판(參判)에 이르렀다.

7세 때에 입춘첩(立春帖)을 써서 대문에 붙였는데 번암(樊巖) 채제공(蔡濟恭)이 지나다가 이것을 보고 물었더니 김참판(金參判) 노경(魯敬)의 집이라고 한다. 참판은 추사(秋史)의 아버지인데 제공(濟恭)은 노경(魯敬)의 집과 세혐(世嫌)이 있어 서로 만나지 않는 처지이나 특별히 그를 찾자 노경(魯敬)은 크게 놀라서 말하기를,

"각하(閣下)께서 어찌 소인의 집을 찾으십니까?"

한다.

이 때 제공(濟恭)은 말하기를,

"대문에 붙인 글씨는 누가 쓴 것이오?"

하자 노경은 말하기를,

"제 자식이 쓴 것입니다."

한다. 제공이 말하기를,

"이 아이가 반드시 명필(名筆)로 세상에 이름이 날 것이나 만일 글씨를 잘 쓰면 반드시 명도(命道)가 기구(崎嶇)할 것이니 절대로 붓을 잡지 못하게 해야 할 것이요, 그러나 만일 문장으로 세상을 울리면 반드시 크고 귀하게 될 것이다."

했다.

정희(正喜)가 비록 명필(名筆)로 세상에 이름이 났으나 그 아버지 노경이 평안감사(平安監司)가 되었을 때 들으니 익종(翼宗)이 조엄(趙儼)의 손녀를 얻어서 빈(嬪)으로 삼았다 하자 조정에 글을 보내어 말하기를,

"장리(贓吏)의 손자를 어찌 한 나라의 어머니로 삼는단 말입니까."

하여 이 까닭에 정희(正喜)는 제주(濟州)로 귀양갔다가 10년 만에 비로소 돌아왔고 벼슬은 겨우 참판(參判)에 이르렀으며 또 아들이 없었다. 〈김참판 대제담(金參判臺濟談)〉

이인응(李寅應)이 노루를 보고 살다

이인응(李寅應)은 전주(全州) 사람이니 능원대군(綾原大君) 자손으로서 상계군(常溪君) 자손으로 들어가서 고(杲)라고 명명(命名)하고 경평군(慶平君)에 습봉(襲封)되었다. 철종(哲宗) 11년 경신(庚申)에 귀양가서 작호(爵號)를 환수(還收)당하고 본명(本名) 세보(世輔)로 불리더니 흥선대원군(興宣大院君)이 권리를 잡아 합보(合譜)할 때 인응(寅應)으로 이름을 고쳤다.

처음에 인응(寅應)의 아우 택응(宅應)이 철종(哲宗) 때 충량과(忠良科)에 발탁되어 특지(特旨)로 한림(翰林)에 제수되자 그 때 외척(外戚)과 권신(權臣)들이 탄핵하고 명령을 받지 않았다. 이에 임금이 크게 노하여 천위(天威)가 몹시 놀라자 여러 신하들이 모두 인응(寅應)이 그 아우를 위하여 비밀히 위에 호소했다 하여 일제히 성 밖에 나가서 대죄(待罪)하는 것이었다.

이에 임금이 크게 놀라서 여러 번 교유(敎諭)를 내렸으나 성으로 들어오지 않고 대론(臺論)이 계속해 나와서, 인응(寅應)을 만일 정형(正刑)에 처하지 않고서는 나라가 될 수 없다고 탄핵하기를 심히 거세게 하니 임금이 부득이하여 인응(寅應)을 신지도(薪智島)로 귀양보내고 위리(圍籬)를 더하고 소나무를 쪼개어 꽂았더니 그 소

나무가 모두 살아서 잎새 빛이 아주 푸르고 그 이듬해에는 소나무 꽃이 가득히 피니 사람들이 모두 이상히 여겼다.

그 후 4년에 임금을 권하여 잡았다가 국문해서 계속하여 사사(賜死)의 명령을 내리니 금부도사(禁府都事)가 잡아 가지고 천안(天安) 땅에 이르렀는데 갈림길이 있는데 마침 노루가 지나간 길이 있으므로 도사(都事)에게 청하기를,

"이제 노루가 지나간 길이 길조(吉兆)일 것도 같고 또 이 길로 가면 몹시 빠르니 청컨대 이 길로 가기를 바라노라."

하자 도사(都事)는 이것을 허락했는데, 이 때 사약도사(賜藥都事)는 큰 길로 갔기 때문에 서로 어긋나서 만나지 못했다.

과천(果川)에 이르니 아직 해가 저물지 않았는데 인응(寅應)의 신병(身病)이 졸지에 튀어나와서 능히 한 치도 갈 수 없으므로 도사는 거기에서 쉬게 했다. 그러나 그날 밤에 철종(哲宗)이 승하(昇遐)하고 이튿날 사명(赦命)이 내려 드디어 죽음을 면하고 즉시 당상(堂上)으로 승진되어 벼슬이 형조판서(刑曹判書)에 이르고 숭록(崇祿)에 승진되니 나이 65세였다. 을미(乙未)의 변을 듣고 통곡하다가 병이 나서 졸(卒)했다. 〈상문어본가(詳聞於本家)〉

《高宗朝》

홍순목(洪淳穆)이 아들로 인(因)하여 자진(自盡)하다

홍순목(洪淳穆)은 남양(南陽) 사람이니 자는 희세(熙世)요 호는 분계(汾溪)이다. 철종(哲宗) 갑진(甲辰)에 문과에 급제하고 고종(高宗) 기사(己巳)에 대배(大拜)하여 영상(領相)에 이르렀다.

근신하고 스스로 지켜서 옛사람의 풍도가 있더니 아들 영식(英植)이 처음 태어날 때 혈태(血胎)를 얼굴에 쓰고 나오거늘 순목(淳穆)은 상서롭지 못하다 하여 키우지 않으려 했으나 집사람이 권해서 그대로 두었다. 자라자 문사(文辭)와 언동(言動)이 일시의 명사(名士)가 되었다. 신미(辛未)의 정시(庭試)에 뽑혀 벼슬이 직각(直閣)에 이르렀더니 갑신(甲申) 혁명(革命)의 당(黨)이 되어 위병(衛兵)들에게 찔려 죽었다.

순목이 이 소식을 듣고 약을 먹고 자진(自盡)하니 이내 관직(官職)을 삭탈(削奪)했다. 영식(英植)의 형 만식(萬植)은 문과에 급제하여 벼슬이 참판(參判)에 이르렀으나 폐인(廢人)으로 자처하더니 갑오경장(甲午更張) 후에 모두 복관(復官)하고, 만식(萬植)은 을사오조약(乙巳五條約) 때에 독을 마시고 자살하니 시호를 내리고 증직(贈職)을 했다.

박규수(朴珪壽)에게 세자(世子)가 찾아가니
일세(一世)가 이를 영화롭게 여겼다

박규수(朴珪壽)는 반남(潘南) 사람이니 자는 환경(桓卿)이요 호는 헌재(瓛齋)이다. 헌종(憲宗) 무신(戊申)에 문과에 급제하고 고종(高宗) 임신(壬申)에 우상(右相)이 되었다.

그 조부는 지원(趾源)이니 호는 연암(燕巖)이다. 문장과 재학(才學)이 한 때에 칭찬을 받더니 권신(權臣) 홍국영(洪國榮)과 틈이 있어 금천(衿川)에 피해 가서 살다가 오랜 뒤에 국영(國榮)이 패하자 비로소 벼슬에 나갔다. 그는 천문(天文)・지리(地理)・병농(兵農)・경제(經濟)의 학술(學術)과 서인(西人)들의 학문에 대해서 통달하여 알지 못하는 것이 없었으나 벼슬은 겨우 군수(郡守)에 그쳤다.

규수(珪壽)가 젊었을 때 재명(才名)이 더욱 높아서 계동(桂洞)에 살 때 익종(翼宗)이 세자(世子)의 몸으로 미복(微服)으로 가서 찾으니 온 세상이 이를 영화롭게 여겼다. 신미(辛未)에 평안감사(平安監司)가 되었을 때 미국(美國) 배가 삼화항(三和港)에 와서 머물자 규수(珪壽)는 민심(民心)이 놀랄까 두려워하여 연광정(練光亭) 위에 음악을 벌이고 미국 배를 얕은 여울로 유인해다가 불태워버렸다.

갑술(甲戌) 이후에 규수(珪壽)는 시국(時局)이 날로 변하는 것을 보고 드디어 외국과 통상(通商)하자는 의논을 내자 이에 여러 사람들의 의논이 시끄러워서 그에게 공격하기를 그치지 않았다. 병자(丙子) 6월 20일에 이르러 강화조약(江華條約)을 맺었는데,

(日本 金權大使는 黑田淸隆, 副使는 井上馨, 朝鮮大臣은 申櫶, 副는 尹滋承)

이는 모두 규수(珪壽)의 힘이었다. 또 통상사(通商使)를 보내는데 참판(參判) 김기수(金綺秀)로 정하고, 또 조선의 신진 문관(新進文

官)으로 재망(才望)이 있는 자 18인을 뽑아서 일본에 보내어 문화 (文化)를 시찰하게 했다.

벼슬이 상국(相國)에 이르렀으나 집이 몹시 빈한해서 그 옛집이 계동(桂洞)에 있는데 마치 한사(寒士)가 살던 집과 같고 다만 뜰 앞에 반송(盤松) 한 그루가 있어 규수의 맑은 풍도를 생각하게 했다.

일찍이 평안감사로서 집에 돌아오자 집사람이 그 봉록(俸祿)의 남은 것으로 토지 3백석 어치를 샀는데 규수는 실상 알지 못하고 있었다. 그러나 그 땅임자는 마음이 악해서 이미 딴 사람에게 판 것을 다시 공의 집에 팔았다. 이에 먼저 산 사람이 공에게 사실을 호소하자 공은 말하기를,

"그렇던가. 이것은 그대의 땅인 것을 우리 집에서 잘못 샀도다."

하고 그 문서를 내다가 불살라 버렸다.

집사람이 크게 놀라서 땅을 판 자에게 땅값을 내라고 하자 공은 말하기를,

"그렇지 않다. 방백(方伯)으로서 들어와 정승이 되었는데 토지를 샀으니 실로 내 명예를 손상시킨 것이요, 또 어찌 정승이 되어 가지고 백성과 송사로 다툰단 말인가."

하고 불문(不門)에 부쳤다.

이희익(李熹翼)이 효감(孝感)으로 현몽(現夢)하여 촬영(撮影)되다

이희익(李熹翼)은 연안(延安) 사람이니 자는 치용(穉容)이요 호는 경당(敬堂)이다. 갑술(甲戌)에 진사(進士)가 되고 임진(壬辰)에 문과에 급제하여 벼슬이 승지(承旨)에 이르렀다.

효도와 우애가 특별히 남과 달라서 성균관(成均館) 대사성(大司成) 정기회(鄭基會)가 효행(孝行)을 천거했고 김기수(金綺秀)는 학술(學術)을 천거했다. 그 아버지 장악정(掌樂正) 승우(勝愚)의 호는 석운(石耘)이니 일찍이 매산(梅山) 홍직필(洪直弼)에게 공부하

여 송서백선(宋書百選)을 편찬하여 세상에 전했다.

승우(勝愚)가 몰(歿)하자 희익(熹翼)은 아버지의 모습을 촬영(撮影)하지 못한 것을 한스럽게 여겨 화사(畵師)를 보고 울면서 말했으나 화사(畵師)도 또한 창연(愴然)히 작별하고 돌아가더니 6일이 지난 뒤에 와서 말하기를,

"집에 돌아가서 밤에 꿈을 꾸니 선공(先公)께서 찾아와서 말하기를, 그대는 원컨대 내 모습을 그려서 내 자식의 혈성(血誠)을 저버리지 말라고 역력히 말씀하여 계속해서 6일 동안 이와 같이 하니 상모(狀貌)가 완연히 눈으로 보는 것과 같습니다."

하고 즉시 그림을 그리자 승우(勝愚)를 본 사람이 이 그림을 보니 터럭만큼도 차이가 없으므로 사람들이 이르기를 효감(孝感)으로 인해서 이루어진 것이라고 했다. 〈경산종백옥(敬山宗伯玉)〉·〈신촌황필수담(愼村黃泌秀談)〉

홍계훈(洪啓薰)이 죽기에 이르러서도 꾸짖는 소리가 그치지 않다

홍계훈(洪啓薰)은 남양(南陽) 사람이니 초명(初名)은 재희(在羲)요 자는 성남(聖南)이요 호는 규산(圭珊)이다.

임오(壬午) 6월을 당하여 훈국(訓局)의 군사가 여러 달 먹지 못하다가 겨우 한 달치의 급료(給料)를 나누어 주었는데 창리(倉吏)들이 교활하고 공변되지 못하여 훔쳐 먹고 농간을 부려서 다만 거친 쌀에 모래를 섞어서 주니 병졸(兵卒)들이 혈기(血氣)를 이기지 못하여 드디어 창리(倉吏)를 때려 죽였으니 그 창리(倉吏)는 곧 선혜청 제조(宣惠廳提調) 민겸호(閔謙鎬)의 사인(私人)이다.

이에 겸호(謙鎬)가 크게 노하여 드디어 수범(首犯) 2명을 잡아다가 장차 아침이 되기를 기다려 처형(處刑)하려 했다. 이에 난군(亂軍)이 한 번 외치자 모든 사람들의 원망이 격하게 일어나서 영중(營中)으로 몰려 들어가 각자 무기(武器)를 가지고, 일대(一隊)는

320

먼저 민겸호(閔謙鎬), 영상(領相) 이최응(李最應), 경기관찰사(京畿觀察使) 김보현(金輔鉉)을 죽이고, 일대(一隊)는 왕옥(王獄)을 열고 죄수들을 석방하고 나서 군사를 나누어 경산(京山)으로 가서 여러 절들을 불태워 헐고, ——그들이 불공과 재(齋)를 올리면서 군민은 돌보지 않아서 창고의 곡식이 없어졌다는 것임—— 일대(一隊)는 바로 하도감(下都監)으로 가서 일본교사(日本敎師) 굴본례조(堀本禮造)를 찔러 죽였다.

또 일대(一隊)는 바로 궁중으로 들어가니 창과 칼이 고슴도치처럼 모여서 대궐에 화색(禍色)이 박두하였는데 그 뜻은 항상 내전(內殿)에 있었다. 이 때 계훈(啓薰)은 무감(武監)으로 중궁(中宮)을 모시고 보호하여 미복(微服)으로 나가서 익찬(翊贊) 민응식(閔應植)의 충주(忠州) 시골집에 가서 피해 있었는데 13년이 지난 갑오(甲午) 4월에 동학당(東學黨)이 크게 일어나자 선무사(宣撫使) 어윤중(魚允中)이 보은(報恩)에 이르러 은유(恩諭)하여 해산시킨 뒤에 두루 여러 고을을 돌았는데 실로 그 무리가 번식해서 수십 만명으로 계산하게 되었다.

이 때 고부군수(古阜郡守) 조병갑(趙秉甲)이 사납고 재물을 탐하여 백성의 시끄러움을 일으키자 안핵사(按覈使) 이용태(李容泰)가 군(郡)에 이르러 안핵(按覈)했으나 묵은 폐단을 고쳐서 백성들에게 해로운 것을 없애지 못하고 이교(吏校)들을 많이 거느리고 맘대로 토색(討索)을 행하자 동학당(東學黨)은 여러 사람들의 마음이 분해하는 것을 타서 마치 참새를 모으는 숲과 같이 되니 그 무리의 형세가 더욱 정해진다.

이 때 전라감사(全羅監司) 김문현(金文鉉)이 오진(五鎭)의 영(營)으로 하여금 체포하게 했으나 모두 그들에게 쫓겨 달아났고, 각군(各郡)으로 하여금 군사를 합해서 가서 소멸하게 했으나 모두 고부(古阜) 백산(白山) 싸움에 무너졌다. 이에 조정이 황황하여 어찌할 바를 모르는데, 계훈(啓薰)은 이 때 장위영(壯衛營)의 영관(領官)으로서 스스로 원해서 나가 싸우겠다고 하면서 말하기를,

"내가 미천(微賤)한데서 출신(出身)하여 외람되이 나라의 은혜를 받아서 지위가 장좌(將佐)에 이르렀으니 죽어도 오히려 영화롭

다."

하니, 조정에서는 출정(出征)하는 것을 다행히 여겨 허락하고 그에게 명하여 초토사(招討使)로 삼았다.

그가 출발할 때 장위영(壯衛營)과 통어영(統禦營) 두 영(營)의 군사 5백 명을 거느리고 남쪽으로 내려가서 전주(全州)를 근거지로 삼지 않고 스스로 전군(全軍)을 거느리고 영광(靈光)으로 쫓아가서 한 대(隊)를 나누어 장성(長城)의 노령(蘆嶺)을 넘다가 도리어 적당(賊黨)에게 패한 바 되었다.

이로부터 그들은 관군(官軍)을 가볍게 여기는 마음이 있어서 길게 몰아서 전주(全州)에 이르자 김문현(金文鉉)이 성을 버리고 달아나므로 동학당이 전주성(全州城)을 점령했다. 계훈(啓薰)이 이튿날 도착하니 성문이 닫혀 있었다. 이에 대포를 어지러이 쏘니 성 안팎 수천 호(戶)가 모두 연소(連燒)되어 기와와 자갈의 마당이 되었다. 동학당이 나와서 싸우는데 각각 부적을 붙이고 크게 허풍을 떨어 스스로 말하기를, 바람을 부르고 비를 불러서 장막 안에 들어가 주장(主將)의 머리를 벤다 하고, 또 능히 관군(官軍)으로 하여금 발이 땅에 붙어서 움직이지 못하게 한다고 하고, 물이 대포 구멍에서 나와서 포를 쏘지 못하여 며칠이 못되어 서울을 함락시킨다 하니 동학의 무리가 백성을 우롱하는 것이 대개 이와 같았다.

그런 까닭에 앞에 가던 자가 탄환에 맞아 쓰러지던 뒤에 가는 자가 칼을 빼어 들고 나가니 하나도 물러서는 자가 없었다. 이에 계훈(啓薰)이 속사포(續射砲)로 계속 쏘아서 동학의 무리 수천 명이 서로 베개해서 성을 비워놓고 죽으니 전주(全州)가 드디어 회복되었다.

이듬해 8월에 각의(閣議)가 두 갈래로 갈려 정국(政局)이 변동되자 뜻을 잃은 자가 말하기를, 근일에 군권(君權)이 오로지 천단하는 조짐이 있으나 이는 위로부터 홀로 움직이는 것이 아니요 안으로부터 돕는 자가 깊게 있으니 유신(維新)의 다스림이 장차 날로 글러진다고 하여 모두 스스로 서로 의심하고 둘로 갈라져서 화심(禍心)이 빚어졌다.

이 때 대대장(大隊長) 우범선(禹範善)은 흉도(凶徒)들 중에서 더욱 발보하는 자인데 그가 이두황(李斗璜)과 함께 악한 일을 같이 하여 서로 구제하여 거느리고 있는 훈련대(訓鍊隊)로 전구(前驅)를 삼으려고 계획하여 두황(斗璜)이 광화문(光化門)으로부터 군사를 정돈해 가지고 나갔다. 이 때 계훈(啓薰)은 연대장(聯隊長)으로 궁 중(宮中)에 있다가 맨손으로 막으면서 말하기를,

"깊은 밤에 대궐을 범하니 장차 무엇을 하려는 것이냐. 나를 죽이지 않고서는 들어가지 못한다."

했는데 말을 마치기 전에 총에 맞고 쓰러져서 죽기에 이르기까지 꾸짖는 말이 입에서 끊어지지 않았다.

이에 범선(範善)이 건청궁(乾淸宮) 뒷문으로 들어가서 군사를 몰고 곤령각(坤寧閣)에 이르러 칼을 빼들고 앞에 서서 뜰을 지나 올라가자 궁내부대신(宮內部大臣) 이경직(李耕稙)이 큰 소리를 쳐서 물리치려 하자 범선(範善)이 그 자리에서 베고 그대로 문을 밀치고 바로 옥호루(玉壺樓)를 범해서 중궁전(中宮殿)이 갑자기 해를 입어 연기와 불꽃이 치솟아 옥체(玉體)도 온전치 못하게 되었다. 〈김종한저 조선략(金宗漢著朝鮮略)〉

민영환(閔泳煥)의 혈의(血衣)에서 대나무가 나다

민영환(閔泳煥)은 여흥(驪興) 사람이니 보국(輔國) 겸호(鎌鎬)의 아들이다. 자는 문약(文洛)이요 호는 계정(桂庭)이니 문과에 급제하여 벼슬이 판돈령(判敦寧)에 이르렀다.

을사(乙巳) 11월에 정부가 일본 대사(大使) 이등박문(伊藤博文)과 오조약(五條約)을 체결하는데 영환(泳煥)이 소(疏)를 올려 다투었으나 되지 않자 이에 칼을 꺼내어 자살했는데 그 후 10여 일에 그 피묻은 옷을 두었던 곳에서 푸른 대나무 두어 줄기가 마루 틈에서 나와 푸르고 늠름하여 범할 수 없는 기운이 있었다.

시호는 충정(忠正)이요 정려(旌閭)를 내렸다. 〈조선사략(朝鮮史略)〉

《附　錄》

高麗末守節諸臣

정몽주(鄭夢周)

정몽주(鄭夢周)의 자는 달가(達可)요 호는 포은(圃隱)이니 연일 (延日) 사람이다.

어머니 이씨(李氏)에게 태기가 있었는데 꿈에 난초분을 잡아당 기다가 떨어뜨려 놀라 꿈에서 깨어 공을 낳으니 (丁丑生) 이에 이 름을 몽란(夢蘭)이라 했다. 어깨 위에 검은 점이 일곱 개가 있어 서 북두(北斗)의 모양과 같았고, 9세에 어머니 꿈에 검은 용이 동 산 안의 배나무로 올라가기에 놀라 깨어서 나가보니 곧 공이었 다. 이에 또 이름을 몽룡(夢龍)이라 했다. 관례(冠禮)를 한 뒤에 지금의 이름으로 고쳤다.

공민왕(恭愍王) 경자(庚子)에 계속해서 삼장(三場)에서 장원하여 문과에 뽑혀서 벼슬이 시중・좌명공신・삼중대광・익양군・충의백 (侍中佐命功臣三重大匡益陽君忠義伯)에 이르고 아조(我朝)에 절개를 지키다가 마치니 수(壽)가 56세였다. 태종(太宗)이 권근(權近)의 소 (疏)에 절의(節義)를 포장(襃獎)해 달라는 청에 의하여 영의정(領 議政)에 시호 문충(文忠)을 내리고 자손을 녹용(錄用)했다.

처음에 공은 가장 우리 성조(聖朝)의 알아주는 바를 입어서 여 러 번 막하(幕下)로 불렸고 —— 갑진(甲辰)에 임금이 병마사(兵馬使) 로서 삼선(三善), 삼개(三介)를 칠 때 공이 종사(從事)가 되었고, 무오(戊午)에 판도판서(版圖判書)로서 임금을 따라 운봉(雲蜂)에서 왜를 쳤으며, 계해(癸亥)에 동북면조전지수(東北面助戰之帥)로 임 금을 따라 정벌에 나갔음. —— 위화도(威化島)에서 회군(回軍)한 뒤에 함께 승진하여 삼공(三公)이 되어 김진양(金震陽) 제공(諸公)과 함께 몸을 잊고 나라를 지켜 사직(社稷)을 붙들려 했다.

이 때 임금의 공업(功業)이 날로 성해져서 여러 아랫 사람들의 마음이 그에게로 돌아가서 끝내 신하노릇을 할 형편이 아니었다. 이에 공이 비밀히 이를 기울일 것을 꾀하자 태종(太宗)이 일찍이 임금에게 고하기를,

"정몽주(鄭夢周)가 어찌 우리집을 저버립니까?"

하니 임금이 말하기를,

"내가 잘못된 거짓말에 걸리면 몽주(夢周)가 반드시 죽기로써 나를 밝혀줄 것이나 만일 국가에 관계되는 일에 있어서는 알 수가 없다."

했다.

공의 계획이 더욱 드러나자 태종(太宗)이 잔치를 벌이고 그를 청해다가 노래를 지어 그에게 주어 말하기를,

"이런들 어떠하며 저런들 어떠하리. 성황당 뒷담이 무너진들 또한 어떠리. (혹은 만수산 칡넝쿨이 엉키면 어떠하리.) 우리들이 만일 이렇게 하면 죽지 않는 것이 또한 어떠하리."

하자 공은 드디어 노래를 지어 술을 보내면서 말하기를,

"이몸이 죽고 죽어 일백 번 다시 죽어, 백골이 진토되어 넋이 야 있고 없건 님 향한 일편단심이야 어찌 고칠 수 있으리."

했다. 이에 태종(太宗)은 그 변치 않을 것을 알고 드디어 그를 없앨 것을 의논했다.

공이 어느날 임금을 문병(問病)하여 기색(氣色)을 살피고 돌아오는 길에 옛날 술 마시던 집을 지나는데 주인이 밖으로 나왔는데 뜰에 꽃이 활짝 피어 있었다. 드디어 그 집으로 들어가 술을 청하고 꽃 사이에서 춤을 추면서 말하기를,

"오늘 풍색(風色)이 몹시 나쁘다."

하고 계속해서 큰 사발로 두어 그릇을 마시고 나오니 그 집 사람이 괴이히 여겼는데 이윽고 들으니 정시중(鄭侍中)이 해를 입었다고 한다.

공이 임금의 잠저(潛邸)로부터 돌아오는데 활집과 전동을 가진

무부(武夫)가 그 전도(前導)를 뚫고 지나자 공의 얼굴빛이 변하고 따라가던 녹사(錄事)를 돌아다 보고 말하기를,

"너는 뒤에 떨어지라."

하자 그는 대답하기를,

"소인이 대상(大相)을 따라 가는데 어찌 딴 데로 간단 말입니까."

한다. 공이 재삼 꾸짖어 떨어지라고 했으나 역시 좋지 않고 선죽교(善竹橋)에 이르러 조영규(趙英珪)에게 죽었는데 이 때 껴안고 같이 죽었다. 〈고려명신전(高麗名臣傳)〉

공의 사당은 옛날에는 영천현(永川縣)에 있었는데 성묘조(成廟朝)때 손순효(孫舜孝)가 일찍이 관찰사(觀察使)가 되어 순행하다 군(郡)의 경계를 지나는데 말 위에서 술이 취하여 포은촌(圃隱村)을 지나더니 꿈에 희미하게 보이는 한 노인이 머리털과 수염이 하얗고 의관이 뛰어났는데 스스로 말하기를 포은(圃隱)이라고 하면서 또 말하기를, 살고 있는 집이 무너져서 바람과 비를 가리지 못한다고 하면서 부탁하는 것 같은 빛이 있었다.

순효(舜孝)는 놀라고 이상히 여겨 고로(古老)들에게 옛터를 찾아서 군(郡) 사람들을 격려하여 사당이 이루어지자 몸소 제사를 지내고 스스로 큰 술잔을 기울여 취해가지고 사당 벽에 쓰기를,

"문승상(文丞相)과 충의백(忠義伯) 두 선생이 간담(肝膽)이 서로 비쳐서 한 몸을 잊고 사람의 기강(紀綱)을 세웠으니 천만세(千萬世)에 우러러 보기를 마지 않는다. 오직 이익이 있는 곳에는 고금이 분주한 세상에 맑은 서리와 흰눈 속에 소나무와 잣나무가 푸르고 푸르다. 한 칸 집을 꾸려서 장차 바람을 막으려 하니 공의 영혼이 편안하고 내 마음도 편안하도다."

했다. 〈용천담적기(龍泉談寂記)〉

이색(李穡)

이색(李穡)의 자는 영숙(潁叔)이요 호는 목은(牧隱)이니 한산(韓山) 사람이요 찬성사(贊成事) 곡(穀)의 아들이다. 나면서부터 총명

하고 슬기로운 것이 보통과 달라서 글을 읽으면 문득 외웠다. 원조(元朝) 제과(制科)에서 한림(翰林)·지제고(知製誥)가 되고 5년이 지난 뒤에 어머니가 늙은 것으로 해서 벼슬을 버리고 돌아왔다.

고려 공민왕(恭愍王) 계사(癸巳)에 과거에 급제하여 벼슬이 삼중대광·시중·한산군(三重大匡侍中韓山君)에 이르렀고, 공민(恭愍) 기사(己巳)에 장단(長湍)으로 귀양갔다가 경오(庚午)에 함창(咸昌)에 부처(付處)되었으며 5월에 청주옥(淸州獄)에 갇혔고, 임신(壬申)에 금양(衿陽)으로 깎였다가 여흥(驪興)으로 옮겼고, 혁명(革命) 후에는 장흥(長興) 벽사(碧沙)로 옮겼다가 겨울에 방환(放還)되어 을해(乙亥) 10월에 근친하고, 병자(丙子)에 청심루(淸心樓) 아래 연자탄(燕子灘)에서 졸(卒)하니 본조(本朝)에서 한산군(韓山君) 시호 문정(文靖)을 더했다. 〈송숭잡기(松嵩雜記)〉

길재(吉再)가 공에게 거취(去就)의 의리에 대해서 묻자 공은 말하기를,

"마땅히 각각 그 뜻을 행할 것이다. 우리들은 대신(大臣)이어서 국가와 같이 휴척(休戚)을 함께 해야 할 터이므로 갈 수가 없지만 너는 가야 할 것이다."

했다. 다시 거취(去就)를 정하고 나서 공에게 작별을 고하자 공은 이 때 장단(長湍)의 별서(別墅)에 있다가 시를 지어 주기를,

"나는 나비 한 마리가 어둠 속에 있네.(飛蝶一箇在冥冥)"

했다. 〈월정만필(月汀漫筆)〉

공양(恭讓) 때 공이 부름을 받고 폄소(貶所)로부터 서울로 돌아와 잠저(潛邸)에 가서 임금을 뵙자 임금이 놀라고 기뻐하며 맞아 상좌(上座)에 앉게 하고 무릎을 꿇고 술을 올리면서 공이 서서 마시기를 청하니 공은 사양하지 않고 몹시 기쁘게 놀고 파했다. 이애 사람들은 모두 공이 사양하지 않은 것을 그르게 여겼는데 뒤에 공이 본조(本朝)에 들어와서 편전(便殿)에서 만나보면 임금이 반드시 전송하여 중문(中門)까지 이르렀다. 〈동각잡기(東閣雜記)〉

공의 두 아들 종학(種學)·종덕(種德)이 모두 과거에 급제하여 귀현(貴顯)했는데 혁명(革命) 후에 그 마음을 고치지 않아서 모두

매맞아 죽자 공은 여주(驪州) 시골집으로 물러가 있었다. 어느날 문생(門生)이 와서 뵙자 공은 그를 이끌고 깊은 골짜기로 들어가니 문생(門生)은 그 까닭을 알지 못했다. 그러나 공은 인적(人跡)이 이르지 않는 곳에 가자 소리를 놓아 종일 통곡하고 나서 비로소 문생과 함께 나오면서 말하기를,

"오늘에 내 가슴이 좀 풀렸다."

했으니 이는 대개 두 아들이 죽은 것을 상심한 것이다.

공이 일찍이 시를 지어 말하기를,

"송헌(松軒)이 나랏일을 맡고 나는 유리(流離)하니, 꿈 속엔들 어찌 일찍이 이 일을 알았으랴. 두 정(鄭)이 하물며 대의(大議)에 참여한다고 들리니, 한 집이 완전히 모이는 것이 다시 어느 때일까. (송헌은 곧 임금의 호임.) (松軒當國我流離 夢裡何當此事知 二鄭況聞參大議 一家完聚更何時)"

했다. 임금이 가장 공과 가까워서 평일에 천인(薦引)을 많이 입었기 때문에 말한 것이다. 〈해동악부(海東樂府)〉

공의 시에 말하기를,

"연복사(演福寺)의 종소리 아직도 울리지 않았는데, 이불을 끼고 단정히 앉아 찬 밤을 보내네. 한 몸의 쇠한 병에 건곤은 늙었고, 만상(萬象)의 삼라(森羅)에 해와 달이 밝으네. 저구(杵臼)[1]는 즐겨 존조(存趙)의 뜻을 옮기랴. 화봉(華封)[2]은 부질없이 요(堯)를 축하하는 마음을 가졌네. 유유한 고금의 무궁한 일은 근심스런 창자를 불러 일으켜 문득 평탄치 않네. (演福鍾聲尙未鳴 擁衾危坐度寒更 一身衰病乾坤老 萬象森羅日月明 杵臼肯移存趙志 華封空抱祝堯情 悠悠今古無窮事 惹起愁腸却不平)"

했으니 이는 뜻을 말한 시(詩)이다. 〈월정만필(月汀漫筆)〉

전조(前朝)의 포은(圃隱)은 원찬(袁粲)[3]과 같고 목은(牧隱)은 양

---

1) 杵臼 : 귀천을 가리지 않고 사귀는 일. 저구지교(杵臼之交)라고 한다.
2) 華封 : 화(華) 땅의 봉인(封人). 그는 수(壽)·부(富)·다남자(多男子)의 세 가지를 가지고 요(堯)임금을 축하했다는 고사(故事)가 있다.
3) 袁粲 : 송(宋)나라 때 사람. 제왕(齊王) 소도성(蕭道成)이 명제(明帝)를 죽이려는 음모를 미리 알아 소도성을 죽이려다가 탄로되어 도리어 죽음을 당함.

표(楊彪)[4]와 같고 그밖에는 의논할 것이 없다. 〈서애집(西厓集)〉
공의 시에 말하기를,

"인정은 어찌 물건의 무정한 것과 같으랴, 스치는 일마다 연래
에 점점 불평스러우네. 우연히 동쪽 울타리를 향해서 부끄러움
이 얼굴에 가득하니, 참다운 국화가 거짓스러운 연명(淵明)을 대
했네. (人情那似物無情 觸境年來漸不平 偶向東籬羞滿面 眞黃花對僞
淵明)"

했다. 이는 공의 심사(心事)가 모두 여기에 있으니 슬프다. 〈서애
집(西厓集)〉

임신(壬申)으로부터 을해(乙亥)에 이르기까지 한산(韓山)·여주
(驪州)·오대산(五臺山)에 출입했는데 임금은 고구(故舊)의 예(禮)
로 대접하여 가고싶은 대로 가게 하더니 병자(丙子) 5월에 여주(驪
州)에 가서 피서(避暑)하기를 청했는데 배에 오르자 갑자기 졸하
니 임금이 뒤에 이를 의심하여 그 때의 안찰사(按察使)를 죽였다.
〈기재잡기(寄齋雜記)〉

길재(吉再)

길재(吉再)의 자는 재부(再父)요 호는 야은(冶隱)이니 해평(海平)
사람이다. 아버지 지금주사(知錦州事) 원진(元進)이 보성대판(寶城
大判)이 되어 어머니 김씨(金氏: 鬼山人希迪女)가 따라갔는데 녹
(祿)이 적어서 기르기가 어렵다 하여 공을 외가(外家)에 두고 갔으
니 이 때 공의 나이 8세였다.

어머니를 생각하여 울면서 남계(南溪)에서 놀다가 석오가(石鰲

---

4) 楊彪: 후한(後漢) 때 사람. 헌제(獻帝) 때 태위(太尉)가 되었는데 동탁
(董卓)이 권리를 제 맘대로 하여 천도(遷都)하려 했더니 동탁이 위에 아
뢰어 그 벼슬을 파면시켰다. 후에 동탁이 죽자 다시 태위(太尉)가 되어 곽
기(郭記)·이최(李催)의 난리에 절개를 다하여 임금을 호위했는데 조조
(曹操)가 이를 시기하여 대역(大逆)으로 모함한 것을 공융(孔融)이 구원
해서 면했다. 위문제(魏文帝)가 서자 태위로 임명하려 했으나 이를 굳이
사양하자 궤장(几杖)을 하사하고 빈례(賓禮)로 대우했다.

歌)를 지었는데 노래에 말하기를,

"자라야 자라야, 너도 또한 어미를 잃었느냐. 나도 또한 어미를 잃었노라. 나는 너를 삶아 먹을 것을 알지만 네가 어미를 잃은 것이 나와 같아서 그 때문에 너를 놓아준다."

하고 그대로 물에 던지고 우니 이웃 마을에서 들은 자들이 모두 와서 껴안고 감동해서 울었다.

계해(癸亥)에 사마(司馬)가 되고 병인(丙寅)에 과거에 급제하여 폐주(廢主) 기사(己巳)에 문하주서(門下注書)가 되었더니 왕씨(王氏)가 다시 서자 경오(庚午)에 벼슬을 버리고 선주(善州)로 돌아가서 그 어머니를 봉양하니 시골에서 그 효성을 칭찬했다. 꿈에 한 중이 시 한 구를 외우는데,

"고금의 요우들이 몸이 새로 변했네. (古今僚友身新變)"

하자 공이 화답하기를,

"천지 강산이 이 고인(故人)이네. (天地江山是故人)"

했다.

이내 꿈에서 깨어 한 연(聯)을 이루기를,

"태극의 진군(眞君)이 응당 나를 허락할 것이니, 어진 마음은 늙지 않고 스스로 청춘이네. (太極眞君應許我 仁不老自靑春)"

했다. 이 때 여흥(驪興)의 부음(訃音)을 듣고 소금과 젓갈을 먹지 않고 3년 동안 심상(心喪)했다.

처음에 태종(太宗)이 잠저(潛邸)에 있을 때 입학(入學)해서 글을 읽는데 공이 같은 마을에 살아서 서로 만나 강마(講磨)하여 정의(情義)가 매우 두터웠다. 경진(庚辰)에 태종(太宗)이 동궁(東宮)에서 서연관(書延官)과 유일(遺逸)의 선비에 대해서 의논하다가 말하기를,

"길재(吉再)는 강직한 사람이다. 내가 일찍이 같이 공부했는데 보지 못한 지가 오래이다."

하자 정자(正字) 전가식(田可植)은 공의 동관(同貫) 사람으로서 공이 집에서 효행(孝行)이 아름답다고 갖추어 말했다.

아버지 원진(元進)이 벼슬로 송도(松都)에 가 있다가 또 노씨(盧氏)를 얻자 어머니가 원망하거늘 공이 간하기를,

"여자는 남편이나 자식에게 있어서 비록 의롭지 못한 것이 있
어도 그것을 그르게 여기는 마음이 있어서는 안되는 것이요, 인
륜(人倫)의 변함은 성인(聖人)도 또한 면할 수 없는 것이니 다
만 바르게 처해야 하는 것입니다."
하니 어머니가 듣고 이에 감동했다.

어느날 어머니에게 작별하여 말하기를,

"아버지가 계신데 근친을 하지 않으면 자식이 아닙니다."
하고 곧 스승 박분(朴賁)을 따라서 서울에 가자 노씨(盧氏)가 혹
사랑하지 않는 말이 있었으나 지극히 공경하고 지극히 효성스럽게
모시자 노씨(盧氏)는 크게 감동하여 대하기를 자기가 낳은 아들처
럼 했다.

공이 선산(善山)으로 돌아오니 어머니 나이가 60여 세였다. 새
벽과 저녁으로 정성(定省)하고 이불을 펴고 베개를 거두는 일을 몸
소 자기가 하자 처자(妻子)들이 대신하고자 했다. 그러나 공은 말
하기를,

"어머니가 늙으셔서 후일에 비록 어머니를 위해서 이 일을 하려
고 해도 할 수가 없다."
했다. 이에 아내 신씨(申氏)도 이것을 본받아서 비밀히 자기 옷을
팔아다가 뜻으로 봉양하는 것을 이루어 시어머니로 하여금 공구
(供具)에 어려운 것을 알지 못하게 했다.

태종(太宗)이 그 효행(孝行)을 듣고 기뻐하여 삼군부(三軍府)에
명을 내려 첩지(牒紙)를 보내어 불렀으나 공은 굳게 누워 일어나
지 않았다. 이에 주관(州官)이 길에 오르기를 재촉하자 공은 임금
의 뜻을 받들어 서울에 도착하자 태종(太宗)은 정종(定宗)께 아뢰
어서 봉상박사(奉常博士)를 제수했다. 그러나 공은 대궐에 나가 사
은(謝恩)하지 않고 이에 태종(太宗)에게 글을 올리기를,

"재(再)가 옛날에 저하(邸下)와 함께 반궁(泮宮)에서 글을 읽었
사온데 지금 신(臣)을 부르신 것은 옛일을 잊지 않으신 일입니
다. 하오나 재(再)가 고려조애 있어서 과거에 올라 벼슬하다가
왕씨(王氏)가 복위(復位)하자 즉시 고향으로 돌아가서 장차 몸을
마치려 했사온데 이제 옛일로 해서 부르시므로 다시 와서 뵙고

자한 것이요 벼슬에 나가는 일을 다시 뜻한 것이 아니옵니다."
했다.

이에 태종(太宗)이 말하기를,

"그대의 말은 곧 강상(綱常)에 바꾸지 못할 도리이니 그 뜻을 빼앗기 어려우나 그러나 부른 것은 나요 벼슬을 주려는 것은 임금이니 임금에게 고하여 사양하는 것이 옳다."

고 했다.

공이 드디어 소(疏)를 올리기를,

"신(臣)은 본래 한미(寒微)한 몸으로 왕씨(王氏)의 조정에 벼슬하여 발탁되어 문하주서(門下注書)에 이르렀사온데, 신이 듣자오니 여자는 두 지아비가 없고 신하는 두 임금이 없다 하오니 비옵건대 전리(田里)로 돌아가서 신의 두 성(姓)을 섬기지 않겠다는 뜻을 완전히 이루고 효도로 늙은 어머니를 봉양하여 남은 해를 마치게 해주시옵소서."

하자 정종(定宗)은 그 절의(節義)를 가상히 여겨 예를 넉넉히 하여 보내고 명하여 그 집으로 돌아가게 했다.

세종(世宗)이 즉위하자 태종(太宗)이 상왕(上王)이 되어 하교하기를,

"길재(吉再)는 두 임금을 섬기지 않았으니 참으로 의사(義士)이다. 들으니 그에게 아들이 있다고 하니 마땅히 불러서 쓰고 그 충성을 나타내도록 하라."

하자 드디어 역마(驛馬)를 시켜 그 아들 사순(師舜 : 長子 師文은 早卒)을 불러서 종묘부승(宗廟副丞)을 제수했다. 공이 졸한 나이는 67세인데 명하여 쌀과 콩을 부의(賻儀)로 보내고 또 장군(葬軍)을 보냈으며 뒤에 좌간의대부(左諫議大夫)를 증직했다. 〈동각잡기(東閣雜記)〉

아들 사순(師舜)이 장차 부름에 나가려 하자 공은 말하기를,

"임금이 신하보다 먼저한다는 것은 삼대(三代) 이후로 드물게 듣는 일이다. 네가 시골에 있는데 임금이 먼저 부르시니 은의(恩義)가 범연(汎然)한 신하에게 대하는 비유가 아니니 너는 마땅히 내가 고려에 행한 마음을 본받아서 네 조선의 임금을 섬

기라. ”

했다. 〈명신록(名臣錄)〉

귀정(龜亭) 남재(南在)가 감사(監司)가 되어 공에게 시를 주어 말하기를,

　　“고려 5백년에 홀로 선생이 있는데, 일대(一代)의 공명(功名)이 어찌 족히 영화로우랴. 늠름한 맑은 바람이 온 천지에 부니, 조선 억만년에 길이 아름다운 소리일세. (高麗五百獨先生 一代功名 豈足榮 凜凜淸風吹六合 朝鮮億載永嘉聲)”

하니 제공(諸公)들이 모두 노래불렀다.

서견(徐甄)

　　서견(徐甄)은 이천(利川) 사람이니 초명(初名)은 분(份)이다.

　　충렬왕(忠烈王) 경인(庚寅)에 문과에 급제하여 벼슬이 장령(掌令)에 이르렀는데 김진양(金震陽)의 당(黨)에 연좌되어 금천(衿川)으로 물러가 살면서 시를 짓기를,

　　“천년의 신도(神都)가 아득히 격해 있는데, 충량(忠良)들이 모두 밝은 임금을 보좌했네. 셋을 합하여 하나로 한 공이 어디에 있는가, 문득 전조(前朝)에 사업이 길지 못한 것이 한스러우네. (千載神都隔渺茫 忠良濟濟佐明王 統三爲一功安在 却恨前朝業不長)”

했다.

　　태종(太宗) 임진(壬辰)에 대신(大臣)과 대간(臺諫)이 국문하여 죄를 다스리자고 청하자 태종(太宗)은 얼굴빛을 고치고 말하기를,

　　“고려의 신하가 그 임금을 잊지 못하여 시를 지어 생각한 것은 곧 그 정(情)이다. 우리 이씨(李氏)는 어찌 능히 천지와 함께 무궁하겠느냐. 혹 이씨의 신하가 이같은 자가 있으면 가상한 일이니 두어두고 묻지 말라. ”

했다. 뒤에 다시 굳이 청하자 태종은 말하기를,

　　“견(甄)이 고려의 신하로서 우리집에 북면(北面)하지 않고 그 임금을 추모(追慕)하니 이는 또한 백이 숙제(伯夷叔齊)의 유(流)

이다. 상은 줄지언정 죄줄 수는 없다."

했다. 〈동각잡기(東閣雜記)〉·〈해동악부(海東樂府)〉

선조조(宣祖朝) 때 허균(許筠)의 아룀으로 인해서 명하여 그 묘(墓)에 제사를 지내고 대사간(大司諫)을 증직했고, 또 윤근수(尹根壽)가 임금께 아뢴 것으로 인해서 충신묘(忠臣墓)를 봉했는데 묘는 금천읍(衿川邑)에서 10리 거리인 번당(燔塘)에 있다. 〈미수기언(眉叟記言)〉

금천(衿川) 충현서원(忠賢書院)에 향사(享祀)했다.

원천석(元天錫)

원천석(元天錫)은 원주(原州) 사람이니 자는 자정(子正)이요 호는 운곡(耘谷)이다. 문강이 넉넉하고 학문이 해박(該博)했다.

여말(麗末)에 정치가 어지러운 것을 보고 치악산(雉岳山) 밑에 숨어 살면서 한 뜻으로 몸을 숨기고 몸소 농사지어 부모를 봉양하더니 안부(按簿)가 군적(軍籍)에 기록되자 부득이 과거를 보아 한 번에 진사(進士)에 합격하고 또한 벼슬에 마음에 없어 향리(鄕里)로 돌아가서 이색(李穡)과 함께 왕래하면서 수창(酬唱)하여 때에 마음을 상하고 감개(感慨)했다.

태종(太宗)이 젊었을 때 일찍이 수업(受業)한 일이 있어서 여러 번 불렀으나 나가지 않았고, 태종(太宗)이 동쪽으로 놀 때 그 집을 찾자 숨어 피하고 보지 않자 태종은 시내의 돌 위로 내려가서 다만 그 당시 밥 짓던 계집종을 불러서 먹을 것을 주고 돌아왔고 또 그 아들 형(泂)에게 벼슬을 주어 기천감무(基川監務)를 삼으니 뒷사람들이 그 돌을 이름하기를 태종대(太宗臺)라 하니 대(臺)는 치악산(雉岳山) 각림사(覺林寺) 곁에 있다. 〈여사착강(麗史捉綱)〉·〈미수기언합록(眉叟記言合錄)〉

태종(太宗)이 상왕(上王)이 되어 특명(特命)으로 공을 부르자 공이 백의(白衣)로 와서 뵈었다. 이에 대궐 안으로 들어오게 하여 여러 왕자(王子)들을 불러 나와 보게 하고 묻기를,

"내 손자가 어떠한가?"

하자 공은 세조(世祖)를 가리키면서 말하기를,

"이 아이가 그 조부를 몹시 닮았으니 슬프다. 모름지기 형제를
사랑하라. 모름지기 형제를 사랑하라."

했다. 〈해동악부(海東樂府)〉

공이 일찍이 야사(野史)를 지어서 궤 속에 넣어 두고 자물쇠를
채워 세 번 봉하고 임종(臨終)에 유언(遺言)하기를,

"마땅히 가묘(家廟)에 간직하고 조심하여 지키라."

하고 그 표면에 쓰기를,

"내 자손이 나와 같지 않으면 열어 보지 말라."

했다. 그 집이 아들 손자에 이르러서도 일찍이 궤를 열어보지 않
다가 그 증손(曾孫) 때에 이르러 시사(時祀)를 행할 때 종족(宗族)
들이 다 모여서 서로 말하기를,

"선조(先祖)가 비록 유언(遺言)이 있었지만 세월이 이미 오래 되
었으니 반드시 혐의될 것이 없을 것이니 이제는 열어보자."

하고 드디어 궤를 열어보니 곧 여말(麗末)의 일로서 바로 말하고
숨긴 것이 없어서 국사(國史)와 같지 않은 것이 없었다. 이에 놀
라서 말하기를,

"이는 곧 우리들이 멸족(滅族)될 물건이니 이미 본 뒤에는 끝내
가릴 수 없을 것이다."

하고 드디어 불태웠다. 〈축첩록(逐睫錄)〉

공의 유고(遺稿) 두 권에 바로 당시의 사적(事迹)을 쓴 것이 있
는데 후세에 알지 못하는 자는 신우(辛禑)를 공민왕(恭愍王)의 아
들이라 한다고 했으니, 이는 그 직필(直筆) 중에도 뛰어난 것이다.
그 시에 엎드려 들으니 주상전하(主上殿下)께서 강화(江華)로 옮
기시고 원자(元子)가 즉위하니 감회가 있어 지은 것이 두 수(首)가
있다. 〈시사본집(詩社本集)〉 그 시의 말은 비록 질박하기는 했지
만 말이 안되는 것이 낳고 일은 바로 쓰고 숨기지 않았으니 인자
(麟趾)의 여사(麗史)에 비하면 해와 별이 무지개와 서로 떨어진 것
뿐이 아니어서 읽으면 눈물이 두어 줄 흘렸다. 〈상촌집(象村集)〉

한강(寒岡) 정구(鄭逑)가 강원도에 관찰사로 나갔을 때 공의 묘

에 제사를 지내기를,

"산에 고사리가 있으니 굶주릴 것이 없고, 방에 거문고와 책이
있으니 스스로 즐길 수 있다. 폐백을 은근히 보내니 성수(星宿)
가 옹용(雍容)하다. 천고의 빈 산에 한 오리 맑은 바람이다."
했다. 지금 원주(原州) 동쪽 10리가 되는 석경촌(石鏡村)에 운곡
(耘谷)의 묘가 있다.

김진양(金震陽)

김진양(金震陽)의 자는 자정(子靜)이요 호는 초옥자(草屋子)니
공민조(恭愍朝)에 벼슬이 산기상시(散騎常侍)에 그치고 간관(諫官)
과 함께 조준(趙浚)·정도전(鄭道傳)을 탄핵하더니 포은(圃隱)이
해를 입자 장형(杖刑) 1백 대를 때려 먼 곳으로 귀양보냈는데 이
윽고 졸(卒)했다. 〈고려명신전(高麗名臣傳)〉

이숭인(李崇仁)

이숭인(李崇仁)의 자는 자안(子安)이요 호는 도은(陶隱)이니 경
산부(京山府) 사람이다. 고려 공민조(恭愍朝)에 과거에 급제하여
벼슬이 지밀직사사·동지춘추관사·예문관 제학(知密直司事同知春
秋舘事藝文舘提學)에 이르렀다. 〈고려명신전(高麗名臣傳)〉

정도전(鄭道傳)이 공과 함께 이색(李穡)을 스승으로 삼았는데 재
명(才名)은 서로 같으나 정향(定向)은 달라서 도전(道傳)이 불평하
더니 아조(我朝)가 명령을 받자 도전(道傳)이 권리를 잡은 신하가
되어 그 사인(私人) 황거정(黃居正)을 시켜서 공이 귀양가 있는 고
을의 수령으로 나가서 매를 때려 죽였다. 〈상촌집(象村集)〉

공이 처음에 정몽주(鄭夢周)의 당(黨)으로 영남(嶺南)에 귀양가
있었는데 거정(居正)이 영남(嶺南)에 사신이 되어 가서 하루 안에
공을 곤장 수백 대를 때려가지고 말에 묶어 실어서 수백 리를 달

려 드디어 죽게 했으니 대개 이는 임금의 뜻이었다. 〈기재잡기(寄齋雜記)〉

시가 있어 말하기를,

"산 북쪽과 산 남쪽에 가느다란 길이 나뉘었는데, 소나무 꽃 비를 머금고 분분히 떨어지네. 도인(道人)이 우물을 길어 가지고 띠집으로 돌아가니, 한 띠 맑은 연기가 흰구름을 물들이네.(山北山南細路分 松花食雨落紛紛 道人汲井歸茅舍 一帶淸烟染白雲)"

했다.

조견(趙狷)

조견(趙狷)의 자는 종견(從犬)이니 초명(初名)은 윤(胤)으로서 평양(平壤) 사람이요 준(浚)의 아우이다. 전조(前朝)에 벼슬이 안렴사(按廉使)에 이르고 본조(本朝)에서 평성부원군·개국공신·평간공(平城府院君開國功臣平簡公)에 이르렀다.

공은 그 형의 난리를 평정하려는 뜻을 알고 울면서 이르기를,

"우리집이 나라와 운명을 같이하는 집이 아닙니까. 마땅히 나라와 함께 존망(存亡)을 같이 해야 할 것입니다."

하니 준(浚)이 그 뜻을 빼앗지 못할 것을 알고 공으로 하여 계속해서 영남(嶺南)에 관찰사(觀察使)로 가게 했는데 시에 말하기를,

"3년에 두 번 영남루(嶺南樓)를 지나니, 가느다란 매화 향기가 권하여 조금 머무르게 하네. 술을 들어 시름을 없애면서 견디어 늙은 나이를 보내니, 평생에 이밖에는 모름지기 구할 것이 없네.(三年再過嶺南樓 細細梅香勸少留 擧酒消憂堪送老 平生此外不須求)"

했다.

미처 돌아가기 전에 고려가 망하자 공은 통곡하면서 두류산(頭流山)으로 들어가니 임금이 발탁하여 호조전서(戶曹典書)에 임명하고 글을 보내어 부르자 회답하기를,

"서산(西山)의 고사리를 캐기를 원하고 성인(聖人)의 백성이 되

기를 원치 않습니다."

하고 이내 이름을 견(狷)이라 고치고 자는 종견(從犬)이라 했으니 이는 대개 나라가 망했는데 죽지 않았으니 개와 같다는 뜻이요, 또 개가 주인을 그리워하는 의리를 취한 것이다.

두류산(頭流山)으로부터 청계산(淸溪山)으로 들어가 매양 최고봉(最高峰)에 올라 서울을 바라보고 통곡하자 사람들이 그 봉우리를 가리켜 망경(望京)이라 했다. 임금이 그 절개를 가상히 여겨 빈주(賓主)의 예(禮)로 보기를 청하니 공이 나와 보고 읍(揖)만 하고 절을 하지 않고 말을 가리지 않는 것이 많았다. 그러나 임금은 모두 이를 용납하고 돌아갈 때에 임하여 명하여 청계산(淸溪山) 한 굽이에 편할 대로 살라고 하고 또 석실(石室)을 쌓아 주었으나 공은 끝내 살지 않고 양주(楊州) 송산(松山)으로 옮겨가서 살면서 그대로 스스로 호를 했다. 〈평양지(平壤志)〉

공이 전조(前朝)의 재상으로 고려의 운수가 장차 기우는 것을 보고 청량산(淸凉山)으로 가서 숨었더니 그 형 준(浚)이 본조(本朝)의 좌명공신(佐命功臣)으로서 공에게 화가 미칠까 걱정하여 그 이름을 개국공신권(開國功臣券)에 기록했으나 공은 받지 않고 이름을 견(狷)이라 고쳤으니 할 수 없다는 의리를 취한 것이다.

임금이 친히 청량산(淸凉山)을 찾아 벼슬을 제수했으나 끝내 받지 않고 졸(卒)하기에 임하여 자손들에게 말하기를,

"내 묘표(墓表)에는 반드시 전조(前朝)의 벼슬을 쓰고 자손들은 새 조정에 벼슬하지 말라."

했다. 공이 졸(卒)한 뒤에 본조(本朝)에서 제수한 벼슬을 묘표(墓表)에 썼더니 어느날 벼락이 그 비석을 부쉈고, 현손(玄孫) 부(溥)에 이르러 비로소 과거에 응했다. 〈상촌만록(象村漫錄)〉·〈평양조보(平壤趙譜)〉

김제(金濟)·김주(金澍)

김제(金濟)의 호는 백암(白巖)이니 선산(善山) 사람이다. 고려가

망하자 제(濟)는 평해군수(平海郡守)로서 배를 타고 섬으로 들어가 시를 지어 개연(慨然)히 노중련(魯仲連)의 도동해(蹈東海)에 뜻이 있어서 마친 곳을 알지 못한다.

우리 정종(正宗) 경신(庚申)에 바다 위에 단(壇)을 모으고 그를 제사지내고 아우 주(澍)와 함께 같은 서원(書院)에 배향했으며 사액(賜額)을 고죽(孤竹)이라고 내렸다.

주(澍)의 자는 택부(澤夫)요 호는 농암(籠巖)이니 제(濟)의 아우이다.

고려 공민왕조(恭愍王朝)에 과거에 급제하고 공양왕(恭讓王) 4년에 중국 서울에 갔다가 돌아오는 길에 압록강(鴨綠江)에 이르러서 이미 혁명(革命)이 되었다는 말을 듣고 종을 시켜 조의(朝衣)와 신한 켤레를 그 부인에게 보내고 편지에 말하기를,

"충신(忠臣)은 두 임금을 섬기지 않는 법이니 내가 본국으로 돌아간대도 몸둘 곳이 없으므로 이 물건으로 신물(信物)을 삼아 부인(夫人)이 하세(下世)한 뒤에 합장(合葬)하여 우리 부부(夫婦)의 묘(墓)로 삼으시오. 또 내가 도로 중국에 들어간 날을 기일(忌日)로 삼고 지문(誌文)과 묘갈(墓碣)을 쓰지 마시오."

했다.

그는 드디어 중국 조정에 들어가서 명(明)나라 고황제(高皇帝)에게 고하여 군사를 일으켜 죄를 물으라고 청하자 제(帝)는 말하기를,

"제왕(帝王)이 일어나는 것은 스스로 천수(天數)가 있는 것이요 사람의 힘이 용납되지 않는다."

하고 묻기를,

"너는 본국에서 무슨 벼슬에 있느냐."

하자 대답하기를,

"예의판서(禮儀判書)입니다."

하자 드디어 그에게 상서(尙書)의 녹(祿)을 주어서 몸을 마치게 하니, 형초(荊楚) 사이에 살아서 세 딸을 낳았다.

만력(萬曆) 정유(丁酉) 가을에 일본(日本)에 가는 일행을 책봉하는데 그 때 막하관(幕下官) 허유성(許惟誠 : 游擊將)이란 자가 동

래(東萊)에 이르러 자칭 공의 외손(外孫)이라 했다. 공의 세 딸 중에 허(許)는 곧 그 외손 중의 하나이다.

이 때 그가 신곡(新谷)의 김씨(金氏)를 보고자 했으나 사람들은 다만 선산(善山)이 김씨(金氏)의 관향(貫鄕)인 줄만 알고 신곡(新谷)이 공의 마을인 것은 알지 못해서 능히 대답하지 못하니 이 까닭에 그 후손(後孫)들이 마침내 유성(惟誠)과 서로 만나지 못했다고 한다. 그 자손이 12월 22일로 기일(忌日)을 삼았다. 〈농사제강(農史提綱)〉•〈해동악부(海東樂府)〉•〈지봉유설(芝峰類說)〉•〈고려명신전합록(高麗名臣傳合錄)〉

본조(本朝)에서 시호를 충정(忠貞)이라고 내렸다.

우현보(禹玄寶)

우현보(禹玄寶)의 자는 원공(原功)이요 호는 양호당(養浩堂)이니 단양(丹陽) 사람이다. 공민조(恭愍朝)에서 과거에 급제하여 벼슬이 시중(侍中)에 이르렀고 공민왕(恭愍王) 때에 문학(文學)으로 나가서 신우(辛禑) 12년에 조민수(曹敏修)•장자온(張子溫)•하륜(河崙)과 함께 원(元)나라에 가서 사명(謝命)했다.

신창(辛昌) 2년에 김행(金行)의 옥사(獄事)가 일어나자 여흥(驪興)에 가서 우(禑)를 맞아 비밀히 정몽주(鄭夢周)와 함께 난(亂)을 일으킬 것을 계획하여 낭사(郎舍) 대문 밖에 엎드려 청죄(請罪)하자 창(昌)은 듣지 않고 벼슬을 파멸할 뿐이었다. 이윽고 판삼사사(判三司事)가 되고, 공양(恭讓)이 서자 이초(彝初)의 일이 있어 체포되었다가 용서받아 외방(外方)에 편한 곳으로 나가라고 허락했으나 대성(臺省)이 용서할 수 없다고 했다. 그러나 왕(王)은 손자 성범(成範)을 부마(駙馬)로 삼았기 때문에 철원(鐵原)에 부처(付處)하고 그 아들 홍수(洪壽)•홍부(洪富)를 먼 곳으로 귀양보내고 이윽고 불러서 그 벼슬을 회복시켰다가 몽주(夢周)가 죽자 계림(鷄林)에 안치(安置)했더니 그 이듬해에 고려가 망했다.

처음에 정몽주(鄭夢周)가 해를 입자 사람들은 모두 겁을 내고 감히 가서 보지 못하는데 현보(玄寶)가 천마산(天磨山)의 중 한 사람을 시켜서 옷과 이불과 관곽(棺槨)을 준비해 가지고 길지(吉地)를 얻어서 장사지내니 사람들이 모두 이를 의롭게 여겼다. 본조(本朝)에서 특진단양백(特進丹陽伯)에 배(拜)했으나 이 때는 공이 몰(歿)한 뒤여서 영상(領相)을 추작(追爵)하고 시호는 충정(忠靖)이다. 〈고려명신전(高麗名臣傳)〉·〈미수기언합록(眉叟記言合錄)〉

조신충(曺信忠)

조신충(曺信忠)은 창녕(昌寧) 사람이니 신우(辛禑) 9년에 과거에 급제했다.

공은 하륜(河崙)·이숭인(李崇仁)·이색(李穡)과 좋게 사귀었는데 우(禑)와 창(昌)이 서로 계속해서 폐해지자 공은 스스로 편안하지 않아 처음에는 영천(永川) 창수면(滄水面)에 살더니 고려가 망하자 윤(崙)이 수상(首相)으로서 공이 장수의 재주가 있다고 천거했으나 사양하고 나가지 않았다.

임금이 즉위한 5년에 강계도 병마사(江界道兵馬使)를 제수하고 판희천군사(判熙川郡事)를 겸하게 했더니 한 번 중국 서울에 갔다가 오래지 않아 물러왔으니 대개 이색(李穡)과 거취(去就)를 같이 한 것이었다. 아들 상치(尙治)가 정시(庭試)에 장원으로 급제하자 태종(太宗)이 눈짓하면서 말하기를,

"네가 왕씨(王氏)의 신하 조신충(曺信忠)의 아들이냐?"

하고 즉시 정언(正言)을 제수했다. 〈조광원 두록(曺光遠斗錄)〉

이고(李皐)

이고(李皐)는 여흥(驪興) 사람이니 공민왕(恭愍王) 갑인(甲寅)에 문과에 급제하여 벼슬이 한림학사(翰林學士)에 이르고 집현전 직제학(集賢殿直提學)으로서 고려 말년을 당하여 수원(水原) 광교남

탑산(光敎南塔山)에 물러가 살면서 스스로 호를 망천(忘川)이라고
했으니 세상 근심을 잊는다는 뜻이었다.

공양왕(恭讓王)이 중사(中使)를 보내어 즐거워하는 것이 무슨 일
이냐고 묻자, 공은 계산(溪山)의 경치좋은 것을 몹시 말하고 사통
팔달(四通八達)하여 막힘이 없다는 말을 했다. 임금이 즉위하여 여
러 번 불렀으나 일어나지 않고 경기안렴사(京畿按廉使)에 임명했으
나 끝내 명령에 응하지 않았다. 이에 임금은 명하여 사는 집을 그
리게 하여 보고 나서 이것을 이름하여 팔달산(八達山)이라 하고, 세
종조(世宗朝)에 이르러 돌비석으로 특별히 그 마을에 정문(旌門)을
내려 고려효자 한림학사 이고지비(高麗孝子翰林學士李皐之碑)라 했
다.

이는 대개 아조(我朝)에 벼슬하지 않은 자를 세상에서 팔학사
(八學士)라고 일컫는데 공이 조견(趙狷)·이집(李集)과 함께 곧 그
중의 삼학사(三學士)로서 사는 곳이 서로 가까워서 때로 혹 소를
타고 왕래했다고 한다. 〈연려실기술(燃藜室記述)〉

이집(李集)

이집(李集)의 자는 호연(浩然)이요 호는 둔촌(遁村)이니 광주(廣
州) 사람이다. 충숙왕조(忠肅王朝)에 문과에 급제하여 벼슬이 판전
교시사(判典校寺事)에 이르고 학문(學問)과 지절(志節)이 있어서
포은(圃隱)·목은(牧隱)·도은(陶隱) 삼은(三隱)이 몹시 공경하고
소중히 여겼다.

신돈(辛旽)의 문객(門客)에게 미움을 받아서 화가 장차 헤아리지
못하게 되자 아버지를 업고 남쪽으로 도망하여 동갑(同甲)인 영천
(永川)의 최사간(崔司諫) 원도(元道)의 집에 숨었다가 돈(旽)이 베
임을 당하자 도로 여주(驪州)에 가서 살면서 끝내 나가지 않았다.
광주(廣州)의 귀암서원(龜岩書院)에 향사(享祀)했다. 〈고려명신전
(高麗名臣傳)〉

남을진(南乙珍)

남을진(南乙珍)은 의령(宜寧) 사람이니 공민왕조(恭愍王朝)에 벼슬이 참지문하부사(參知門下府事)에 이르렀다.

성질이 강직하고 학문을 좋아하여 정몽주(鄭夢周)·길재(吉再) 여러 어진 이와 함께 도의(道義)의 사귐을 맺었고 왕씨(王氏)의 정치가 어지럽자 물러가서 사천(沙川)에 숨었더니 태조(太祖)가 등극하자 을진(乙珍)이 잠저(潛邸) 때의 친구라 하여 손수 편지를 써서 충경공(忠景公) 재(在)에게 명하여 가서 맞아오게 했으니 충경(忠景)은 곧 공의 종자(從子)이다. 문무(文武)의 재목을 겸해서 임금이 항상 공경하고 소중히 여겼기 때문에 그로 하여금 부르게 한 것이다.

충경(忠景)이 가서 임금의 뜻을 말하자 을진(乙珍)은 말하기를,

"나는 바위 틈에서 늙어 죽을 것으로 마음에 맹세했다."

하고 그대로 누워서 명령에 응하지 않았다. 이에 충경(忠景)이 울면서 말하기를,

"주(周)나라가 은(殷)나라의 난(難)을 깨끗이 할 때도 역시 십란(十亂)이 있었습니다."

하자 을진(乙珍)은 말하기를,

"나는 백이(伯夷)를 쫓아 서산(西山)에서 고사리 캐기를 원한다."

했다.

충경(忠景)이 돌아와서 임금께 고하자 영상(領相) 조준(趙浚)이 말하기를,

"남을진(南乙珍)은 뜻과 절개가 몹시 확실하여 빼앗을 수가 없으니 원컨대 그 뜻을 완수하게 하시옵소서."

하자 임금이 위연(喟然)히 탄식하기를,

"내가 높은 선비와 함께 새로운 교화를 다스리려 했더니 끝내 즐겨 오지 않으니 차라리 그 충절(忠節)을 나타내어 오는 세상에 권하는 것만 못하다."

하고 드디어 그가 사는 곳에 의하여 사천백(沙川伯)에 봉했다.

그러나 을진(乙珍)은 말하기를,

"내가 산에 들어온 것이 깊지 않아서 이 명령이 있는 것이 한스럽다."

하고 이내 머리를 풀고 감악산(紺岳山) 속으로 달려 들어가 몸을 마치도록 사람을 만나지 않으니 그가 졸(卒)하자 산 속 사람들이 그 동리를 이름하여 남선굴(南仙窟)이라 하고, 굴 속에 한 조각 돌을 세워서 앞에는 조그맣게 그의 상(像)을 새기고 그 위에 쓰기를,

"산에 들어와서 백이(伯夷)의 절개를 본받았고, 머리를 풀어 기자(箕子)의 미친 것을 사모했네."

했다. 사천서원(沙川書院)에 향사(享祀)했다. 〈고려명신전(高麗名臣傳)〉

허도(許棹)

허도(許棹)의 호는 경암(擊庵)이니 고려 진사(進士)로서 고려가 망하자 벼슬하지 않았다. 〈연려실기술(燃藜室記述)〉

송유(宋愉)

송유(宋愉)의 자는 이숙(怡叔)이요 호는 쌍청당(雙淸堂)이니 은진(恩津) 사람이다. 고려가 망하자 회덕(懷德)에 숨어 살았다. 〈연려실기술(燃藜室記述)〉

허금(許錦)

허금(許錦)의 자는 재중(在中)이요 호는 야당(埜堂)이니 양천(陽川) 사람이다. 고려 첨의중찬(僉議中贊) 문경공(文敬公) 공(珙)의

현손(玄孫)이요 평장사(平章事) 백(伯)의 손자요 지신사(知申事) 경(綱)의 아들이다. 공민조(恭愍朝)에 문과에 급제하여 벼슬이 전리판사(典理判事)에 이르렀다.

젊어서부터 병이 있어 벼슬에 나가는 것을 좋아하지 않더니 고려가 망하자 전야(田野)에 물러가서 살면서 재산을 기울여 약을 사다가 병이 있는 자에게는 문득 약을 주고, 또 불법(佛法)을 좋아하지 않더니 나이 30세가 못되어 졸(卒)하니 당시 사람들이 이를 애석히 여겼다. 〈연려실기술(燃藜室記述)〉

허징(許徵)

허징(許徵)은 양천(陽川) 사람이니 벼슬이 현령(縣令)으로서 고려가 망하자 길주(吉州)에 숨어서 살았다.

허기(許麒)

허기(許麒)의 호는 호은(湖隱)이니 김해(金海) 사람이다. 벼슬이 평장사(平章事)에 이르렀다.

고려가 망하자 자취를 감추고 나가지 않았으니, 두문동(杜門洞)의 현인(賢人)이다. 〈허씨전(許氏傳)〉

이양중(李養中)

이양중(李養中)의 자는 자정(子精)이요 호는 석탄(石灘)이니 광주(廣州) 사람이다. 문과에 급제하여 벼슬이 형부좌참의(刑部左參議)에 이르렀다.

혁명(革命) 후에 절개를 지키고 소명(召命)에 응하지 않다가 귀양갔더니 태종(太宗)이 잠저(潛邸) 때의 옛친구로서 사랑함이 몹

시 지극하여 특별히 한성판윤(漢城判尹)을 제수했으나 받지 않자
그 집을 찾아 갔다.

이에 공이 야복(野服)으로 거문고를 안고 앞으로 나와서 생선과
술을 올리자 임금은 기꺼이 마시다가 파했는데 마침내 그 뜻을 굽
히지 않았다. 광주(廣州) 귀암서원(龜岩書院)에 향사(享祀)했다.
〈이씨보(李氏譜)〉

이양몽(李養蒙)

이양몽(李養蒙)의 호는 암탄(岩灘)이니 석탄(石灘) 양중(養中)의
아우이다.

고려조에서 벼슬이 대광판도판서(大匡版圖判書)에 이르고, 태조
(太祖)가 혁명(革命)한 뒤에는 그 형 석탄공(石灘公)과 함께 수양
(首陽)의 자취를 밟고 광주(廣州) 취리(鷲里)로 물러가서 살더니
태종(太宗)이 광주(廣州)로 거둥하여 불러보려 했으나 공은 즐겨
보려하지 않고 원적산(元積山) 아래로 피해 도망하여 자손들에게
유교(遺敎)를 내려 과거공부를 하지 못하게 하여 이로써 신하로서
섬기는 길을 막게 하자 태종(太宗)은 그 절개를 탄식하여 특별히
　"이모(李某)의 자손은 만세(萬世)가 되도록 천역(賤役)을 시키지
　　말라."
는 하교를 내렸다.

세조조(世祖朝)에 이르러 연석(筵席)에서 임금이 절의(節義)에
대해서 이야기하다가 이양중(李養中)의 자손이 있느냐고 묻자 한
재신(宰臣)이 대답하기를,
　"이양몽(李養蒙)의 현손(玄孫) 명인(明仁)이 신(臣)의 집 이웃에
　　있습니다."
했다. 이에 임금은 즉시 정릉참봉(靖陵參奉)을 제수했으나 명인(明
仁)은 말하기를,
　"나는 끝내 조상의 유교(遺敎)를 저버릴 수가 없다."
하여 나가지 않고 식구들을 데리고 두역(斗驛)으로 도망해서 피했

다. 〈이씨보(李氏譜)〉

박유(朴愈)

박유(朴愈)는 울산(蔚山) 사람이니 전조(前朝) 때 한림(翰林)으로서 남평감무(南平監務)로 나갔더니 나라가 망하자 벼슬을 버리고 임존(任存 : 지금의 大興)으로 돌아가 숨었고, 그 자손은 2대(代)에 걸쳐 벼슬하지 않았다. 〈후촌만록(後村漫錄)〉

윤충보(尹忠輔)

윤충보(尹忠輔)는 무송(茂松) 사람이니 안성군수(安城郡守)로서 나라가 망하자 벼슬을 버리고 여강(驪江)으로 돌아가 숨어서 여러 번 불러도 마음에 맹세하고 일어나지 않았다. 그는 스스로 호를 고려처사(高麗處士)라 하고 날마다 높은 언덕에 올라가서 송경(松京 : 開城)을 바라보고 향을 피우고 절하고 무릎을 꿇어 몸이 마치도록 폐하지 않았으니 뒷사람들이 그 땅을 일컬어 왕망현(王望峴)이라 했다.

바야흐로 그가 숨어살 때 백학(白鶴) 한 떼가 모여 있었기 때문에 한곡 선생(鵬谷先生)이라 일컫고 집 옆에 있는 산을 율리(栗里)라고 했다. 임종(臨終) 때 유계(遺戒)를 내려 비석과 묘갈(墓碣)을 세우지 말고 무덤 모양은 고려의 제도를 쓰라고 했다. 〈이택원 문집(李擇元文集)〉·〈이식 문집(李植文集)〉·〈신광한 문집(申光漢文集)〉·〈이성중 문집(李誠中文集)〉·〈김귀영 문집(金貴榮文集)〉

이의(李倚)

이의(李倚)는 부평(富平) 사람이니 고려조(高麗朝)의 세손(世孫)

으로서 벼슬하지 않고 두문동(杜門洞)으로 들어가서 여러 번 불러
도 나오지 않으니 아조(我朝)에서는 그 신하노릇 하지 않는 것을
죄주어 부평(富平) 자연도(紫烟島)에 안치(安置)하고 그 재산을 몰
수했다. 〈부평이씨병(富平李氏秉)〉

최문한(崔文漢)

최문한(崔文漢)은 강릉(江陵) 사람이니 호는 충재(忠齋)이다. 고
려 충숙왕(忠肅王)의 부마(駙馬)로 나라가 망하자 강릉(江陵)으로
도망해 놀아갔다.

조의생(曺義生)

조의생(曺義生)의 자는 경숙(敬叔)이요 가흥(嘉興) 사람이니 개
성윤(開城尹) 인(仁)의 아들이다. 글읽기를 좋아하고 기이한 절개
가 있었으며 항상 무리에 뛰어났었다. 약관(弱冠) 때에 정몽주(鄭
夢周)·길재(吉再)의 문하(門下)에 놀아서 의리를 강명(講明)하니
그들이 일찍이 일컫기를,
  "나의 외우(畏友)이다."
했다.
  고려가 망하자 임선매(林先昧) 등과 같이 산 속으로 들어가 마
음에 맹세하고 스스로 몸을 깨끗이 하다가 죽으니 뒤에 선매(先昧)
와 함께 표절사(表節祠)에 향사(享祀)했다. 〈고려명신전(高麗名臣
傳)〉

김사렴(金士廉)

김사렴(金士廉)은 안동(安東) 사람이니 평장사(平章事) 방경(方

慶)의 자손이다. 젊었을 때 학문에 뜻을 두어 문사(文祠)에 풍부
했다. 공민왕(恭愍王) 초년에 과거에 급제하여 벼슬이 안렴사(按
廉使)에 이르고 정몽주(鄭夢周)·이색(李穡) 등과 가깝게 사귀어
모두 곧게 간하는 것으로 이름이 났다.

신돈(辛旽)이 용사(用事)할 때 임금께 글을 올려 말하기를,

"돈(旽)은 바른 사람이 아니니 뒤에 반드시 정치가 어지러워져
서 고려의 사직(社稷)이 장차 지탱하지 못할 것입니다."

했는데 태조가 즉위하자 사렴(士廉)은 드디어 청주(淸州)에 숨어
서 일찍이 한남(漢南)을 향해서 앉지 않고 매양 스스로 외우기를,

"열녀(烈女)는 두 지아비를 고치지 않고 충신은 두 임금을 섬기
지 않는다."

했다.

태조(太祖)가 사렴(士廉)을 배하여 좌사간(左司諫)을 삼아 여러
번 불렀으나 나가지 않고 드디어 도산(陶山)으로 들어가 더욱 문을
닫고 손님을 끊고서 졸(卒)할 때에 임하여 여러 아들들을 돌아보
면서 말하기를,

"나는 고려조(高麗朝)의 옛신하로서 이미 임금을 도와서 나라
를 보존하지 못했고 나라가 망하자 또 능히 몸이 순국(殉國)하
지 못했으니 천하의 죄인이라 무슨 면목으로 돌아가서 선왕(先
王)과 선인(先人)을 뵙겠느냐. 내가 죽거든 깊은 산 속에 장사
지내고 흙을 쌓아 올리거나 돌을 세우지 말고 자손 중에 이미
벼슬한 자라도 다시는 벼슬하지 말라."

했다.

숙종(肅宗) 4년에 고향의 선비들이 송천(松泉)에 사당을 세우고
제사지냈다. 〈고려명신전(高麗名臣傳)〉

조희직(曺希直)

조희직(曺希直)은 가흥(嘉興) 사람이니 벼슬은 정언(正言)을 지
냈다.

이존오(李存吾)와 함께 소(疏)를 올려 신돈(辛旽)을 배척하여 이 때문에 진도(珍島)에 귀양갔다가 고려가 망하자 가흥(嘉興) 물가에 압구정(押鷗亭)을 세우고 거기에서 마쳤다.

임선매(林先眜)

임선매(林先眜)는 평택(平澤) 사람이니 호는 휴암(休庵)이요 태학생(太學生)이다.

영조(英祖) 신미(辛未)에 어필(御筆)로 비석을 세워 제사지냈고, 정조(正祖) 때에 사당을 세우고 사액(賜額)하여 절의를 표했다. 두문동(杜門洞)의 절신(節臣)이다.

고천우(高天祐)

고천우(高天祐)는 개성(開城) 사람이니 벼슬은 도총제(都總制)이다. 고려가 망하자 벼슬을 버리고 조현(朝現)하지 않고 그 뜻을 말하기를,

"원컨대 전리(田里)로 돌아가겠습니다."

했다. 두문동(杜門洞)의 절신(節臣)이다.

고천상(高天祥)

고천상(高天祥)은 개성(開城) 사람이니 벼슬을 버리고 조정에 나가지 않고 그 뜻을 말하기를,

"오직 마땅히 그 의리를 좇으리라."

했다.

전록생(田祿生) · 전귀생(田貴生) · 전조생(田祖生)

전록생(田祿生)은 담양(潭陽) 사람이니 자는 맹경(孟耕)이요 호는 야은(野隱)이다. 신우(辛禑) 을묘(乙卯)에 간관(諫官) 이첨(李詹) 등과 함께 간신(奸臣) 이인임(李仁任)을 명(明)나라를 배반하고 오랑캐 원(元)에 붙은 죄로 베자고 청하고 포은(圃隱) 정몽주(鄭蒙周)와 함께 일을 주장하다가 반남(潘南) 박상충(朴尙衷)과 함께 우두머리로 화를 입어 장형(杖刑)을 맞고 귀양가던 도중에 졸(卒)했다.

이에 추충찬화 보리공신 예문관 대제학(推忠贊化輔理功臣藝文館大提學)에 책록(策錄)되고 시호는 문명(文明)이다.

전귀생(田貴生)은 녹생(祿生)의 아우이니 자는 중경(仲耕)이요 호는 뇌은(耒隱)이요 벼슬은 삼사좌윤(三司左尹)이다. 언지록(言志錄)이 있고 조천관(朝天冠)을 벗어서 걸고 평양립(平陽笠)을 쓰고 남쪽으로 조현(朝峴)에 올라 뜻을 말하기를,

"깊은 산에 들어가니 밭가는 자를 누가 알랴."

하고 섬으로 도망해 들어가서 돌아오지 않았다.

전조생(田祖生)은 귀생(貴生)의 아우이니 자는 계경(秀耕)이요 호는 경은(耕隱)이다. 벼슬이 찬성(贊成)에 이르고 시호는 문원(文元)이다. 포은(圃隱)과 사이좋게 사귀어 도의(道義)의 사귐을 맺었다. 〈고려명신전(高麗名臣傳)〉

이행(李行)

이행(李行)은 여주(驪州) 사람이니 자는 도주(道周)요 호는 기우자(騎牛子)이니 태사(太師) 인덕(仁德)의 자손이요 목사(牧使) 천

백(天白)의 아들이다.

공민왕조(恭愍王朝)에 문과에 급제하여 대제학(大提學)이 되었고 시호는 문절(文節)이다. 문장에 능했는데 고려가 망하자 숨어 도망하여 태조(太祖)가 여러 번 찾았는데도 굽히지 않았다. 〈고려명신전(高麗名臣傳)〉

이교(李嶠)

이교(李嶠)는 철성(鐵城) 사람이니 철성군(鐵城君) 우(堣)의 아들이요 철성부원군(鐵城府院君) 암(嵒)의 아우이다. 자는 묘지(墓之)요 호는 도촌(桃村)이니 충숙조(忠肅朝)에 문과에 급제하여 벼슬이 이부상서(吏部尙書)에 이르렀다.

일찍이 권신(權臣)을 탄핵하여 장차 화가 미치게 되자 이에 병을 청탁하고 고향으로 돌아갔더니 태조(太祖)가 몸을 굽혀 그를 찾자 드디어 깊은 산으로 들어가서 사람을 만나지 않았다.

매월당(梅月堂)의 시에 말하기를,

"맑은 바람은 도촌(桃村) 달에 쉬지 않네. (淸風不歇桃村月)"
했다. 고성(固城)의 갈천서원(葛川書院)에 향사(享祀)했다.

이석지(李釋之)

이석지(李釋之)는 영천(永川) 사람이니 호는 남곡(南谷)이요 판도판서(版圖判書) 흡(洽)의 아들이다.

문과에 급제하여 벼슬이 판서(判書) 대제학(大提學)에 이르렀다가 고려의 운수가 장차 끝나는 것을 보고 용인(龍仁) 남곡(南谷)에 물러가 살면서 산수(山水)를 스스로 즐기면서 세상맛에는 담박(淡泊)했다.

광주(光州) 대치서원(大峙書院)에 향사(享祀)했다. 〈고려명신전(高麗名臣傳)〉

김자진(金子進)

김자진(金子進)은 광주(光州) 사람이니 호는 수산정(首山亭)이요 문숙공(文肅公) 주정(周鼎)의 자손이다. 고려 말년에 벼슬이 금위 사정(禁衛司正)에 이르렀다.

고려가 혁명(革命)한 뒤에 나주(羅州)에 살았는데 태조(太祖)가 우상(右相)으로 세 번이나 불렀으나 나가지 않고 우정산(牛井山) 밑에 정자를 짓고 그 정자의 이름을 수산(首山)이라 하여 그것으로 호를 삼았으며 담과 밭과 우물을 모두 여(麗)라고 이름하고 하늘의 해를 보지 않고 몸을 마쳤다. 〈고려명신전(高麗名臣傳)〉

이치(李致)

이치(李致)는 합천(陜川) 사람이니 자는 가일(可一)이요 제학(提學) 원경(元慶)의 손자이다. 초명(初名)은 감(敢)이었는데 고려가 망하자 치(致)로 고쳤으니 이는 대개 치명사일(致命事一)의 의리를 의미한 것이다.

왕우조(王禑朝)에 과거에 급제하여 간관(諫官)이 되었는데 강직(剛直)하고 바른말을 잘했다. 공양왕(恭讓王) 초년에 사헌규정(司憲糾正)으로 상벌(賞罰)이 절도가 없다고 몹시 간하다가 현무(縣務)로 편직(貶職)되었고 얼마 안되어 사헌부 지평(司憲府持平)이 되었다.

고려가 망하자 만수산(萬壽山) 두문동(杜門洞)으로 들어가서 시를 짓기를,

"살아서는 왕씨(王氏)의 신하가 되고, 죽어서는 왕씨의 귀신이 되네. (生爲王氏臣 死爲王氏鬼)"

했고, 또 말하기를,

"버드나무는 원량(元亮)의 집에 짚었고, 고사리는 백이(伯夷)의

산에 나네. 평소(平素)의 뜻을 저버리지 않고, 대대로 삼한(三韓)을 지키네. (柳深元亮宅 薇吐伯夷山 不渝平素志 世守籙三韓)"
했다.

태조(太祖)가 여러 번 봉국찬성사(奉國贊成事)로 불렀으나 나가지 않고 남쪽으로 합천(陜川) 이상곡(二上谷) 고리(故里)로 돌아가서 그 산을 이름하여 송여현(松如峴)이라 하고 마을을 이름하여 두암동(杜嵒洞)이라 하고, 고기잡이와 낚시질로 몸을 마쳤는데 옛마을에 지금도 정려(旌閭)가 있다. 하호정 윤(河浩亭崙)이 비명(碑銘)을 지었다. 〈고려명신전(高麗名臣傳)〉

차원부(車原頯) · 차인부(車仁頯)

차원부(車原頯)는 연안(延安) 사람이니 호는 운암거사(雲巖居士)이다.

조정에서 요(遼)를 칠 것을 의논하자 원부(原頯)는 그 옳지 못한 것을 말했고, 우리 태조(太祖)가 거의(擧義)하여 회군(回軍)해 가지고 공신(功臣)을 봉하는데 조준(趙浚) 등이 원부(原頯)의 참공권(參功券)을 기록하려 하자 원부는 군이 이를 사양했다.

태조(太祖)가 즉위하여 불렀으나 나가지 않고 도로 송경(松京)으로 갔다가 정도전(鄭道傳) 하륜(河崙)등에게 맞아 죽었는데 이 때 내외친족(內外親族) 80여 명이 모두 연좌되어 죽었다.

차인부(車仁頯)는 시중(侍中) 차원부(車原頯)의 족제(族弟)이다. 고려가 망한 후에 숨어 살고 벼슬하지 않았으며 원부(原頯)가 죽자 연좌되어 선산(善山)으로 귀양갔다가 마친 곳을 알지 못한다. 〈고려명신전(高麗名臣傳)〉

이오(李午)

이오(李午)는 재령(載寧) 사람이니 호는 모은(茅隱)이요 진사(進士)이다.

고려 말년을 당하여 어느날 밤에 판서(判書) 성용(成庸)·평리사(評理事) 변빈(卞贇)·박사(博士) 정몽주(鄭夢周)·전서(典書) 겸 성목(金成牧)·대사성(大司成) 이색(李穡)이 기약도 없이 모여서 말하기를,

"은(殷)나라에 삼인(三仁)이 있으니 비간(比干)은 죽고 미자(微子)는 가고 기자(箕子)는 종이 되었으니 각자가 뜻에 따라서 행하라."

하자 모두 말하기를,

"좋다."

고 했다.

이에 만은(晩隱) 홍재(洪載)는 삼가(三嘉)로 돌아가고, 단구(丹邱) 김후(金厚)는 상산(商山)으로 돌아가고, 전서(典書) 조열(趙悅)은 함안(咸安)으로 돌아가서 서로 왕래하면서 시사(時事)를 상심(傷心)했는데 그 때 사현합잠시(四賢盍簪詩)가 있었다. 〈연려실기술(燃藜室記述)〉

이양소(李陽昭)

이양소(李陽昭)는 순천(順天) 사람이니 호는 금은(琴隱)이요 대언(代言) 사고(師古)의 아들이다. 문과에 급제하여 벼슬이 군수(郡守)에 이르렀다.

태조(太祖)의 잠저(潛邸) 때 옛친구요 또한 동방(同榜)이었는데 고려가 망하자 세상을 피해 숨으니 임금이 그를 찾아 친히 그 사는 곳을 찾아서 벼슬을 시켰으나 나가지 않으니, 그가 사는 산

을 하사하고 이름을 청화(淸華)라 했다. 그리고 그후에 이것으로 시호를 청화공(淸華公)이라고 내렸다.

태종(太宗)의 연구(聯句)에 말하기를,

"가을비는 반쯤 개이고 사람은 반쯤 취했네. (秋雨半晴人半醉)"

하자 공이 대답하기를,

"저녁 구름이 처음 걷히니 달이 비로소 나네. (暮雲初捲月初生)"

했는데 모운(暮雲)은 곧 임금이 한미(寒微)했을 때의 사랑하던 여인이다.

이에 임금은 의자에서 일어나서 손을 잡고 말하기를,

"참으로 나의 친구이다."

했다. 〈연려실기술(燃藜室記述)〉

권정(權定)

권정(權定)은 안동(安東) 사람이니 자는 안지(安之)요 호는 사복재(思復齋)이니 태사(太師) 행(幸)의 자손이다.

고려 말년에 대사간(大司諫)으로서 물러나 안동(安東) 옥산(玉山)으로 돌아가서 그곳을 기사리(棄仕里)라 불렀다. 본조(本朝)에서 여러 번 불렀으나 일어나지 않았다. 그는 학술(學術)이 정밀하고 깊어서 사우(師友)들의 추중(推重)하는 바가 되었고, 청풍(淸風)과 고절(孤節)이 야은(冶隱)과 같았다.

영천(榮川)의 구호서원(龜湖書院)에 향사(享祀)했다. 〈연려실기술(燃藜室記述)〉

최안우(崔安雨)

최안우(崔安雨)의 호는 죽계(竹溪)이니 낭주(朗州) 사람으로 민휴공(敏休公) 지몽(知夢)의 자손이다.

고려 말년에 문과에 급제하여 벼슬이 소감(少監)에 이르렀고 신

돈(辛旽)이 당국(當國)하자 벼슬을 버리고 남쪽으로 돌아갔다가 돈
(旽)이 베임을 당하자 다시 벼슬에 나가더니 본조(本朝)가 혁명(革
命)한 뒤에는 직제학(直提學)으로 불렀으나 나가지 않고 영평(永
平) 도성산(道成山)에 가서 숨었다. 〈연려실기술(燃藜室記述)〉

김칠양(金七陽)

김칠양(金七陽)은 안동(安東) 사람이니 호는 강은(康隱)이요 충
숙공(忠肅公) 승용(承用)의 손자이며 가정(稼亭)의 문인(門人)이다.
고려 말년에 문과에 급제하여 벼슬이 이조참판(吏曹參判)에 이
르렀다. 그러나 고려가 망한 후에는 금릉산(金陵山) 속에 숨어서
본조(本朝)에 들어와서는 여러 번 불러도 일어나지 않았다. 〈연려
실기술(燃藜室記述)〉

김자수(金自粹)

김자수(金自粹)의 자는 순중(純仲)이요 호는 상촌(桑村)이니 경
주(慶州) 사람이다. 고려의 도관찰사(都觀察使)이니 그 유허(遺墟)
는 안동(安東)에 있고 효자비(孝子碑)가 있다.
임금이 즉위하던 처음에 공은 잠저(潛邸) 때의 사이 좋은 친구
라 하여 우두머리로 쓰고자 하여 대사헌(大司憲)으로 부르자 공은
말없이 일어나지 않았고, 태종(太宗)이 또 형조판서(刑曹判書)로
부르자 공은 가묘(家廟)에 가서 뵙고 결별(訣別)하고 나서 그 아들
에게 명하여 흥구(具匈)를 가지고 따르게 하고 즉일로 길에 올라
광주(廣州) 추령(秋嶺)에 도착하여 그 아들에게 이르기를,
"이곳이 곧 내가 죽을 곳이다. 비록 여자라도 오히려 두 지아
비를 고치지 않는 법인데 하물며 인신(人臣)으로서 두 성(姓)의
임금을 섬기겠느냐. 내 뜻이 이미 결정지어졌으니 너는 마땅히
나를 추령(秋嶺) 곁에 묻고 절대로 비석을 세우지 말아서 초목

과 같이 썩게 하라. "

했다.

절명사(絕命詞) 두 구를 지었는데 말하기를,

"평생의 충효(忠孝)의 뜻을 오늘에 누가 있어서 알랴. "

하고 드디어 약을 마시고 자결(自決)하니, 대개 추령(秋嶺)은 정포은(鄭圃隱)의 의대(衣帶)를 간직한 곳이다. 〈강제수선총기(慷齊搜善摠記)〉·〈광주김씨보(慶州金氏譜)〉

이원계(李元桂)

이원계(李元桂)는 태조(太祖)의 형이니 자도 또한 원계(元桂)이다. 공민조(恭愍朝)에서 문과에 급제하여 벼슬이 문하시중·평장사(門下侍中平章事)에 이르고 명나라 조정에서도 문과에 급제했다.

공양조(恭讓朝) 때 나라 일이 날로 글러지는 것을 보고 정도전(鄭道傳)·조준(趙浚) 등이 태조(太祖)를 추대하려 하자 공은 옳지 못한 것을 몹시 말하다가 그 의논이 이미 정해진 것을 보고 드디어 약을 마시고 자살했으니 곧 태조(太祖)가 즉위하기 20일 전이었다.

유명(遺命)으로 고려의 관직(官職)을 쓴 지석(誌石)을 쓰고 고려시중 휘원계 자원계지묘(高麗侍中諱元桂字元桂之墓)라고 쓰게 하고 본조(本朝)의 증직은 쓰지 않았는데 뒤에 완산백(完山伯)을 증직했다.

원상(元庠)

원상(元庠)은 원주(原州) 사람이니 정당문학(政堂文學) 송수(松壽)의 아들이다. 공민조(恭愍朝)에서 이색(李穡)과 함께 우두머리로 흉한 국문을 받고 혹독한 형벌에도 꺾이지 않자 정몽주(鄭夢周)가 소(疏)를 올려 몹시 힘써 구원하여 귀양갔다.

임신(壬申)에 대사(大師)를 받자 장단(長湍) 대덕산(大德山) 아래 숨어서 도(道)를 지키면서 스스로 몸을 깨끗이 하니 임금이 본래부터 그 덕망(德望)을 소중히 여겨 여러 번 불렀으나 일어나지 않고 피로해서 기운을 차릴 수 없다고 칭탁하여 옛뜻을 굳게 지켜 남은 나이를 마치니 임금이 그를 억지로 굽힐 수 없다는 것을 알고 특별히 시호를 희정(僖靖)이라고 내렸다.

도응(都膺)

도응(都膺)의 호는 노은(魯隱)이니 성주(星州) 사람이요, 벼슬은 찬성사(贊成事)에 이르렀다.

기사(己巳)의 화변이 있은 후로 구원(丘園)에 자취를 감추어 당시 세상에 뜻을 끊었더니 태조(太祖)가 잠저(潛邸) 때의 친구라 하여 모두 다섯 번을 불렀으나 일어나지 않자 임금이 그 절의(節義)를 가상히 여겨 액호(額號)를 하사하기를, 청송당(靑松堂)이라 하고 시를 지어 주기를,

"사랑스럽게 청송(靑松)의 절개를 보니, 곧은 줄기를 손으로 만지네. 찬 메뿌리 천 길 위에, 서리와 눈이 일찍이 변하게 하지 못하네. (愛看靑松節 貞幹手以摩 寒岡千仞上 霜雪不曾磨)"
했다.

한철충(韓哲冲)

한철충(韓哲冲)의 호는 몽계(夢溪)이니 청주(淸州) 사람이다.

고려군 때 전법판서(典法判書)로서 나라가 망하자 신하로서의 절개를 변치 않을 뜻이 있어 상주(尙州) 수렴산(首厭山)에 숨었다.

학문이 순수하고 깊었으며 조예(造詣)가 고명(高明)해서 초은(樵隱) 이공(李公)이 가장 가까이 사귀었다. 일찍이 시를 지어 말하기를,

"떨어지는 해 맑은 시내 위에, 한가히 누워서 전조(前朝)의 일
을 꿈꾸네. (落日淸溪上 閑臥夢前朝)"
했다. 뒤에 합천(陜川) 조동(釣洞)에서 살았다.

박강생(朴剛生)

박강생(朴剛生)의 자는 유지(柔之)요 호는 나산경은(蘿山耕隱)이
니 밀양(密陽) 사람이다. 공민조(恭愍朝)에 과거에 급제하여 벼슬
이 참찬정부사·집현전 제학(集賢殿提學)에 이르렀다.
문장이 전아(典雅)하기로 이름이 났고 일찍이 부처를 배척하는
의논을 하더니 태조(太祖)가 특별히 호조전서(戶曹典書)에 임명하
고 또 녹훈(錄勳)했으나 모두 나가지 않고 졸(卒)했다.

허옹(許邕)

허옹(許邕)의 호는 오헌(迃軒)이니 충숙왕조(忠肅王朝)에 과거에
급제하여 벼슬이 전리판서(典理判書) 예문제학(藝文提學)에 이르렀
고 강직한 것으로 세상에 이름이 났다.
시정(時政)이 어지러운 것을 보고 벼슬을 내놓고 단성(丹城)으
로 돌아가서 고기잡이와 낚시질을 스스로 즐겼고 태조(太祖)가 개
국(開國)하자 여러 번 불러도 일어나지 않고 문을 닫고 생을 마쳤
다.

김약시(金若時)

김약시(金若時)는 광주(光州) 사람이니 우리 태조(太祖)와 같은
해에 낳았고 문과에 뽑혀 벼슬이 진현관 직제학(進賢官直提學)에
이르렀다.

고려가 망하자 약시(若時)는 그 부인과 함께 걸어서 광주(廣州) 산골짜기 속으로 가서 나무를 걸쳐 처마를 만들어 겨우 풍우(風雨)를 가리고 사니 촌사람과 야로(野老)들이 그 의관을 괴이히 여기어 왕왕 와서 물었으나 대답하지 않고 혹 주식(酒食)을 주어도 역시 받지 않고 항상 하늘을 우러러 답답해 하면서 눈물을 두어 줄 흘리니 사람들은 그 회포를 알 길이 없고 또한 그 성명도 알 수 없었다.

태조(太祖)가 사람을 시켜 찾아가지고 특별히 성명방(誠明坊) 집을 하사하고 손수 쓴 편지를 내려 송헌(松軒)의 어호(御號)를 써주었으니 이는 대개 포의(布衣) 때에 사귄 것으로 대접한 것이다.

또 원관(原官)을 제수하여 일으키고자 하나 약시(若時)는 눈이 멀었다고 칭탁하고 끝내 명령에 응하지 않고 집사람에게 말하기를,

"나는 망국(亡國)의 대부(大夫)인데 높이 날고 멀리 달아나지 못하는 것은 선인(先人)의 구묘(丘墓)가 여기 있기 때문이니 내가 죽거든 곧 여기에 장사지내고 봉토(封土)를 하지 말고 비석도 세우지 말라."

했더니 그가 졸(卒)하자 그 말을 좇았다.

순조(純祖) 19년에 광주(廣州)의 유생(儒生) 유의주(兪嶷柱) 등이 위에 말하여 증직을 주고 시호를 내리자고 청하자 영상(領相) 서용보(徐龍輔), 좌상(左相) 김사목(金思穆), 우상(右相) 남공철(南公轍)이 말하기를, 포미(褒美)의 은전(恩典)에 합당하다 해서 임금이 이를 허락하여 드디어 이조판서(吏曹判書)를 증직하고 충정(忠貞)이라고 시호를 내렸다. 〈고려명신전(高麗名臣傳)〉

이방우(李芳雨)

이방우(李芳雨)는 태조(太祖)의 첫째 아들이니, 태조가 우(禑)를 폐하고 공양왕(恭讓王)을 세우고서 방우(芳雨)로 밀직부사(密直副使)를 삼아 명(明)나라에 보냈더니 돌아와서 태조가 난리를 평정

할 뜻이 있는 것을 보고 해주(海州)로 물러가 살다가 마치니 진안대군(鎭安大君)에 추봉(追封)했다.

임금이 말하기를,

"진안(鎭安)은 우리집의 백이숙제(伯夷叔齊)이다."

하고 명하여 청성사(淸聖祠)를 세우게 했다. 〈동국통감(東國通鑑)〉·〈국조보감합록(國朝寶鑑合錄)〉

이사경(李思敬)

이사경(李思敬)의 호는 송월당(送月堂)이니 성주(星州) 사람이다.

고려조에 판사재감사(判司宰監事)로 있었으나 나라일이 장차 어지러운 것을 보고 다섯 아들을 데리고 개령(開寧)에서 숨어 사니 목은(牧隱)이 당기(堂記)를 지어 주었다.

이옹(李邕)

이옹(李邕)은 아산(牙山) 사람이니 호는 조은(釣隱)이요 아산백(牙山伯) 주좌(周佐)의 자손이다.

고려조에서 벼슬이 문하시중(門下侍中)에 이르고 본조(本朝)에 들어와서 좌의정(左議政)이 되었으나 여러 번 불러도 나가지 않고 물러가서 아산(牙山)에 살면서 시를 읊고 낚시질을 하니 사람들이 조은(釣隱)이라고 했다.

박문수(朴門壽)

(여기에서 성씨(成氏)까지는 고려명신전(高麗名臣傳)과 장해사공(葬海師公)에서 나왔다.)

박문수(朴門壽)는 벼슬이 정승에 이르렀고 고려가 망하자 처음에는 두문동(杜門洞)으로 들어갔다가 뒤에는 남원(南原)에 숨어 살았다.

구홍(具鴻)

구홍(具鴻)의 호는 송은(松隱)이니 능성(綾城) 사람이요 벼슬이 좌시중(左侍中)에 이르렀다.

고려조가 운수가 다하는 날을 당하여 벼슬하지 않을 뜻을 품고 시를 지어 말하기를,

"부귀는 나에게 뜬구름과 같다. (富貴於我如浮雲)"

하고 부조현(不朝峴)에 올라가 뜻을 말하기를,

"백이(伯夷)는 어떤 사람이며 나는 어떤 사람인가."

하고 갓을 걸어두고 쓰지 않고 폐양자(蔽陽子)를 쓰고 두문동(杜門洞)으로 들어갔다.

본조(本朝)에서 좌정승(左政丞)으로 여러 번 불렀으나 나가지 않고 임종(臨終)에 말하기를, 신조(新朝)의 관함(官啣)을 쓰지 말라고 했다. 졸(卒)한 뒤에 자손들이 조정의 명령을 어렵게 여겨 신조(新朝)의 관함(官啣)으로 명정을 썼더니 모진 바람이 갑자기 일어나 명정이 세 번이나 저절로 끊어지자 고려 좌시중(高麗左侍中)이라고 고쳐 쓰니 명정이 편안했다.

태종조(太宗朝)에서 좌정승(左政丞)을 증직하고 시호는 문절(文節)이라 내리고 장지(葬地)를 하사했다.

김충한(金冲漢)

김충한(金冲漢)의 호는 수은(樹隱)이요 경주(慶州) 사람이니 벼슬은 예의판서(禮儀判書)이다.

뜻을 말한 것이 있는데 말하기를,

"원컨대 백이(伯夷)를 좇아 서산(西山)에서 고사리를 캐고 싶다."

하고 처음에는 두문동(杜門洞)에 들어갔다가 뒤에는 영남(嶺南)에
서 숨어 살았다.

민보문(閔普文)

민보문(閔普文)은 벼슬이 군사(郡事)로서 처음에는 두문동(杜門
洞)으로 들어갔다가 뒤에는 적성(積城)에서 숨어 살았다.

채귀하(蔡貴河)

채귀하(蔡貴河)는 벼슬이 전서(典書)로서 뜻을 말한 것이 있는데
거기애 말하기를,
"동쪽으로 개성(開城)을 바라보니 다시 우리 땅이 아니요, 서쪽
으로 수양(首陽)을 바라보니 차마 한 마음을 잊으랴."
했다.
처음에 두문동(杜門洞)으로 들어갔다가 뒤에는 평산(平山)에 숨
어 살았다.

박담(朴湛)

박담(朴湛)은 벼슬이 전서(典書)로서 처음에 두문동(杜門洞)에 들
어갔다가 뒤에 해주(海州)로 가서 숨어 살았다.

이맹예(李孟藝)

이맹예(李孟藝)는 벼슬이 전서(典書)로서 처음에는 두문동(杜門
洞)에 들어갔다가 뒤에는 해주(海州)로 가서 살았다.

민안부(閔安富)

민안부(閔安富)는 벼슬이 예의판서(禮儀判書)로서 처음에 두문동(杜門洞)에 들어갔다가 뒤에는 호남(湖南)에 숨어 살았다.

성씨(成氏)

성씨(成氏)는 이름은 전하지 않는데 벼슬이 밀직부사(密直副使)에 이르렀고, 처음에 두문동(杜門洞)에 들어갔다가 뒤에 영남(嶺南)에서 숨어 살았다. 그 아들 이름을 두(杜)라고 지어 옛일을 잊지 않는 뜻을 표시했다.

김선치(金先致)

김선치(金先致)는 상산(商山) 사람이니 고려조 공민조(恭愍朝)에서 호부랑(戶部郎)이 되어 홍건적(紅巾賊)을 평정하여 일등공(一等功)에 기록되고 상산군(商山君)에 봉했다가 낙성군(洛城君)으로 고쳐 봉했다.

형 상락군(上洛君) 득배(得培)와 상산군(商山君) 득제(得齊)도 모두 원수(元帥)가 되어 오랑캐의 난리를 평정하니 세상에서 삼원수(三元帥)라 일컬었다.

왕씨(王氏)가 혁명(革命)을 당하자 상산(商山) 산양현(山陽縣)으로 물러가 살아서 초연(超然)히 고사리를 캐고 고기를 낚아 스스로 세한(歲寒)의 자세를 보존하니 그 높은 풍도와 높은 절개가 길야은(吉冶隱)과 서로 백중(伯仲)했다.

윤황(尹璜)

윤황(尹璜)의 호는 후송(後松)이니 남원(南原) 사람이요 벽송거사(碧松居士) 위(威)의 오세손(五世孫)이다.

벼슬이 공조전서(工曹典書)에 그쳤고 고려가 망하자 벼슬하지 않았다.

조승숙(趙承肅)

조승숙(趙承肅)의 자는 경부(敬夫)요 호는 덕곡(德谷)이니 함안(咸安) 사람이다.

고려조에서 문과에 급제하여 벼슬이 감무(監務)에 그치고 포은(圃隱)을 사사(師事)하더니 왕씨(王氏)의 혁명(革命)을 당하자 벼슬을 버리고 함양(咸陽) 덕곡(德谷)으로 돌아가서 이것으로 호를 하고 후진(後進)들을 가르치는 것으로 자기의 책임을 삼아서 명유(名儒)와 석사(碩士)가 그 문에서 많이 나왔다.

조인벽(趙仁璧)

조인벽(趙仁璧)은 한양(漢陽) 사람이니 고려조에서 여러 번 전공(戰功)을 세워 등주(登州) 여러 성을 회복시키고 또 사변(四邊)의 봉강(封疆)을 수복(收復)하니 그 공으로 한산백(漢山伯)에 봉하고 고려 말년에는 나라의 운명이 돌아갈 곳이 있는 것을 알고 이에 양양(襄陽)으로 돌아가 늙어서 신하로서의 절개를 지켰다.

본조(本朝)에 들어와서는 환조(桓祖)의 사위로서 삼사좌사(三司左使)에 임명되고 용원부원군(龍源府院君)에 봉해졌다. 시호는 양열(襄烈)이다.

박섬(朴暹)

박섬(朴暹)은 울산(蔚山) 사람이니 고려에서 한림(翰林)에 있었으니 두문동(杜門洞)의 칠십이현(七十二賢)과 거취(去就)를 같이 하여 임성(任城)으로 물러가 살아 여러 번 불러도 나가지 않았다.

신덕린(申德隣)

신덕린(申德隣)의 자는 불고(不孤)요 호는 순은(醇隱)이니 고령(高靈) 사람이다.

고려조에서 문과에 급제하여 벼슬이 보문각 제학(寶文閣提學)에 이르고 포은(圃隱) 제공(諸公)과 가까이 사귀었으며, 필법(筆法)에 능했는데 망명(亡命)하여 벼슬하지 않고 광주(光州)로 물러가 살았다.

아들 포시(包翅)의 호는 호촌(壺村)이니 고려조에서 문과에 급제하여 벼슬이 대사간(大司諫)에 이르고 태종(太宗)과 동방급제(同榜及第)하여 진사가 되었는데 남원(南原)으로 물러가 살면서 태종(太宗)이 공조참의(工曹參議)로 불렀으나 나가지 않았다. 또한 글씨를 잘 썼다.

신우(申祐)

신우(申祐)의 호는 퇴재(退齋)이니 성품이 몹시 지극하여 아버지 판서(判書) 윤유(允儒)가 졸(卒)하자 3년 동안 여묘(廬墓)하는데 쌍으로 된 대나무가 무덤 앞에 나니 사람들이 효성의 감동이라고 말하고 정려(旌閭)를 내렸다.

고려가 망하자 태조(太祖)가 잠저(潛邸) 때의 친구라 하여 형조판서(刑曹判書)에 임명하여 불렀으나 나가지 않았다. 고려조에서는 벼슬이 안렴사(按廉使)에 이르렀다. 〈대동음옥(大東韵玉)〉

홍로(洪魯)

홍로(洪魯)의 호는 경재(敬齋)이니 부계(缶溪) 사람이다. 죽헌(竹軒) 민구(敏求)의 아들이다.

고려 말년에 문과에 급제하여 벼슬이 사인(舍人)에 그치고 전조(前朝)를 위하여 절개를 지켰는데 문집(文集)이 있다.

서광준(徐光俊)

서광준(徐光俊)의 호는 기은(箕隱)이니 이천(利川) 사람이다. 상서(尙書) 인(麟)의 손자이다.

왕씨(王氏)의 혁명(革命)에 기산(箕山)에 숨어서 백이 숙제(伯夷叔齊)의 절개를 지키고 본조(本朝)에서 감정(監正)을 제수했으나 나가지 않았다.

서중보(徐仲輔)

서중보(徐仲輔)의 호는 적암(積岩)이니 장성(長城) 사람이다.

젊었을 때 학문을 좋아하고 높은 절개가 있더니 고려의 운수가 다하자 새 조정에 북면(北面)하고 섬기기를 원치 않아서 두문동(杜門洞)에 숨어 나오지 않자 아조(我朝)에서 봉정대부(奉正大夫)로 불렀으나 공은 말하기를,

"나라가 없어지고 임금이 죽었으니 내 장차 어디로 가겠느냐."

하고 스스로 불타서 죽으니 칠십이현(七十二賢)의 한 사람이다.

백장(白莊)

백장(白莊)의 자는 명윤(明允)이요 호는 정신재(靜愼齋)이니 수원(水原) 사람이다. 포은(圃隱)의 문하(門下)에서 공부했다.

16세에 진사(進士)가 되고 20세에 원조(元朝)에서 과거에 급제하여 한림학사(翰林學士)를 제수받고 공민조(恭愍朝)에서 벼슬이 광정대부(匡政大夫)・이부전서・보문각 대제학(吏部典書寶文閣大提學)에 이르렀다.

이 때 조정의 정사가 어지럽자 공은 처자를 데리고 치악산(雉岳山) 속에 들어가 문을 닫고 몸을 마쳤다. 이에 태조(太祖)가 벼슬을 제수했으나 나가지 않았고, 해미(海美)로 보냈다가 태종(太宗)이 즉위하자 특별히 명하여 용서하여 석방하고 이조판서(吏曹判書)를 제수했으나 또 나가지 않았다. 시호는 충숙(忠肅)이다.

최칠석(崔七夕)・최양(崔瀁)

최칠석(崔七夕)은 전주(全州) 사람이니 칠석(七夕)날에 대마도(對馬島)와 싸웠는데 공이 있어 칠석(七夕)이라 사명(賜名)하고 대장군(大將軍)의 벼슬을 주었다.

고려가 망하자 종손(從孫) 양(瀁)과 함께 상향(桑鄕)에 숨었더니 태조(太祖)가 거동할 때 양(瀁)과 함께 부름을 받았으나 칠석(七夕)은 이미 졸(卒)해서 부원군(府院君)을 추봉(追封)했고 시호는 위정(威靖)이다.

최양(崔瀁)의 호는 만육당(晚六堂)이니 고려조에 문과에 급제하여 벼슬이 대제학(大提學)에 이르고, 혁명한 후에는 전주(全州) 대승동(大勝洞)으로 물러가 살았는데 태종(太宗)이 포의(布衣)로서 불러 친구로 대접했고, 토지와 녹(祿)을 주었으나 받지 않았다.

오헌(吳憲)

오헌(吳憲)의 호는 송암(松庵)이니 함평(咸平) 사람이다.
고려 공민조(恭愍朝)에 벼슬이 낭장(郞將)에 이르고 혁명 후에는
절개를 지키고 굴하지 않다가 마쳤다.

김진문(金振門)

김진문(金振門)의 자는 여집(汝執)이니 김해(金海) 사람으로서
수로왕(首露王)의 자손이요, 감무(監務) 익경(益卿)의 손자이다.
고려조에 문과에 급제하여 벼슬이 보문각 대제학·예의판서(寶文
閣大提學禮儀判書)에 이르렀고, 태조(太祖)가 혁명하자 목은 이색
(牧隱李穡), 학사 박자검(學士朴自儉)과 함께 물러가서 문을 닫고
끝내 벼슬하지 않았다.

이원발(李元發)

이원발(李元發)의 호는 은봉(隱峰)이니 연안(延安) 사람이요 상
호군(上護軍) 정공(靖恭)의 아들이다.
고려조에서 벼슬이 전공판서(典工判書)에 이르렀고 본조(本朝)에
서 정승에 임명했으나 나가지 않았다.

채귀하(蔡貴河)

채귀하(蔡貴河)의 호는 탁영대(濯纓臺)이니 인천(仁川) 사람이요
상서(尚書) 원길(元吉)의 아들이다.

고려조에서 벼슬이 상서(尙書)에 이르렀고 두문동(杜門洞)의 현인(賢人)이다.

임귀연(林貴椽)

임귀연(林貴椽)은 나주(羅州) 사람이니 벼슬은 소윤(少尹)으로서 고려가 망하자 벼슬하지 않았다.

노준공(盧俊恭)

노준공(盧俊恭)은 광주(光州) 사람이다.
절개와 행동이 특별히 뛰어나 성리(性理)의 학문에 잠심(潛心)했다. 고려 말년에 예의가 무너져서 온 세상이 단상(短喪)하자 공은 홀로 3년의 제도를 행했다. 임신(壬申) 이후에는 자취를 감추고 숨어 피해서 여러 번 불러도 일어나지 않으니 임금이 말하기를,
"노준공(盧俊恭)은 맑은 풍속에 뛰어나고 옳은 것을 지켜 변하지 않으니 진실로 포양(襃揚)할 만하다."
하고 특별히 절효(節孝)라고 시호를 내리고 명하여 정려(旌閭)했다.

변숙(邊肅)

변숙(邊肅)은 벼슬이 공조판서(工曹判書)에 이르렀고 고려가 망하자 두문동(杜門洞)으로 들어갔다.

전오륜(全五倫)

전오륜(全五倫)의 호는 채미헌(採薇軒)이니 정선(旌善) 사람이

다. 고려조에서 벼슬이 보문각 직제학(寶文閣直提學)에 이르렀고 목은 이색(牧隱李穡)이 자설(字說)을 지었으며 조송산(趙松山)과 서로 좋게 사귀었다.

고려의 운수가 이미 옮겨지자 신하노릇을 하지 않겠다는 의리로 두문동(杜門洞) 부조현(不朝峴)으로 들어가 수양산(首陽山)에서 고사리 캐던 일을 사모하여 스스로 호를 채미헌(採薇軒)이라 하고 뒤에 정선(旌善) 서운산(瑞雲山)에 숨어서 마치자 안의(安義)의 서산원(西山院)에 향사(享祀)했다.

전신(全信)

전신(全信)의 자는 이립(而立)이요 호는 백헌(栢軒)이니 성산(星山) 사람이다. 권국재 부(權菊齋溥)의 문하(門下)에서 공부했다.

공민조(恭愍朝)에 과거에 급제하여 벼슬이 진현관 대제학(進賢館大提學)에 이르렀다.

임신(壬申) 이후에는 스스로 그 몸을 깨끗이 하여 신하노릇 하지 않을 의리를 확실히 가지고 두문동(杜門洞)에 들어가서 해가 찬 위에 잎이 마른다는 의리로써 스스로 백헌(栢軒)이라고 호를 지으니 태종(太宗)이 친히 그 마을을 찾아 그 마을을 이름하여 왕방리(王訪里)라 하고 그 산에 국사봉(國賜峰)이라는 이름을 하사했다. 시호는 문효(文孝)이다.

전숙(全淑)

전숙(全淑)은 옥천(沃川) 사람이니 고려조때 판도판서(版圖判書)로서 고려가 장차 망할 것을 알고 옥천(沃川)에 숨어서 포은(圃隱) 야은(冶隱) 여러 어진 이와 이름을 가지런히 하니 그 사는 강마을을 지금까지 기사천(棄仕川)이라고 전한다.

맹유(孟裕)

맹유(孟裕)는 신창(新昌) 사람이니 고려조에서 문과에 급제하여 벼슬이 상서(尙書)에 이르고 고려가 망하자 벼슬하지 않았다.

정광(程廣)

정광(程廣)의 호는 건천(巾川)이니 벼슬이 전중판시사(殿中判侍事)로서 고려가 망하자 벼슬하지 않았다.

배상지(裵尙志)

배상지(裵尙志)의 호는 백죽당(栢竹堂)이니 평리(評理) 홍해군 전(興海君詮)의 아들이다.

고려조에서 문과에 급제하여 벼슬이 판사복시사(判司僕寺事)에 그쳤고, 고려의 운수가 장차 끝나자 벼슬을 버리고 안동 금계촌(安東金鷄村)으로 돌아가서 벼슬하지 않았다.

선윤지(宣允祉)

선윤지(宣允祉)의 호는 퇴휴당(退休堂)이니 선성(宣城) 사람이다.

본래 황조(皇朝)의 학사(學士)로서 홍무(洪武)년간에 고려 공민조(恭愍朝)에 와서 벼슬하여 벼슬이 전라안렴사(全羅按廉使)에 그쳤더니 고려가 망하자 보성(寶城)으로 물러가 살아서 태종조(太宗

朝)에서 여러 번 불러도 일어나지 않았고 뒤에 이조판서(吏曹判書)를 증직했다.

범세충(范世衷)

범세충(范世衷)의 자는 여명(汝明)이요 호는 휴애(休厓)이니 금성(錦城) 사람이다.

고려조에 덕녕부윤(德寧府尹)으로서 벼슬이 간의대부(諫議大夫)에 이르고 성리학(性理學)을 강구(講究)하여 세교(世敎)를 부식(扶植)하더니 고려의 운수가 장차 다하는 것을 보고 만수산(萬壽山) 아래에 물러가 살면서 부조현(不朝峴)에 올라 탄식하기를,

"백이(伯夷)는 어떤 사람이며 나는 어떤 사람인가."

하고 동방연원록(東方淵源錄)에 의하여 우창신왕(禑昌辛王)의 설(說)을 몹시 변명하여 천년 아래에 취해서 상고하게 했으니 몹시 다행한 일이다.

도동명(陶東明)

도동명(陶東明)의 호는 쌍백당(雙栢堂)이니 고려의 사헌부 장령(司憲府掌令)으로 고려가 망하자 벼슬하지 않았다.

국파(鞠播)·국유(鞠穦)

국파(鞠播)는 담양(潭陽) 사람이니 호부상서(戶部尙書)로서 고려가 망하자 벼슬하지 않았다.

국유(鞠穦)는 문과에 올랐으나 고려가 망하자 벼슬하지 않았다.

김인기(金仁奇)

김인기(金仁奇)는 파평(坡平) 사람이니 호는 매은(梅隱)이요 고려 말년의 보승중랑장(保勝中郎將)이다.

나라의 복이 이미 끊어지자 신하노릇 하지 않을 뜻으로 문을 닫고 스스로 몸을 깨끗이 가졌다.

심원부(沈元符)

심원부(沈元符)는 청송(靑松) 사람이니 호는 악은(岳隱)이요 고려조에서 벼슬이 전리판서(典理判書)이다.

두문동(杜門洞)에 들어가 시를 짓기를,

"여러 대에 남다른 은혜 입었더니, 지금에 와서 주군(主君)을 잃었네. 장산(莊山)은 완연히 옛빛이요, 한수(漢水)는 어찌 가이 없는가. 해는 저물어도 해바라기 있는 곳으로 기울고, 궁궐터에는 기장을 어지러이 심었네. 옛관대(冠帶)를 단속하고 아아! 두문동(杜門洞)으로 들어갔네. (屢世渥殊恩 如今失主君 莊山宛舊色 漢水何無限 日暮傾葵在 宮墟種黍紛 要束故冠帶 吁嗟入杜門)"

했다.

또 부조헌 언지록(不朝峴言志錄)에 말하기를,

"왕촉(王蠋)의 말은 내가 경복(敬服)하는 바이다."

했다.

송계(宋桂)

송계(宋桂)는 홍주(洪州) 사람이니 고려조에서 벼슬이 시중(侍中)에 이르렀고, 우리 태조(太祖)가 혁명하자 의리를 취하여 어진 것을 이루어 홍양(洪陽:洪州)에 돌아가 몸을 깨끗이 했다.

부조헌 언지록에 실려 있다.

강회중(姜淮仲)

강회중(姜淮仲)은 진주(晉州) 사람이니 자는 중부(仲父)요 호는 통계(通溪)이다.

홍무(洪武) 15년 임술(壬戌)에 전농시승(典農寺丞)으로 유량(柳亮)의 방(榜)에 올라서 벼슬이 보문각 대제학(寶文閣大提學)에 이르렀다.

태조(太祖)가 등극하자 처음에 형조참판(刑曹參判)으로 부르고, 두번째는 병조참판(兵曹參判)으로 불렀고, 세번째는 병조판서(兵曹判書)로 불렀으며, 세종(世宗) 신축(辛丑)에는 또 총제(摠制)로 불렀으나 모두 나가지 않고 고려 말년에는 어버이를 업고 두문동(杜門洞)으로 들어갔다.

상주(尙州) 경덕사(景德祠)에 향사(享祀)했다.

태학생 육십구인(太學生六十九人)

(여기에서부터 판시사 팔인(判寺事 八人)까지는 고려명신전(高麗名臣傳)에서 나왔다.)

태학생(太學生) 69인이 두문동(杜門洞)에서 의리를 위하여 죽었는데 성명(姓名)은 모두 전하지 않는다. 혹자는 말하기를,

"모두 불에 타서 죽었다."

고 하고 혹자는 말하기를,

"굶어서 죽었다."

하는데 대개 백이 숙제의 풍도이다.

무신 사십팔인 (武臣四十八人)

무신(武臣) 48인의 성명은 전하지 않는다.

고려가 망하자 서로 이끌고 보봉산(寶鳳山) 깊은 골짜기 속에 들어가서 몸을 깨끗이 씻고 같이 죽기를 맹세했으니 지금에 이르기까지 세신정(洗身井)과 회맹대(會盟臺)의 칭호가 있고, 또한 두문동(杜門洞)이라고도 한다.

마을에서 5리 떨어진 곳에 궁녀동(宮女洞)이 있는데 그 때 궁녀들이 여기 모여 동중(洞中)으로 들어가서 같이 죽었다.

판시사 팔인 (判寺事八人)

판시사(判寺事) 8인의 성명은 역시 전하지 않는다.

고려가 망하자 함께 성거산(聖居山) 속에 들어가서 먼저 처자(妻子)로 하여금 자결(自決)하게 하고 나서 나무를 쌓아놓고 스스로 불에 타서 죽으니 서경(西京) 사람들이 지금에 이르기까지 그 장소를 안다고 한다.

新完譯 大東奇聞 下

初版 印刷●2000年　12月　15日
初版 發行●2000年　12月　20日

編著者●姜 斅 錫
譯　者●李 民 樹
發行者●金 東 求

發行處●明 文 堂
　　　서울특별시 종로구 안국동 17~8
　　　대체　010041-31-001194
　　　전화　(영) 733-3039, 734-4798
　　　　　　(편) 733-4748
　　　FAX 734-9209
　　　등록　1977. 11. 19. 제1~148호

●낙장 및 파본은 교환해 드립니다.
●불허복제●판권 본사 소유.

값 12,000원
ISBN 89-7270-459-8 94910
ISBN 89-7270-031-2(전3권)

明文堂의 漢書는 格調가 높읍니다.